隋唐五代石刻文字

中國石刻叢書

臧克和◎主编

李海燕◎著

南方日報出版社
NANFANG DAILY PRESS
中国·广州

图书在版编目（CIP）数据

隋唐五代石刻文字 / 臧克和主编. -- 广州 : 南方日报出版社，2011.3
（中国石刻丛书 / 臧克和主编）
ISBN 978-7-5491-0187-0

Ⅰ. ①隋… Ⅱ. ①李… Ⅲ. ①石刻文－研究－中国－隋唐时代②石刻文－研究－中国－五代（907－960）Ⅳ. ①K877.404

中国版本图书馆 CIP 数据核字(2011)第 029406 号

隋唐五代石刻文字 李海燕 著

出版发行：南方日报出版社
地　　址：广州市广州大道中 289 号
电　　话：（020）83000502
经　　销：全国新华书店
印　　刷：广州岭美彩印有限公司
开　　本：889mm×1194mm　1/16
印　　张：21.5
字　　数：300 千字
版　　次：2011 年 3 月第 1 版
印　　次：2011 年 3 月第 1 次印刷
定　　价：48.00 元

投稿热线：（020）83000503　**读者热线**：（020）83000502

网址：http://nf.nfdaily.cn/press/

《中国石刻丛书》[*]前言

◎臧克和

1. 引言："金石"辨体

1.0 "金"与"石"

历代显学，属意金石者，所期无非阅世长存。造艺不朽与身名不替，功能一揆。《管锥编》曾拈出"画水镂冰，与时消息"，申论个中所蕴造艺历久与材质属性之关系："施工造艺，必相质因材，不然事无成就；盖成矣而毁亦随之，浪抛心力。"而"造艺者期于传世不朽，宁惨淡艰辛，'妙识所难'，勉为而力排其难；故每取喻雕金斫石，材质坚，功夫费，制作庶几阅世长存。若夫逃难就易，取巧趋时，则名与身灭，如镂冰刻脂而已"。[①]

历代石刻，其大宗为墓志碑刻。《文心雕龙第十二》论"碑刻"之体制及功能："碑者，埤也。上古帝皇，始号封禅，树石埤岳，故曰碑也。夫碑之体，资乎史才。其序则传，其文则铭。标序盛德，必见清风之华；昭纪鸿懿，必见峻伟之烈：此碑之制也。夫碑实铭器，铭实碑

*《中国石刻丛书》由教育部人文社会科学重点研究基地项目基金资助（基于出土文献语料库的魏晋南北朝隋唐五代文字与文化研究2009JJD740009）

①钱钟书：《管锥编》第三册考论《全后汉文卷一四·桓子新论·启悟第七》，北京：中华书局，1979年版，第973—974页。

文。因器立名，事光于诔。”一篇之中，“铭”有两用：其一所谓“其序则传，其文则铭”，即有关人物传略部分谓之“序”，有关带有总赞意味铭文称之“文”。其二所谓“碑实铭器，铭实碑文”，即“铭”为铭刻之用，非关体裁；如同本篇“赞曰：写实追虚，碑诔以立。铭德慕行，文采允集”之铭，是碑为体，铭为用。

按“金石”术语，一向简单以为就是有关材质的并列结构，所谓钟鼎碑碣之属。海内外传播甚广的藤枝晃所著《汉字的文化史》里就这样表述：“研究刻写在石头上的古体文字的历史也非常悠久，并将这个学问与青铜器上的铭文——金文的研究合称为‘金石学’。”其实，稽考石刻实际，已经存在体用转换问题。至少在石刻实际使用过程中，“金石”内涵早已悄然发生流变。隋大业十一年（615年）《董氏卫夫人墓志铭》（《汇编》第10册第139页）：“此乃粗安宅兆，略述依希。蹔表行年，用憑金石。銘曰……”隋大业十二年（616年）《隋司仪丞冯忱故夫人叱李纲子墓志铭》（《汇编》第10册第161页）：“恐陵谷之遷貿，哀人世之今古。庶金石以長存，勒斯銘於泉戶。其詞曰……”所谓“金石”功能，就是墓志作用。至于其他碑刻，也并非金石并列。如隋刻《龙华碑》：“若夫功成不朽，道濟無閒，顯著當今，連延後代。若非金石，何以記焉。仰止高山，乃為銘曰……”铭文相应作：“民和礼就，道備真通。記之金石，永播無窮。”

隋唐“墓志”一体，关于“金石”实际使用存在如下的情形。①

1.1　“石”为材质，“金”为字饰

隋仁寿四年（604年）《符盛及妻胡氏墓志》（《汇编》第9册第167页）铭文其三：“昔燃花燭，獨照幽房。神存空帳，髣髴餘香。雲昏翠栢，風吟松楊。一鐫金篆，萬古流芳。”该墓志全文隶书，唯志盖为阳文篆书。“金”分指“玄石之金”，即涂金之字，隋大业九年（613年）《傅叔墓志》（《汇编》第10册第86页）：“恐陵谷之推遷，芳猷銷歇，撰録遺範，勒之幽壤。庶滄海三移，玄石之金無替；佳城千歲，白日之記猶存。嗚呼哀哉！乃為銘曰……”其中“玄石之金”与“白日之記”对文，是“金”也者，“记”也，也即所志之字。明确

①刘勰：《文心雕龙第十二·誄碑》，元刻本。（日）藤枝晃：《汉字的文化史》“石碑上的文字”，北京：新星出版社，2005年5月，第十四篇第175页。石刻数据采集于华东师范大学中国文字研究与应用中心研制《石刻语料库》。下出同，不重注。

分工，指石上所刻金字。

隋唐五代石刻语料库无虑检得数百条使用“金石”记录，大率形式上金石并列使用，而实指仅以石为材质的类型。

隋大业七年（611年）《陈叔毅修孔子庙碑》（《汇编》第10册第51页）序文称：“敬鐫金石之文，永同天地之固。”铭文亦云：“因頌成功，遂歌美績。共弊穹壤，永固金石。”隋开皇四年（584年）《杨居墓志》（《汇编》第9册第14页）：“恐敧天易動，側地難維。聊憑金石，以彰不朽。其詞曰……”隋开皇八年（588年）《杨畅墓志》（《汇编》第9册第42页）：“若夫金石難朽，陵谷易遷，銘泉勒壤，式照不絕，迺作頌云……”隋开皇九年（589年）《关明墓志》（《汇编》第9册第59页）：“其地左帶皇宮，前臨州市，面洛背芒，處依仁智。疑陵谷之易遷，刊金石之難改，寄萬古而揚名，託流芳於千載。乃為銘曰……”隋大业五年（609年）《李氏墓志》（《汇编》第10册第28页）：“鉛華易歇，金石無朽，用刊四德，永被千齡。”看似铅华、石金并列，金石皆为实体，其实非关金属。隋大业九年（613年）《牛谅墓志》（《汇编》第10册第91页）：“故鐫金石，用表行年。”隋大业十一年（615年）《元智墓志》（《汇编》第10册第133页）：“盖偃低松，鑪攢拱栢。茂德洪名，永宣金石。”隋大业七年（611年）《陈叔毅修孔子庙碑》（《汇编》第10册第51页）：“因頌成功，遂歌美績。共敝穹壤，永固金石。”而该碑文长篇，悉作篆书。隋大业十一年（615年）《唐该妻苏洪姿墓志》（《汇编》第10册第121页）：“嗣子世寶等，懼陵谷之遷徙，恐人生之轉易。乃扣地而號天，寄榮名於金石。嗚呼哀哉，乃為銘曰……”隋大业十一年（615年）《萧岑孙内宫堂侄故萧濵之铭》（《汇编》第10册第126页）：“金石作記，永亡為莨。其詞曰……”唐贞观十一年（637年）《温彦博墓志》（《汇编》第11册第75页）：“懼岸谷之或遷，懷金石之可久。式銘盛德，永播遺音。其詞曰……”唐贞观十四年（640年）《潘孝長墓志》（《汇编》第11册第91页）：“将恐天地長久，陵谷遷易。刊懋實於佳城，傅不朽於金石。其銘曰……”唐贞观十五年（641年）《侯君妻劉氏墓志》（《汇编》第11册第98页）：“但陵谷代謝，物有變遷。慮有堙沉，遂刊金石。乃作銘曰……”

隋大业十一年（615年）《范安贵墓志铭》（《汇编》第10册第137页）：“式播高摸，鐫之相質”。是相者，石刻之形式；质者，铭文之内容。

1.2　“碑上生金”，由碑及字

隋开皇十二年（592年）《曹植庙碑》（《汇编》第9册第89页）：“遂雕鏤真容，鐫金寫狀。”隋开皇十一年（591年）《郑道育墓志》（《汇编》第9册第74页）：“鐫石藻著，銘字金生。”碑志所谓金石，即石上镌金字者。隋开皇九年（589年）《暴永墓志》（《汇编》第9册第58页）：“一扃泉戶，碑上金生，黃鵠吟哀，樵童罕識。”隋仁寿元年（601年）《申穆及妻李氏墓志》（《汇编》第9册第145页）：“九扃掩鑰，孤月慘照於高墳；碑上金生，楊風告哀於兆隧。”“碑上金生，隴懸孤月。犬逐霞潛，鳳隨雲沒。”墓志志盖部分以篆书阳文揭示，所谓“碑上生金”，即志盖数字以金粉饰之谓。隋开皇九年（589年）《关明墓志》志盖部分“故虎賁內郎將關君墓誌銘”，亦篆书阳文。如是，则石刻文字所谓“金石”者，即系镂以金字之石，要非“金石”存在并列关系。

“金石”，隋唐所指构成“偏义复词”即指向石刻及墓志志盖所采用的涂金篆文，要非后世通常所理解的金属（青铜器）和石刻并列关系。“金石”偏主于石，乃本地风光，无待远征。

1.3　“金石”偏义，兼及之类

“金石志”之“金”亦有可能为结构修饰成分，或以“石刻”替换为“玉誌”。隋大业十年（614年）《姚太墓志》（《汇编》第10册第107页）：“合墓邙埠，玉誌留縱（踪）。”其中“玉誌”，即“石刻”。墓志“金石”，“金”正复为修饰之用者。

隋仁寿四年（604年）《马少敏墓志》（《汇编》第9册第163页）：“敬刊金石，寄之泉戶。”隋大业二年（606年）《鞠遵墓志》（《汇编》第10册第3页）：“魂遊闇壟，骨奄荒墳，雕金刊石，桂馥蘭芬。”隋大业三年（607年）《元君妻崔暹墓志》（《汇编》第10册第15页）：“寒來暑往，循環不息，日居月諸，俄將萬古，金石非朽，乃銘曰……”隋大业四年（608年）《郭王墓志》（《汇编》第10册第23页）：“庶憑金石，乃為銘曰：……圖英金石，勒誌幽泉。”隋大业五年（609年）《郭世昌墓志》（《汇编》第10册第26页）：“惟君專脩福業，心好法門。八戒不虧，六齋無闕。復造經造像，望保百年，兼懺悔歸心，冀存金石。”隋大业七年（611年）《陈叔毅修孔子庙碑》（《汇编》第10册第51页）：“敬鐫金石之文，永同天地之固。”隋大业八年（612年）《萧玚墓志》（《汇编》第10册第66页）：“陵谷貿遷，天長地久。俾春蘭與秋菊，共金石而無朽。迺為銘曰……”隋大业八年（612年）《高紧墓志》（《汇编》第10册第67页）：“神遊物表，蟬蛻寰中。愁雲瞰壟，逝景頹空。人生有促，天道無窮。庶鐫金石，冀闡英風。”隋大业九年（613年）《陈叔荣墓志》（《汇编》第10册第75页）：“載刊金石，永播徽猷。”隋大业九年（613年）《皇甫深墓志》（《汇编》第10册第79页）：“将恐山移海運，谷徙丹藏。刊金石以記銘，勒遺芳而不朽。乃為銘曰……”隋大业十一年（615年）《潘氏墓志铭》（《汇编》第10册第126页）：“将恐封樹遷徙，山川改易。記此徽猷，永鐫金石。其詞曰……”隋大业十二年（616年）《卞鉴墓志铭》（《汇编》第10册第152页）：“追尋故事，考校餘風。思其德，想其人。述行紀功，勒之金石。其詞曰……”唐乾封二年（667年）《王端墓志》（《汇编》第15册第40页）：“惟金石之無弊，勒萬古之徽猷。其銘曰……”

至于隋大业六年（610年）《薛保兴墓志》（《汇编》第10册第41页）“魂招難返，魄召不前。風光物色，何歲何年？功勞弈世，禄重相緣。銘金勒記，刊玉留傳”，则径以石为金之属。隋大业九年（613年）《张业墓志》（《汇编》第10册第80页）：“惟君名實高瞻，物望茂歸。非唯書盡八千，抑亦興敦三雅。邑里推其□，士友羡其高。以為策素已朽，金石長固。乃作銘云……”志文正书，志盖四字，“张”字正书，“君墓志”三字篆书（四字题目，书体杂糅如此，抑刻写程序未必一定，或有不待书家，刻工径施者）。策素、金石对文，皆指材质，而显系以石涵金者，一如隋大业十一年（615年）《程谐墓志》（《汇编》第10册第135页）：“仍故懼死生迴變，陵谷遷移。錯綜縑緗，依希金石。冀申德行，用表長年。”缣缃、金石比列，皆指材质，是石实金虚之例。

1.4 书体类型，志盖概全

唐开元九年（721年）《李敬瑜墓志》铭文“感平生之鴻懿，勒芳蕤於鳳篆”（《汇编》第21册172页）。观拓片全文正书，唯志盖施以笔势化篆文“大唐故□□府君墓志铭”数字而已。

“碑”与“志”

墓碑墓志，各有所处，各有所当，体制亦随用而有所调整。历来金石学家围绕碑、志之辨，不惮词费。其实，就其功能而言，二者略无差异。当时实际使用者，墓志亦无妨称“碑”。如隋大业三年（607年）《张怦墓志》（《汇编》第10册第14页）“憑碑雨淚，記銘心酸”，隋大业七年（611年）《田府君墓志》（《汇编》第10册第55页）“欲使桑移碧海，尚表豐碑；谷變樊山，猶傳餘烈。銘曰……”，唐乾封二年（667年）《孙恭墓志》（《汇编》第15册第54页）“是用敬雕美琰，勒此豐碑。庶傳□於不朽，終萬古而無虧。其詞曰……”等等。即造像记亦无碍以“碑”称名，如隋大业二年（606年）《李渊为子祈疾疏》（《汇编》第10册第4页）“今為男敬造石碑像一鋪”等等。

“铭”与“志”

金石学者多于金、石“铭文”概乎视之，即亦不甚区分材质类型带来的行文结构差异。这种文体观，直接导致了“墓志”“墓志铭”“志铭”之类异名之间以及“志铭”内部又分“序辞”“铭辞”之类的层次混乱。以钟鼎款式而言，“铭”之为体即通篇皆为“铭辞”。以墓志碑刻主体构成实际而言，文本内部已有铭、序分界。大量墓志在首题部分就将序文、铭文并列提示，如隋大业二年（606年）《张夫人墓志》（《汇编》第10册第12页）“隋邯鄲縣令蔡府君故妻張夫人墓誌銘并序”、隋大业三年（607年）《王夫人墓志》（《汇编》第10册第13页）“故太原王夫人墓誌銘并序”、隋大业五年（609年）《李氏墓志》（《汇编》第10册第28页）“隋故宮人典璽姓李氏墓誌銘并序”等。这类题名格式，隋唐五代石刻语料库查询有2158条记录。从上举题名结构来看，似以铭为中心，序则并及之者。但隋唐五代石刻语料库亦有由序及铭之类型。如隋大业十年（614年）《马称心墓志序并铭》（《汇编》第10册第106页）题名作“馬夫人墓誌序并銘”，又以序及铭。但语料库筛选，此类结构，仅偶或一见。唐人墓铭已当诗歌创作，亦时代风尚使然。唐乾封元年（666年）《郭君妻杨氏墓志》（《汇

编》第15册第14页）："不鐫景行，詎挹音儀者乎。其詞曰：桂浦驚華浪，桃源韻早風。未移臺上月，奄落雲間虹。"即置于《全唐诗》五言绝句，几不辨也。墓志铭文至唐代，一改隋代四字韵语局面，变体多出，颇征唐诗蔚为时代风尚。唐乾封二年（667年）《王纂墓志》（《汇编》第15册第45页）："�□碧，桂掩香。簟虛暎，琴素張。弓珧空寫□，霞氣故飄裳。□友悲聲闕，狐菟獨成□。"

要之，由墓志文本结构实际来看，墓志主体就是由序文、铭文两部分组成的。毛远明教授《碑刻文献学通论》以为成熟的墓志都应包括"志铭"等部分，是以序辞、铭辞合成的术语。

2. 石刻语料价值

2.1 语言文字

2.1.0 汉魏六朝到隋唐五代，是汉语发展史上文字、语音、词汇乃至语法演变最为剧烈的时期。楷书由发展成熟到规范定型，一直规定了今天汉字使用的基本体制；语音分化、词汇发展，该时期都是汉语史研究者最为关注的时间段落。

2.1.1 汉魏六朝到隋唐五代，社会用字实物材料类型最为丰富，举其大宗，就有简牍、石刻和简纸之类。由于材料物理属性的影响（质量密度、书写程序以及耐消磨度等），尤以石刻数量庞大且字形保存完整为特点。汉代简牍文字材料，种类繁多，至于南北朝隋唐则已罕见。秦汉简牍主要施于公用文书，魏晋南北朝隋唐文体流别大备。书写载体转换，所带来的介质属性差异，以及书体发展，使得文字使用广泛进入民间日常生活成为可能。以石刻而言，根据使用场合的规定，存在书面语和口语化两个鲜明特点。一是书面语特点：像赞颂碑文、墓志、表铭、文告、经典等石刻文献类，书面语特征体现为格式典雅，祖述句样，骈散相间，踵事增华，堆垛板重，具有传承性、夸饰性。二是口语化特点：如契券、造像题记等，大多是平民化的语言，是反映有关时代汉语发展特点的真实语料。例如，隋唐时期"去"字用于时间上的起点，等于"至……"、"从……之后"，见于隋大业六年（610年）《董穆墓志》（《汇编》第10册第39页）："盛年棄世，去開皇三年五月終於輔城。”见于唐文明元年（684年）《西州司马吴信碑》：“父信，字守忠，去貞觀十九年鄉貢明經，釋褐創任始州普安縣尉。”“又去麟德元年，轉授西州司馬。”其中两处所用“去”字，皆相当于“至……之后”、“从……之后”。汉语“去某地”跟“到某地”由原本空间方向相反，到语义全同。“去”字用作主体所在空间起点的功能，在时间起点之先。①而隋唐石刻语料时间起点使用“去”字，专门研究者似尚未寓目。汉魏六朝到隋唐五代石刻，构成这一漫长历史时段的真实语料。至于系统编纂语文工具书，可由此补具已经中断的种种形音义联系。

2.1.2　就汉字书体发展考察而言，参照主要社会实物石刻用字类型，自可看出其大体分期为：战国秦简，像睡虎地秦墓竹简整体已呈现出“古隶”书风；汉简和汉碑，代表了隶书的最高水平；汉末到魏晋，简牍作为载体的文字，处于隶楷转型之间；南北朝碑刻墓志文字，反映出楷字发展成熟的重要分期段落，同时也使用带有复古意味的隶书，该时期纸张已广泛用于书写，作为最重要的介质转换，促使楷字发展成熟，为楷字定型打下基础；隋代墓志碑刻等场合使用的石刻文字，直接继承南北朝楷书水平，同时使用带有复古意味的隶书；唐代楷书，标志着楷字的定型。唐代楷字定型，是唐宋之际文字传播方式由因人而异到雕版印刷转换的内在因素。实物用字各类数据表明，隶变解体与楷化变异，原本发生在同一历史过程。

晋代《司马芳残碑》所存书体，处于隶楷之间。南北朝时期石刻代表了楷字成熟的水准，像北魏太和二十年（496年）《元桢墓志》、太和二十三年（499年）《元建墓志》等，用笔深沉，质朴有力。北朝造像记等碑刻文字，体现出楷字发展的分期段落。有的研究者根据北朝碑刻楷书发展阶段及其碑刻标志，曾作过如下划分：北朝早期——造像多粗犷豪放之作，其造像记的书体也多稚拙古朴，粗犷豪放，无拘无束，字体草率，多变形和异体字。北魏迁都洛阳后——当时佛教传播极盛，造像者虔诚慷慨，雕刻者精心巧制，使得这一时期的造像记的文字书写

---

①毛远明：《碑刻文献学通论》，第二章“碑刻的形制及其分类”第二节“墓志的内容和形制”，北京：中华书局，2009年12月，第115页。

《汉语大词典》“去”条所引书证为南朝宋宗炳《明佛论》：“今自抚踵至顶以去陵虚，心往而勿已，则四方上下，皆无穷也。”

王其祎、周晓薇：《澄城新见唐文明元年西州司马吴信碑考略》，《考古与文物》，2009年第6期、第49—55页。

端庄严谨，刚劲有力。其书写与同时期的北魏墓志十分相近，后世称为“魏碑体”。北魏正光五年（524年）《刘根等四十一人造像记》，文字结构成正方形或略扁，横画平直，撇捺舒展开放。笔法上既保留了汉隶逆势起笔、藏头护尾的特点，又能大胆露锋取势，显出雄峻爽利的骠悍之气。北魏景明至正光年间，这种书体在造像记中较为流行。北魏晚期——石刻文字的书体逐渐转向用笔含蓄内敛、运转圆浑、结构紧凑，显示一种平和宁静的稳重感。东、西魏时期——石刻文字的书体有了明显的变化，风格多样：既有朴拙笃厚，且在“拙厚中皆有妍态”一派，也有圆劲遒厚，“古意精劲不肯作一姿媚之笔”的典雅之作。如东魏武定元年（543年）《道俗九十人造像碑记》，文字结体疏朗明快，幼稚粗放，然而却透露出一种天然的稚趣。东魏兴和二年（540年）《敬史君造像碑记》，则字体扁而匀称，用笔圆劲遒厚，实乃唐代楷书之先驱。北朝晚期的北齐北周——楷书发展逐渐成熟，但在同时，也有复古的风气。在楷字中夹杂隶书、篆书。在行笔结体中夹杂篆意，是北齐造像记中经常见到的现象。如“刘碑寺造像碑记”一类，笔法中多含篆意，使得文字平正和美，气势圆浑，具有端庄秀美的风韵。它既继承了北魏碑刻中雄健的开阔气势，又吸收了南朝书法中的柔媚绵丽之风，汇为一体。章法上疏密得当，表现出错落有致的节奏美，开隋代书法之先河。与此同时，隶书也成为造像题记的主要书体，但它与东汉魏晋隶书明显不同，表现的是隶书向楷书过渡中的典型书风，笔画中已没有明显的波折挑捺，而变为平稳匀称。书体极为整齐，而且含有篆书意韵，使得这类作品具有很强的艺术魅力。如北齐天保九年（558年）《鲁思明造像碑记》、《周荣祖造像碑记》之类，均为隶体写就，书法方雅端正，疏朗开放。行笔多用中锋，于雄健中稳含柔美，结体匀称而雍容大方，笔法流畅，给人以和谐平稳的艺术感受。①

2.1.3　书体、媒体、文体之间，相互影响，促进发展。六朝到隋唐各个时期，篆、隶、草、楷、行等书体并行。书体各体大备，适用于不同场合。或者说“体”随“用”施，所“用”不同，“体”即变换。像唐代石刻，书体风格多样，名作俯拾即是，皆臻艺能极致。后世所

①王景荃：《试论北朝佛教造像碑》，第四部分“造像题记及其书法艺术”，《中原文物》，2000年第6期。

取法以为楷则者，实仅其中数家而已。至于日本所藏唐写本《说文解字·木部》残卷真实性问题，只要对照中唐以降志盖等场合题字所用篆书，对照像元次山撰文、瞿令问刻写唐大历二年即公元767年6月15日《峿台铭》，通篇篆书，清拔瘦劲，不啻印板。到眼即辨：唐写本渊源有自。[①]

2.2 文化史料

2.2.1 汉魏六朝到隋唐五代，思想史、宗教史、文学史、艺术史等各类文化发展最为剧烈，呈现出鲜明的时代特色。由于纸张类媒介在这个时期真正进入日常书写领域，书体获得空前发展，书体发展的直接意义，就是各类文体全面走向“自觉”。[②]同时，该时期玄学佛教等精神思想深入传播，渗透到社会生活各个领域。相对于其他文献，石刻材料将这些文化事象固定下来，成为调研中古到隋唐文化生活的主要原始资源。不同类型的石刻文献具有各自的用词特征、文体特征、语体风格，例如人格词汇、人名专有词汇、制度词汇、宗教仪式用语等，表现出有关时代特有的文化特点、民族文化心理和社会道德价值观念。例如墓碑、墓志等礼仪制度用语中最常见的是婚嫁丧葬、姓氏名号、职官勋爵、天文地理、年代历法等方面的词语，反映了特定历史时期的礼仪制度、伦理观念、风俗习惯、心理特征，是凝固了的民族礼俗文化，真正称得上是千年民族文化的基本样本积淀。相对于其他文献，六朝到隋唐石刻具有真实保存社会生活的基本文化资源属性。

2.2.2 对比木、石、纸所用文字的发展变异，可以反映影响传承变异的媒介技术等因素，诸如木、石、纸张书写载体及相关工具转换对书写制度的规定和影响；可以呈现社会文化等因素，诸如艺能、教育、制度、礼仪、习俗等在历代石刻中的反映。

3. 石刻语料整理

3.1 关于石刻来源

石刻丛书，所依托汉魏六朝隋唐五代石刻语料库，有关石刻资料来

①出土地为湖南祁阳浯溪。形制为拓片高198厘米，宽109厘米。铭文元结撰，刻字瞿令问篆书。铭文拓片著录见《汇编》第27册第59页。

②臧克和：《书体发展与文体自觉》，《学术月刊》，2007年第3期。

源，构成石刻丛书调研的基本范围。

语料库石刻文献主要涉及如下类型的相关部分：

北京图书馆金石组编《北京图书馆藏中国历代石刻拓本汇编》（简称《汇编》，中州古籍出版社，1997年）；

高峡主编《西安碑林全集》及附录《陕西碑石菁华》（简称《全集》，广东经济出版社，1999年）；

中国文物研究所等单位编《新中国出土墓志》（河南卷上、下册，陕西卷上、下册，重庆卷1册；文物出版社，2004年）。

上述石刻文献，选择其中属于六朝到隋唐五代时期，相对完整且清晰可辨者，作为数据库加工范围，也就是符合客观真实的取舍原则。"相对完整"，满足石刻语料检索的要求；"清晰可辨"，满足实物字谱的制作。有的石刻材料虽然字体清晰，但由于存在刻写脱误过多而难以卒读的问题，即只取形体，而检索系统不反映其释文。像隋代大业十一年（615年）《翟突娑墓志》（《汇编》第10册第115页）通篇刻写多处脱误，故检索数据不予采集。明显伪刻，不予收录。

至于语料库研制过程所参考的相关金石研究文献，类型繁多，而石刻丛书的《汉魏六朝隋唐实用字样》等，都有详细标注，这里不再一一列举。

3.2　关于石刻加工

语料库加工，主要服务于《汉魏六朝隋唐实用字样》《魏晋南北朝隋唐五代石刻引得》等石刻系列研发的需要。基于此，石刻语料校对处理的基本操作线路是：便于呈现，避免造字之烦，同时顾及文献存真和石刻异体复杂两边；字头取通用字，字头之后依据字形表将有关变异字样集中排列；检索文句中不出字形，各文句中被检索字形复杂者，于"（）"中以结构分析方式注明。

3.2.1　关于字形处理

3.2.1.1　有必要在通用字形后标明原拓字形的情况

字形原则上用现代通行楷书繁体写定，通行字依照《标准汉语字典》[1]所规范通用字形为准。但是以下几种情况，需要在通行字形后的括号内写出原拓字形。

①张书岩：《标准汉语字典》，上海：汉语大词典出版社，2000年版。

3.2.1.1.1　原拓字形结构和通用字形有较大差异者，现行字符集支持的字形，即可以用GBK输入法输入或者逍遥笔写出的，例如：双（靉）、世（丗）、德（徳）、以（叺）。

3.2.1.1.2　原拓异体字及当时通用的简体字，现行字符集支持的字形，必须在括号内写出原拓字形。例如：辛（辛）、於（扵）、禮（礼）、與（与）等。但是有些字形不可统一为一个字，如：“丑、醜”、“里、裏”、“魏、巍”等，忠实原拓录入，不存在通用字形替换问题。

3.2.1.1.3　现行字符集不支持的字形，则可以结构分析方式注明。例如：字可以录入为：姿（女咨）。括号前面的字，备查检替代处理。

3.2.1.2　直接录入通用字形，不必在通用字形后标明原拓字形的情况。以下几种情况，则不照原拓录入，而直接录入通用字形。

3.2.1.2.1　古体字（包括武周新字）不照原录；省笔避讳字不照原录，整体替换避讳字照录。

3.2.1.2.2　有些高频字,其形体写法非常多，而且非结构性差异，又非字符集支持的字形，不再照录。例如：年、朔、厥等。

3.2.1.2.3　假借字照录。

3.2.1.2.4　原拓本中的重文符号不予保留，直接补足该字。

3.2.1.2.5　异体字甄别。石刻的一个突出特点，就是大量使用异体字。历代金石学的用力所在，也就是聚集所谓的“碑别字”。以往“碑别字”的提取都是手工摹写，字形属性保真性差，所谓歧中生歧，异上添异，往往而有。其中所体现的“别异”取舍标准，也很难做到符合石刻用字的客观实际。一般说来，某个共时断面的语料用字关系相对简单，而一旦跟历史因素发生联系，就会形成种种复综字际关系。像唐代字样学《干禄字书》关联啇、商字组：“啇商：上俗下正。”这一向成为学者们诟病的例子。而同时代的石刻表明，这种共时的关联是符合当时用字实际的。在当时一个时间断层上，世俗将这两个形体轮廓接近而混用，是可以理解的。但是，从字形书体发展演变的历史来看，大部分时间里还是形成鲜明区别，各有所用的。每个时代所面对的字形，其实也都是历史积累的结果，体现着若干历时层次。通过溯源明流的历时考辨过程，则可以排除某一时间层次上偶然混用所形成的种种“体异用同”关系。但是，毋庸赘言，历时的整理其实是件很困难的事情，基于某个共时的语言词汇层面才有可能做得比较彻底。而且，使用的范围和使用的频率，其实是很难调查清楚的事情。石刻语料库加工涉及的是从汉魏六朝到隋唐五代上千年历史出土文献，异体关系的讨论，需要考虑形体、使用和历史。

3.2.2 关于标点断句

3.2.2.1 现代标点符号的使用，亦是着眼于检索单位的长度。以此，使用现代标点断句，标点的基本原则从宽。不用双引号、感叹号、问号、破折号，少用顿号，多用逗号、句号。但是，如果引用内容起止不明确的，可以用双引号。志文铭文题目单行，宜加句号，便于索引提取。如隋大业十年（614年）《崔上师妻封依德墓志》（《汇编》第10册第98页）：“清河崔上師妻封夫人墓誌。”

3.2.2.2 勋爵职官之类单位罗列，功能相当于同位语，故中间不断句。如隋大业十年（614年）《邓昞墓志》（《汇编》第10册第112页）：“祖獻魏散騎常侍潁州剌史，歸梁授散騎常侍左衛將軍鄱陽縣開國公。”

3.2.2.3 志铭的标点：一般采用每两个语段一逗一句的方式标点，特殊情况特殊处理。如隋大业五年（609年）《吕胡墓志》（《汇编》第10册第31页）：“斯寄不朽。其詞曰：聲振南海，雄烈遼東。黄馬徒見，天實星空。法真安在，山材古蒙。潘侯生別，蘇李長分。古人何處，啼訟哀文。將軍破壟，壯士孤墳。”隋大业六年（610年）《范高墓志》（《汇编》第10册第33页）：“言應千里，諾重百金。”两个语段组合，或形同对照，或构成互文，或虚实陪比，语义始得完足，宜以两语段为句号。

3.2.2.4 并列成分的标点：对偶句中又有小句的，上句和下句之间用分号。如“誠謂句芒錫壽，持協鄭穆之季；司空掃第，冝繼張温之跡”、“質比貞筠，冠絶巖而逈出；心類高松，涉寒歲而不改”等。小句之内的并列，则用顿号；如果不影响文意，小句之内的并列成分也可不标点。如果并列成分过长，则用逗号，如“如夫以春山五色，殊崖九品，淮海三金，番禺八桂，莫不耀光采于忽微，擢英華于豪末”。以语段内部词组排列，若机械句读，则语义不完。

3.2.2.5　有“曰”“云”等标志的直接引用，只用冒号，不用引号；“谥曰”后则不标点。

3.2.2.6　间接引用，不加标点。

3.2.2.7　确认为书名的，加书名号。

3.2.2.8　有残泐字处的标点：如果残泐字较多，又不能确知文意，则不标点；如果残泐字较少，利用对偶句推知句子结构，则酌加标点。

3.2.2.9　记叙时间结构不断句。隋开皇四年（584年）《李惠猛妻杨静太造像记》（《汇编》第9册第15页）：“大惟開皇四年歲次甲辰八月辛卯朔十日庚子，佛弟子李惠猛妻楊静太，敬造弥勒像一區，并二菩薩。”时间记叙属于同位语，故不断。另外，墓志关于享年与丧亡时间的叙述，往往构成一个完整句子单位，葬礼构成解释性判断句，宜以为索引提取标志。例如，“春秋五十有八，大業六年正月二日，卒於洛陽縣。其月八日葬於河南郡河南縣芒山北千金鄉，礼也。”隋大业六年（610年）《范高墓志》（《汇编》第10册第33页）：“以大隋仁壽四年七月寝疾，殞於相州安陽縣淳風鄉之苐，春秋六十有三。”

4. 石刻语料专题

4.0　石刻丛书，在继承传统“金石学”资源的基础上，走向科学的专题调研。各专题的开展，均依托汉魏六朝隋唐五代石刻语料库，注重数据，注重系统。

4.1　《魏晋南北朝隋唐五代石刻语料检索》，实现多检索路径与原始拓片属性关联，为语言文字文化研究者、艺术爱好者提供便捷引得工具和文本数据。附单音节、双音节样条各一例：

弄（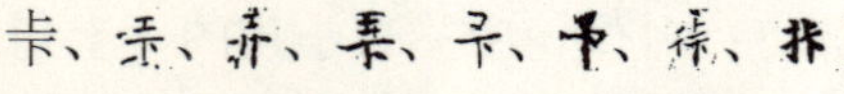）

冥○金印（北齐天保四年司馬遵業墓誌，7.025）

弱不好○（北齐天保三年道明墓誌，6.145）

允昭於載○之春（北魏正光四年元祐妃常季繁墓誌，4.136）

……（凡170条“弄”字使用记录全文检索）

玉壶（冰壶）

玉壺比潔，霜鐘齊韵（唐咸亨元年張曉墓誌，15.143）

玉壺低箭，金波上弓（唐咸亨三年尹達墓誌，15.168）

器等玉壺，冰淨志冽（唐天寶三載袁君墓誌，25.055）

玉壺有冰，遺孫謀也（唐開元十八年崔羨墓誌，23.021）

夙夜在公，不改冰壺之節；旬時弊獄，唯施甘棠之政（唐開元二十年王韶墓誌，23.068）

所居官守，清如水鏡，皎若冰壺（唐開元二十六年夏侯思泰墓誌，24.074）

雖位匪充量，冰壺之操靡渝；早擅家聲，虛白之風不弭（唐開元二十七年王惠忠墓誌，24.081）

冰霜之操，玉壺之色兮（唐天寶十載趙佺墓誌，26.038）

其清也玉壺成規，其直也朱絲可□（唐天寶十二載姚希直墓誌，26.096）

……（略）

首列通用字头，并列字头代表性字样，因此检索所出语境中被检字形以〇标识；语境给出时代年代，后附数字为文献出处简称：前一数字为《汇编》等册数，后一数字为所在页码。如此呈现，字样变异、使用语境、出现频率、语义功能以及资料出处，都到眼即辨。考虑到篇幅容量，单音节词和双音节（含多音节）词语索引分为两次研制。

4.2　《汉魏六朝隋唐实用字样》，构建汉字上千年发展历程中篆、隶、楷等主要书体类型实物使用坐标。所涉及时段，根据前后对照的需要，还涉及到汉代其他类型出土文字。具体呈现形式有如“諸”字样条，按照篆、隶、楷三种书体分栏，各栏内又以时代先后排列；所列字形标明出处。如此编排，书体发展，繁简演化，时代坐标，皆一目了然。

4.3　《魏晋南北朝石刻文字》，两汉与中古石刻用字对照，通过中古石刻用字字频统计、变异类型数据分析，客观描写中古文字发展规律。

4.4　《隋唐五代石刻文字》，中古与隋唐石刻用字对照，通过隋唐五代石刻用字字频统计、变异类型数据分析，客观描写隋唐文字发展规律。

4.5 《隋唐石刻与唐代字样》，基于共时的石刻语料即实物用字对照，考察唐代字样标准，以及字样标准与同时代社会实际用字水平之间的关系，由此揭示作为楷字定型标志的唐代石刻字样在汉字发展史上的地位，为文字规范化、标准化工作提供参考。

4.6 《六朝隋唐石刻词汇》，基于石刻语料库，从流变角度，考察六朝到隋唐特色语段的表现形式与深层结构。

4.7 《六朝隋唐石刻文化》，专题对比木石纸所用文字的发展变异，反映影响传承变异的媒介技术等因素，诸如木、石、纸张书写载体及相关工具转换对书写制度的规定和影响；呈现社会文化等因素，诸如教育制度、礼仪习俗等在历代石刻语料中的反映。从具体文化意象单位的流转变换，到各个时期社会文化性格的风气扇被。

石刻语料，作为文字史、汉语史、文化史核心资源，值得挖掘利用的课题众多。从传统“金石学”走向系统科学研究，要完成的任务十分繁重。本套石刻丛书，仅是稍逗其绪，做了部分文字基础工作而已。以时短功浅，诖误多有；幸石林宿儒通人，有以牖导是正。

本书凡例

1．本书正文行文部分全部采用通用规范字形。

2．引用石刻释文部分，均依照石刻拓片原始信息输入，未作繁简字转化。

3．引用《说文解字》、《篆隶万象名义》、《宋本玉篇》等传世字书中原文部分，均依华东师范大学中国文字研究与应用中心研制的“传世字书语料库”为准，未作繁简字转化。

4．为了照顾到书稿的美观，同时也是为了保持本丛书的整齐化，本书所用石刻字形拓片，都由原拓片的黑底白字转为白底黑字。

目录

第一章 绪论

石刻文字历史悠久，始于秦汉，中古遭禁，隋唐五代复兴至巅。汉字由篆而隶、由隶而楷之演变过程及典型特征均通过石刻文字而得以保存。在汉字楷书发展史上，隋唐五代石刻材料是继魏晋南北朝石刻材料之后，除敦煌写卷之外，最为重要的实物文献资料。通过对隋唐五代石刻材料的研究，我们可以发现楷字由发展成熟到完全定型的演变过程。

第一节

石刻研究概述

一、研究现状

研究语言文字学史，最需要的就是真实性强、数量充足、能够明确断代并且能够明确划分区域的文字史料，而石刻文字正好符合这个标准，因此这批镌刻在石头上的浩如烟海的文字史料，向来为人们所看重。首先，我们来简要回顾一下碑刻文字的研究历史。

（一）隋唐五代石刻文字的整理与研究

金石之学开始于汉代，魏晋南北朝至唐逐渐发展，到两宋达到极盛，而于元明又逐渐衰败，到清代再度复兴，并一度成为显学。在宋代，由于金石出土较多，大批的文人学者开始关注并收集整理它们。据容媛《金石书目录》记载，宋代金石学者有22人，著作30种。清代李遇孙《金石学录》中录有61人。杨殿珣《宋代金石佚书目》中列出只知书名的佚书就有89种，由此可见这一时期金石著录研究十分流行。其中流传至今的有宋代欧阳修编撰的《集古录》，它是我国现存著录金石的最早著作，开古代器物学研究之先河。紧随其后的金石收藏家赵明诚，又仿照《集古录》的体例，将自己收藏的三代彝器及汉唐石刻撰成了另外一部传世之作《金石录》。但是，他们并没有专门关注石刻文字的本体——汉字的形体。收集整理碑版之别构字开始于宋代洪适的《隶释》，这部书打破了以往金石著作仅收目录和跋语的体例，开始收录碑文，是现存年代最早的一部集录和考释汉魏晋石刻文字的专著。随后石刻文字的收集和整理就一直没有间断过。先后有清顾炎武《金石文字记》、刑澍《金石文字辨异》、杨绍廉《金石文字辨异补编》、梁廷枏《碑文摘奇》、钱大昕《潜研堂金石文字跋尾》、王昶《金石萃编》、陆增祥《八琼室金石补正》、顾蔼吉《隶辨》等。以上这些著作的研究方法和关注的焦点不外乎以下四个方面：存目、鉴别、考释、评述。有存目的，有临摹的，有录文的，有分类编纂的，有分地域记载的。他们大多或者鉴定其真伪，或者考证其年代，或者描述其形制，或者释读其文字，或者评述其风格，非常详细。虽然都或多或少地涉及到石刻文字的研究，对于石刻文字的释读具有十分重要的价值，但是这些著作大多将金石并列，更没有对石刻文字展开系统的整理与研究。

另外，在清代还出现了一系列专门收集整理碑别字的通史性字汇。先有清赵之谦《六朝别字记》；后有罗振鋆《碑别字》5卷；罗振玉续辑《碑别字补》5卷；又合并前书成《增订碑别字》5卷；其子罗福葆又增辑《碑别字续拾》1卷。这些论著是有关文字变异的专著，是我们研究石刻异体字不可缺少的工具书。后来马向欣又在《六朝别字记》的基础上，编著了《六朝别字记新编》。这本著作对于隋唐五代石刻文字的释读具有很好的借鉴作用。今人秦公编撰的《碑别字新编》收录了上至秦汉，下至民国的近两千种石刻材料，整理出字头2528个，别字13000余个，字头按照笔画多少排列，别字按照时代的先后排列于字头的下面并注明出处。①后又与刘大新在先前的基础上编撰了《广碑别字》一书。②这两部书都收录和整理了大量的碑别字，“不独为读碑之助，亦足为探究文字演变之鉴”③。综上所述，古人在石刻文字资料收集方面的成就斐然，但是对于其中异体字的类型，笔画、构件、整字层面的传承与变异情况，字体变异规律及其原因探索等方面的研究则相当薄弱。

近年来，随着石刻材料的大量出土和系统整理，人们越来越重视这一研究领域，并出现了一系列比较有影响的著作：首先是由王宁主编，

①秦公：《碑别字新编》凡例，北京：文物出版社，1985年版。
②秦公、刘大新：《广碑别字》，北京：国际文化出版公司，1995年版。
③启功：《碑别字新编》序，北京：文物出版社，1985年版。

陈淑梅著的《东汉碑隶构形系统研究》[①]、易敏著的《云居寺明刻石经文字构形研究》[②]、齐元涛著的《隋唐五代碑志楷书构形系统研究》[③]等研究汉字构形史的一系列丛书。它们以汉字构形学理论为指导，运用统一的文字学术语和操作程序，按时间分阶段地对石刻文字进行了系统的整理和研究，全面仔细地描述了其构形系统。吴钢主编的《唐碑俗字录》[④]对唐代碑刻中的俗字进行了系统的整理和收集，并给出了单个汉字出现的语境，是一部很好的释读唐碑的工具书。欧昌俊、李海霞合著的《六朝唐五代石刻俗字研究》[⑤]对六朝唐五代石刻俗字进行了详细的分类和举例性研究，并对石刻俗字产生的原因进行了一些较为深入的探讨。另外，还有不少重要的学术论文：《从汉字形旁的变化看六朝唐五代石刻俗字的形成》[⑥]、《隋唐五代碑志楷书书写、构形状况论析》[⑦]、《隋唐五代碑志楷书中的形体混同现象》[⑧]、《云居寺明代石刻〈华严经〉异形字研究》[⑨]、《魏晋南北朝石刻楷字变异类型研究》[⑩]等都是从石刻文字着手进行的深入探讨。上述这些资料的整理出版为本研究的开展提供了极大的方便。

（二）与本论题相关的隋唐五代其他材质文字的研究

与隋唐五代石刻文字的整理与研究相比，前贤对敦煌写卷中俗字的研究成果较多。例如，潘重规的《敦煌俗字谱》具有较高的文字学价值，对于进一步整理研究石刻文字具有重要的参考意义。张涌泉的《汉语俗字研究》、《敦煌俗字研究》、《汉语俗字丛考》系列，深入地探讨了汉语俗字产生的原因、类型，并对隋唐五代俗字的使用情况作了大致的梳理，为这一时期俗字的断代研究提供了帮助。黄征所编的《敦煌

①陈淑梅：《东汉碑隶构形系统研究》，上海：上海教育出版社，2004年版。

②易敏：《云居寺明刻石经文字构形研究》，上海：上海教育出版社，2004年版。

③齐元涛：《隋唐五代碑志楷书构形系统研究》，上海：上海教育出版社，2007年版。

④吴钢、吴大敏：《唐碑俗字录》，西安：三秦出版社，2004年版。

⑤欧昌俊、李海霞：《六朝唐五代石刻俗字研究》，成都：巴蜀书社，2004年版。

⑥欧昌俊：《从汉字形旁的变化看六朝唐五代石刻俗字的形成》，《语言文史论集》，重庆：西南师范大学出版社，2000年版。

⑦齐元涛：《隋唐五代碑志楷书书写、构形状况论析》，《古汉语研究》，2002年第1期，第19—23页。

⑧齐元涛：《隋唐五代碑志楷书中的形体混同现象》，《古汉语研究》，2004年第1期，第48—52页。

⑨易敏：《云居寺明代石刻〈华严经〉异形字研究》，《民俗典籍文字研究》，2003年第1期，第294—314页。

⑩王平：《魏晋南北朝石刻楷字变异类型研究》，《中国文字研究》，2007年第1期，第121—129页。

俗字典》，是目前收录敦煌俗字最丰富的工具书之一，为隋唐五代石刻文字的共时比较提供了一个研究平台。郑贤章的《龙龛手镜研究》考辨出了五代时期大量的疑难字形，为同时期石刻疑难字的释读提供了便利。蔡忠霖的《敦煌汉文写卷俗字及其现象研究》从俗字史的角度，对不同时代敦煌写卷中的俗字进行了初步的断代研究，为同时期石刻文字的断代研究提供了佐证。

另外，有关隋唐五代时期避讳字、新造字的研究成果主要有：何九盈等主编的《中国汉字文化大观》①中简述了隋唐五代时期的缺笔避讳、拆字避讳、删字避讳、以形似字避讳等避讳方法。此外，吕思勉、施安昌、张涌泉等学者也都谈到了这一时期的避讳字问题。

新造字研究的焦点主要是武周新字的字数、出现时间的先后等等。其中，胡朴安在《中国文字学》②中著录收集的武周新字字数最多。台湾王三庆在其论文《敦煌写卷中武后新字之调查研究》中论述了武周新字出现的先后顺序。

二、研究空间

纵观石刻文字的研究历史，我们可以看出，就隋唐五代时期石刻楷字而言，相关整理工作已经呈现出相当的成绩，至于文字方面的探究则仍然属于草创阶段。前贤的研究主要集中于材料收集整理、碑别字（俗字）的辑录、石刻文字的局部研究以及构形系统的描述等方面。实际上，通过对这一时期石刻楷书文字材料比较全面的清理，并经过对材料的分析比较，我们认为，利用隋唐五代石刻材料进行楷字的研究潜在的价值最大。首先，对于石刻本身的发展历史来说，隋唐五代确实是一个至关重要的时期。因为中国的石刻自汉代兴起，在经历了魏晋南北朝时期的发展演变之后，于隋唐五代时期达到了发展的顶峰。对此，王立军在《中国古代碑刻论略》中曾指出："隋唐五代时期是中国石刻发展的全盛时期。"这一时期，不仅为统治阶级歌功颂德的墨迹刀痕遍布全

①何九盈等主编：《中国汉字文化大观》，北京：北京大学出版社，1995年版，第177—178页。

②胡朴安：《中国文字学》，北京：商务印书馆，1977年版。

国，而且黎民百姓祈福免灾的造像刻石也比比皆是。其中褚遂良、颜真卿、韩愈等著名书法家的作品更是弥足珍贵。我们也不难看出处于发展最辉煌阶段的石刻文献呈现出异常成熟的特点：数量众多、分布广泛、种类齐全、形制完善、名碑云集等等。材料的丰富性，为后世开展汉字各方面的研究提供了前提条件。文献材料的保真性、持久性等特点，又为研究结论的可靠性提供了必要条件。其次，针对汉字发展历史来讲，隋唐五代时期上承魏晋六朝，下启宋元明清，在汉字楷书发展史上有着举足轻重的地位。如果我们称“魏晋南北朝是楷字发展成熟的时期”①，“隋唐五代则是楷书的成熟定型时期”②。隋唐五代时期是汉字书体和汉字字形发展至为关键的时期，楷字在传承魏晋南北朝时期汉字字形的基础上继续发展演变。本时期楷字的传承与变异对现代楷字的定型影响甚巨，现代楷字的许多形体都可以在这里找到直接源头。第三，从汉字传播的途径来说，隋唐五代时期，雕版印刷虽然出现，但未普及。纵观历史，本时期出现且流传至今的文献，主要是当时的手抄文字和石刻文字，其中以石刻文字为大宗。按照我们所整理的隋唐五代石刻语料库统计，共搜集收录本时期石刻材料约4214种，总字量达176.5万余字。可见，隋唐五代时期文字的传播仍然主要依靠刻写、手写，而数以万计的出土石刻材料，为我们保存了文字的最原始面貌，避免了调查过程中其他因素（如版本、流传等）的影响。上述这些特点，使得隋唐五代石刻文字作为本时期的独立专题研究成为可能。

因此，无论是从石刻发展的历史、整个汉字的发展历史来说，还是从汉字的传播途径来看，隋唐五代时期的石刻文字研究都将注定成为汉字发展史研究的重点。

基于隋唐五代石刻楷字的研究现状及其研究的重要性，我们认为以下几个方面还存在着较大的研究空间：（1）楷字是不断发展变化的，仅仅揭示出本时期石刻楷字的构形系统面貌是远远不够的。因此在研究

---

①参见郭瑞：《魏晋南北朝石刻楷字的传承与变异》，华东师范大学2008届博士论文。另，裘锡圭认为“似乎可以把南北朝看作楷书阶段的开端，把魏晋时代看作隶书、楷书两个阶段之间的过渡阶段”。（裘锡圭：《文字学概要》，北京：商务印书馆，2003年版，第96页。）这里我们采用前者。

②臧克和：《书体发展与文体自觉》，《学术月刊》，2007年第3期，第106—113页。“真正将楷书作为从隶书演变而来的独立书体类型、与隶书相并列、作为狭义书体类型进行传承定形的阶段是唐代。”

中，我们应该在全面描述该时期石刻楷字构形系统的基础之上，注意共时研究与历时比较相结合，通过观察楷字在历时发展序列中的传承与变异情况，特别是与魏晋南北朝石刻楷字的对照，总结出楷字发展演变的特点和规律。目前，由于缺少相关研究成果和基础平台的支持，所以基本上没有展开石刻楷字的历时比较研究。（2）本时期石刻材料数量的庞大和收集整理的复杂程度，导致了本阶段的系统调查研究工作相对薄弱。几乎所有涉及隋唐五代石刻楷字研究的专著系列仍然停留在集释性、举例性研究层面上，缺乏全面系统的整理研究。零星研究多于系统研究，举例研究多于穷尽研究。即使是以专门材料为基础的汉字发展史断代研究也还是建立在抽样调查的基础之上，这样的做法导致统计的数据并不是十分准确。目前以文字学的理论为指导，立足于宏观与微观、动态与静态相结合，对隋唐五代时期石刻楷字的笔画、构件、整字进行封闭式、穷尽性的全面系统的研究还没有见到。（3）以《碑别字》为代表的一系列石刻文字字汇，虽然收集和整理了大量隋唐五代石刻楷字的字形，但收字并不完备，而且字际关系的处理也存在诸多不明晰之处。（4）汉字本体的研究，首先强调的是材料的保真性。虽然前辈学者的研究是建立在石刻原始拓片基础之上的，但是在具体的成文中，基本上采用的都是自造字或者临摹字。在具体的造字或者临摹的过程中，很容易掺杂造字者或者临摹者对原始拓片的理解和认识，造字者或者临摹者本身的水平和治学风格都会对材料产生重要的影响，不能为字形的准确程度提供客观上的保证。目前，在这一研究领域，还没有出现一部在对材料中的具体汉字字形分析时采用典型实物图片的著作。（5）在运用本时期的这批材料进行调查研究时，前贤的大部分研究成果没有呈现单个汉字出现的语境。换言之，大多数研究者在辑录石刻文字的时候，仅仅是摘取单个的字形，而不是采用摘句的方式。这样导致字形与上下文脱节，很难展开具体字际关系的分析和讨论，也不能对大型语文工具书的订补提供参考。（6）利用出土文献对汉字出现的时代进行准确断代的研究还比较少见。即使出现也仅仅是对个别汉字的探赜阐微，未估计全局。

第二节

石刻材料特点

古往今来，任何研究都是建立在对相关材料进行翔实的调查基础之上的。脱离材料的调查研究就像是无源之水，无本之木，毫无说服力。因此，我们必须首先对隋唐五代石刻材料进行全面系统的调查和整理。下面主要从本时期石刻材料的收集和著录概况、石刻材料的整体特点以及与本书相关的材料选取等几个方面加以讨论。

一、隋唐五代石刻材料的整理与收录概况

自宋代金石之学兴起以来，石刻材料的收集和考释就一直没有间断过。但遗憾的是宋人几乎没有整理保存过隋唐五代时期的石刻材料。直到清代，才有学者开始关注这一时期的石刻材料。具体来说，可以分为以下几类：存目类、录文类、题跋类、摹图类、分地类等。在这些材料中，只有录文类、题跋类与本书的关系紧密，故仅分叙如下：集金石学之大成者，首推王昶的《金石萃编》和陆增祥的《八琼室金石补正》。前者以所藏三代至辽金的石刻1500种，以时代先后，甄录其文；诸家题跋，悉附其下；随后再列己见。书凡160卷。叶昌炽曾评价此书“譬之唐人义疏，经与传合，注与书合，虽异古本，实便学者，在金石著录家可谓集大成者”。后者是继《金石萃编》之后的又一部石刻材料汇编。全书共130卷。所收石刻和其他器物铭文多达3500多种，收录年代上起秦汉，下到辽金。该书体例模仿《萃编》。碑刻、器铭都录全文，《萃编》已著录者不再录全文，仅摘出《萃编》中的某些错误，据旧拓本或精拓本加以订正。对《萃编》所引诸家题识，有遗漏者则补之。此书内容比《萃编》更丰富，录文也更精确。以上这些著作中都涉及到隋唐五代石刻材料的整理。

到民国期间，汇集隋唐五代时期石刻材料的著作主要有：（1）端方的《匋斋藏石记》。此书收录其所收藏的汉代至明代的造像记、题名、刻石、砖瓦等金石拓片700余件，并附有拓片释文。（2）罗振玉的《冢墓遗文》系列。罗振玉曾经在中原一带广泛搜集碑刻，并先后编印《芒洛冢墓遗文》五编、《东都冢墓遗文》、《山左冢墓遗文》、《襄阳冢墓遗文》、《邺下冢墓遗文》、《广陵冢墓遗文》、《京畿冢墓遗文》、《中州冢墓遗文》、《唐三家碑录》、《昭陵碑录》、《海东藩阅志存》（罗氏各书均有自刊本）等系列专书，收集了大量的唐碑文字。（3）张钫《千唐志斋藏志》。千唐志斋共收藏唐志多达1400多件（仅以拓本流传），上起武德，下至晚唐，非常完备。此外，李根源的《曲石藏志》、于右任的《鸳鸯七志斋藏石》等，都或多或少对隋唐五代时期的石刻材料有所收录。

石刻资料比较零散，而且拓本又少，不方便进行分类检索和集中系统研究。于是从20世纪80年代后期起，有关单位开始对石刻拓片进行大规模的收集整理。其中涉及到本时期石刻材料搜集的，主要包括综合类收集和墓志专门类收集。综合类收集中最为著名的是：北京图书馆金石组选编的《北京图书馆藏中国历代石刻拓本汇编》[①]，全书共100册，共收拓片近2000种，上起秦汉，下迄民国。按照时代先后分为九个部分：秦汉为1册，收录拓片200多张；三国两晋南北朝为7册，收录拓片1200多张；隋唐五代十国为28册，收录拓片5200多种；两宋为8册，收录拓片1500多种；辽西夏金为3册，收录拓片500多张；元代为3册，收录拓片500种；明代为10册，收录拓片2000种；清代为30册，收录拓片5000多种；中华民国为10册，收录拓片2000种。编者对每张拓片或者实

①北京图书馆金石组选编：《北京图书馆藏中国历代石刻拓本汇编》，郑州：中州古籍出版社，1989—1991年版。下同。

物的尺寸、源流、出土收藏情况、镌刻年代及其出土地点等方面都做了必要的著录，被誉为“一部刻写在石头上的《二十五史》”。由于这套丛书真实地保存了各种石刻的原貌，所以是众家研究石刻文字的首选材料。之前相关的研究成果中，《六朝唐五代石刻俗字研究》以及《隋唐五代碑志楷书构形系统研究》都是以此为基础展开的调查。另外，国家图书馆善本部金石组还编有《历代石刻史料汇编》①，全书5编16册。该书从数以千计的金石书中精选出17000余篇石刻材料，每篇不仅有石刻原文，而且还附有历代金石学家考释题跋。该汇编还有另外一个突出特点，就是将所有的材料按照时间的先后分阶段进行编排。全书按照时代的先后分为5编，即先秦秦汉魏晋南北朝编（2册）、隋唐五代编（4册）、两宋编（4册）、辽金元编（3册）、明清编（3册），便于汉字断代史研究者使用。

墓志专门类收集比较全面的有：《隋唐五代墓志汇编》、《唐代墓志汇编》及其《续编》、《新中国出土墓志》等。（1）《隋唐五代墓志汇编》②全书共30册，该书按照地域编排，共包括河南、河北、陕西、山西、北京、新疆、江苏、山东等地方出土的墓志。此书主要以收录拓片、图版为主，并对墓志的出土时间、出土地点、收藏地点、源流、撰写者、刻写者等情况作了介绍。它是第一部汇集隋唐五代墓志新旧拓本的汇编。（2）由周绍良主编的《唐代墓志汇编》③上、下册，收录了共计3607方，总字数约370万。该资料以墓主的具体下葬日期为顺序，并以年号为界进行编排。将原始拓片全部释读为繁体字，并加注新式标点。该书出版后，又另外发现很多失收的墓志以及新出土的墓志，于是周绍良、赵超又编写了《唐代墓志汇编续编》④。这两部书可以说是把唐代的墓志材料搜罗殆尽，并进行了全面的整理和系统的校订，是唐史研究必不可少的史料。虽然这类录文的目的是材料研究，不适合于汉字字形的研究，但是可以为隋唐石刻材料的释读提供参考。（3）由中国文物研究所等编写的《新中国出土墓志》⑤，收录了1949

①国家图书馆善本部金石组编：《历代石刻史料汇编》，北京：北京图书馆出版社，2000年版。下同。
②每卷由收藏单位专家编：《隋唐五代墓志汇编》，天津：天津古籍出版社，1991—1992年版。
③周绍良主编：《唐代墓志汇编》（上、下册），上海：上海古籍出版社，1992年版。下同。
④周绍良、赵超：《唐代墓志汇编续编》，上海：上海古籍出版社，2001年版。下同。
⑤中国文物研究所等编：《新中国出土墓志》，北京：文物出版社，1994—2002年版。下同。

年以来出土的墓志，墓志年代上起秦汉，下至民国。全书按照出土省份分为河南卷（1994年）、陕西卷（2000年）、重庆卷（2002年），著录比较全面，包括说明、拓片、录文、注释几个主要部分。它是最新出土的石刻墓志材料的汇编，也是汉字本体研究不可缺少的材料。

二、隋唐五代石刻材料的整体特点

隋唐五代时期是中国石刻发展的重要时期。在这一时期，石刻经过隋代的短暂过渡，于唐代达到了鼎盛，五代由于战乱，留存下来的石刻数量不多，仅仅是继承了唐代形成的各种石刻类型，并无大发展。随着石刻本身的发展，石刻材料在这一时期也呈现出与众不同的特点。

（一）隋唐五代石刻材料数量庞大

隋代统治时间短暂，留存下来的石刻数量不多。五代也由于战乱，留存下来的石刻数量也不多。但是，处于二者之间的唐代却有不计其数的石刻流传于世。由于政治、经济、文化的空前繁荣，加上历代皇帝的极力倡导及亲身示范，在唐代，撰写碑文成为了一种庄重而高雅的事情。如唐太宗的《晋祠铭》、《温泉铭》，武则天的《升仙太子碑》等。在当时，请名人撰碑成风。聘请名人名士撰写碑文是当时流行的一种社会风尚，并成为身份地位的象征。据清人钱泳《履园丛话》中记载："白乐天为元微之作墓志铭，酬以与马、绫帛、银鞍、玉带之类，不可枚举。"可见当时的人为了请名人名士撰写碑文，而不吝钱财，需要支付高额的"润笔费"。被列入"唐宋八大家"的韩愈、柳宗元都曾为别人撰写过大量的碑文。"据考，韩愈的论集中，他所撰写的碑志文字就占全部文集的12卷之多。"[①]流传至今的有《曹成王碑》、《乌氏庙碑铭》、《柳子厚墓志铭》等。柳宗元一生也留下了许多不朽的碑刻篇章，如《箕子碑》、《故御史周君碣》、《小侄女墓砖记》等。限于拓片的清晰度等因素的考虑，本书所依托建立的语料库只收录了韩愈的《苗藩墓志》、《李虚中墓志》，柳宗元的《裴琪墓志》。从上面我们可以看出：帝王将相、文人墨客重视碑刻，竞写碑文，以至于在唐朝时

①金其桢：《唐代碑文化研究》，《南方文物》，2004年第3期，第49—60页。

中国石刻呈现出空前繁盛的局面。有大量的名碑、墓志、石经、造像或者拓片流传至今，为汉字本体的研究提供了弥足珍贵的第一手资料。

总之，在隋唐五代统治的这380年间，究竟有多少石刻资料出现（或者流传于世），很难给出比较确切的答案。在上面涉及石刻资料的整理情况中，有一部分没有对应的拓片流传于世，这部分材料不适合我们的研究，所以被排除在我们的调查范围之外。我们在整理“隋唐五代石刻语料库”时所作的统计如下：“隋唐五代石刻语料库”所收石刻语料时间跨度限定在隋代、唐代和五代，共380年，所有文献材料来源必须是适合汉字本体研究并有拓本流传至今的材料，其中主要包括：《北京图书馆藏中国历代石刻拓本汇编（9—36册）》、《新中国出土墓志·陕西卷（隋唐五代部分）》、《新中国出土墓志·河南卷（隋唐五代部分）》、《新中国出土墓志·重庆卷（隋唐五代部分）》，对这些大型资料汇集中的石刻拓片，剔除模糊不易辨认者，遴选出4200余张，这个数据是十分可观的。这些石刻拓片资料作为一种特殊的历史资料，对于研究石刻文字的整体面貌和个体特征有着非常重要的意义。

（二）隋唐五代石刻材料种类齐全

从最早的先秦刻石《石鼓文》开始算起，到隋唐五代时期，中国古代石刻已经走过了几千年的发展历程。在这个漫长的历史演变过程中，中国石刻的类型也发生了巨大的变化，逐渐由原来的单一化向多样化发展。

根据我们的统计，隋唐五代时期的石刻类型主要有：庙碑、功德碑、墓志、砖志、碣、造像记、柩记、题记、墓记、造桥记、塔记、投龙记、造义井记、写经记、开石室记、麻姑仙坛记、斋醮记、报德记、游石桥记、龙泉记、浯溪记、墓版文、题刻、磚刻、题名、塔铭、龛铭、造浮图铭、序、诗刻、游仙篇、经幢、买地券、石经、敕内庄宅使牒、镇墓文等等。由此，我们可以看出：在隋唐五代时期，石刻的种类已经十分齐全，处处显示出成熟的迹象。

但是，到目前为止，隋唐五代时期中国的石刻到底有多少种类型，学术界并没有统一的意见。其实，从上面搜集到的这些类型的称谓我们可以看出：石刻类型的划分十分混乱。这固然与缺乏科学、统一的分类标准不无关系，但是石刻本身发展的时间跨度大，各种类型又时有变化，变化的幅度或甚或微，也在一定程度上加剧了对其进行科学分类的难度。“总而言之，前人的分类往往是出于习惯，沿用古代的名称，进而把内容、用途与形制结合起来作为石刻的分类标准。”[①]我们认为，要想按照严格的科学标准对有着几千年发展历史的中国石刻进行总体上的分类是十分困难的。基于此，再考虑到本书调研的需求，我们觉得目前的分类应该要服务于后文的调研目的，即对石刻材料的分类要以能否为研究提供服务为先决条件。正如王立军在《谈碑刻的文献性质分类法》中所提到的：“如果把碑刻作为文物去研究，就应该依其文物属性进行分类；如果把碑刻作为文献进行研究，则应该从文献属性的角度去划分。”本书是要对石刻文字的本体进行全面的调查研究，而影响石刻文字本体的主要因素之一就是石刻的社会功能。因此，本书将按照石刻的社会功能将隋唐五代的石刻文字类型具体分为：（1）歌颂功德类，歌颂生者或死者的功德，通常人们所说的墓志、墓碑、碑表、庙堂碑、造塔铭等就都属于这一类，如《龙藏寺碑》、《贺若谊碑》、《曹子建庙碑》、《美人董氏墓志》、《元公夫人姬氏墓志》、《苏孝慈墓志》、《岳林寺塔铭》等；（2）造物行善类，自己或者集体出资建造佛像或者社会公益设施以积善德，包括一般说的造像记、造桥记、井栏刻字等，如《王仵仁造像记》、《夏侯叔造像记》、《三十余人造桥记》等；（3）题名题记类，仅仅记录刻写者、被记录者或者某地的名字，包括各种题名、摩崖题字、神道题字等，如《兴龙山开山题字》、《井栏题字》、《李憺题名》、《元复业题名》等；（4）信符界石类，将文字刻在石头上，并以此来标记某个范围的归属，包括界石刻字、买地券等，如《乔进臣买地券》、《张神洛买田券》、《始建县界碑》等；（5）诗词文章类，刻记文人的诗歌或文章，如《题云居上寺诗》、《留别南溪诗刻》、《夏日游石淙诗并序》等；（6）佛道经典类，主要用于记录佛家、道家经典等，如《净土寺陁罗尼经幢》、《道德经碑》、《道德经幢》、《陈氏造心经幢》等；（7）保存书法类，为了保存一些名家书法笔迹而刻写的文字，如《九成宫醴泉铭》、《神

①赵超：《中国古代石刻概论》，北京：文物出版社，1997年版，第2页。

策军碑》等。[1]

（三）隋唐五代石刻材料书体繁杂

根据《北京图书馆藏中国历代石刻拓本汇编》、《新中国出土墓志·陕西卷》、《新中国出土墓志·河南卷》、《新中国出土墓志·重庆卷》中“隋唐五代部分”石刻拓片统计显示，在收藏的6518张石刻拓片中，共计有楷书4390张、隶书278张、草书10张、行书236张、篆书920张、因模糊无法辨认的449张。另外还有楷书、行书间用的4张；篆书、行书间用的1张，行楷13张，篆书、隶书间用的1张，篆书、楷书间用的2张，篆书、隶书、楷书间用的1张。其中，用行书书写的石刻材料涉及的类型非常丰富，有墓志铭、庙碑、神道、造像、经幢、功德碑、塔名等，而篆书书写的石刻材料中，除几块题名、功德碑、神道碑、墓碑以外，其余均为墓志铭之盖文。从中我们可以看出：（1）隋唐五代石刻材料中使用的书体类型多样化，篆书、隶书、草书、行书、楷书各体皆备。（2）隋唐五代石刻文字的书写风格多样化，既有从右往左的书写顺序，也有从左往右的顺序，既有一种书体贯穿全文的，也有分为上、下两部分的，还有几种书体在行文中无规律转换使用的。

除此以外，唐代还出现了许多中国碑文化“之最”：第一块流传至今的皇帝御碑——唐太宗《晋祠铭》；第一块用行书撰写的碑——唐太宗《晋祠铭》；首次用“飞白书”撰写碑名和墓志盖的碑——唐太宗《晋祠铭》碑额“贞观廿年正月廿六日”；第一块用草书撰写的碑——武则天《升仙太子碑》；第一块没刻写文字的碑——武则天《无字碑》；“三绝碑”数目最多的年代——如《怡亭铭摩崖》、《蜀丞相诸葛武侯祠堂碑》、《岳麓寺碑》等；第一块集字碑——《释怀仁集王书圣教序》等等。这些材料无不显示出，石刻在隋唐五代时期达到了发展的顶峰。

（四）隋唐五代石刻材料分布广泛

据调查，我国30个省市自治区600多个县市都有比较多的石刻存在，遍布大江南北，叶昌炽认为：“关中为汉唐旧都，古碑渊薮；其次则直隶、河南、山东、山西。观毕阮诸家所录，望洋兴叹；又其次，则

①参考郭瑞：《魏晋南北朝石刻楷字的传承与变异》，华东师范大学2008届博士论文。

陇蜀、吾吴”。根据《北京图书馆藏中国历代石刻拓本汇编》、《新中国出土墓志·陕西卷》、《新中国出土墓志·河南卷》、《新中国出土墓志·重庆卷》中“隋唐五代部分”石刻拓片统计，出土地大多集中在山东、河南、陕西、江苏、河北、山西、北京、四川、甘肃、广东、广西、新疆、安徽、湖北、湖南以及朝鲜等地方。从中，我们可以看出隋唐五代石刻材料的地域分布相当广泛。

第三节 石刻文字研究

一、研究意义

“真书汉末已胚胎，钟体婴儿尚未孩。直至三唐方烂漫，万花红紫一齐开。”[①]启功这首诗指出萌芽于汉末的楷书，直到唐代才达到发展的顶峰，而汉字楷书在这七八百年漫长过程中的发展演变还缺少详细的研究和全面的调查。其中，隋唐五代时期是中国封建社会发展的顶峰，同时也是汉字楷书历经汉末萌芽，魏晋南北朝奠基后走向成熟的黄金时代。这一时期楷书的发展、定型、规范直接影响了隋唐五代以后楷书的发展演变，在汉字楷书发展史上具有极其重要的地位。在当时，社会上各种书写材质并用，其中以石刻数量为最多、内容涉及最广、存留程度最好，也最能够真实地反映出当时社会用字的实际情况，清晰地展现出汉字字体的发展演变过程。基于此，我们认为研究汉字楷书的发展演变历史，隋唐五代时期的石刻楷字是一个非常可靠、非常有必要的研究起点。本书将通过对隋唐五代石刻楷字的全面整理和研究，描述该时期石刻楷字形体的个体特征和系统情况，探究石刻异体形成的原因，总结楷字定型过程中的规律，实现楷字研究由魏晋南北朝到隋唐五代的衔接，弥补汉字发展史研究上的缺漏。同时，为异体字（社会实物用字）的整理提供参考。

①启功：《论书绝句》，香港：商务印书馆；北京：三联书店，1990年版，第78页。

魏晋南北朝到隋唐五代时期作为汉字楷书发展的重要时期虽然没有异议，但是对这两个阶段楷书的发展水平和成熟程度，各家的认识并不一致。有的认为："从各方面综合考虑，似乎可以把南北朝看作楷书阶段的开端，把魏晋时代看作隶书、楷书两个阶段之间的过渡阶段。"[①]有的认为："就汉字的发展来说，魏晋时期楷书萌芽，隋唐五代时期是楷书的成熟、定型时期。"[②]对这两个阶段楷书发展程度的准确判断，直接影响到我们对楷字发展历史的讨论。我们认为，确定汉字楷书系统的发展程度，主要应从整字、构件、笔画三个层面作出具体分析，并且这种分析应该以该系统的可靠资料为研究对象，这样才能得出正确的结论。

利用石刻文献资料，由隋唐五代时期追溯到魏晋南北朝时期，进而对这两段时期楷书发展演变情况的异同作出合理的判断，揭示出隋唐五代石刻楷字的传承与变异规律，是研究和探索汉字楷书发展演变历史的有效途径之一。到目前为止，还没有研究者能够做到同时拥有这两段时期的丰富完整的研究材料，有关这两段时期楷字的历时比较研究更是前无古人。而我们已经收集到了足够的石刻文字材料，现在所拥有的魏晋南北朝至隋唐五代时期的石刻材料比以往任何年代都丰富。在占有翔实研究材料的基础上，本书将通过与魏晋南北朝石刻楷字的比较，揭示出隋唐五代石刻楷字的传承和变异规律，比较准确地定位本时期社会实物用字的历史地位，为汉字发展史的断代研究提供支持。

刘敞在《先秦古器记》中曾经明确指出石刻文献具有三种重要的史料价值："礼家明其制度，小学正其文字，谱牒次其世谥。"[③]其中，确定某个汉字在历史上的出现时间，更是十分需要借助这批石刻文献材料来扩大其取证的范围。借助此确定的新增字与《宋本玉篇》新增字展开比较，我们可以直接判定《宋本玉篇》新增字中隋唐五代时期增加的部分，由此推测唐宋之际成书的《宋本玉篇》收字的来源，进而推断其大致的成书年代。

此外，本时期实物文字的调查与研究，特别是异体字的整理，不仅

①裘锡圭：《文字学概要》，北京：商务印书馆，2003年版，第96页。
②齐元涛：《隋唐五代碑志楷书构形系统研究》，上海：上海教育出版社，2007年版，第1页。
③宋·刘敞：《公是集》，北京：商务印书馆，1983年影印文渊阁《四库全书》本，第36卷。

对于准确地释读石刻文献、科学地整理典籍具有重要意义，而且可以为现代汉字的溯源以及大型语文工具书的编撰和订补提供佐证。研究过程中建立的隋唐五代石刻语料库，客观上为众多相关学科的研究提供了资料支持，为以后汉字的延续研究构建了一个基础平台。

本书正是基于以上认识，试图对隋唐五代时期石刻楷字展开详细的探讨。并据此确定了本书的研究目标：选定隋唐五代石刻楷字文献资料，建设隋唐五代石刻楷书语料库；整理并考察该文字类型中异体字的传承与变异情况；从整字、构件、笔画三个层次详细描写石刻楷字的结构系统；运用历时比较的方法，调查石刻楷字各层次的传承与变异情况，并总结规律；最终探讨该文字类型传承与变异的原因及其历史地位。

二、理论依据

（一）汉字构形的系统性理论

本书的理论依据之一是王宁在西方“系统论”的思想基础上，结合汉字自身特点，提出的汉字构形的系统性理论。这一理论主要包括以下几点：从整体上来看，汉字是为社会创造又被社会成员习得和使用的符号系统，在构形上必然是以系统的形式存在的；从汉字记录语言的方式和角度来看，汉字是构意文字，汉字字符不是笔画和构件的无序堆积，而是有理据性的；汉字构形系统是由若干个基础元素按照一定的结构模式组合起来的有序网络，任何一个汉字都应该能够在这个网络中找到自己的合适位置；从汉字发展史来看，汉字的发展是既有渐变性又有阶段性的，阶段性共时汉字构形系统的研究，是整个汉字发展史研究的基础。①

（二）分析现代汉字形体和构造的理论

今文字阶段，特别是楷书系统中，汉字的笔画系统已经形成。以往的分析汉字形体和构造的理论已经不能完全适用。为了分析现代汉字的形体和构造，学者们提出了新的理论。这种理论认为笔画组成构件，构

①转引自郑婕：《魏晋南北朝简牍文字构形系统研究》，华东师范大学2007届博士论文。

件又组成整字。如此，笔画、构件、整字就成了汉字结构层面的三个等级系统。

笔画是汉字楷书系统中的最小一级。汉字只有发展到楷书阶段，笔画才可以进行称说、论序、定数。笔画可以直接构成构件甚至整字，是汉字构形的最小单位。有时部分笔画具有区别形近字形的作用，但跟单字的表词功能没有直接的联系。

构件，有些研究者称之为“部件、字根、字符、字素”。构件是汉字系统的中间层次，介于笔画和整字之间。构件的组合是有层次的，按照构件的层级从大到小进行拆分，得到的构件依次叫做一级构件、二级构件、三级构件等。一级构件也叫直接构件，它直接参与构字，体现构意。最小的不能再拆分的构件叫做基础构件，也叫末级构件，由笔画直接构成。直接构件以外的其他构件均不能体现整字的构形理据。

整字处于汉字结构层次的最高一级，由直接构件按照一定的规则组合而成。按照包含的基础构件的数量可以分为两大类：一类是独体字，即由单个基础构件构成的字；一类是合体字，即由两个或者两个以上的基础构件构成的字。

（三）传承与变异的理论

传承与变异不仅是历史汉字研究的两个重要方面，也是汉字史研究的重要内容之一。臧克和在《谈结构》中曾论及汉字结构在发展演变中的传承和变异现象：

> 根据历史汉字的发展演变，现代汉字分为两个类型：一是仍然适应“六书”结构，可以分析为指事、象形、形声和会意等结构类型。一是经过变异、简化之后，已经无法归入“六书”结构类型，大部分只剩下符号轮廓的类型。后者，只能算是保留了从表意结构到现代汉字的轮廓线索，已经很难发现汉字的形体结构与记载语义的对应关系，对其表意程度不能估计过高。[①]

①臧克和：《谈结构》，《中文自学指导》，2006年第1期，第10—14页。

同时，他还强调历史汉字要从传承和变异两个角度综合考察，曾先后发表《历史汉字的贮存、传播与变异（一）》[①]、《历史汉字的贮存、传播与变异（二）》[②]、《历史汉字的贮存、传播与变异（三）》[③]三篇文章专门讨论《说文解字》、《原本玉篇残卷》、《篆隶万象名义》、《宋本玉篇》四本传世字书所贮存的历史汉字的传承和变异情况。

传承和变异并不是仅存在于汉字的结构类型方面。在汉字的笔画、构件、整字各个层次方面都存在传承与变异现象。基于此，我们把某一阶段的汉字系统中的各要素，对前一阶段的汉字系统中的各要素的继承现象称作传承，把某一阶段的汉字系统中的各要素对前一阶段的汉字系统中的各要素的改造现象称作变异。

（四）共时与历时的理论

共时与历时，从另外一个角度来说，即静态与动态。从汉字发展史来看，汉字的发展既有渐变性又有阶段性。阶段性共时层面上的静态描写能够准确地反映某一阶段汉字的整体面貌，是整个汉字史研究的基础。同时，汉字从产生到现在，发生了很大的变化，因此，汉字史的研究又必须依赖于对各个历史阶段的汉字进行历时层面上的动态比较。只有经过历时的比较，才能发现汉字的动态演变过程及其规律。

另外，本论题的研究范围是隋唐五代石刻文献中的楷字，所以在调查过程中涉及到了一系列有关楷书的理论。如启功在《古代字体论稿》[④]中关于楷书发展、特点的阐释，裘锡圭在《文字学概要》[⑤]中有关隶楷阶段汉字的论述，蒋善国在《汉字形体学》[⑥]中有关楷书的特点、楷书的笔画、楷书的体势的探讨等成果为本论题的研究提供了书体方面的理论。

---

①臧克和：《历史汉字的贮存、传播与变异（一）》，《陆宗达先生百年诞辰纪念文集》，北京：中国广播电视出版社，2005年版，第280页。

②臧克和：《历史汉字的贮存、传播与变异（二）》，《中国文字研究》第6辑，2005年版，第129—134页。

③臧克和：《历史汉字的贮存、传播与变异（三）》，《中国文字研究》第7辑，2006年版，第57—66页。

④启功：《古代字体论稿》，北京：文物出版社，1999年版。

⑤裘锡圭：《文字学概要》，北京：商务印书馆，2003年版。

⑥蒋善国：《汉字形体学》，北京：文字改革出版社，1959年版。

三、研究方法

为了实现本书的研究目的，我们根据汉字的相关理论，主要采用了以下几种方法，对隋唐五代石刻楷字系统进行全面的测查和分析。

（一）系统考察与结构分析相结合

系统考察的具体操作要求尽可能穷尽性地占有隋唐五代石刻楷字文献资料，将这些材料作为一个封闭的系统，并对系统内部的不同层级的结构单位、结构模式等进行穷尽性的结构分析，而不作举例性的研究。结构分析的具体操作要求建立字表，并逐级拆分出构字元素，然后综合运用数据统计法和归纳法，客观地描写出隋唐五代石刻楷字的构形系统。在具体的操作过程中，二者是紧密结合在一起的。

（二）共时平面与历时层面考察相结合

从共时角度来看，不仅要在本时期的石刻楷字内部展开调查，全面描写出隋唐五代石刻楷字的构形系统，而且还要将其与同时期其他材质文字资料进行比较，如字书《玉篇》，测查其社会化程度。从历时角度来看，与魏晋南北朝石刻楷字展开比较调查，理清石刻楷字的发展变异脉络。只有将共时平面描写与历时层面测查紧密结合进行，才能做到以隋唐五代石刻楷字系统为中心，与魏晋南北朝石刻楷字进行不同层次单位的比较，从而对该阶段文字系统的传承情况和变异情况进行研究。

（三）定量研究与定性研究相结合

利用计算机技术对现有材料进行穷尽性的统计与调查，反映出隋唐五代时期石刻楷字的传承、新增频率。在定量研究的基础上，分析探讨本断代层面上楷字的变异过程及类型。

（四）文化参照法

参照文字所处的隋唐五代时期的历史文化背景，对这个时期石刻文字所表现出来的各种现象作出解释。

第四节

石刻文字整理

楷字发展研究，需要开展从魏晋南北朝到隋唐五代石刻用字情况的调查。魏晋南北朝石刻语料库，我们已经根据相关课题发展首先加工完成。为了实现楷字发展历程的对照，本书首先面临的基础工作就是加工隋唐五代石刻语料库，对调研对象进行大量的材料分类和数据加工工作。隋唐五代时期石刻文字资料十分复杂，书体多样，如果仅凭人工操作的方式去统计分析，不仅需要耗费很多时间，而且难以保证数据的准确性。现代计算机技术的快速发展为数据的分类整理提供了便捷，因此，本书的基础调研平台之一——“隋唐五代石刻楷书文献语料库”的建设就是完全在计算机数据库技术基础之上完成的。这样不仅可以最大限度地保证调查结果的准确性，而且可以为后期的各类研究提供方便。

本书所依托建立的语料库主要由“文献表”和“字样表”构成。

（一）文献表设计

文献表主要收录反映隋唐五代石刻楷书文献的基本情况。基于此，文献表大致要包含以下几种属性：

1．整理编号：即每一条文献在数据库中的ID，本字段主要用于标记表中的每一条记录。

2．题名：本字段主要用于记录每一张拓片的名称。一般取碑盖、碑额或者墓志的盖文为题名，如《高紧墓志》；造像记类则取“主要造像人＋造像记”为题名，如《樊尚造像记》。

3. 时代：主要用来记录每篇石刻文献刻写的历史朝代，具体分为隋代、唐代、后梁、后唐、后晋、后汉、后周。

4. 年号：主要用于记录每篇石刻文献刻写的具体时间，大部分可以具体到某年某月，如隋开皇元年（581年）正月五日刻。有些墓志类的石刻没有记载刻写的时间，但是有墓主下葬的具体时间，我们则按下葬时间录入，如隋开皇三年（583年）十月二十日葬。另外，少量后人仿造碑刻或疑为后人伪刻的作品本语料库没有收录，因此本语料库中收录的文献材料基本上不存在时代和年号的问题。

5. 书体：由于该数据库是楷书语料库，因此“书体”属性本可以不必列出，但由于部分隋唐五代时期的碑刻存在几种书体杂相使用的情况，即楷书中夹杂部分其他书体文字，如作为本语料库主要来源的三部大型资料汇编就收录了13篇行楷，4篇正、行间用，2篇篆、正间用和1篇篆、隶、正间用的拓片。本语料库出于收录资料完整的考虑，收录了这种书体间杂使用的拓片，因此为保证准确性，特将书体属性加以标注。

6. 出土地：记录石刻文献的具体出土地点。地下出土的石刻标注具体的出土地点，传世石刻则以最早出现的地点为主，且尽量顾及其主要流传过程。根据我们整理的数据库显示，出土地大多集中在山东、河南、陕西、江苏、河北、山西、北京、四川、甘肃、广东、广西、新疆、安徽、湖北、湖南以及朝鲜等地方。本字段的设立主要是便于以后开展文字空间地域上的差异调查。

7. 现藏地：记录石刻文献现在的收藏地点。主要分为收藏地和个人旧藏，主要收藏地包括：河南、陕西、河北、山东、四川、北京、山西、广西、江苏、甘肃以及日本京都大学、日本京都文科大学等。个人旧藏主要有三位收藏家：陈介祺、于右任、张钫。多数情况下二者有交叉。

8. 形制：主要记录每张石刻拓片的外部属性，包括长度、高度、宽度、撰写者、刻写者、阴文、阳文、残缺情况及碑阳、碑阴、碑侧等基本情况的介绍。

9. 拓片编号：为了方便实现数据库和拓片之间的关联，拓片页码全部采用数字的格式。在数据库建设之前，要先对原始拓片进行扫描，制成图片，存入文件夹中，每张拓片有一个相应的编号，即拓片编号。对应拓片编号是为了和保存在数据库之外的文件夹中的图片进行关联，实现释文与拓片的对应。

10. 类型：本字段主要是方便石刻文字因使用场合不同而产生变异的调查所设立的。

11. 释文：石刻材料本身是以拓片形式贮存的，我们需要对其进行释读，并录入数据库中。本字段就是主要用来录入每张拓片的对应释文，是文献表中的核心部分。该释文按照碑刻拓片逐字识别，本语料库所出释文共4214条记录。释读过程中主要参考《唐代墓志汇编》、《唐代墓志汇编续编》、《全唐文》等材料。

上述这些属性对于建立一个完整的石刻文献语料库是必备的，其中整理编号、题名、现藏地等属性主要是为了实现多种途径的检索，时代、年号、释文、形制、出土地、类型等属性主要是便于对石刻文字展开时间、空间以及使用场合的调查，拓片编号是为了实现释文和拓片的关联。

遵循上述设计的属性，我们建立了《隋唐五代石刻楷书文献表》。该文献表总共收录隋唐五代石刻楷书文献4214种，总字量达176.5万余字。具体样表如下：

ID	朝代	年号	题名	释文	出土地	现藏地	形制	书体	类型	拓片页码
119	隋	隋开皇十五年（595年）十月二十四日葬。	段威墓志	周故開府儀同三司洮甘二州剌史新陽段公墓誌銘/公諱威，字殺鬼，北海期原人也，其先自武威徙焉。昔西域都護，建效於昆山；/破羌将軍，立功於鮮水。……	陕西咸阳	西北历史博物馆	志石长、宽均69厘米。	正书	歌功颂德类	9.101

（二）字样表设计

1. 字样表使用的术语

字样表设计的过程中，要用到一系列的专业术语，为了称说的科学和方便，我们首先对其中使用的基本术语进行了严格的界定，具体如下：

（1）字样：王立军认为："字样是指字的书写样式。一种书写样式不论在文本中出现多少次，只要它们的记词功能相同，就只能合成一个字样。"本书中，我们的定义和这个定义有所不同，字样是指根据研究需要选取出来的，用以进行结构分析的所有楷字字形。我们整理出来的隋唐五代石刻楷字字形有150多万个，但真正被选择出来用作结构分析的字样仅有2万个左右。

（2）字位：臧克和在《谈结构》中指出："记词功能相同的一组汉字，记录同一个单音节词，形成一个字位，字位中的每一种具体写法就是这个字位的不同字样，不同字样之间构成互为异体关系。"本书引用"字位"这个概念来贮存记词功能完全相同的所有字形。

（3）字位主形：是指用来统领同一字位下的所有字样的代表字样。

（4）字位变体：同一字位下贮存的彼此存在构形差异的所有字样。

（5）字位代表字：是指代表字位的字形。它来源于字位主形的对应楷字字形。也就是说字位主形和字位代表字在形体上完全相同，区别仅仅是前者为原形图片，后者为图片释读后的字。字位代表字主要是为了在数据库中统计的方便而设立的。如果在与字位主形的形体有细微差异，但其差异度没有与其他字形构成混淆的情况下，则忽略不计。反之，则据原形图片专门造字。

（6）异体字形：是指同一字位下和字位主形有差异的字位变体。

2. 字样表的制作

字样的提取和整理是汉字形体研究的基础和前提。因此，字样表的设计要充分考虑研究的目的。隋唐五代石刻楷字字形整理的主要目的有两点：一是共时层面上，通过字形整理，遴选出隋唐五代时期石刻材质中所用的全部楷书不重复字形，为确定本时期不同字形之间的关系、总结异体字的特点及成因、构形系统的测查和分析等静态方面的研究提供第一手材料。二是历时层面上，这批整理的字形将再次展现大量前所未见的异体、俗体以及诸多形体演变的过渡形态，它们将补充许多字形演变过程中的缺失环节，使得汉字楷书从产生、发展到成熟定型过程中的形体演变轨迹更加清晰完整。同时，为展开不同时期汉字历时的比较研究、总结汉字形体发展演变的规律等动态方面的调查提供翔实可靠的资料。鉴于此，本书将结合调查材料的具体属性，对隋唐五代时期石刻楷字字样表的制作展开具体的论述。

根据研究目的，隋唐五代石刻楷字字形的整理大致需要以下几步：首先从拓片中切分出所有的楷书字样，然后按照字位对这些字样进行类聚，并确定它们之间的字际关系，最后按照需要对每个字位下的字样进行选择，并制定石刻楷字字样表。

（1）字样的类聚

我们首先选取了4214块隋唐五代石刻拓片，按照时代的先后，依次进行选取。在具体操作过程中主要遵循以下两个原则：一是楷字原则。因为我们要调研的对象是楷书，所以首先要区分选取的字样是否为楷书。隋唐五代时期的石刻，篆书、隶书、楷书、草书、行书各种书体应有尽有，而且有时同一篇石刻文本中还会出现几种书体间杂使用的现象，因此确定是否为楷书要分两步进行。首先，从整体上确定一种石刻文本的字体是否为楷书，然后在选定的楷书石刻文本中，再排除其中间杂出现的非楷书字样。即所选择字样一定是完全意义上的楷书字样，带有篆、隶笔意的字样则不予选择。其次是清晰原则。若一个字位下同时存在几个字形完全相同的字样，则选择最清晰的拓片；若该字样为某字位下唯一字样，则要根据模糊程度，进行选择，完全模糊无法辨认的则剔除，若少部分模糊，但是仍然可以分辨清楚形体脉络者，则保留。

从拓片中切分选择出的字样是以一种无序的状态散乱存在着的，这就需要对这些字样进行整理。字样的整理包括两个步骤：首先是对所有字样按字位进行类聚，然后再将同一字位下所有的字样进行认同别异，去除重复字样。

字样的类聚即确定汉字的字位，即把记词功能完全相同的字样类聚为同一字位。经过整理的隋唐五代石刻楷书字样并不是全部处于同一个平面层次上的，它们之间的关系相当复杂。这不仅是由于本时期的石刻材料繁多，更为重要的是，在这一时期，汉字经过了历时与共时的双重变化。因此，对这些不同字样之间的关系进行仔细的梳理就显得尤为重要。在整理隋唐五代石刻楷字字样的过程中，有以下几种字际关系的处理需要特别注意：

①同形字

同形字是与异体字相对的概念，这两个概念都是基于文字形体记录词语过程而产生的：“记录同一个音义关系，使用了不同的形体，这类不同的形体关系就构成‘异体’；记录不同的音义关系，使用了相同的形体，这类相同的形体关系就构成‘同形’”。[①]同形字形成的原因是多方面的，或者由于分头为不同的词造字，而字形重合；或者由于书写、汉字形体的演变造成构件混同，而构成同形。这两种类型在隋唐五代石刻楷字中均有出现，但多数为第二种。例如：

“用”与“朋”

《说文·用部》：“用，可施行也。从卜从中。衛宏說。凡用之屬皆从用。”《玉篇·用部》：“用，余共切。《說文》云：可施行也。𠃍，古文。”[②]《说文》、《玉篇》字头均未贮存“朋”字。王国维《说珏朋》：“殷时玉与贝皆是货币也……其用为货币及服御者，皆小玉小贝而有物焉以系之。所系之贝、玉，于玉则谓之珏，于贝则谓之朋。”后引申出朋友、朋党之意。可见，“用”和“朋”本是音义不同的两个字。隋唐五代石刻楷字中“朋”有时简写作“用”，如“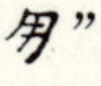”见于唐乾符四年（877年）《郑逢墓志》“醖緑鄷而必俟賓朋”。这里的字形当为“朋友”之义，与记录“施行”义的“用”同形相混。

“杨”与“扬”

《说文·木部》：“楊，木也。从木昜聲。”《玉篇·木部》：“楊，余章切。楊柳也。”《说文·手部》：“揚，飛舉也。从手昜聲。”《玉篇·手部》：“揚，與章切。舉也。”可见二者本为意义不同的两个字。隋唐五代石刻楷字中“杨”有时写做“扬”，如“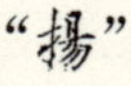”见

①臧克和：《谈结构》，《中文自学指导》，2006年第1期，第10—14页。

②《说文解字》、《原本玉篇残卷》、《篆隶万象名义》、《宋本玉篇》等有关传世字书数据，均参考华东师范大学中国文字研究与应用中心研制“传世字书语料库”。下文所引有关楷字资料数据出处，为方便称说，统一为：《说文解字》简称《说文》；《原本玉篇残卷》称为《原本玉篇》；《篆隶万象名义》简称《名义》；《宋本玉篇》简称为《玉篇》。下同。

于唐开元十七年（729年）《唐冯潘州（君衡）墓志》“愁生白楊”。此处字形当为“树名”，作名词，与记录“飞举”同义，作动词的“扬”同形相混。导致二字同形的原因在于构件“手”与“木”书写演变的混同。

“桂”和“挂”

《说文·木部》：“桂，江南木，百藥之長。从木圭聲。”唐时，为州名，即今广西桂林。《玉篇·木部》：“桂，古惠切。木名。”《说文·手部》：“挂，畫也。从手圭聲。”《名义》：“挂，古賣反。畫也。懸也。”《玉篇·手部》：“挂，古賣切。懸也。”“挂”在《说文》中只有一个义项，《名义》中增至两个义项，《玉篇》中仅存一个义项。不论义项多寡，均与“桂”截然不同。隋唐五代石刻楷字中“桂”有时写作“挂”，如“挂”见于唐开元十年（722年）《李瑱墓志》“桂州都督工部侍郎”。此处字形当为“州名”，与记录“涂抹”等义的“挂”同形相混。

根据测查，隋唐五代石刻楷字中大约有50个经常混同的字样。这些同形字给碑文的释读造成了一定的困难，需要借助于特定的语境才能正确地区分。同形字虽然形体相同，但是分属于不同的字位。在字样类聚的过程中，根据其功能意义，我们分别将它们归属于相应的字位下。在统计字位时，则分别计算。

②同音代替字

同音代替字是一种用字现象，也称为“同音借用字、通假字”等等，是两个读音相同或者相近、意义不同的字之间的代替现象。它是一种用字现象，这种现象已经不属于汉字本体的研究范畴，而是进入了词汇学的研究领域。与古文字阶段的汉字以及魏晋南北朝石刻楷书用字相比，隋唐五代石刻楷字中的同音代替现象已经有所减少，而且大部分是古已有之。例如：

“漠”代“寞”。《说文·水部》：“漠，北方流沙也。一曰清也。从水莫聲。”“漠”为“沙漠”义。“寞”，《说文》未收。《集韵·铎韵》：“寞，寂寞，無聲也。”而在隋代的墓志铭文中常常以“漠”代“寞”。如《隋蔡君妻张贵男墓志》：“春秋五十六高堂寂漠。”《隋田氏墓志》：“郊源寂漠，丘壟荒涼。”《隋樊氏墓志》：“寒郊寂漠，空壟愴恡。”《隋薛保与墓志》：“志亮湮沉，雄圖寂漠。”以上用例中，本应用记录“孤单冷清”之义的“寞”，却以“沙漠”之“漠”代之。这就是因为“寞”、“漠”二字都是明母铎部入声，声韵调皆同，二者为音同而代替。在先秦文献中早有用“漠”代替为“寞”的用法，如《淮南子·俶真训》：“寂漠以虚无”；《楚辞·远游》：“山萧条而无兽兮，野寂漠其无人。”通过调查发现，在魏晋南北朝的石刻中也有这方面的用例，如西魏大统十四年（548年）《介媚光造像记》：“夫玄宗沖□[1]寂漠。”隋代石刻中的这一用法应为以前用法的沿用。

“卷”代“眷”。《说文·卪部》：“卷，厀曲也。從卪𢍏聲。居轉切。”“卷”为膝曲之义。《说文·目部》：“眷，顧也。從目𢍏聲。《詩》曰：‘乃眷西顧’。居倦切。”《玉篇·目部》：“眷，古援切。眷屬。”“眷”为回视、亲属、眷属之义。二字的意义完全不同，却都从“𢍏”得声，均为见母线部去声字。《隋权苟造像记》：“願見在卷屬，及國土衆生，普同成願。”《唐韩弁智造像记》：“闔家卷屬，同登正覺。”上面的用例中本应该作“眷”，却用“卷”代之，这就是因为二字音同而代替。此二字的代替现象仅出现于本时期的石刻造像记中，其他内容的石刻材料以及传世文献中均未发现。

“液”代“掖”。《说文·水部》：“液，𦘔也。從水夜聲。羊益切。”《手部》：“掖，以手持人臂投地也。從手夜聲。一曰臂下也。羊益切。”《玉篇·手部》：“余石切。扶持也，小掖門也，從手持人臂也。又臂下曰掖。”二者意义不同，徐铉反切注音却完全相同。《隋元氏墓志》：“爰自弱齡，來侍宮液。”《隋元氏墓志》：“大業十年二月十四日遘疾卒於液庭宮。”这里的“宮液”应该写作“宮掖”，指皇宫。掖，掖庭，宫中的旁舍，嫔妃居住的地方。属于音同代替。传世文献中也有此用法，如《汉书·王莽传上》：“皇帝即位三年，长秋宫未建，液廷媵未充。”颜师古注：“液与掖同音通用。”

在我们所调查的总字量为176万字的隋唐五代石刻楷字中，常见的

[1]□代表石刻文献中的缺失字，下同。

通假字有200个左右。这与古文字阶段的通假字使用情况相比，已经大为减少，而且大多为先前用法的沿袭。基于此，我们认为：隋唐五代时期，在文字形体由异体多出，变化多端的状态逐渐转向规范化、统一化的同时，文字的使用也逐渐地趋于规整统一。

同音代替类字是基于汉字音、义层面上的研究，已经脱离了以字形为本位的文字学的研究范畴，属于文字使用的问题。因此，在具体字样类聚的过程中，针对此类现象，我们加以单独的标注，以严格地区分跟收入异体字样的基于字形构造方面的问题。

③避讳字

避讳字是指历史上为了回避君父尊亲的名讳，对某字进行改写或替代而形成的字。避讳字具有鲜明的时代性，也是一种用字现象。例如："民"字因避唐太宗李世民讳，省去最后一笔，如""见于武周长安二年（702年）《唐故史君（怀训）墓志》"遷民部尚書"。"隆"字因避唐玄宗李隆基讳，省去最后一笔，如"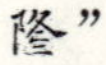"见于唐天宝四载（745年）《大唐睿宗大圣真皇帝贤妃王氏（芳媚）墓志铭》"唐隆元年"。

这类由于避讳而产生的字样与由于构造问题而产生的异体字样不同，因此在字样类聚过程中也要加以标记，严格区分。

（2）字样的选取

经过类聚以后，每个字位下统摄着多个字样，并不是所有的字样都属于我们的研究对象，需要从中作出选择。选择的过程即字样的认同别异过程，实际上就是从每一个字位下选择出用于进行结构分析的字样。这一过程非常重要，它将为下面的研究提供基本的素材。这一过程的成功与否，直接关系到后面结论的正确与否。因此，我们要制定严格的选择标准，这个标准即字样认同别异的原则。隋唐五代石刻楷书系统中，汉字的笔画已经形成，所以我们在进行结构分析时，除了考虑整字和构件层面的差异以外，必须还要考虑笔画层面的差异。所以，凡是有助于分析整字变异、构件变异和笔画变异的字样，我们都要予以别异。

具体来说，以下几种情况应该予以认同：

第一，笔画的长短没有造成构件变异者，认同为同一字样。

第二，构件之间的相对位置仅仅有微小的变化，没有构成字样整体布局变化者，认同为同一字样。

第三，字样整体的轮廓大小存在细微差异者，认同为同一字样。

以下笔画层面、构件层面、整字层面的几种变异情况应该予以别异。

首先是关于笔画层面：

由于笔画的增加或者减少而产生的字样，应视为不同字样。如“丹”，隋大业十年（614年）《邓昞墓志》“丹穴育鳳”作“丹”，唐上元二年（675年）《唐故薛国公阿史那贞公（忠）墓志铭》“契丹在白狼之東”作“丹”。两个字样属于同一个字位，前者增加了一点笔，应视为不同字样，予以保留。同理，“哀”，唐大历五年（770年）《唐荷恩寺故大德敕谥号法津禅师（姚常一）墓志铭》“莫不哀慟”作“哀”，唐大中十一年（857年）《鲁谦墓志》“泣血尽哀”作“哀”。两个字样属于同一个字位，前者减少了一点笔，认定为不同的字样。

由于使用的笔画类型的不同而产生的字样，应视为不同字样。如“枯”，隋大业十一年（615年）《范安贵墓志》“有若摧枯”作“枯”，隋大业十一年（615年）《程谐墓志》“菊碎蘭枯”作“枯”。两个字样属于同一个字位，前者构件“木”中间的笔画为竖笔，后者构件“木”中间的笔画为竖钩笔。又如“授”，隋大业八年（612年）《张伏敬墓志》“以開皇七年出身蒙授軍主”作“授”，唐贞元元年（785年）《唐故将作监丞权府君（顺）墓志铭》“授鳳翔通濟府果毅”作“授”。前者构件“扌”最后一笔为提笔，后者构件“扌”的最后一笔为撇笔，区别性降低，往往与“木”混同。

由于笔画的长短而造成构件、整字变异者，应视为不同字样。如“宗”，隋大业十一年（615年）《程谐墓志》“二宗起譽”作“宗”，隋大业十一年（615年）《董君妻卫美墓志》“鸿宗奠鴈”作“宗”。两个字样属于同一字位，后者将其构件“示”的竖钩起笔向上延长并与第二横相交。又如“志”，隋大业十一年（615年）《范安贵墓志》“志氣縱横”作“志”，唐乾符四年（877年）《郑逢墓志》“志逸道孤”作“志”。两字样属于同一字位，后者将其构件“士”的一短横延长作一长横，与“土”造成混同。

由于笔画连接状态的改变而产生的字样，应视为不同字样。如“陵”，唐永徽三年（652年）《李清墓志》“陵谷推遷”作“陵”，唐龙朔三年（663年）《独孤澄墓志》“則鬱陵雲”作“陵”。两字样属于同一字位，后者将其构件“夌”中间的一撇笔与一点笔连写作一横笔。“驰”，隋仁寿元年（601年）《卢文机墓志》“馳漢南之譽”作“馳”，唐开元十九年（731年）《房孚墓志》“實馳魏闕”作“馳”。两字样属于同一字位，后者将其构件“馬”最后的四笔连写作一笔。

由于改变笔画的相对位置而产生的字样，应视为不同字样。如“尤”，唐显庆二年（657年）《姚忠节墓志》“尤多私謁”作“尤”，唐永徽四年（653年）《张洛墓志》“尤遵大乘”作“尤”。两字样属于同一字位，前者将其最后的一点笔由横笔的上方移至横笔的下方。

其次是关于构件层面：

由于构件数量的增加或者减少而产生的字样，应视为不同字样。如“梁”，唐建中元年（780年）《颜惟贞庙碑阳》“梁武深恨之”作“梁”，唐贞元六年（790年）《李萼妻杨氏墓志》“倏忽梁摧”作“樑”。两字样属于同一字位，后者比前者增加了一个构件“木”。如“壤”，唐永贞元年（805年）《张道升墓志》“行春令而農夫擊壤”作“壤”，隋大业十二年（616年）《杨厉墓志》“華壤營立”作“壤”。两字样属于同一字位，前者比后者减少了两个构件“口”。

由于构件位置的不同而产生的字样，应视为不同字样。如“崛”，唐《多宝塔碑》“下欻崛以踴地”作“崛”，唐开元十八年（730年）《柏虔玉墓志》“崛起風塵之表”作“崫”。两字样属于同一字位，但是构件的位置不同，前者为左右结构，后者为上下结构。

由于使用的构件不同而产生的字样，应视为不同字样。如“穷”，唐开元十五年（727年）《宋庄墓志》“窈窕窮泉”作“窮”，唐永贞元年（805年）《张道升墓志》“窮理盡性”作“竆”。两字样属于同一字位，前者由构件“穴”、“躬”构成，后者却由构件“宀”“躬”构成，表义构件不同。

由于同一构件在构字时采用不同的形体而产生的字样，应视为不同字样。如“郡”，隋大业十年（614年）《陈花树墓志》“以大業十年七月卒其月廿九日卜葬河南郡河南縣老子鄉芒山之北原”作“郡”，隋大业九年（613年）《皇甫深墓志》“楚周陰陵郡守”作“郡”。两字样属于同一字位，使用的构件均为“君”与“邑”，仅仅是后者又恢复使用了构件“邑”的原形而已。

再次是整字层面：

由于造字方式的不同而产生的字样，应视为不同字样。如“臣”，唐显庆三年（658年）《宋义及妻赵氏墓志》“閒文藻於楚臣”作“臣”，武周天授二年（691年）《许君妻樊氏墓志》“噲有忠臣之節”作“𢘑”。两字样属于同一字位，前者是由古文字的象形构件隶变楷化而成，后者则为会意结构，武后新字之一，当然在此语境中，也不能排除是受“忠”字形的影响而产生的类化现象。总之，二者构形模式完全不同。

由于书体变异原因而产生的字样，应视为不同字样。如“闻”，唐太极元年（712年）《崔孝昌墓志》“俄以清白尤異聞”作“聞”，唐天祐十八年（921年）《窦真墓志》“四海惊闻”作“闻”。两字样属于同一字位，后者的表义构件“门”受草书的影响而发生变异。

（3）字位主形的确定

字样经过整理以后，每个字位下存在着大量的字位变体，我们还必须确定一个代表字样来作为字位主形，用字位主形来统领其他形体。但是，在不同的历史时间段，某一字位的多种字位变体的社会地位也会有所变化。某字样在《说文》时期为字位主形，到隋唐五代时期可能就退居次要地位，甚至会被淘汰。如果按照社会流通程度来统计，在六朝时期，“年”、“緼”、“蹤”等字样在所对应字位的所有字位变体里面处于绝对优势地位，而到了隋唐五代时期，“年”、“緼”、“蹤”等字样则占据了主导。这充分表明：同一字位下，字位主形和字位变体之间的关系并不是一成不变的，而是此起彼伏的，随着时间的推移，它们之间的关系也在不断地进行调整。结合石刻材料的实际情况，我们确定隋唐五代石刻楷字字位主形主要遵循以下几条原则：

①确定字位主形的总原则是字样的社会流通程度。所谓的社会流通程度是指字样在语料中的出现频率。即在所调查的隋唐五代石刻资料

中，同一字位下的所有字样，使用频率最高的字样被确定为字位主形。如果只出现一个字样者，则取其字样本身。如隋唐五代石刻中，“座”字位下有“座”、“座”、“座”、“坐”等多种写法，从社会流通程度看，“座”的使用频率远远高于其余三种，因此，我们选取“座”为字位主形。

②如若同一字位下的所有字样，在所有实物资料分布中，使用频率所差无几，则以泽存堂《宋本玉篇》作为最主要的参考，然后结合《篆隶万象名义》、唐代“开成石经”以及唐代“字样学”著作的正字来确定字位主形。

为何选择《宋本玉篇》作为最重要的参考？这要从《玉篇》的流传与编修谈起。《玉篇》是我国第一部楷书字典，南朝梁代顾野王撰，成书于梁大同九年（公元543年）。今天通行的《宋本玉篇》，是宋代陈彭年在唐孙强增字减注本基础上的重修本，较顾氏原本，所贮存的汉字数量已经大为增加。也就是说，随着时间的推移，版本的流传与刊刻，《宋本玉篇》已非顾氏原貌，实际上它“传承积淀了中古到唐宋时期历史汉字系统的基本部分”。[①]而且，有研究者曾将《宋本玉篇》与原本《玉篇》、《名义》进行逐步对照统计其新增字，得出结论：共有新增字5298字，占《宋本玉篇》总字量的23.2%。[②]可以肯定的是，约占《宋本玉篇》总字量1/4的新增字，绝大部分应该是唐宋之际所加的。这一点在本书的新增字部分也有证明。因此，我们可以说《宋本玉篇》保存了当时用字的基本情况，可以为隋唐五代石刻楷字的整理研究提供参考。如隋唐五代石刻楷字中，“翠”字位下主要有“翠”、“翆”两种字样，从使用频率来看，二者相当，无法选取字位主形，依据本条原则，我们可以选取“翠”为主形，因为《宋本玉篇》、《名义》都是以“翠”作为字头处理的。

至于参考《名义》，主要是因为它是由唐人传抄自中国历史上第一本楷书字典原本《玉篇》。而《干禄字书》、《五经文字》、《九经字样》则是唐代的主要字样书，基本上能够代表当时官方的规范字形。因

①臧克和：《原本玉篇文字研究·序》，济南：齐鲁书社，2004年版。
②参见何瑞：《历史汉字的传承与定形济南：——宋本〈玉篇〉研究》，华东师范大学2006届博士论文。

此在确定字位主形时，如果几个字样的使用频率相当，《玉篇》中又没有贮存，则参考上述几种字书。

字位主形确定，随之，字位代表字也就确定。然后，我们再将每个字位主形和字位变体分别归于相应的字位代表字之下，这样就可以展开深层次的分析了。

（4）字样表概况

出于综合考虑研究的目的，我们确定隋唐五代石刻楷字字样表应该包含如下字段：

①字位编号：即单个字样在数据库中所对应的编号。

②单字（即字位代表字）：即记录每个字样所对应的字位。

③Unicode：主要用于数据库中的编程与检索。

④字样：主要用于贮存选取出来的单个字样。因此，该字段的属性应该设置为“OLE对象”。

⑤题名：该字段用于标示该字样的具体出处，与“文献表”中的“题名”相同。

⑥语境：该字段主要用于列出字样具体出现的语言环境，保证字样选取、归类的准确性。原则上，所出语境以逗号、顿号、分号和句号等明显表示语气停顿的标点符号为依据来划分。但部分由于模糊不清、残缺等因素造成的语句不完整或者无法判断者，则所出语境以能够帮助确认字形为限，暂不考虑语境的长短。

⑦字际关系：该字段主要用于标示字样与字位（如果为异体字形时，则为字位代表字）之间的关系，如“异体、古今、通假”等。该字段的设立可以大大方便“异体字”一章的统计分析，我们只要在“字际关系”字段检索出符合“异体”条件的记录，就可以再生成另外的一张只包含异体字样及相关属性的《隋唐五代石刻楷字异体字字表》。后面“异体字”一章的调查就是在这张表格的基础上展开的。

遵循上述设计的步骤，我们建立了《隋唐五代石刻楷字字样表》，该数据库中包含了一张石刻字样表和一个窗体，样表如下：

ID	单字	Unicode	字样	题名	语境	字际关系
4850	座	5EA7	座	苗善物墓志	跡孔融之愛客，座乃盈賓。	异体

经统计，《隋唐五代石刻楷字字样表》中共贮存字样15769个，

可以归结为6158个字位，字位数与字样数的比例为1∶2.56；每个字位所辖的字样数量不同；存在异体字样的字位共有4142个，占所有字位的67%。我们按照每个字位下的字样数量进行升序排列，得到的结果为：其中包含10个以上（包括10个）字样的字位有284个，占全部字位4.6%；包含5个以上（包括5个）字样的字位有988个，占全部字位的16%；含有2个以上（包括2个）字样的字位有2650个，占全部字位的43%；包含1个字样的字位有2339个，占全部字位的38%。以上数据表明：隋唐五代石刻楷字中，存在着大量的异体字；每个字位下异体字形的数量主要集中于2—5个之间。

至此，隋唐五代石刻楷书语料库初步完成，我们已经掌握了隋唐五代石刻楷书文献用字的基本情况，可以进行深入的分析与探讨。在此基础上，我们可以进行以下几种研究：统计整理出其中的异体字，分析其主要类型，总结其传承与变异规律，分析其变异原因；对整字进行构件的拆分，全面客观地描写这一共时层面上的文字系统，归纳出这批文字材料的构形特点；运用历时比较法，从整字、构件、笔画三个层面，将隋唐五代石刻楷字与魏晋南北朝石刻楷字、《说文解字》、《名义》、《宋本玉篇》等进行比较，探讨其传承与变异情况。

第二章 异体比较

隋唐五代石刻楷字形体变化多端，写法诡异纷繁。此类形态各异的异体字对于研究汉字楷书成熟阶段的形体演变现象及其规律具有重要的意义。因此，本章主要着眼于异体字，通过魏晋南北朝到隋唐五代同质文字材料的对照，分类归纳异体字的主要类型，整理并考察该文字类型中异体字的传承与变异情况，更加直观地反映汉字楷化过程中字形的整体变异规律与发展趋势。

第一节

石刻楷书异体

一、异体字的定义

作为一种重要的文字现象，在汉字产生之初就出现了大量的异体字。这一文字现象必然会引起研究者的重视，因此有关异体字的整理工作也是古已有之。但是，真正从理论上对异体字进行探讨也不过是近代才开始的事情。

20世纪50年代以来，学术界对于异体字定义的讨论一直连续不断，各类辞书、专著、论文中有关异体字的定义也不下百种。但总起来说，可以分为两种类型：一是异体字是同词异形现象，二是异体字就是同字异体现象。①

其一，异体字是同词异形现象，即一词异形。持有这种观点的主要有：（1）蒋善国："一字多形就是多形字，普遍叫做异体字。在形、音、义三者关系方面所表现的是异形同音同义。"②（2）吕叔湘："异体字是一个字的不同写法。两个或几个字形，必须音义完全相同，才能算是一个字的异体。"③

其二，异体字就是同字异体现象，即一字异形。持有这种观点的主要有：（1）王力："两个（或两个以上）的字意义完全相同，在任何

①李国英：《异体字的定义与类型》，《异体字研究》，北京：商务印书馆，2007年版，第7页。

②蒋善国：《汉字学》，上海：上海教育出版社，1987年版，第83页。

③吕叔湘：《语文常谈》，北京：生活·读书·新知三联书店，1998年版，第26—27页。

情况下都可以互相代替。”[①]（2）裘锡圭：“异体字就是彼此意义相同而外形不同的字。严格地说，只有用法完全相同的字，也就是一字的异体，才能称为异体字。但是一般所说的异体字往往包括只有部分用法相同的字。严格意义的异体字可以称为狭义异体字，部分用法相同的字可以称为部分异体字，二者合在一起就是广义的异体字。”[②]

上述这些举例性的引用，至少可以给我们以下两点启示：第一，异体字的界定首先要弄清楚“字”和“词”的定义；第二，异体字的界定首先要考虑的两个角度是形体和功能。

除此以外，不同时代的字形，都是历时积淀的结果，存在着若干层次。因此，异体字的界定还存在一个历史层次问题。“异体字”这个概念的界定，必须要考虑历史的因素，只有这样才能排除某一断代层面上由于偶然混用而形成的“暂时”形体差异现象。“概括起来，异体关系的讨论，要考虑形体、使用和历史。”[③]

基于上述这些理论，本书从汉字的形体、功能和历史三个层次对异体字进行严格的界定：（1）形体结构方面。就其形体结构而言，几个字样之间必须存在着形体差异，而且这种差异是在字形的历史演变过程中和书写使用过程中产生的。依据隋唐五代石刻楷字语料的实际情况，形体方面的差异基本包含以下三个层次：①笔画层面。笔画层面的差异主要包括笔画的增减、笔画连接方式的改变、笔画方向的改变、笔画的换用等。②构件层面。构件层面的差异主要包括构件空间位置的改变、构件的增减、构件的替换等。③整字层面。整字层面的差异主要包括结构类型的改变和书体演变原因而导致的整字层面的差异。（2）使用功能方面。就其功能而言，这些形体存在差异的字样之间的功能必须完全相同，也就是说它们必须是记录语言中相同的词语。判断记录的是否为同一个词，就需要借助于语境，本书借助的语境即为隋唐五代石刻楷书文献语境。这一界定就排除了音义部分相同的异体字，如倐与倏、胸与匈、拓与摭等，前后者之间只是部分外延重合，很显然不属于异体关系。（3）历史层次方面。就其历史关系而言，这些字形存在差异、记

①王力：《古代汉语》，北京：商务印书馆，1999年版，第155页。

②裘锡圭：《文字学概要》，北京：商务印书馆，2003年版，第205页。

③臧克和：《楷字的区别性》，《中国文字研究》，2007年第2期，第1—28页。

录相同词语的字样在历史上的任何时期都可以互相替换使用。也就是说这些字样之间不是暂时的通用关系。但是，历时层次的整理往往是很难把握的，我们只能依托于某个共时的语言词汇层面。对于本书来说，主要选取隋唐五代石刻楷书文献中的词汇层面作为依托。例如：“今”、“令”两个字样，就字形而言，只是楷化过程中，形成的笔画上的差异，即“今”字添加一点笔，在隋唐五代石刻楷书中即是如此，如“令”见于唐天宝元年（742年）《郑瑨墓志》“太廟今閬州别駕思質之孫”，“令”见于唐天宝十二载（753年）《李君妻裴氏墓志》“今可略焉”。但是，从记词功能来看，它们又各不相同：《说文·亼部》：“今，是時也。从亼从乛。乛，古文及。”《玉篇·亼部》：“今，居林切。是時也。”《说文·卪部》：“令，發號也。从亼、卪。徐鍇曰：‘號令者，集而爲之。卪，制也。’”《玉篇·亼部》：“令，力政切。命也，發號也。”因此，隋唐五代石刻楷字中，基于“现在”与“命令”二义的使用，“今”、“令”形成暂时的“同形”关系，而基于“现在”一义，“今”、“令”又构成异体关系。

总之，异体关系的最终确定，必须要结合上述形体、功能和历史三个层面进行。

二、隋唐五代石刻楷书异体字

隋唐五代时期，由于社会及汉字自身发展的原因，汉字的形体变化较大，异体写法诡异纷繁。“碑版之别构字，历代殊多有之，其间惟以北朝及唐代为甚。”[①]任二北也指出：“唐人之俗写，沿汉魏六朝之旧习，而集其成，……当时俗写，甚为普遍，并不择事而施，……于是句里行间，从脞混乱，荒幻恢诡，至于不可想象。”[②]张涌泉曾对隋唐五代俗字[③]的使用情况进行了整理归纳，认为：隋承六朝之遗风，社会用字极其混乱；唐代初年，俗字纷繁的状况依然故我；盛唐、中唐时期俗字使用的数量和范围相对减少；晚唐、五代时期，国力渐衰、世风下

①秦公：《碑别字新编》董寿平序，北京：北京文物出版社，1985年版。

②任二北：《敦煌曲初探》，上海：上海文艺联合出版社，1954年版，第119—122页。

③与本文的“异体”所指有所区别，但并不影响对于文字整体的归纳总结，下同。

颓，一时曾有所收敛的俗讹别体又泛滥起来。①

对于本段时期的汉字整体面貌，包括异体字的使用情况，前贤的调查大多是以传世字书或者传世文献资料（主要是敦煌写本）为依据进行的。

实际上，基于出土文献用字情况的共时与历时结合调查则可以更加清晰地了解隋唐五代时期的汉字面貌，也可以更直观地观察异体字的使用情况。为此，我们采用了抽样调查的方法。我们选取了10篇字迹清楚的隋唐五代石刻楷书材料，从单篇和总体对异体字所占的比例进行统计，所参照的字形是字形整理中确定的主形，异体字出现的比例如下：

石刻名称	刻写年代	总字数	异体字数	异体字占比例
寇奉叔墓志	583年	1303	339	26%
张怦墓志	607年	394	117	27%
崔长先墓志	626年	743	149	20%
程君妻周氏墓志	665年	432	108	25%
卢珍墓志	711年	908	174	19%
郑宇墓志	753年	561	121	22%
法玩塔铭	791年	732	146	20%
龙泉记	832年	807	169	21%
刘君妻王氏墓志	879年	846	203	24%
康赞羑墓志	926年	782	177	23%
合计		7508	1703	22.7%

在抽样调查中，单篇异体字所占比重基本都在20%以上，10篇材料的总体异体字比例高达22.7%。据此可推测，隋唐五代石刻楷字的总体异体字比例也会在20%左右。不仅如此，在本时期的石刻材料中，同一个汉字也往往有多种异体写法。在我们所整理的6261个字位中，其中异体写法在5种以上（含5种）的汉字有1274个，约占全部字位的21%以上。以上这些数据充分表明：在隋唐五代石刻楷书文字材料中，不仅异体字的数量很多，而且异体字的类型也繁多。

基于隶书、楷书阶段出土文献用字情况的历时比较调查，则可以更加清晰地了解异体字的时代分期变化情况。

①张涌泉：《汉语俗字研究》，长沙：岳麓书社，1995年版，第26—28页。

据《东汉碑隶构形系统研究》[①]的调查结果显示，东汉碑刻用字中可识别的汉字总数约为两万，其中有4326个异体字样，可归纳为2174个字位，异体率[②]为1∶1.99。

据《魏晋南北朝简牍文字研究》[③]的调查结果显示，在所调查的魏晋南北朝简牍文字中，可以识别的汉字总数为26万。其中有3022个异体字样，可以归纳为1516个字位，异体率为1∶1.99。

据《魏晋南北朝石刻楷字的传承与变异》[④]的调查结果显示，在所调查的材料中可识别的汉字总数约为30万，其中有6441个异体字样，可归纳为2484个字位，异体率为1∶2.59。

在我们所调查的隋唐五代石刻楷字中，可以识别的汉字总数约为176万，其中有9874个异体字样，可归纳为4142个字位，异体率位1∶2.38。与魏晋南北朝石刻楷字相比，异体率有所降低。

以上各个阶段出土文献用字的历时比较调查表明：汉字在隶变楷化的过程中，形体变异情况非常普遍，在魏晋南北朝时期形成了一个汉字异体纷呈的高峰，到隋唐五代时期，随着一系列相关文字规范措施的实施，楷字已经完成定型过程，异体现象呈现下降的趋势。

①数据来自陈淑梅：《东汉碑隶构形系统研究》，上海：上海教育出版社，2005年版。

②“异体率”是指字位总数与异体字样总数的比例。下同。

③数据来自郑婕：《魏晋南北朝简牍文字研究》，华东师范大学2007届博士论文。

④数据来自郭瑞：《魏晋南北朝石刻楷字的传承与变异》，华东师范大学2008届博士论文。

第二节

异体字的类型

今文字阶段，汉字的笔画已经逐步定型，隋唐五代石刻楷字属于今文字阶段，笔画已经定型并具备了区别意义的功能，因此，笔画、构件、整字就成为了汉字结构层面上三个可以单独进行比较分析的层级。本书将根据异体字字形与主形（即字位代表字，语境中用字即为字位代表字，如无特别说明，下均同）在形体上存在的差异，从笔画、构件、整字三个层次着眼，对隋唐五代石刻楷书异体字的类型作一大致的划分。经过整理共得到4142个字位主形存在异体字形，所辖异体字共9874个，大致划分出以下几种类型：从笔画层面来看，有笔画的增减、笔画的变异；从构件层面来看，有构件的移位、构件的增减以及构件的替换；从整字层面来看，有结构类型的变异、书体的变异。

对于异体关系的判断、字形变异的论述都不能离开对汉字字形的共时描写与历时追溯。因此，异体字类型的研究不仅要静态地描写为同一个词创造的不同汉字形体，还要根据字形演变、字际关系变化而形成的异体关系寻找变化的缘由，观察字形渐变的动态过程。基于此，本节探讨的重点在于通过魏晋南北朝到隋唐五代同质石刻文字材料的对照，分类归纳，以呈现字形变异规律，并以条例的方式呈现其状况。

一、笔画增减类

笔画增减是指在主形的基础上，再增加或者减少一定数量的笔画。在我们所调查的材料中，这种类型一共有2542个，约占26%。具体可以分为笔画增加和笔画减少两类。

1．笔画增加类

（1）笑，唐永徽六年（655年）《徐汉墓志》“笑言無厭”作“笑”，与主形相比，增加了一撇笔，目的是为了区别形近构件“大”和“犬”。另外，《说文新附》：“笑，此字本闕。臣鉉等案：孫愐《唐韻》引《說文》云：‘喜也。从竹从犬。’而不述其義。今俗皆从犬。又案：李陽冰刊定《說文》从竹从夭，義云：竹得風，其體夭屈如人之笑。未知其審。”《名义》：“笑，先召反。喜也。笑也。”《玉篇》：“笑，私召切。喜也。亦作咲。咲，思曜切。俗笑字。”在隋唐五代石刻楷字中，没有出现从竹从夭的形体，而《玉篇》中贮存的形体，字头已见上例，其余形体也均有用例，如“咲”见于唐开元二十二年（734年）《王慎疑妻张氏墓志》“孩笑而没”，“咲”见于隋大业八年（612年）《高紧墓志》“碎單□之兵，笑李将軍而不勇”。这表明，《玉篇》的记载真实地反映了隋唐五代时期“笑”字的实际使用情况。

魏晋南北朝石刻楷字中共贮存6个字样，如“笑”见于北魏《元子正墓志》“始言笑而表奇”，“咲”见于东魏《元瞬墓志》“笑語中規”，“咲”见于北魏《元显儁墓志》“若乃載笑載言”，“咲”见于东魏《元子邃妻李艳华墓志》“至於嚬笑歸美，黠晝見傳”，“咲”见于北魏《元尚之墓志》“掩笑松門”，“咲”见于北齐《高淯墓志》“咳笑如神”。

相较可见，隋唐五代石刻楷字中“从竹从夭”的形体已经不见了。

（2）伏，隋开皇五年（585年）《樊敬贤七十人等造像记》“邑子趙伏光”作“伏”，与主形相比，异体字形增加了一撇笔，目的是为了区别形近构件“大”和“犬”。在此，这一撇笔已经起到区别符号的作用，与古文字阶段的装饰性笔画有着明显的不同，并不仅仅是文字的羡余成分。

这一现象传承自魏晋南北朝石刻楷字，如“伏”见于北齐《殷恭安等造像记》“張伏歡”。

（3）土，隋仁寿元年（601年）《卢文机墓志》“錫用茅土”作“土”，与主形相比，增加了一点笔。隋唐五代石刻楷字中，“土”字以及以“土”为构件的字往往加上一点笔。如堞，隋开皇三年（583年）《寇奉叔墓志》“營搆樓堞”作“堞”；地，隋大业十年（614年）《张轲墓志》“地居衝要”作“地”；涂，隋大业十一年（615年）《明云腾墓志》“詎免塗窮之哭”作“塗”；墓，唐开元九年（721年）《唐故契苾夫人墓志铭盖》“唐故契苾夫人墓誌銘”作“墓”；垫，唐元和十四年（819年）《卢璠墓志》“所未厭者唯公墊悴”作“墊”；坌，唐大中八年（854年）《唐故公（全交）墓志铭》“不樂走於塵坌”作“坌”；坎，唐《吕君妻李氏墓志》“别業之東坎”作“坎”等。

这种现象并不是隋唐五代时期石刻楷字的专利，而是由来已久。如“土”，东汉《衡方碑》“土家於平陸”作“土”，北魏《严震墓志》“道彰中土”作“土”。顾蔼吉认为：“土本无点，诸碑士或作土，故加点以别之。”[①]此说在隶书阶段可能完全成立，但是根据我们的调查，在隋唐五代石刻楷字中，点笔有时仅仅是为了保持整字的平衡问题而随意增加的笔画，如“壮”，《说文·士部》：“大也。从士爿聲。”隋大业十一年（615年）《范安贵墓志》“謚曰壯公”作“壯”；唐大和五年（831年）《崔弘礼墓志》“而壯猷未竭”作“壯”。

（4）宅，隋大业六年（610年）《段模墓志》“詳其宅兆”作“宅”，与主形相比，异体字形增加了一点笔。这一点笔大多为整字的最后一笔，应为书写的随意性所致，是汉字字形的羡余成分。这一现象在魏晋南北朝时期极为普遍，隋唐五代一仍其旧。其中以“氏”、“支”、“民”、“曳”、“乇”等单字以及以这些单字作为构件的字为最常见。如岐，隋大业六年（610年）《张乔墓志》“君幼而岐嶷”作“岐”；拜，隋大业六年（610年）《薛保与墓志》“入拜侍内都座

①顾蔼吉：《隶辨》，北京：中华书局，1986年版，第94页。

大官大羽真河東康王”作“拜”；昏，唐显庆四年（659年）《大唐故尉迟君（敬德）墓志》“松徑昏兮愁雲結”作“昬”；忮，武周圣历二年（699年）《口弘则（贞隐子）墓志》“不忮不求”作“忮”；曳，唐会昌二年（842年）《文鉴等造陁罗尼经幢》咒语作“曳”；律，唐大中四年（850年）《孙君妻张氏墓志》“乙巳年，生荆門觀察支使、協律克”作“律”等。

（5）且，唐大和六年（832年）《卢君妻崔氏墓志》“旣宜他門兮且孝其家”作“且”，与主形相比，添加一横笔。导致笔画增加的原因主要是书写者或者凿刻者的随心所欲。石刻中的“且”字和以“且”字为构件而组成的其他字，往往添加一笔。如阻，后唐天成二年（927年）《张稹墓志》“道阻人離”作“阻”；祖，隋开皇十八年（598年）《刘明及妻梁氏墓志》作“祖”。

魏晋南北朝石刻楷字未见此类写法。

（6）夭，唐贞元十八年（802年）《孙婴殇女墓志》“顺彼至性兮夭於青春”作“夭”，与主形相比，增加了两笔。这是因为楷化过程中，夭、大、犬、天、犮等字形接近，只能通过添加记号以示区别。

从魏晋南北朝到隋唐五代时期，石刻中的“夭”字和以“夭”字为构件组成的字，往往添加一笔或者两笔，以增强区别性。如夭，北魏《元诲墓志》“方年夭秀”作“夭”，北魏《元谭妻司马氏墓志》“夭夭攸歸”作“夭”，北魏《元瞻墓志》“不爲夭閼者”作“夭”。妖，北魏《元朗墓志》“妖氛競起”作“妖”，隋大业十一年（615年）《张寿墓志》“妖氛挫氣”作“妖”。

2. 笔画减少类

（1）栾，唐开元九年（721年）《唐故契苾夫人墓志铭》“痛深欒棘”作“欒”，与主形相比，直接将其表音构件“䜌”下的六点省掉。出于对书写便捷的追求，从魏晋南北朝到隋唐五代时期，石刻中以“䜌”作为表音构件的字，表音构件“䜌”下的六点往往被省掉。如峦，北魏《邓羡妻李椝兰墓志》“將附南巒”作“巒”；娈，隋大业十一年（615年）《董君妻卫美墓志》“孌彼諸姬”作“孌”；銮，唐元和十四年（819年）《李弘亮墓志》“鑾刀旣淬”作“鑾”。

（2）眉，唐开元十八年（730年）《李谦墓志》“宜介眉壽”作“眉”，与主形相比，减少了一竖笔，主要是受形近构件“尸”的影响而致。这种受同一文字系统内其他文字构件的影响而发生的“构件趋同”现象，属于汉字字形“类化”现象的一种情况。这种“类化”现象往往具有类推性，如媚，唐龙朔三年（663年）《周师墓志》“懷珠川媚”作“媚”。

这种“构件趋同”现象是沿袭了魏晋南北朝时期的写法，如“眉”见于北魏《胡明相墓志》“豈圖八眉之門”，“媚”见于北魏《元谧妃冯会芪墓志》“以媚我王”。

（3）德，隋大业六年（610年）《张乔墓志》“邁德何深”作“德”。与主形相比，右边减少一横笔。

这一形体沿袭了魏晋南北朝时期的写法，如德，北魏《元谧妃冯会芪墓志》“敏斯四德”作“德”，而且这一写法在魏晋南北朝石刻文字中占绝对优势。随着楷化过程的不断深入，至隋唐五代时期，字形“德”的写法又逐渐被认可。

（4）玳，隋大业十一年（615年）《萧翘墓志》“玳莛禮暢”作“玳”。与主形相比，减少了最后一点笔。这种在原字形上添加最后一点笔[①]或者将原字形上本有的一点笔省去的用字风气，贯穿着汉字楷化的整个过程。

魏晋南北朝石刻楷字，如“充”见于北魏《卢令媛墓志》“召充椒掖”，“代”见于北魏《魏灵藏薛法绍等造像记》“爰暨下代”。

隋唐五代石刻楷字，如“充”见于隋大业八年（612年）《王君妻成公氏墓志》“娠月未充”，“冰”见于隋大业九年（613年）《张虔墓志》“鑒徹冰玉”，“代”见于唐龙朔元年（661年）《郭寿墓志》“聲馳絶代”，“圃”见于唐开元十五年（727年）《崔严墓志》“樂歸田於農圃”，“安”见于唐乾符五年（878年）《崔晔妻李道因墓志》“以戊戌歲正月六日安兆於邙原平樂鄉”。

（5）遁，唐开元二十一年（733年）《赵元瓌墓志》“竝嘉遁為貞”作“遁”，唐《樊涚墓志》“剽狡不斥而遁去”作“遁”。与主

①具体参见前面“笔画增加类”的分析。

形相比，构件“盾”少刻一撇或者一竖。与上述几种类型产生的原因不同，这一类型笔画的减少可能是由于书写者的一时疏忽造成的。在这种类型的字形中，缺少竖笔的数量明显多于缺少横笔的，可能是受刻写习惯的影响所致。如佐，隋大业七年（611年）《刘则墓志》“初則躡君階以佐時”作“佐”；墓，武周圣历二年（699年）《姚恭墓志》“大周姚府君墓誌銘並序”作“墓”；壤，唐开元二十四年（736年）《唐故尚乘直长裴公（瑾）墓志铭》“幽石杇壤兮千萬祀”作“壤”；在，唐咸通十二年（871年）《唐故唐公（思礼）墓志铭》“乞在吏中”作“在”。

这一现象在魏晋南北朝石刻楷字中也存在，如“遁”见于北魏《元茂墓志》“逡遁乞歸”，“墓”见于东魏《元凝妃陆顺华墓志》“吳王之墓復開”。

二、笔画变异类

所谓笔画的变异是指笔画连接方式的改变、不同笔画之间的换用、同一笔画的变形等。在我们所调查的材料中，这种类型一共有1984个，约占20%。具体包含以下几种情况：

1. 将相邻的笔画连接为一笔

有些笔画改造是将相邻的四点连写作一长横，如驄，唐开元六年（718年）《唐故严府君（识玄）墓志铭》“乘驄有望”作“驄”；鸣，隋大业十一年（615年）《曹海凝墓志》“鳴呼哀戕”作“鳴”。有些是将点笔和相邻的撇笔连写作一撇笔，如安，唐贞观五年（631年）《唐故李寿墓志》“淮安靖王墓誌”作“安”。有些是将竖折笔和相邻的竖笔连写作一横笔，如屯，隋大业八年（612年）《沈氏墓志》“八年六月廿三日卒乎金谷屯”作“屯”。有些是将起笔和最后一笔连写作一竖笔，如市，唐大和二年（828年）《梁守谦墓志》“都人罷市”作“市”。

笔画的这种连写现象沿袭自魏晋南北朝石刻楷字，如“駕”见于北魏《元恭墓志》“除揚州别駕加襄威將軍”，“鳴”见于北魏《寇凭墓志铭》“鳴呼彼倉”，“屯”见于北魏《侯刚墓志》“克濟屯否”。

2．将相接的两笔画连接为一笔

有的将相接的撇和横改写为撇折，如乍，唐麟德二年（665年）《大唐程知节墓志铭》“乍扫原而勝敵”作“乍”；乞，唐《张漪墓志》“君表乞扶持”作“乞”；乾，唐长庆元年（821年）《罗池庙碑》“下無苦濕兮高無乾”作“乾”。有的将相接的横和撇改写为横撇，如伍，唐显庆元年（656年）《郭君妻张某墓志》“標映人伍”作“伍”。有的将相接的横和竖改写为横折，如佐，唐贞元十九年（803年）《陶英妻张氏墓志》“字君佐”作“佐”。

笔画的这种连写现象沿袭自魏晋南北朝石刻楷字，如“左”见于北魏《元崇业墓志》“尚書左僕射”。

相较而言，隋唐五代石刻楷字中的这种连写现象更为普遍，这与使用者的求简心理有关，当然也不排除在楷化过程中，行书对楷书的影响。

3．将相交的两笔连接为一笔

这种情况如存，后梁龙德二年（922年）《崔崇素墓志》“存亡遽乖”作“存”。这一现象在魏晋南北朝石刻楷字中没有发现。

4．将一种笔画改写为另外的一种或者两种笔画

有些笔画改造是将横折钩变为横钩，如匏，唐大和六年（832年）《郭濛及妻崔氏墓志》“承盥匏以奉廟獻”作“匏”，将构件“包”的第二笔横折钩写为横钩。有的是将横变点，如云，隋大业八年（612年）《刘德墓志》“云岳陪封”作“云”；作，唐大历十三年（778年）《赵泼心妻裘婉墓志》“自作嬪君子”作“作”。有的是将撇变点，如克，唐景龙三年（709年）《大唐故贺兰都督（敏之）墓志》“克明克聪”作“克”；免，唐大中十年（856年）《贾从贽墓志》“聖賢所不能免”作“免”。有的是将点变捺，如外，唐大中十三年（859年）《李烨妻郑珍墓志》“竄逐荒外”作“外”。有的是将捺变点，如夷，唐开元三年（715年）《杨越墓志》“王夷甫之雌黄”作“夷”。有的是将点变提，如守，唐天宝六载（747年）《唐故张去奢墓志铭》“父守讓”作“守”。有的是将点变横，如寸，唐元和元年

（806年）《郭丰登题名》“華州司寸叅軍郭豊”作“寸”。以上这些情况都是将一种笔画改写为另外一种笔画。除此以外，本时期的异体字中还有另外一种情况，即将一种笔画改写为另外两种笔画。如卷，隋大业十三年（617年）《杜君妻郑善妃墓志》“風卷丹旒”作“卷”；巷，唐永徽四年（653年）《颜人墓志》“里巷輟歌”作“巷”。这两例中，最后一笔均被改写为一竖笔和一横笔两笔。这两种笔画的改造情况均是为了书写或者刻写的方便，后者虽然增加了笔画，但是由原来的弯笔变为竖笔和横笔，大大方便了刻写。

这两种情况均沿袭自魏晋南北朝石刻楷字，如“抱”见于北魏《张安姬墓志》“春秋六十有五因抱纏疹”，“克”见于北齐《窦泰妻娄黑女墓志》“克誕良媛”，“爲”见于北魏《奚智墓志》“爲夷之俗以爲酋首”。

相较而言，隋唐五代石刻楷字中的这种笔画的换用现象更为普遍，这与使用者的求简心理有关，当然也不排除在楷化过程中，行书对楷书的影响。

5. 改变笔画的相对位置关系

这种情况如作，唐天宝九载（750年）《唐故屈元寿墓志铭》“雷雨作解”作“作”，将最后一横笔移至最底端。凡，后唐同光二年（924年）《王璠墓志》“凡於臨莅衆悉推能”作“凡”，将中间的一点笔移至起笔并改为一撇笔。

这种现象沿袭自魏晋南北朝石刻楷字，如“作”见于北魏《元湛墓志》“旨徵拜秘書著作郎”。

6. 改变笔画的连接方式

有些异体字是将相接的笔画改写为相交，如久，唐开元三年（715年）《崔公妻李氏墓志》“代久陵移”作“久”；丑，唐开元十五年（727年）《大唐故孟孝立墓志铭》“粤以其年歲次丁卯八月辛丑朔二十庚申遷祔於咸陽縣平城鄉”作“丑”；侹，唐贞元十三年（797年）《张君妻源氏墓志》“光禄寺主簿諱侹之女”作“侹”。也有的异体字将相交的笔画改写为相接，如单，唐永徽六年（655年）《王瑗达墓志》“駕紘桐於單父”作“單”；左，武周久视元年（700年）《许抠墓志》“嗣子前朝議郎行太子左奉裕長史”作“𠂇”。

笔画连接方式改变的现象沿袭自魏晋南北朝石刻楷字，如“夂”见于南朝梁《旧馆坛碑》“久棲華陽宜還舊宅”，“丑”见于北魏《元谭妻司马氏墓志》“五日乙丑”，“廷”见于北魏《山徽墓志》“朝廷䘵为”，“單”见于北魏《寇凭墓志铭》“傷單弦之缺聽”。

三、构件移位类

所谓构件的移位是指人们在使用汉字的过程中，改变了组成汉字的构件的相对位置。在我们所调查的材料中，这种类型一共有304个，约占3%。

1．构件的移位往往导致汉字结构的改变。

（1）有的将上下结构改为左右结构。

①髫，唐开元二年（714年）《唐故于尚范墓志》“髫髮丱齒”作“髫”。与主形相比，表音构件“召”由整字的下方移至整字的右下方，导致整字由原来的上下结构变为左右结构。隋唐五代石刻楷字中，从“髟”的上下结构的字往往改写为左右结构。在我们所整理的隋唐五代石刻楷书语料库中，共收录从“髟”的字样41个，其中有39个字样选择了左右结构，仅有2例选择上下结构。如髭，唐咸亨元年（670年）《唐故王大礼墓志铭》“及髭王神聖”作“髭”；鬋，武周天授二年（691年）《赵本质墓志》“攀龙鬋而不逮”作“鬋”；鬉，唐元和十四年（819年）《崔蹈规墓志》“鬉毷峨峨”作“鬉”。产生这种现象的原因主要是上下结构的字形稍显过高，平衡性差。从视觉效果来说，人们会趋向于选择左右结构的字形，以获得稳定平衡的功效。

②塾，唐开元六年（718年）《唐故祁惠墓志铭》“庇影庠塾”作“塾”。与主形相比，表义构件“土”由整字的下方移至整字的右下方，导致整字由原来的上下结构变为左右结构。隋唐五代石刻楷字中，从“土”的上下结构的字往往改写为左右结构，如墅，唐贞元二年（786年）《李戢妃郑中基墓志》“有别墅焉”作“墅”。

③憋，武周万岁登封元年（696年）《刘君妻郭宾墓志》“心

魂憖悦”作“㦗”。与主形相比，由上下结构变为左右结构。主要原因是受后面字形“悦”的影响而改写。这种由于受到临近字形的影响，汉字的形体发生相应的改变，以趋同于邻近字形的现象，属于汉字字形“类化”现象的另外一种情况，有研究者称为“邻近类推”[①]。

④岩，隋大业六年（610年）《范高墓志》“冠絶巖而逈出”作“巗”，与主形相比，由上形下声改写为左形右声，即由上下结构变为左右结构。

⑤慚，隋大业十二年（616年）《口悃昂墓志》“何慙照雪”作“慙”，与主形相比，构件“心”由整字的正下方移至整字的右下方，导致整字由上下结构变为左右结构。

⑥哲，武周长寿三年（694年）《刘通墓志》“哲人斯逝”作“㪿”。与主形相比，构件“扌”由整字左上角移至整字的左边，导致整字由原来的上下结构变为左右结构。

这种现象沿袭于魏晋南北朝石刻楷字，其中魏晋南北朝石刻楷书语料库中贮存的与隋唐五代石刻楷字中的相同字样有：“鬢”见于北魏《元珍墓志》“明璫燿鬢”；“髻”见于北齐《无量义经之一》“旋髪紺青頂肉髻”；“髴”见于东魏《元澄妃冯令华墓志》“曾何髣髴”；“髫”见于北魏《元恪嫔司马显姿墓志》“閑淑發於髫年”；“塾”见于北魏《王君妻元华光墓志》“澄口端嚮柔廉術塾”；“慙”见于北魏《邢峦妻元纯陁墓志》“旣慙靡他之操”；“㪿”见于北魏《元继妃石婉墓志》“資性聰哲”。

（2）有的将左右结构改为上下结构。

①俱，隋仁寿三年（603年）《姚伯儿造像记》“俱登佛道”作“𠍣”。与主形相比，其表义构件“亻”由整字的左边移至整字的左上方，导致整字由原来的左右结构变为上下结构。

②嚶，唐开元十七年（729年）《唐冯君衡墓志》“會四鳥之嚶鳴”作“嬰”。与主形相比，其表义构件“口”由整字的左边移至整字的左上方，导致整字由原来的左右构件变为上下结构。

③埠，武周万岁通天二年（697年）《常协墓志》“合葬遷於邙山

①王凤阳：《汉字学》，长春：吉林文史出版社，1989年版，第780页。

之源平樂鄉老神裏之幽埠”作“埠”。与主形相比，其表义构件“土”由整字的左边移至整字的左上方，导致整字由原来的左右结构变为上下结构。

④婚，唐天宝十载（751年）《裴肃妻阳氏合祔志》“冠婚之右族也”作“昬”。与主形相比，构件“日”由整字的右下角移至整字的下方，导致整字由原来的左右结构变为上下结构。

⑤嶕，唐天宝八载（749年）《唐故独孤祎之夫人清河张氏墓志铭》“新墳嶕嶢”作“嶕”。与主形相比，由左形右声改写为上形下声，即由左右结构变为上下结构。究其原因主要是“嶕嶢”二字叠韵联绵，“嶕”受到后面字形“嶢”之影响而改写，属于汉字字形“类化”中的邻近类推现象。

这种现象沿袭于魏晋南北朝石刻楷字，其中魏晋南北朝石刻楷书语料库中贮存的与隋唐五代石刻楷字中的相同字样有：“嚶”见于北魏《元演墓志》“翔鳥悲嚶”；“嵳”见于东魏《邑主造像讼》“峨嵯嵠谷之濱”。

（3）有的将左右结构改为包围结构。例如：

①取，隋大业五年（609年）《李氏墓志》“取恨重壤”作“取”。与主形相比，其构件“耳”的起笔延长，使构件“又”处于半包围结构之中。

②彭，唐开元十九年（731年）《刘禄墓志》“君本彭城郡人”作“彭”。与主形相比，其构件“壴”的终笔延长，使构件“彡”处于半包围状态。

③惑，唐会昌元年（841年）《韦埙墓志》“君無嬖僕妾媵之惑”作“惑”。与主形相比，其构件“或”的一斜钩笔向右下角延伸，使构件“心”处于半包围状态。这种类型的变化，在隋唐五代时期比较普遍，如戚，武周证圣元年（695年）《朱简墓志》“理不染慼”作“慼”。

④胷，唐开元五年（717年）《张方墓志》“雨淚盈胷”作“胷”。与主形相比，其构件“匈”的一横折钩笔向下延伸，使构件“月”处于半包围状态。根据我们的调查，在此之前的各类材料中均未收录，由此推测字形“胷”为隋唐五代石刻新增字形。

这种现象沿袭于魏晋南北朝石刻楷字，其中魏晋南北朝石刻楷书语料库中贮存的与隋唐五代石刻楷字中的相同字样仅有1个，即“惑”，见于北魏《元子直墓志》“惑壽惑夭”。

相较而言，隋唐五代石刻楷字中将左右结构改为包围结构的现象更为普遍。

2．有些构件的位置发生了互换，但是没有改变整字的结构。

①崇，唐永徽六年（655年）《陈君妻王氏墓志》“崇基克搆”作“崈”。与主形相比，其表义构件和表音构件的位置发生了互换，但还是一个上下结构的字。《玉篇·山部》中将它作为“崇”之异体贮存。《玉篇·山部》：“崇，士隆切。重也，尊也，衆也，積也，序立也。崈，同上。”据此推测，字形“崈”应该为隋唐五代时期的新增字形。

②牾，唐大和八年（834年）《窦季余墓志》“與時不牾”作“牾”。与主形相比，其表义构件和表音构件的位置发生了互换，但还是一个左右结构的字。这种变化在汉印中已经出现“牾”（汉印）。[1]

③朏，唐贞元五年（789年）《孙君妻李氏墓志》“考朏”作“朏”。与主形相比，虽然其表义构件和表音构件的位置发生了互换，但其结构并没有改变。

④秋，隋大业八年（612年）《田光山妻李氏墓志》“春秋七十有八”作“秌”。与主形相比，虽然两个构件的位置发生了互换，但其结构并没有改变。

⑤绵，隋仁寿元年（601年）《卢文构墓志》“綿歷四紀”作“緜”。与主形相比，虽然两个构件的位置发生了互换，但其结构并没有改变。

这种现象沿袭于魏晋南北朝石刻楷字，其中魏晋南北朝石刻楷书语料库中贮存的这种类型的字样，如“秌”见于东魏《净智塔铭》“春秋七十有三”，“緜”见于东魏《元光基墓志》“洪祚綿綿”。

①引自《汉语大字典》（缩印本），武汉：湖北辞书出版社；成都：四川辞书出版社，1992年版，第5095页。

四、构件增减类

构件的增减是指在文字的使用过程中，书写者在原有字形的基础上，额外地增加或者减少一个或者几个构件。在我们所调查的材料中，这种类型一共有241个，约占2%。主要包括两种类型：构件的增加和构件的减少。

1. 构件增加类

（1）裘，唐开元十八年（730年）《崔羡墓志》“良冶有裘，承家业也；玉壶有冰，遗孫謀也”作“”。与主形相比，上部增加了一个构件“竹”。《唐代墓志汇编》[①]收录了此篇墓志，采用了原形图片的字形。《汉语大字典》、《中华字海》等大型的工具书都没有收录此字形。根据句意，这个字应为“裘”的一个异体。此句的大意是赞扬墓主一方面继承并振兴了家业；另一方面一生高洁清廉，是后辈效仿的榜样。“良冶有裘”是“良冶之子，必学为裘”的简称。此典故出自《礼记·学记》：“良冶之子，必学为裘；良弓之子，必学为箕。”孔颖达疏：“积世善冶之家，其子弟见其父兄世业鍧铸金铁，使之柔合以补冶破器，皆令全好，故此，子弟仍能学为袍裘，补续兽皮，片片相合，以至完全也……善为弓之家，使干角挠屈调和成其弓，故其子弟亦睹其父兄世业，仍学取柳和软挠之成箕也。”后世常常借此来比喻子弟能继承父兄的事业。隋唐五代时期石刻文献中有诸如“良冶有裘”、“继此箕裘”、“克茂弓裘”、“箕裘有业”、“弓裘不坠”等诸多称说形式。据此，可以推断增加构件“竹”的原因可能是由于“箕裘”并举，受字形“箕”的影响而增加，属于受同一文字系统内其他文字构件的影响而发生的“构件趋同”现象，是汉字字形“类化”现象的一种情况。

（2）区，隋开皇十六年（596年）《郑惠好三十八人等造像记》“釋迦弥勒佛兩區”作“”。与主形相比，左边增加了一个构件“土”，其主要意图是提示造像所用的材质。也可以说，“区”也由一个象形字变为一个左形右声的形声字。魏晋南北朝石刻楷字中，没有发现这种用例。

①周绍良主编：《唐代墓志汇编》（上、下册），上海：上海古籍出版社，1992年版，第1364页。

（3）岸，隋开皇十年（590年）《苏丰国等造像记》“同登彼岸”作“堓”。界，唐显庆三年（658年）《曹君妻慕容丽墓志》“平樂之界”作“堺”。与主形相比，二者左边均增加了一个构件“土”。《玉篇》：“岸，水厓而高者。从屵干聲。”《玉篇》：“界，耕薤切。《爾雅》云：‘疆、界，垂也。’畍，同上。”二者本义均与山土有关，于是又各自增加了一个构件“土”，以凸显它们的本义。同时，二者的结构类型也由上下结构变为了左右结构。

魏晋南北朝石刻楷字中，仅发现“界”的这一写法，即“堺”见于东魏《宇文恪造龙华浮图铭》“庶使法界蒼生”。

（4）冥，唐贞元十六年（800年）《张氏墓志》“惜冥草之早落”作“蓂”。与主形相比，增加了一个构件“艹”，主要原因是受后面字形“草”形体的影响而增加的。隋唐五代石刻楷字中，这种由于受同一文字系统内其他文字构件的影响而导致构件增加的现象比较常见，如匪，唐永徽六年（655年）《吕君妻张须墓志》“匪懈六時”作“㥱”；宕，唐开元二十一年（733年）《梁玙墓志》“引浪宕之長流”作“[illegible]”。

相较而言，魏晋南北朝石刻楷字中，虽然也存在着一定数量的“构件趋同”现象，但是没有发现与隋唐五代石刻楷字中相同的字样。由此推断，这种“构件趋同”现象由于受到语言环境的制约，带有很强的限制性，同时，也是这种原因，又使得它具有很强的随意性，理论上任何字形都可以受到前后字形的影响而发生趋同现象。

2．构件减少类

（1）壤，唐永贞元年（805年）《张道升墓志》“行春令而農夫擊壤”作“壌”。与主形相比，构件“襄”的中间两个构件“口”省去，减少了六笔，提高了书写速度。这是出于书写的方便快捷而减少构件的现象。此字样中，构件“襄”写作“衺”，然后中间的横笔和竖笔的连接方式再发生变异，进一步讹变为“衰”，与表示“衰弱”之义的“衰”的异体字样“衰”同形。如果这个还不算明显的话，我们可以再来看一下魏晋南北朝石刻楷字中贮存的这一过渡形态，即“壊”见于北齐《道明墓志》“冥冥泉壤”。

通过魏晋南北朝到隋唐五代石刻楷字贮存的字样，我们可以恢复

"壞"字的大致变异过程如下：壞→壞→壤、壊→壊→壊→壊。

（2）婚，唐显庆六年（661年）《张楚墓志》"以顯慶六年二月七日冥婚馬氏"作"[女氏]"。与主形相比，其表音构件"昏"的一个构件"日"省掉，减少了四笔，沦为记号。这样做虽然提高了书写速度，但却破坏了原有的形声结构，最终被淘汰。

魏晋南北朝石刻楷字中，没有发现此用例。

（3）击，武周神功二年（698年）《王伏生墓志》"遊擊将軍"作"毄"。与主形相比，减少了表义构件"手"，只存其表音构件。这种类型的异体字，必须借助于一定的语境才能说明，否则也可以解释为以"毄"代"击"。

魏晋南北朝石刻楷字中，没有发现此用例。

五、构件替换类

构件替换是指文字使用过程中，两个或两个以上的构件之间由于音近、义近、形近等原因而发生相互更换的现象。按照发生替换的构件之间的关系可以大致分为以下三类：音近构件的替换、义近构件的替换、形近构件的替换。在我们所调查的材料中，这种类型一共有4243个，约占43%。其中又以形近构件的替换为最多，有3838个，约占39%。

1．音近构件的替换

这类异体字构件替换的前提是两个构件的读音相同或相近。例如：

（1）鬢，唐天宝二年（743年）《僧突墓志》"眉長接鬢"作"鬂"。按鬢，《玉篇·髟部》："卑刃切。頰髮也。當从髟賓聲。"石刻用字改为从髟兵声。"兵"与"宾"读音相近，在整字中作表音构件时可互相替换。同时，与主形相比，构件的位置也发生了变化。

魏晋南北朝石刻楷字中，没有发现此用例。

（2）"秖"，《宋本玉篇》、《名义》均无此字。六朝石刻也未见。《汉语大字典》仅给出其注音如下：《海篇·禾部》："秖，音杜。"《字汇补·禾部》："秖，弟五切，音杜。义未详。"隋唐五代石刻用字中出现此字形：唐长庆元年（821年）《罗池庙碑》"秔秖充羡兮，虵蛟結蟠”作“杜”。此处“杜”与“秔”为同义类举，代指粮食，“秔”为稻谷的一种，“杜”也应为稻属。此句大意为：粮食充足，蛟龙盘踞。而一般古籍校注类的书和传世文献均写作“稌”，如《韩昌黎文集校注》释读为：“稌，徒古切，又音土”。[①]“稌”，《说文》：“稻也。从禾余聲。《周禮》曰：‘牛宜稌。’”因此，“稌”、“杜”应该互为异体，造成异体的原因是由于构件“余”、“土”的声音相近，发生替换。

魏晋南北朝石刻楷字中，没有发现此用例。

（3）堑，唐贞元十三年（797年）《灵庆公神祠碑》“塹川為壕”作“壍”。按《玉篇》“同上”类字贮存此字形，将之作为“堑”之异体收录。《玉篇·土部》：“塹，七豔切。《左氏傳》：‘注：溝塹也。’《字書》云：‘城隍也。壍，同上。’”石刻用字采用“壍”形，其表音构件“渐”从“斩”得声，二者音同，属于音近构件的替换。

魏晋南北朝石刻楷字中，没有发现此用例。

（4）猨，后梁贞明六年（920年）《谢彦璋墓志》“鬱有啼猿之妙”作“猿”。按《玉篇》“同上、俗”类字贮存此字形。《玉篇·犬部》：“猨，于元切。似獼猴而大，能嘯也。亦作蝯。猿，同上。俗。”石刻用字将其表音构件“爰”替换为“袁”，两个构件的读音完全相同，属于表音构件的替换而产生的异体字。

这一现象沿袭于魏晋南北朝石刻楷字，如“猿”见于北周《步六孤须蜜多墓志》“猿鳴三聲”。

（5）咽，唐开元三年（715年）《孟玄一墓志》“水漿不咽”作“嚥”。按《玉篇》将“嚥”处理为“咽”之异体。《玉篇·口部》：“嚥，於見切。吞也。亦作咽。”二者表音构件“燕”与“因”的读音非常相近，为音近构件替换而形成的异体字。

魏晋南北朝石刻楷字中，没有发现此用例。由此推断《玉篇》真实地反映了隋唐五代时期的社会用字情况。

①唐·韩愈著，马其昶校注：《韩昌黎文集校注》（八卷），上海：古典文学出版社，1957年版，第286页。

2. 义近构件的替换

这类异体字构件替换的前提是两个构件的意义相近。义近构件的换用现象，在古文字阶段就已出现，并受到文字学界的关注。唐兰在《古文字学导论》中将这种现象称为“通转”。他认为：“凡义相近的字，在偏旁里可以通转。”杨树达在《新识字之由来》一文中将表义构件换用现象称为“义近形旁任作”。隋唐五代时期虽然属于今文字阶段，但是意义相近的构件换用现象仍然存在。经调查，隋唐五代石刻楷字中最常见的表义构件替换有：犬与豸、犬与虫、穴与土、阜与土、羽与飞、禾与耒等。

（1）犬—虫、豸、豕

犬，《说文》：“狗之有縣蹏者也。象形。孔子曰：‘視犬之字如畫狗也。’凡犬之屬皆从犬。”虫，《说文》：“一名蝮，博三寸，首大如擘指。象其臥形。物之微細，或行，或毛，或蠃，或介，或鱗，以虫爲象。凡虫之屬皆从虫。”豸，《说文》：“獸長脊，行豸豸然，欲有所司殺形。凡豸之屬皆从豸。”豕，《说文》：“彘也。竭其尾，故謂之豕。象毛足而後有尾。讀與豨同。凡豕之屬皆从豕。”犬、豸、豕与虫作为构件均能够提示动物类属，从而能够产生换用。如猬，唐广德二年（764年）《郭敬之庙碑阳》“虬須猬磔”作“蝟”；豭，武周万岁通天元年（696年）《成循墓志》“坐察焚豭之偽”作“猳”；豺，唐大历四年（769年）《唐故元府君墓志铭》“豺狼竊位”作“犲”。

魏晋南北朝石刻楷字仅发现构件“犬”与“豸”之间的换用，如“犲”见于东魏《太尉公刘懿墓志》“誅豺制兕，起卧虎之威”，“犳”见于北魏《李遵墓志》“窆於豹祠之南”，“狣”见于北魏《元湛墓志》“貂瑺紫殿，鳴玉雲閣”。

（2）穴—土

穴，《说文》：“土室也。从宀八聲。凡穴之屬皆从穴。”土，《说文》：“地之吐生物者也。二象地之下、地之中，物出形也。凡土之屬皆从土。”据《说文》，穴为土室，到《玉篇》时又增加了义项“墓坑”，《玉篇》：“穴，胡決切。孔穴也。亦土室也，冢壙也。”穴的义项均与土有关，二者充当构件时往往发生替换，如堋，唐会昌五年（845年）《田在卞墓志》“其墳堋不輪”作“⿱穴朋”。《玉篇》中将“堋”与“⿱穴朋”单列为字头，但是又在释文中注明二者的异体关系，这也是《玉篇》体例繁杂的原因之一。《玉篇·土部》：“堋，補鄧切。下棺也。或作⿱穴朋。亦陂遏。”《玉篇·穴部》：“⿱穴朋，補鄧切。束棺下也。亦作堋。”同理，培，唐咸通十四年（873年）《唐故郭克全墓志铭》“且異培焉”作“窨”。

这种构件之间的换用现象沿袭于魏晋南北朝石刻楷字，“⿱穴朋”见于北魏《元寿妃曲氏墓志》“葬於萇陵之東，堋於其子懷王之塋”。

（3）阜—土

阜，《说文》：“大陸，山無石者。象形。凡𨸏之屬皆从𨸏。”土，《说文》：“地之吐生物者也。二象地之下、地之中，物出形也。凡土之屬皆从土。”据《说文》解释，阜为土山，与土有关，在充当构件时可以相互替换。如陛，隋大业五年（609年）《宁贇墓碑》“基陛義水”作“⿰土坒”；陵，唐开元二十六年（738年）《张余墓志》“深谷為陵”作“堎”。

这种构件之间的换用现象沿袭于魏晋南北朝石刻楷字，“堎”见于北魏《元浚妻于仙墓志》“葬於西陵”。

（4）羽—飛

羽，《说文》：“鳥長毛也。象形。凡羽之屬皆从羽。”飛，《说文》：“鳥翥也。象形。凡飛之屬皆从飛。”据《说文》，羽是鸟用来飞行的主要工具，羽与飞两者意义相关，往往发生互换。如翻，隋大业六年（610年）《薛保与墓志》“鳳翥藏翻”作“飜”；翥，唐贞元十四年（798年）《刘建墓志》“或曰鶬鸹群翥”作“⿱者飛”。

这种构件之间的换用现象沿袭于魏晋南北朝石刻楷字，“飜”见于北魏《高珪墓志》“蓋飜飛”。

（5）禾—耒

禾，《说文》：“嘉穀也。二月始生，八月而孰，得時之中，故謂之禾。禾，木也。木王而生，金王而死。从木，从𠂹省。𠂹象其穗。凡禾之屬皆从禾。”耒，《说文》：“手耕曲木也。从木推丯。古者垂作耒相以振民也。凡耒之屬皆从耒。”二者皆与木有关，前者为耕种的对象，后者为耕种的工具，作表义构件时可互换。此外，禾与耒的形体也十分相近，这也是造成二者混同的原因。如耘，唐显庆元年（656年）《王卿及妻任氏墓志》“耕耘六籍”作“秐”；耕，唐永徽五年（654年）《赵嘉及妻郭氏墓志》“寀志耕田之秋”作“耕”；耨，武周长寿二年（693年）《尚明墓志》“禮耨義耕”作“耨”；耗，唐咸通二年（861年）《裴君妻彭氏墓志》“未嘗減耗”作“秏”等。

这类构件之间的替换虽然在魏晋南北朝石刻楷字中没有发现用例，但是在魏晋南北朝简牍文字中有这种用法，如“耗”作“秏”（孔紙3520804）①。

3. 形近构件的替换

这类异体字构件替换的前提是两个构件的形体相近。在我们所调查的材料中，由于构件形体接近发生互换而造成的异体字数量最多，有3838个，约占异体字总数的1/3以上。

（1）口—厶

口，《说文》：“人所以言食也。象形。凡口之屬皆从口。”小篆中作“口”。厶，《说文》：“姦衺也。韓非曰：‘蒼頡作字，自營爲厶。’凡厶之屬皆从厶。”小篆中作“厶”。两者小篆字形相似，隶变过程中汉字笔画逐步确定，往往造成二者混同。如国，隋大业八年（612年）《李肃墓志》“又贈左武衛安國大将軍”作“國”；唯，唐永徽四年（653年）《王协墓志》“令問唯優”作“唯”；句，唐总章三年（670年）《唐故李绩墓志铭》“以旌平延陁、句麗之功也”作“勾”；园，唐开元十四年（726年）《郑戎墓志》“思返田園”作“園”。

同样，“吅”与“厸”也可以互换。如壤，隋大业九年（613年）《张盈墓志》“魂沉下壤”作“壌”；哭，隋大业十一年（615年）《明云腾墓志》“城頹恐哭”作“哭”；丧，唐咸通十年（869年）《唐故魏府君（孝本）墓志铭》“臨喪娶於駱氏夫人”作“喪”；严，唐景云二年（711年）《卢珍墓志》“不嚴而理”作“嚴”。单，唐永徽三年（652年）《李清墓志》“眷瓢單以自貽”作“单”。

另外，“吅”作构件时还常常写作三点或四点，如壤，隋大业八

①郑婕：《魏晋南北朝简牍文字研究》，华东师范大学2007届博士论文。

年（612年）《张伏敬墓志》“燈光闇壤”作“壊”；晋，唐永徽六年（655年）《王惠墓志》“俠輔袞晉”作“晋”；单，唐大中十年（856年）《张茂弘墓志》“得補裨丞於宋之單父”作“単”；晋，唐乾符四年（877年）《唐故陇西郡李夫人（雅）墓志铭》“敵我秦晉”作“晋”。

这两个构件之间的替换现象沿袭于魏晋南北朝石刻楷字，“口”与“厶”互换，如“囯”见于北齐《窦泰墓志》“扞城四國”，“唯”见于北魏《元继妃石婉墓志》“唯聞琴絶”，“勾”见于北魏《元举墓志》“章句小術”，“園”见于北魏《元诠墓志》“詔賜東園祕器”；“吅”与“丛”互换，如“壌”见于北魏《元思墓志》“移牧魏壤”，“哭”见于北魏《刘华仁墓志》“親悲號哭”，“喪”见于北魏《高广墓志》“在喪過禮”，“嚴”见于北魏《于纂墓志》“行信增嚴”，“単”见于北魏《元珍墓志》“公單馬肆焉”。“吅”作构件时写作三点或四点的用例仅发现一例，即“壌”见于北魏《元诲墓志》“乃作銘壤隧”。相较而言，隋唐五代石刻楷字中，构件写作三点或四点的形体比较简单的情况比较多。

同时，通过魏晋南北朝到隋唐五代石刻楷字贮存的字样，我们可以清楚地观察到“丧”、“晋”、“单”等字的大致简化变异过程如下：“丧”字：喪→喪→喪、丧→丧；“晋”字：晉→晉→晋→晋→晋→晋；“单”字：單→単→単→单（现代标准楷字）。其中“丧”、“晋”的简化字形体已经在石刻楷字中出现，而“单”字的简化字形体仅仅是将石刻楷字中的最后一个字样的上部四点去掉两点而已。这些字样及其变异过程可以为现代简化字的来源提供重要的参考。

（2）竹—艹

艹，《说文》：“百芔也。从二屮。凡艸之屬皆从艸。”构件“艹”，小篆作“[篆]”。竹，《说文》：“冬生艸也。象形。下垂者，箁箬也。凡竹之屬皆从竹。”构件“竹”，小篆作“[篆]”。有的研究者认为，二者属于义近构件的替换，因为据《说文》，竹为草的一种，二字意义相近，而且从小篆形体来看，“艹”、“竹”两个构件在字形上相差很大。但是，我们认为，二者是由于形近而发生的替换，而且二者的替换应该开始于隶变时期。因为“艹”与“竹”的小篆形体虽然差别很大，但是使用的线条却完全相同，区别仅在于弯曲的方向不同。在隶变的过程中，两个构件小篆形体中间的弯曲线条被拉直，二者即呈现为相同形体，失去其原有的区别功能。因此，构件“艹”与“竹”的形体混同应该开始于隶变时期，因为隶变的重要方式之一就是将笔画变曲为直。最初，“艹”与“竹”在两汉隶书中因形近发生换用。如“符”在《居延汉简》中作“苻”，在《礼器碑》中作“苻”。

魏晋南北朝以至隋唐五代时期用字继承了隶变过程中产生的这种变异，并在楷化过程中加以体现，如墓，北齐天统四年（568年）《和绍隆墓志》“徐州刺史恭子和使君墓誌銘”作“墓”；第，北魏永平五年（512年）《王蕃墓志》“薨於雒陽第”作“第”；茂，唐永徽三年（652年）《颜瓌墓志》“名雄卓茂”作“茂”；笔，后唐天成四年（929年）《西方邺墓志》“遂擲筆以束書”作“筆”。

（3）礻、扌—㫃　失、夫—矢

主形“族”，见于唐开成石经《礼记》“庶子之正於公族者”。异体字形“挨”，见于唐景龙三年（709年）《王玄起墓志》“惟君公族之良”；异体字形“祑”，见于隋大业十二年（616年）《□彻墓志》“波斯之别族”。

按：异体字形“挨”，一方面将主形中的构件“㫃”左边的“方”替换为“扌”，另一方面将主形中的构件“矢”替换为“失”，这两个方面发生替换的前提是构件之间的形体相近。同样，异体字形“祑”，一方面将主形中的构件“㫃”左边的“方”替换为“礻”，另一方面将主形中的构件“矢”替换为“夫”。这反映了楷化过程中㫃、礻、扌之间，以及矢、失、夫之间的区别性丧失。

这几个构件之间的混同沿袭于魏晋南北朝石刻楷字，如“挨”见于北魏《元桢墓志》“是使庶族歸仁”，“祑”见于北魏《元弼墓志》“公族載興”。

（4）牛—爿（丬）

牛，《说文》：“大牲也。牛，件也；件，事理也。象角頭三封尾之形。凡牛之屬皆从牛。”爿（丬），《说文》无。段玉裁注：“爿，反片為爿，讀若墻。”在隶变过程中省减作“丬”。“牛”与“爿

（丬）”没有意义和读音上的相似之处，只是形态相似，在隶变楷化过程中，书写者将“牛”的第一、第二笔连写，最后再增加一撇笔，与“爿”造成混同，或者直接省掉第一笔，将第二笔改写作一点笔，与“丬”造成混同。这种混同使得汉字失去构造理据。如物，隋大业十二年（616年）《羊本墓志》“何图物变时移”作“物”；特，唐开元十二年（724年）《唐赠左骁卫大将军左贤王阿史那毗伽特勤墓志铭》“左賢王右威衛将軍阿史那毗伽特勤卒”作“特”；物，唐元和二年（807年）《崔倚墓志》“不與物競”作“物”；牧，唐《张嵒妻魏氏墓志》“彭等五州牧”作“牧”。

相较而言，魏晋南北朝石刻楷字中仅发现“牛”与“丬”发生混同的用例，如“牧”见于北魏《元昉墓志》“司州牧貞景王之少子”。

（5）巾—忄

巾，《说文》：“佩巾也。从冂，丨象糸也。凡巾之屬皆从巾。”心，《说文》：“人心，土藏，在身之中。象形。博士說以爲火藏。凡心之屬皆从心。”“心”在字的左边作构件时多写作“忄”，与“巾”的形体相近，二者往往发生混同。如帷，唐麟德元年（664年）《唐故郑府君（仁泰）墓志铭》“伫闢丹帷”作“惟”；帐，唐光宅元年（684年）《唐故安府君（元寿）墓志铭》“玉帳斯衛”作“悵”；幡，武周万岁登封元年（696年）《刘君妻郭宾墓志》“靈幡曜日”作“憣”。

这一现象沿袭于魏晋南北朝石刻楷字，如“憣”见于北齐《叱烈延庆妻尔朱元静墓志》“博陵王幡五教於中鉉”，“幄”见于北魏《刘华仁墓志》“蒙馳紫幄”。

（6）日—目

日，《说文》：“實也。太陽之精不虧。从囗一。象形。凡日之屬皆从日。”目，《说文》：“人眼。象形。重童子也。凡目之屬皆从目。”二者并无读音和意义上的联系，只是因为形体相近而发生换用。如时，隋大业八年（612年）《萧氏墓志》“愛花時采”作“時”；冒，武周圣历三年（700年）《阎基墓志》“冒白刃而成勇”作“冒”；昧，唐贞元十三年（797年）《蔡元雪妻杨氏墓志》“天監何昧”作

“眛”等。

这两个构件之间的换用沿袭于魏晋南北朝石刻楷字，如“時”见于北魏《甯懋墓志》“時蒙授散常侍”，“冐”见于南朝梁《罗浮山铭》“冒冠寶文”，“春”见于北魏《武昌王妃墓志铭》“悲春夜景”。

六、结构类型变异类

由于对理据的不同理解，有时用字者会抛弃原有的字形而另外创造一个与原有字形的构形理据完全不同的新字形，这个新字形与原有字形之间形成异体关系。在我们所调查的材料中，这种类型一共有143个，仅占1.4%左右。

1. 燕，唐显庆二年（657年）《王玄墓志》“控紫燕於槐路”作“鷰”。

按：燕，《说文》：“玄鳥也。籋口，布翄，枝尾。象形。凡燕之屬皆从燕。”《玉篇》：“於見切。乙也。白脰鴉也。又於先切，國名。鷰，於見切。俗燕字。”据《说文》“燕”本为象形字，《玉篇》中将“鷰”列为“燕”之俗体，石刻楷字采用《玉篇》俗体，从燕从鸟，为形声字。也可以看作是“燕”增加构件而形成的字样。另外，构件“鸟”的位置在本时期还不固定，除了上例中与构件“燕”形成上下结构之外，还可以组成左右结构，如燕，武周万岁通天二年（697年）《王君妻薛氏墓志》“或裁雞而怗燕”作“鷰”。

2. 辩，隋大业十年（614年）《邓昞墓志》“高其清辯”作“䛒”。

按：辯，《说文》：“治也，从言在辡之閒，形聲。”石刻楷字从巧从言，当为会意字。二者的结构类型不同。《字汇补·言部》：“辯字本作䛒，北齊所造也。”《魏书·江式传》在描绘魏晋南北朝时期社会用字时谈到：“世易风移，文字改变，篆形谬错，隶体失真。俗学鄙习，复加虚巧。谈辩之士，又以意说炫惑于时，难以厘改。……乃曰追来为归，巧言为辩，小兔为𦫵，神虫为蚕，如斯甚众。”可见，“辩”字，从巧从言的写法在魏晋南北朝时期比较流行，而且这一变化一直到隋唐五代时期都没有得到彻底的改变，甚至进一步地发生讹变。如唐麟德二年（665年）《邢变墓志》“君諱辯”作“詈”，字形从功从言。它应该是字形“詈”的构件“力”混同为“刀”所致。《玉篇》中收录字形“詈”，即：“辯，皮免切。慧也，正也，理也。詈，扶件切。俗辯字。”不难看出，《玉篇》贮存的字形“詈”直接源自“䛒”的讹写。至此，“辯”字在从魏晋南北朝到隋唐五代时期的字形演变轨迹已十分明确：辯—䛒—詈—詈。

3．“窺”见于隋大业十一年（615年）《范安贵墓志》“窺竊邊鄙”；“闚”见于唐麟德二年（665年）《大唐故李公（震）墓铭》“坐不窺堂”。

按：窺，《说文》：“从穴規聲，形聲。”石刻用字不论写作从穴从视，还是写作从门从视，均为会意字。

在魏晋南北朝石刻楷字中早已如此，“窺”见于北齐《元贤墓志》“悳愠莫窺”，“闚”见于北魏《慈庆墓志》“洞窺非想”。

4．餐，唐开元十五年（727年）《敬觉墓志》“沆瀣可以為餐”作“湌”。

按：餐，《说文》：“吞也，从食𣦼聲，形聲。”石刻用字作从水从食，当为会意字。《说文》、《玉篇》都贮存了此字形，为“餐”的异体。另外，本时期的石刻用字中还出现了另外的两种会意结构的字样，如餐，唐永徽三年（652年）《王则墓志》“士庶聞停餐”作“飡”，从仌从食；餐，唐光化三年（900年）《苻进昌墓志》“幼姪同餐”作“喰”，从口从食。

其中，前两种形体在魏晋南北朝石刻楷字中早已出现，“湌”见于北魏《元显儁墓志》“子湌道亦莫邁其後”，“飡”见于北魏《王璨墓志》“豈直惙湌”。后一种形体在魏晋南北朝石刻楷字中没有发现用例。

5．懿，唐武德七年（624年）《唐故郭府君（敬）墓记》“忠懿夙著”作“懿”。

按：懿，《说文》：“專久而美也。从壹，从恣省聲。”本为形声字，楷化过程中，其表音构件讹写，失去表音功能，沦为记号。

这一现象在魏晋南北朝石刻楷字中早已出现，“懿”见于北魏《于祚妻和丑仁墓志》“銘兹懿德”。

七、书体变异类

整字层面的变异还包括书体变异类。隋唐五代石刻文献用字中篆、隶、草、楷等各种书体并行，虽然它们各自产生、成熟、定型的时代先后有别，而且在隋唐五代石刻文献中的地位也不相同，但它们之间的形体会不可避免地相互影响。尤其是，草书在隋唐五代时期已经十分发达，分化出了章草、今草和狂草。在唐代，甚至还出现了历史上第一块用草书撰写的碑——武则天《升仙太子碑》，草书的地位和影响由此可见一斑。草书的特点是结构简省、笔画连绵，在一定程度上可以满足书写者对于书写简便易写的愿望。因此，在汉字楷化定型的过程，出于方便快捷的考虑，使用者都会或多或少地选择这些草书字形。这类字往往是楷化其中的部分构件，并由此产生一系列由于书体演变、书体间相互影响而形成的异体字。在我们所调查的材料中，这种类型一共有147个，约占1.5%。其中又可以分为隶定楷化类和草书楷化类两种。

1．隶定楷化类

（1）走，《说文》：“趨也。从夭、止。”楷书作从土从止，隶书中作从土从之。魏晋南北朝石刻楷字中，“走”不论是单独成字还是充当构件，两种形态使用的频率旗鼓相当。如“走”见于东魏《元均及妻杜氏墓志》“公走踚子房”；“走”见于北魏《元寿安墓志》“百辟奔走於下”。“起”见于东魏《元湛墓志》“擄饋以起”；“起”见于北魏《山徽墓志》“寶琴埃起”。“超”见于北魏《元子正墓志》“超蹤北海者矣”；“超”见于北魏《寇凭墓志铭》“秀逸超世”。

相较而言，隋唐五代石刻楷字中“走”的形体更加规范统一于从土从止，仅有部分字样选择从土从之，如走，隋大业十二年（616年）《口御墓志》“走步追生”作“走”；超，唐《萧令臣墓志》“超授北都太原尉”作“超”。

（2）参，《说文》：“稠髮也。从彡从人。”小篆作“㐱”，充当楷字表音构件时，楷化作“㐱”，在隶书中多作“尔”。隋唐五代石刻楷字中，两种形态俱存，如珍，唐显庆二年（657年）《杜询妻崔素墓志》“粤以永徽元年二月適薛王友行珍州滎德縣丞杜洵”作“珍”，隋大业十一年（615年）《元智墓志》“無乏於珍玩”作“珎”。

这一现象传承自魏晋南北朝石刻楷字，“珍”见于北魏《元昭墓志》“胡國珍爲雍州刺史”，“珎”见于北魏《邢峦妻元纯陁墓志》“珍寶六度”。

2．草书楷化类

（1）《说文》：“門，聞也。从二戶。象形。凡門之屬皆从門。”楷书有时简写作“门”，完全是草书楷化而形成的字形。隋唐五代楷字中两种形态俱存，如唐大中十年（856年）《郑子容墓志》“何乃宗門之益昌”作“門”；唐开元十五年（727年）《敬觉墓志》“故後嗣高門象賢”作“门”。“门”在充当构件时也如此，如开，唐咸通二年（861年）《郑君妻崔琪墓志》“開成中”作“開”；唐天宝元年（742年）《张本墓志》“去開元廿二年授冀州叅軍”作“开”。另外还有闭、闲、合、闾、阎、闹、阙、关、阑、阛等单字也是如此。

到目前为止，魏晋南北朝石刻楷字中还没有发现“门”的写法。

（2）《说文》：“言，直言曰言，論難曰語。从口辛聲。凡言之屬皆从言。”充当楷字表义构件时，有的简写作“讠”，完全是草书楷化而形成的字形。隋唐五代楷字中两种形态俱存，如训，唐大中十三年（859年）《王公素墓志》“訓子承家”作“訓”；唐元和十二年（817年）《唐（张氏）夫人吕氏墓志》“訓誨禮儀”作“训”。诉，唐元和十四年（819年）《李弘亮墓志》“天遠難訴”作“訴”，唐大历十一年（776年）《王景秀墓志》“號訴於天”作“诉”。另外还有诚、谁、课、请、谐、诸、谓、谦、议等单字中表义构件“言”或者写作“讠”，或者呈现过渡状态的特征，作“言”。

到目前为止，魏晋南北朝石刻楷字中还没有发现“讠”的写法。

以上我们将隋唐五代石刻楷书异体字从笔画、构件、整字三个层面对异体字的类型进行了大致的划分，这样做只是力图去分析异体字产生的原因及其整体规律。但在实际情况中，一个异体字的形成往往是多方面共同作用的结果。如：

“窈”，唐开元十九年（731年）《胡明期母曹氏墓志》“泉扃夜臺相窈窱”作“窌”。《说文·穴部》：“深遠也。从穴幼聲。”“幼”为影母笑韵去声字，“叫”为见母啸韵去声字，二者音近，充当表音构件时可以互换，写作“窌”，《集韵·筱韵》把它当作“窈”之异体贮存。至此，仅仅是发生了表音构件的替换。

但是，在隋唐五代时期的石刻楷字中，构件“丩”经常出于省减的需求而讹写作“刂”。如收，隋大业十三年（617年）《杜君妻郑善妃墓志》“容儀遽收”作“収”。依此类推，“叫”往往讹写作“叫”，如唐开元五年（717年）《崔宜之墓志》“聞山猿之叫”作“叫”，唐大历十一年（776年）《王景秀墓志》“臨穴哀叫”作“叫”。再推，即“窌”讹写作“窌”。

由此，我们可以明确地看出“窈”到“窌”的变异过程为：窈→（表音构件替换）窌→（表音构件讹写）窌。这个字形的变异就包含了音近构件与形近构件的替换，都属于构件层面的变化。

总观隋唐五代石刻楷书中的异体字情况，笔画层面上的异体字共有4542个，占全部异体字的46%；构件层面上的异体字共有4788，占全部异体字的48%；整字层面上的异体字共有539个，占全部异体字的5%。

从以上数据可以看出这批文字材料在字形上的两大特点：

第一，异体字的差异有将近一半存在于构件层面上。其中，形近构件替换是最主要的表现形式，占全部构件变异的90%左右。其背后的原因主要是楷化过程中，汉字的表意区别性大大降低，最终导致形态接近的构件之间的混同。这种混同有时是单方向的，如骨与身、体，唐大历十三年（778年）《明觉寺尼心印记》“體氣去至”作“躰”。有时是双向互换，如亻与彳、使，隋大业十一年（615年）《张寿墓志》“詔授使持節儀同大将軍”作“徍”；徐，唐永徽五年（654年）《王素墓志》“徐州臨沂人也”作“俆”。

第二，笔画增减类和笔画变异类两种类型将近占了全部异体字的一半。这表明汉字楷化过程中，笔画层面上的变异较为严重。其主要原因有二：一是楷化过程中，汉字的表意区别性降低到最低限度，笔画已经上升为区别楷字形体的一个重要因素。特别是到隋唐五代时期，楷字已经逐渐地成熟定型，汉字的形体被大幅度地简化，构件形体上的差异越来越小，这必然会影响个体字形之间的区别度，因此，对于一些容易混淆的形近字，人们往往利用增减笔画、改造笔画等手段来进行区别。如未和末、日和口、日和目等这些字形之间的差别就仅仅表现在笔画层面上。二是发展中的楷书文字体系。隋唐五代时期，楷书虽然逐渐走向成熟定型，但是没有也不可能归于完整的统一。毕竟楷书还是一种很年轻的书体，所以使用者往往会随意地增加笔画的数量、改变笔画的类型、改变笔画的连接方式等。

另外，类推性是本时期字形变异的一个重要特点。楷字笔画层面和构件层面的变异并不是仅仅发生在某一个字位上，而是有规律可循的，即类推性。例如，构件“礻”与“衤”发生混同，造成了含有这两个构件的字，成批地发生相同的变异。初，唐永淳元年（682年）《大唐故临川郡长公主（李孟姜）墓志铭》“貞觀初”作“初”，唐景龙三年（709年）《王齐丘墓志》“神龍初”作“初”。补，武周神功元年（697年）《王豫墓志》“補清廟台齋郎”作“補”，唐开元十七年（729年）《谈昕墓志》“調補蘇州嘉興尉”作“補”。被，唐显庆五年（660年）《大唐故司徒公并州都督上柱国鄂国公夫人苏氏（斌）墓志铭》“未被於徽章”作“被”，唐开元十七年（729年）《程处立妻和干墓志》“還嗟半被之空”作“被”。祖，隋大业十一年（615年）《范安贵墓志》“曾祖環以才優量美”作“祖”，隋大业十一年（615年）《张寿墓志》“祖誼魏儀同三司大将軍再臨涼州剌史”作“祖”。神，隋大业八年（612年）《王君妻成公氏墓志》“祖安魏膠州剌史考神齊江州司馬”作“神”，隋大业十一年（615年）《曹海凝墓志》“妖神收烈”作“神”。这种现象跟几乎同时代的敦煌文献用字的实际正好吻合：“即以偏旁混淆而言，已使读者难于辨认。如禾耒不分，故耦作[耦]，耕作秼。宀穴不分，故寤作窹，寔作寔……批卷观之，未有不废书而叹者。”[①]

①潘重规：《敦煌俗字谱》序，中国台北：石门图书公司，1978年版。

第三节

异体字的比较

以渐变形式发展的汉字演变现象在前后阶段的石刻文字中可以呈现出比较明显的可比性。因此，基于汉字楷化过程中各个发展阶段的出土文献用字中异体字情况的历时比较调查，可以更加直观地反映汉字形体变异的整体情况和发展趋势。相对于隋唐五代来说，魏晋南北朝时期处于汉字楷化过程的初始发展阶段。因此，楷化过程中汉字形体演变的不同特点、影响演变的因素等都可以通过这两个阶段实际材料的比较调查显示出来。魏晋南北朝的实物文献材料，目前发现的主要有石刻文字材料、简牍文字材料、残纸和书帖文字三种，其中简牍文字属于隶楷文字[①]，残纸文字中楷书字量比较少，书帖经历了历代的摹写或拓印，不能准确地反映当时的文字使用情况。因此，与隋唐五代石刻楷字最有可比性的非魏晋南北朝石刻楷字莫属。

一、异体字数量的比较

有关异体字的数量，我们主要从两个角度进行比较和统计，一是石刻文献楷字中存在异体的字位数量的比较，二是各个字位下异体数量的比较。

①参见郑婕：《魏晋南北朝简牍文字研究》，华东师范大学2007届博士论文。

1．字位数量的比较

字位数量的比较主要是为了反映在记词功能相同的前提下字形变异的大致倾向。本书主要对出现异体的字位以及平均异体的数量进行了比较。统计结果如下：

时代	出现异体的字位数	异体字字样总数	平均异体数量
魏晋南北朝	2484	6441	2.59
隋唐五代	4142	9874	2.38

通过比较发现，魏晋南北朝石刻楷字中的异体现象较为丰富，而隋唐五代时期石刻楷字的字形变化略少。换言之，与魏晋南北朝相比，隋唐五代时期石刻楷字的形体渐趋规范定型。这与隋唐五代时期的社会历史不无关系。隋唐五代之际，国家统一，社会稳定。特别是唐代盛行“明经帖士”的教育方式，大大促进了人们对规范字样的重视。在当时主要表现为两种倾向：一是官方政府方面，组织相关人员制定并刊刻字样规范，最著名的代表就是“开成石经”；二是一系列字样书的涌现，其代表作为颜元孙的《干禄字书》。因此，尽管碑刻文字对当时社会通行文字的反映略为滞后，但本时期碑刻文字中的字形选择和规范依然能够传递出隋唐五代之际文字面貌的实际信息，这种由于教育制度而导致的整个社会对字样规范的推崇，已经影响到了隋唐五代石刻楷字的整体规范。

2．各字位下异体数量的比较

我们首先对隋唐五代石刻楷字各个字位下的异体数量进行了统计，并参考魏晋南北朝的同类资料，以此观察异体字数量较多即容易发生变异的一批汉字的共同特点。隋唐五代石刻楷字各字位异体数量如下：

各字位异体数量	字位数量	各字位异体数量	字位数量
1	1852	11	14
2	944	12	7
3	555	13	6
4	290	14	3
5	185	15	3
6	105	16	3
7	64	17	2
8	43	20	1
9	30	21	1
10	14	26	1

从这个表格可以看出，随着异体数量的增加，字位数量迅速递减。其中包含5个以上（包括5个）异体的字位为482个，占全部字位的11.7%。我们将这482个字与魏晋南北朝时期异体数量在5个以上（包括5个）的字位作比较，共得到224个相同的字位，具体结果如下表[①]：

单字	数量1	数量2	笔画数	单字	数量1	数量2	笔画数	单字	数量1	数量2	笔画数
葬	26	9	12	頤	10	5	16	臧	8	5	14
遷	21	10	15	懿	10	8	22	舉	8	5	16
靈	20	21	24	岳	10	5	8	滿	8	7	14
焉	17	10	11	毅	10	6	15	聽	8	5	22
喪	16	8	12	茂	10	6	8	置	8	8	13
留	16	8	10	兆	10	7	6	淵	8	12	12
寧	15	9	14	寇	10	9	11	師	8	11	10
朔	15	10	10	殷	10	6	10	備	8	9	12
啓	14	8	11	厥	9	8	12	魚	8	5	11
冥	14	9	10	蕭	9	5	16	魏	8	7	17
聲	13	15	17	劉	9	17	15	哲	8	6	10
舊	13	8	17	旋	9	7	11	隆	8	6	11
圖	13	15	14	卯	9	5	5	闕	8	9	18
壑	13	10	17	與	9	7	13	釋	8	6	20
延	12	9	7	業	9	5	13	遐	8	9	12
裔	12	7	13	散	9	13	12	英	8	5	8
雖	12	7	17	聰	9	8	17	象	8	5	11
整	12	13	16	武	9	7	8	虚	8	7	11
庭	11	9	9	美	9	8	9	德	8	17	15
戚	11	5	11	然	9	12	12	襲	8	5	22
幼	11	5	5	役	9	5	7	禦	8	6	17
年	11	19	6	影	9	5	15	俊	7	7	9
歸	11	8	18	微	9	5	13	旆	7	7	10
族	11	12	11	遠	9	9	11	旆	7	7	10
旌	11	14	11	銘	9	12	14	映	7	8	9
權	11	5	21	瞻	8	5	18	猷	7	9	13
熙	11	8	14	疆	8	5	19	冕	7	9	11
善	11	12	12	既	8	11	11	收	7	5	6
毁	11	8	13	節	8	9	13	無	7	14	12

①数量1：代表隋唐五代时期石刻楷书文献中各字位的异体数量；数量2：代表魏晋南北朝时期石刻楷书文献中各字位的异体数量。

（续表）

单字	数量1	数量2	笔画数
嶷	7	5	17
戌	7	6	6
御	7	7	12
龔	7	7	19
壤	7	6	20
懷	7	10	19
望	7	6	11
徒	7	5	10
徙	7	5	11
嚴	7	7	19
那	7	6	6
神	7	7	9
豫	7	7	15
肇	7	10	14
觀	7	6	24
衆	7	10	12
送	7	5	9
薨	7	5	16
粤	7	11	12
難	7	6	19
金	7	11	8
齡	7	8	20
興	7	9	16
陵	7	9	10
臺	7	7	14
荒	6	5	9
慕	6	6	14
華	6	17	10
斂	6	6	17
蒸	6	6	13
抑	6	8	7
蘇	6	6	19
愆	6	5	13
轡	6	6	22
憲	6	5	16
逸	6	6	11

单字	数量1	数量2	笔画数
凝	6	10	16
類	6	7	19
願	6	8	19
坐	6	8	7
郎	6	5	8
起	6	12	10
遥	6	12	13
解	6	11	13
峻	6	6	10
崗	6	12	11
辯	6	6	21
廟	6	5	15
若	6	5	8
讓	6	5	24
姬	6	10	10
絶	6	7	12
稽	6	7	15
瓊	6	7	18
煙	6	8	13
紀	6	5	9
亦	6	6	6
溟	6	5	13
派	6	5	9
永	6	8	5
綿	6	5	15
義	6	7	13
胤	6	7	9
柳	6	5	9
芒	6	6	6
桃	6	5	10
稷	5	8	15
卒	5	7	8
督	5	8	13
眷	5	5	11
友	5	5	4
雍	5	9	13

单字	数量1	数量2	笔画数
紹	5	5	11
隱	5	10	16
矩	5	5	9
闕	5	9	19
鎸	5	7	18
荆	5	8	9
域	5	5	11
範	5	9	15
照	5	8	13
夷	5	6	6
隷	5	5	17
儀	5	11	15
仰	5	8	6
碎	5	6	13
修	5	6	9
偃	5	5	11
假	5	11	11
鼓	5	5	13
禮	5	9	17
像	5	8	13
切	5	6	4
鮮	5	6	17
其	5	6	8
兼	5	6	10
體	5	8	22
冠	5	11	9
騎	5	5	18
暨	5	6	14
傳	5	5	13
歷	5	7	16
妻	5	6	8
贈	5	5	19
諱	5	5	16
誕	5	6	14
緣	5	5	15
漢	5	7	14

（续表）

单字	数量1	数量2	笔画数	单字	数量1	数量2	笔画数	单字	数量1	数量2	笔画数
會	5	8	13	纓	5	5	23	莫	5	8	10
致	5	5	10	巍	5	11	20	辰	5	5	7
經	5	9	13	挺	5	7	10	於	5	6	8
慶	5	6	15	龍	5	11	16	幹	5	6	13
歎	5	6	15	尋	5	12	12	清	5	6	11
衡	5	7	16	履	5	6	15	幾	5	5	12
操	5	10	16	慎	5	6	13	跡	5	7	13
號	5	7	13	旅	5	9	10	庶	5	5	11
虞	5	5	13	建	5	9	8	苗	5	5	8
檀	5	5	17	農	5	8	13				

虽然每个字位的各个字样各不相同，但是我们却可以从中观察到影响异体数量的相同因素：

第一，楷化过程中，影响汉字异体数量的一个重要因素是组成汉字的构件数量。楷化发展到一定阶段，笔画即作为基本构造单位，具备区别表意功能。构件数量越多，字形发生变化的机会就越多，因为组成汉字的每个构件都有发生变异的可能。假设一个汉字由4个不同的构件组成，每个构件都有一个变体的话，那么这个字就可以有16种异体，而且还没有把增减构件、构件移位计算在内。从上表中我们可以看出，从魏晋南北朝到隋唐五代时期，异体字数量在5种以上（包括5种）的汉字中，仅有兆、象、金、亦、永等几个为独体以外，其余的都由两个或者两个以上的构件组成。虽然我们的统计仅限于目前我们能够见到的数量，可能会存在遗漏，但是已经明显地体现出这个特点。如靈，一共有7个基础构件，它构件多，在魏晋南北朝、隋唐五代石刻中又一直是高频字，因此一直是石刻中异体数量比较多的字。

第二，在楷化过程中，异体数量跟组成汉字的笔画数量基本上成正比。一个汉字的笔画数量越多，产生异体的概率就越大。因为在楷化阶段笔画虽然已经定型，但是使用并不规范。在这224个字样数为5个以上（包括5个）的字位中，笔画数在10画以上的占到了78%以上。

第三，出现的频率也是影响异体字的关键因素。我们虽然没有对全部字形进行字频统计，但通过对各种异体数量的统计，对此也有所发现。如迁，在魏晋南北朝、隋唐五代时期的异体数量分别为21、10；葬，为26、9；丧，为16、8；朔，为15、10。均居于异体字数量的前列。这与石刻文献记载的内容密切相关。石刻中，数量最多的石刻类型为墓志，墓志的内容从整体上一般分为两个部分，前半部分追溯墓主的生平及其去世的时间。“迁”是在描述墓主职官升迁过程中必须要用到的字，至于“葬”、“丧”、“朔”则是记载墓主去世时反复用到的字。因此，这些在石刻中重复使用的字的异体形式比较多。

第四，历史的传承与积淀是影响本时期异体数量的一个重要因素。我们在隋唐五代石刻楷字中见到的同一字位的诸多变异形体绝大多数与魏晋南北朝时期石刻楷字的异体有传承关系。这一特点可以通过“异体字比较”部分中隋唐五代石刻楷字异体字的各种类型与魏晋南北朝石刻楷字的比较中清楚地看出。在魏晋南北朝石刻楷字中，异体字多的字位，到隋唐五代时期仍然如此。如朔，在魏晋南北朝石刻中有10种异体，到隋唐五代时期石刻楷字中，不仅这10种异体均被传承下来，另外还新增加了几种变异形体。

二、异体字形的比较

第一，我们将两个时间段的石刻异体进行比较发现：隋唐五代石刻楷书异体字样共有9874个，与魏晋南北朝相比，有1461个异体字样形体不同，仅占19%。通过进一步调查发现，这一部分存在形体差异的字样，绝大多数是由于书写原因所致，理据重组的字比较少见。这充分地证明隋唐五代石刻楷书异体字与魏晋南北朝石刻楷书异体字之间存在着很大的传承性，即使是出现形体变异的字样，也基本上是在传承魏晋南北朝时期形体变异的基础上进一步楷化的结果。

第二，与魏晋南北朝相比，隋唐五代时期的石刻楷书中还有一批最具有时代特征的变异形体，即“武周新字”。据历史记载，武则天自载初元年（690年）始创新字，至长安四年（704年）武帝卒而新字被废，15年间前后共改18字：天、地、日、月、星、年、人、国、君、臣、正、载、初、证、圣、授、曌。[1]其中，"月"字包括两种形体。"曌"字为武则天专用字，石刻文字中并未出现。"地"的形体在隋代石刻中出现，如隋大业八年《李肃墓志》"地列封疆"作"埊"。这正好与《玉篇》相印证，《玉篇》："埊，古'地'字。"《类篇》谓唐武后作埊，非是。"月"字的两种形体均有出现：一是武周载初元年（690年）《陈平墓志》中"月"作"𠥱"；二是唐神龙三年（707年）《李修已墓志》中"月"作"囝"。其余几字在"武周新字"盛行时期产生的墓志中均有用例：如武周载初元年（690年）《陈平墓志》中"天"作"𠀑"，"君"作"𠺞"，"日"作"〥"，"星"作"〇"，"載"作"𡕀"，"初"作"𡔈"，"年"作"𠡦"，"正"作"𠙺"。唐神龙元年（705年）《李弘礼墓志》中"人"作"𤯔"。武周天授二年（691年）《许君妻樊氏墓志》中"臣"作"𢘑"。武周圣历元年（698年）《孙文任墓志》中"聖"作"𨲢"。武周证圣元年（695年）《许行本及妻崔氏合葬志》中"授"作"𥠢"，"證"作"𨥢"。武周圣历元年（695年）《傅思谏墓志》中"國"作"圀"。

使用中的汉字会不断地发生变异，有的表现为渐变，有的则表现为突变。渐变是自然而然的，突变是人为强制的。通过渐变我们可以推寻文字的演变过程，通过突变我们可以观察文字的时代特征。例如，产生于本时期的"武周新字"便是文字突变的直接体现。但是文字是社会约定俗成的，仅凭个人的力量是很难改变的，即使是强制推行使用，也只能昙花一现，稍纵即逝。"武周新字"即是如此，最终没有经受住历史的考验，被人们所淘汰。

三、字位主形的比较

从异体字的角度来讲，字位主形也就是统领同一个字位下所有异体字字样的字形。

任何一个时代的异体字都是应该加以规范的，隋唐五代时期也不例

①施安昌：《善本碑帖论集·第二编·武则天改字考》，北京：紫禁城出版社，2002年版，第70—71页。

外。隋唐五代石刻楷字中贮存的众多异体字样，如果不加以取舍而任其流传使用，势必会造成社会用字的混乱无序，严重妨碍文字社会职能的发挥。事实上，隋唐五代石刻楷字在使用的过程中就已经体现出了对有关异体的筛选趋势，反映出优胜劣汰的取舍原则，只要将隋唐五代石刻楷字异体字字样的主形（即字位主形）与魏晋南北朝石刻楷字异体字字样的主形（即字位主形）作一比较，就不难发现楷书异体的选择标准及其优化原则。

（一）简易原则

钱玄同在《减省现行汉字笔画案》一文中曾经指出："从龟甲、钟鼎、《说文》以来，时时发现笔画多的字，时时有人将它的笔画简省，殷周之古篆减为秦篆，秦篆减为汉隶，汉隶减为汉草，汉草减为晋唐之草；汉隶的体式变为楷书，楷书成为行书；宋元以来，又减省楷书，参取行草，变成一种简体，这都是最显著的简省笔画。而篆与篆，隶与隶，草与草，简体与简体，其中尚有繁简之不同。总而言之，数千年来，汉字的字体是时时刻刻在那儿被简省的。从殷周之古篆变到宋元之简体，时时刻刻向着简易的方面进行，可说是没有间断。"

通过这段话我们不难看出汉字的发展是一个不断地由繁趋简的过程。汉字的这一特点是由它的社会功用决定的。汉字作为记录汉语的有效工具，实用性是它的首要条件。这种实用性的要求不仅导致了汉字的书体逐步向简化方向发展，而且在同一书体内部汉字的形体也逐渐向简单易写的方向发展。与魏晋南北朝石刻楷字异体字主形相比，隋唐五代石刻楷字异体字主形更多地趋向于选择笔画较少、平面布局简明的字形。例如：

"京"，在魏晋南北朝石刻楷字中异体字主形为"亰"，见于北魏《元愿平妻王氏墓志》"卒於京第"，中间增加一横笔。而在隋唐五代石刻楷字中异体字主形为"京"，见于唐贞观五年（631年）《唐故李寿墓志》"将定鎬京"，中间的一横笔又被省掉。这个简化形体至今仍被使用。

"马"，魏晋南北朝石刻楷字中异体字主形为"馬"，见于北魏《韩震墓志阳》"漢大司馬曾之後"。而在隋唐五代石刻楷字中异体字主形为“马”，见于隋大业十一年（615年）《程谐墓志》“隟馬易過”，这个字形将同一水平线上的四个点笔连写为一横笔，是出于书写的便捷，笔画省减所致。

还有一些字形为草书楷化的结果，已经与我们今天所见到的简化字的部分构件或者简化字整字完全相同，在隋唐五代石刻楷字中虽然还没有占据异体字主形的地位，但是已经初具规模。如“門”作“门”，以及含有构件“門”的单字，“開”作“开”、“閤”作“阁”、“闔”作“阖”等。含有构件“言”的单字中，“言”省减作“讠”，“訓”作“训”、“訴”作“诉”、“詩”作“诗”等。这些被简化的异体字字形在较长的时间内与未简化的字形同时被使用着。

在汉字的发展演变过程中，简化与繁化是始终存在的一对矛盾。文字工具性的性质要求汉字省减构件与笔画，而表义文字的性质又要求汉字保存构造理据，不能一味地追求简化。

（二）区别原则

楷化过程是一个漫长的发展过程，在这个过程中，人们在遵循约定俗成的规则基础上，本着简易字形、自由方便的原则作着各种各样的尝试，彻底地将隶书的笔意排除掉，进行一些构件与笔画的“粘连”、“离析”工作。楷书的笔画不能像古文字一样“随体诘屈”，其系统也相对比较简单，使得汉字的区别性大大降低，再加上一些文字书写者并不十分了解汉字的构造理据，这样就导致了大量构件或者整字混同现象的出现。文字的大量混同，势必会给使用者带来诸多不便，这样那些易于别异的形体自然而然就被越来越多的使用者使用而得以保存下来。例如：

“艹”充当表义构件时，魏晋南北朝石刻楷字中异体字主形往往写作“丷”，混同于“丷”，如“苗”见于北魏《元馗墓志》“有苗不秀”，“苔”见于北魏《元昉墓志》“苔野流雲”，“茹”见于北魏《吊比干文阳》“茹薜荔以蕩譏”等。而在隋唐五代石刻楷字中异体字主形更多地选择“艹”，如“苗”见于隋大业九年（613年）《陈常墓志》“帝舜有虞之苗”，“苔”见于唐大和五年（831年）《姚君妻李氏墓志》“秀色苔榮”，“茹”见于后唐天成二年（927年）《任元贡墓志》“知用茹歎”等。

还有一些字形为了区别于其他形近字形，要在原有字形的基础上增加一些笔画，如“夭”为了与“天”、“大”等字形区别，往往加上一撇笔和一点笔，写作“”。同理，含有构件“夭”的部分字形也发生同样的变异，如“”见于隋大业十一年（615年）《张寿墓志》“妖氛挫氣”，“”见于唐贞元十四年（798年）《刘建墓志》“祅氣俄臨”等。

从这些例字可以看出，区别原则是楷化过程中汉字字形规范所必须遵循的一个基本原则，即在尽可能少地增加构件或者笔画的前提下，将形近字形明显地区别开来。也就是说在楷化过程中，规范的楷书字形应该是混同与别异的统一。

（三）表义原则

汉字是表义文字，汉字的这一属性要求保留的汉字字形尽量地维持汉字的表义性质。因此，随着楷书的逐步规范，文字使用者往往更倾向于选择那些构件完整、构意明确的字形。例如：

“召”，《说文》释形为“从口刀聲”，是个义音组合字。“刀”为示音构件。魏晋南北朝石刻楷字中异体字主形写作“”，见于北魏《卢令媛墓志》“召充椒掖”。在这个字形中，构件“刀”省减作“丷”，失去了表音作用，整字变为半理据字。而在隋唐五代石刻楷字中异体字主形则选择“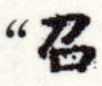”，见于唐大历十四年（779年）《吴延陵季子庙碑》“召力勝之戎”，恢复了原有的造字理据。

“旟”，《说文》释形为“从㫃與聲”，是个义音组合字。“㫃”为表义构件。魏晋南北朝石刻楷字中异体字主形写作“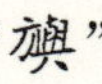”，见于北魏《郭显墓志》“亦矯旟旆”，其中表义构件“㫃”省去右半部分，混同于“方”，失去表义作用，沦为记号，整字变为半理据字。而在隋唐五代石刻楷字中异体字主形则选择字形“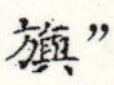”，见于唐显庆四年（659年）《大唐故尉迟君（敬德）墓志》“建旟奧壤”，恢复为义音组合字，是有理据字。

“伉”，《说文》释形为“从人亢聲”，是个义音组合字。“亢”为示音构件。魏晋南北朝石刻楷字中异体字主形写作“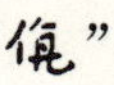”，见于北

魏《元诱妻薛伯徽墓志》“況我伉儷信願之積”。在这个字形中，构件“亢”已经失去了表音作用，整字变为半理据字。而在隋唐五代石刻楷字中异体字主形则选择字形“伉”，见于唐永徽五年（654年）《祖君妻张陇墓志》“旣而移天伉儷”，恢复了原有的造字理据。

（四）系统性原则

在楷书字形优胜劣汰的过程中，文字的使用者时时刻刻都在照顾着整个楷书文字的系统性，只有那些便于纳入文字系统中的字形才有可能被保留下来。从构件层面来看，尽可能地选择一些常用构件去构成汉字，尽量使一个汉字在单独成字时与充当构件时的写法保持一致，那些不一致的形态逐渐被舍弃。从笔画层面来看，那些与从上到下、从左到右的运笔方向相违背的笔画逐渐被淘汰，使所有汉字逐步纳入到由横、竖、撇、捺、提、折、点、钩八种基本笔画类型构成的笔画系统中。例如：

“柩”，《说文》释形为“从匚从木，久聲”，构件“木”在隶变楷化的过程中，往往混同于“扌”。魏晋南北朝石刻楷字中异体字主形写作“柩”，见于东魏《元均及妻杜氏墓志》“遷祔神柩”。在这个字形中，构件“木”写作“扌”，其中的提笔不符合从左到右的运笔顺序，而且导致整字沦为半理据字。而在隋唐五代石刻楷字中异体字主形则选择字形“柩”，见于唐永徽六年（655年）《路基妻解氏墓志》“即以是月十四日遷柩於邙山之陽禮也”，恢复了构件“木”的形体，于是这个字形就被长期保留下来了。

楷书由产生到发展成熟，其间出现了异体丛生的现象，魏晋南北朝时期就是例证。到隋唐五代时期，楷化过程进一步加深，汉字的使用者在使用过程中自觉地遵循了上述这些基本原则，使得那些符合这些原则的字形经过筛选而保存下来。

第三章　整字比较

整字是汉字字形结构的最高层次。隋唐五代石刻楷字整字层面的调查研究的意义有二：一是共时层面上的描写研究，有助于我们了解当时石刻楷字整字层面的概貌。二是历时层面上的比较研究，有助于我们了解其传承与变异情况。传承反映楷字的主体情况，变异则显示楷字的动态发展。其中，描写是现象解释的前提条件，而汉字传承与变异规律的探讨又必须依赖于历时的比较。本书中所谓的传承和变异主要是相对于魏晋南北朝石刻楷书用字而言的。

第一节 整字的概貌

一、汉字的构形模式

“汉字的构形模式是指构件以不同的功能组合为全字从而体现构意的诸多形式。这些样式是由直接构件的功能决定的。”[①]按照汉字直接构件的功能，汉字构形学理论将汉字的构形模式总结为11种类型：全功能零合成字、标形合成字、标义合成字、会形合成字、形义合成字、会义合成字、无音综合合成字、标音合成字、形音合成字、义音合成字、有音综合合成字。汉字的构形模式是一个随着汉字体系的发展而发展的动态演变系统。在不同的汉字发展阶段，构形模式也有着相应的发展和调整。汉字发展到今文字阶段，其构形模式已经随着构件功能的改变而发生了相应的变化。因此，对隋唐五代石刻楷书文字系统中整字构形模式的研究，要结合该文字系统的字形特点进行具体的分析。在“构件”一章中，我们根据构件的功能属性将隋唐五代石刻楷书文字所用构件划分为三类，即表义构件、示音构件、记号构件。这三类构件独自成字或者搭配组合就构成了这一时期楷书文字系统中的五种构形模式：义音组合字、表义构件组合字、表义构件与记号构件组合字、示音构件与记号构件组合字、记号组合字。

①王宁：《汉字构形学讲座》，上海：上海教育出版社，2002年版，第59页。

（一）义音组合字

这种模式是由表义构件和示音构件两部分组合而成的，大致相当于传统意义上的形声字。在隋唐五代时期，古文字阶段的表形构件已经全部转化为表义构件，即赋予构件形体以固定的意义，构件带着这些意义去构成汉字，因此，我们认为义音组合的称谓更符合隋唐五代石刻楷字的实际情况。其中，表义构件规定字义的范畴，示音构件提示汉字的读音，并使所表示的结构意义在义音结构系统中实现对立区别。由于历史音变和字义演变的原因，有些单字很难断定它的结构模式，对于偏旁构件的理解，变得越来越依赖文字系统的部类联系。例如，“提、扶、把、抑、投”等字，都是以“手”为表义构件，“手”位于字形的左边变为“扌”，单个字形中的构件“扌”提示意义的作用可能体现不出来，但是放在以“手”为构件的这类字中就能够清晰地体现出它的表义功能；“估、固、居、怙、胡”等字，都是以“古”为示音构件，“古”的示音功能在单个字形中也许不能体现出来，需要依赖于以“古”为构件的这一类字，才能够看出它仍然具有提示读音的作用。

隋唐五代石刻楷字中，义音组合字主要有两个来源：(1) 传承自魏晋南北朝时期的义音组合字。隋唐五代石刻楷字中，95%以上的义音组合字传承自魏晋南北朝石刻楷字。(2) 隋唐五代石刻楷字中新出现的义音组合字，也就是隋唐五代时期新出现的义音组合字。这种类型的字将在后文中单独论述，兹不赘述。

（二）表义构件组合字

这种构形模式由两个或两个以上的表义构件组合而成，就是传统意义上的会意字。几个表义构件的组合意义构成整字的意义，单个表义构件只承担整字的一部分意义。隋唐五代石刻楷字中的表义构件组合字有三个来源：(1) 是传承自古文字阶段的表义构件组合字。如“男”见于唐景福元年（892年）《万寿寺记》“乃發長安六百里内男女十四萬六千人”。“男”，从田从力，在田里用力的人即为男子，与“女”相对。“田”与“力”共同构成“男”的意义。“好”见于隋大业十一年（615年）《萧翘墓志》“篤忘年之好”。“好”，从女从子，表示美、善，后又引申出和睦的意思。“祀”见于唐大和三年（829年）

《鲁昂墓志》“度世有四子，淵、敏、昶、尚，皆克紹祖德，能嗣先業，始以人物為盛，次以官婚為最”。“昶”从日从永，表示白天时间长。石刻文献中，多为人名用字。隋唐五代石刻楷字中，表示新鲜、鲜明之义的“鲜”有两种形体，“鱻”见于唐永徽六年（655年）《唐故邢国公王君愕妻义丰县夫人张氏墓志铭》“享鲜攸寄”，“鮮”见于唐显庆四年（659年）《张君妻苌氏志》“遽落鲜葩”。《说文·鱼部》：“鱻，新魚精也。从三魚。不變魚。”后又引申出鲜明、新鲜之意。《说文·鱼部》：“鮮，魚名。出貉國。从魚，羴省聲。”后因为“鱼”“羊”皆为食中美味，所以又用来表示鲜明、新鲜之意。但在石刻楷字中，多用后者。这一现象沿袭于魏晋南北朝石刻楷字，“鱻”见于北魏《元暐墓志》“享鲜是屬”，“鮮”见于北齐《窦泰妻娄黑女墓志》“案屏鲜禽”。（2）是隶变楷化过程中新出现的表义构件组合字，隋唐五代石刻楷字传承。如“窥”，《说文·穴部》释形为“从穴規聲”，是个义音组合字，魏晋南北朝石刻楷字中出现了另外的两种形体，“窺”见于北齐《元贤墓志》“憙愠莫窺”，“闚”见于北魏《慈庆墓志》“洞窺非想”。前者从穴从视，后者从门从视，均为表义构件组合字。隋唐五代石刻楷字传承，“窺”见于隋大业十一年（615年）《范安贵墓志》“窺竊邊鄙”，“闚”见于唐麟德二年（665年）《大唐故公（震）墓铭》“坐不窺堂”。“辩”，《说文·辩部》释形为“从言在辡之閒”，是个义音组合字，隋唐五代石刻楷字中贮存了一个从巧从言表义构件组合类型的字，“辯”见于隋大业十年（614年）《邓昞墓志》“高其清辯”。虽然魏晋南北朝石刻楷书语料库中没有贮存这一形体，但是通过当时的文献记载，我们可以确定这一形体在魏晋南北朝石刻中已经出现并且十分流行，《魏书·江式传》在描绘魏晋南北朝时期社会用字时谈到：“世易风移，文字改变，篆形谬错，隶体失真。……乃曰追来为归，巧言为辩，小兔为䨲，神虫为蚕，如斯甚众。”（3）是隋唐五代石刻楷字中新出现的表义构件组合字，其中以“武周新字”最为典型。如“永主人王”即为“证”，“千千万万”即为“年”，“一忠”即为“臣”等。

这类字中，整字的意义并不是两个表义构件所代表意义的简单叠加，而是合成一种新的意义。

（三）表义构件与记号构件组合字

这种构形模式由表义构件与记号构件组合在一起，表义构件提示整字的意义范畴，记号构件既没有表义作用，也不能提示读音，只起到区别作用。隋唐五代石刻楷字中，这种类型的字主要有以下几个来源：（1）原来是义音组合字，由于中古时期汉字的读音发生了改变，示音构件失去了原有的提示语音的作用，成为记号，但表义构件的功能仍然存在。例如，“佳”，《说文·人部》释形为“从人圭聲”，是个义音组合字。中古语音变化，“佳”属于“见母佳韵”字，“圭”独立成字时属于“见母齐韵”字，读音已经不同，示音构件“圭”就成了记号，但是表义构件“人”仍然承担表义功能。因此，“佳”字在隶变楷化过程中，已经变为表义构件与记号构件组合字。魏晋南北朝石刻楷字中贮存此字，“佳”见于北魏《长孙子泽墓志》“佳城照日”。隋唐五代石刻楷字传承，“佳”见于隋大业二年（606年）《元氏墓志》“用表佳城”。“待”，《说文·彳部》释形为“从彳寺聲”，中古时期语音发生变化，“待”为“定母海韵”字，“寺”为“邪母志韵”字，读音完全不同，示音构件“寺”变为记号，但表义构件“彳”仍然承担表义功能。因此，“待”字在隶变楷化过程中，已经变为表义构件与记号构件组合字。魏晋南北朝石刻楷字中贮存此字，“待”见于北魏《元诱墓志》“不待朞月”。隋唐五代石刻楷字传承，“待”见于武周神功二年（698年）《盖畅墓志》“奉勅待制弘文館随仗入内供奉”。（2）原来是义音组合字或者是表义构件组合字，由于隶变楷化过程中汉字的形体发生变异，示音构件失去提示语音的作用或者部分表义构件失去了提示意义范畴的作用，沦为记号，但另外的表义构件却仍然具有提示义类的作用。例如，“急”，《说文·心部》释形为“从心及聲”，是个义音组合字，隶变楷化过程中，示音构件“及”的形体发生变异，混同于“刍”，失去示音作用，整字变为表义构件与记号构件组合字。魏晋南北朝石刻楷字中，此变异形体已经出现，“急”见于北魏《邓羡妻李椉兰墓志》“松門風急”。隋唐五代石刻楷字传承这一写法，“急”见于唐永徽三年（652年）《杨君妻孙氏墓志》“松風燥急”。“妻”，

《说文·女部》释形为“从女从中从又”，是个表义构件组合字。隶变楷化过程中，构件“中、又”发生粘连、重组，写作“⿱”，失去提示意义的作用，变为记号，而构件“女”仍然具有提示整字意义范畴的作用，整字变为表义构件与记号构件组合字。魏晋南北朝石刻楷字中，此变异形体已经出现，“妻”见于北魏《张玄墓志》“妻河北陳進壽女壽爲”。隋唐五代石刻楷字传承这一写法，“妻”见于唐开元十九年（731年）《房孚墓志》“公之妻南陽張氏”。（3）是来源于小篆阶段的指事字。如“本”、“末”、“未”，是在“木”上添加一指事符号“一”，以“一”所处的位置来表示整字的意义。在这三个字形中，“木”为表义构件，表示“本”、“末”、“未”的意义范畴，“一”为记号构件，以“一”所处的具体位置表示“本”、“末”、“未”的具体意义。因此，“本”、“末”、“未”是三个表义构件与记号构件组合而成的字。石刻楷字中部分字形传承这种构形模式。魏晋南北朝时石刻楷字，如“本”见于北魏《穆亮墓志》“内殖德本”，“末”见于北魏《张整墓志》“晉末爲路川戍主”，“未”见于北魏《寇治墓志铭》“冠冕未始共先”。隋唐五代石刻楷字，如“本”见于唐景福元年（892年）《万寿寺记》“本梁太尉吴王蕭岑宅”，“末”见于隋大业十一年（615年）《丁氏墓志》“姓丁丹陽末陵人也”，“未”见于隋大业五年（609年）《郭世昌墓志》“惟大業五年歲次己巳八月乙未朔六日庚子河南郡洛陽縣景福鄉景義里”。

（四）示音构件与记号构件组合字

这种构形模式是由示音构件与记号构件组合而成的，示音构件提示汉字的读音，记号构件不具备表义示音功能，只起区别作用。隋唐五代石刻楷字中，示音构件与记号构件组合字主要来自小篆阶段的义音组合字。构形模式发生变异的主要原因有两个：（1）字形的讹变。隶变楷化过程中汉字的形体发生变异，原来的义音组合字中表义构件失去了表义功能，沦为记号，而示音构件仍然具有提示整字读音的作用，使整字变为示音构件与记号构件组合字。例如，“奔”见于隋开皇九年（589年）《张礼墓志》“奔箭難留”，《说文·夭部》释形为“从夭，賁省聲”，是个义音组合字，字形“奔”中，表义构件“夭”混同于“大”，失去表义作用，而构件“卉”仍具备提示字音的作用，因此为示音构件与记号构件组合字。“奔”见于隋大业六年（610年）《张乔墓志》“松風晚疾”，《说文·疒部》释形为“从疒矢聲”，是个义音组合字，字形“疾”中，表义构件“疒”混同于“广”，失去表义功能，而构件“矢”，仍具备提示字音的作用，因此为示音构件与记号构件组合字。（2）字义的变化。由于整字或者表义构件改变了意义，原来的表义构件失去了表示整字意义的作用，变为记号构件，而整字的读音没有发生太大的改变，使整字由原来的义音组合字变为示音构件与记号构件组合字。例如，“豫”，《说文》：象之大者。从象予声。“豫”在造字之初的本义是象的一种，所以从“象”，与“象”有关，“象”为表义构件。石刻楷字中，“象之大者”之意已经消失，字义发生了变化，所以“象”由表义构件变成了记号构件，而构件“予”还具有示音作用。魏晋南北朝石刻楷字，如“豫”见于北魏《寇凭墓志铭》“容豫自得”。隋唐五代石刻楷字，如“豫”见于武周万岁通天二年（697年）《王君妻薛氏墓志》“嘗不豫甚”。

（五）记号组合字

这种构形模式由一个或者一个以上的记号构件组成。

其中，由单个记号构件组成的汉字主要有两个来源：（1）来自古文字阶段的独体象形字，如火、山、木、口等。汉字在经过隶定楷化之后，笔画得到基本定型，完全失去了象形意味，字形结构趋于轮廓记号化。这时，通过汉字的形体，人们既不能获得字音，也不能得知字义。要想获得音义，只能借助于暂时恢复到历时汉字的古文字阶段，对其进行溯源。（2）一些汉字在隶定楷化的过程中，由于构件的简化或者构件的重组而变得不能进行拆分，成为纯粹的记号字。这类字中分为两种情况：一种是传承自魏晋南北朝时期的石刻文献用字中的记号字，如“更”，《说文·攴部》：改也。从攴丙声。是个义音组合字。石刻楷字中，表义构件“攴”和示音构件“丙”发生形变，粘连在一起，无法再进行拆分，成为记号字。魏晋南北朝石刻楷字，如“更”见于北魏《元乂墓志》“乃更蘇粒”。隋唐五代石刻楷字传承，“更”见于唐永徽三年（652年）《杨佰陇墓志》“其馨更遠”。另外，还有并、甲、乙、丙、丁、而、我、年、头等。一种是隋唐五代时期，由于汉字的楷化而新出现的记号字，如凸、门、单等。

由两个或者两个以上的记号构件组成的汉字主要来源于小篆阶段的义音组合字、表义构件组合字。这些整字中的构件或者由于字义、读音发生改变，或者由于在隶变楷化的过程中构件之间发生粘连、重组变得不能拆分，或者由于在隶变楷化的过程中整字的形体发生了讹变，使得原本为独体的汉字变成了几个记号构件组合的合体字，在整字中不再能提示整字的意义、读音，失去原有的功能，而成为记号构件。例如，“特”，《说文·牛部》：“朴特，牛父也。从牛寺声。”在石刻文献中“特”字的字义发生了变化，表义构件“牛”就变成了记号构件。同时，“特”为“定母德韵”字，“寺”为“邪母志韵”字，二者读音完全不同，构件“寺”也已经失去了示音作用。因此，“特”由原来的义音组合字变为记号构件组合字。魏晋南北朝石刻楷字，如“**特**”见于北魏《元谧墓志》“特進司州牧”。隋唐五代石刻楷字传承，“**特**”见于唐建中元年（780年）《颜惟贞庙碑阳》“特命蕭鈞讚之”。“族”，《说文·㫃部》：“从㫃从矢。”石刻楷字中，其构件“㫃”有时写作两个构件“礻”和“𠂉”，构件“失”则混同于“夫”，使得整字变为一个记号构件组合字。魏晋南北朝石刻楷字，如“**䄱**”见于北魏《元弼墓志》“公族載興，仁驎修正”。隋唐五代石刻楷字传承，“**䄱**”见于隋大业十二年（616年）《□彻墓志》“波斯之别族”。“鱼”，《说文·鱼部》：“水蟲也。象形。是个象形字。”石刻楷字中则变为由“⺈”“田”“灬”三个构件组成的合体字，这三个构件和“鱼”字的音义没有什么关系，均属于记号构件。

按照上面的五种构形模式类型，我们对选取出来的隋唐五代石刻楷字的14209个字样进行了全面的调查，各种构形模式分布的具体情况如下：

构形模式	义音组合字	表义构件组合字	表义构件与记号构件组合字	示音构件与记号构件组合字	记号组合字
数量	10116	908	751	281	2146
比例	71.2%	6.4%	5.3%	2%	15.1%

通过以上对隋唐五代石刻楷字系统构形模式的分析及数量的统计，

我们可以得出如下结论：

（1）义音组合是其最主要的构形方式，占有绝对优势。在所有的构形模式中，义音组合模式有10116个，占71.2%。义音组合字实际上等于传统意义上的形声字，根据以往的研究成果，不同阶段的汉字系统中，义音组合字所占的比重为：殷商甲骨文中约占27.24%①；《说文》小篆中约占88.13%②；东汉碑隶中约占85.22%③；魏晋南北朝石刻楷书中约占69.1%④；隋唐五代楷书中约占71.2%；宋代雕版楷书中约占81.12%⑤。从这组数据中我们可以看出：隋唐五代石刻楷书系统中，虽然义音组合字仍然占据优势地位，但与小篆、隶书、宋代雕版楷书相比明显呈现出了弱化的趋势。其主要原因并不是隋唐五代石刻楷字系统有意摒弃义音组合方式，而是随着汉字的发展，构件及整字的义、音都发生了改变，导致出现了一些由记号构件参与组合的字。由魏晋南北朝石刻楷书，经隋唐五代石刻楷书，到宋代雕版楷书，音义组合字所占的比重逐步增加，这表明随着楷化过程的继续发展，义音组合这种构形模式更适合汉字发展的需要，比其他构形模式具有更大的优越性。

（2）以上五种构形模式中，义音组合字和表义构件组合字可以看作是有理据字，表义构件与记号构件组合字和示音构件与记号构件组合字可以看作是半理据字，记号构件组合字可以看作是无理据字。隋唐五代石刻楷字中，有理据字约占77.7%，半理据字约占7.3%，无理据字约占15.1%。通过这些数据可以断定隋唐五代石刻楷字仍然为有理据的文字。其中，由记号构件参与构形的字样共有3178个，约占22.4%。这表明隋唐五代石刻楷书文字系统中记号化程度较高，表义理据趋于弱化。

（3）表义构件是隋唐五代石刻楷字构形系统中最活跃的构形成分。在我们归纳出的隋唐五代石刻楷字的五种构形模式中，表义构件参

①李孝定：《汉字史话》，中国台北：台湾联经出版社，1987年版，第42页。
②李国英：《小篆形声字研究》，北京：北京师范大学出版社，1996年版，第34页。
③陈淑梅：《东汉碑隶构形系统研究》，上海：上海教育出版社，2005年版，第87页。
④郭瑞：《魏晋南北朝石刻楷字的传承与变异》，华东师范大学2008届博士论文。
⑤王立军：《宋代雕版楷书构形系统》，上海：上海教育出版社，2002年版，第44页。

与了其中的三种——义音组合字、表义构件组合字、表义构件与记号构件组合字。有表义构件参与构形的字样约占82.9%，表义属性是隋唐五代石刻楷字的本质属性，隋唐五代石刻楷字是表义系统文字。

二、汉字的结构模式

汉字的结构模式是指组成汉字的构件之间的方位关系。构件在汉字构形学理论中可以分为三类：一级构件、过渡构件和形素。一级构件是汉字第一次拆分的结果，即直接构件，它主要是体现汉字构造意图；形素是汉字拆分到不能再拆的最底层的构件单位，即基础构件，主要体现汉字的构形单位；过渡构件是位于直接构件和基础构件之间的构件单位，主要体现汉字结构的层级性。

结构模式反映的是汉字的表层形式特点。结构模式的固定是汉字字形定型的重要方面，反映了汉字系统的稳定性。在古文字阶段，尤其是甲骨文、金文阶段，汉字构件的位置不固定，同一个汉字经常有多种不同的结构模式；小篆的出现，在很大程度上有效地遏制了这种情况的出现；隶书解散了小篆形体，一定程度上汉字结构模式又出现了相对的不稳定性；一直到楷书阶段，这种结构模式的变更现象依然存在，魏晋南北朝时期，根据魏晋南北朝石刻楷书文字系统的调查，发现在4334个字位中，有195个字位统辖的异体字存在着结构模式差异情况，占了5.68%的比重。[①]根据我们在异体字一章的分析，隋唐五代石刻楷书文字系统中，6416个字位中，有253个字位下所统摄的异体字字样存在着结构模式差异情况，占了3.94%的比重。由此可以看出，组成汉字的构件在整字中的位置是逐步固定下来的，汉字结构模式类型的确定会对汉字形体系统的稳定性产生重要影响，因此非常有必要对整字的结构模式类型进行细致的分类研究。

研究汉字的结构模式，经常要用到的模式有两种：一是一级构件的组合模式，二是末级构件的组合模式。根据以往的研究成果，再结合隋唐五代石刻楷字的实际情况，我们认为通过探讨一级构件的组合模式来

①郭瑞：《魏晋南北朝石刻楷字的传承与变异》，华东师范大学2008届博士论文。

总结隋唐五代石刻楷字的结构模式的做法比较合理。

汉字的结构模式，已有许多研究者作过调查和研究。例如，张静贤将汉字的结构模式称为“汉字的间架结构”，并概括为独体结构、左右结构、上下结构、包围结构、特殊结构5大类，其中，左右结构包括左右、左中右两小类，上下结构包括上下、上中下两小类，包围结构包括上左包围、上右包围、左下包围、左上右包围、上左下包围、左下右包围6小类，这样合起来总共有13类。[①]傅永和将通用汉字的结构模式归纳为：左右结构、左中右结构、上下结构、上中下结构、全包围结构、上三包孕结构、下三包孕结构、左三包孕结构、左上包孕结构、左下包孕结构、右上包孕结构、对称结构、特殊结构等13类。[②]苏培成按照“第一级部件的组合规律”将合体字分为左右结构、上下结构、包围结构、框架结构4大类，其中，左右结构包括左右、左中右两小类，上下结构包括上下、上中下两小类，包围结构包括全包围、上三包围、左三包围、下三包围、上左包围、上右包围、下左包围、下右包围8小类，这样合起来总共有13类。[③]

但是，对于汉字结构模式类型的总结，至今没有统一的规定，也不可能总结出一套适合于任何汉字发展阶段的结构模式来。因为不同阶段的汉字，其结构模式的类型也不尽相同。因此，对隋唐五代石刻楷字结构模式的研究，我们既要借鉴前贤的一些研究成果，也要结合隋唐五代石刻楷字的特点来归纳。特别是对于隋唐五代石刻楷字中的半理据字和无理据字的分析要具体情况具体分析。（1）表义构件与记号构件组合、示音构件与记号构件组合类的半理据字，按照这个字原来的结构模式进行归类，如“代”，石刻楷字中有“”、“”、“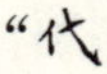”等多个字样，第一个字样左部的构件变成了记号，第二、三个字样右部的构件变成了记号，但是它们的结构模式还是左右结构。（2）记号构件组合类的无理据字，要分为三种情况来归类。第一类是一些由于音义变化而构成的记号构件组合字，如前文所举的“特”字，它的结构模式仍然

①张静贤：《现代汉字教程》，北京：现代出版社，1992年版，第60—62页。

②傅永和：《汉字结构及其构成成分的统计分析》，载于陈原主编《现代汉语定量分析》，上海：上海教育出版社，1993年版，第154—186页。

③苏培成：《现代汉字学纲要（增订本）》，北京：北京大学出版社，2001年版，第89页。

为左右结构。第二类是原来的表义构件或者示音构件由于形变而分裂为两个记号构件的字样，视为单独的两个一级构件。如，构件“㫃”在石刻楷字中，其左部“方”往往写作“扌”，这样构件“㫃”就分为两个记号构件“扌”和“𠂉”。因此，诸如“旅”见于唐贞元十三年（797年）《臧晔墓志》“時艱旅寓”，“旅”见于唐麟德二年（665年）《大唐程使君（知节）墓志铭》“始掬旅於容闕”，“旋”见于隋大业五年（609年）《宁贙墓碑》“言旋荷戟”等字样，视为品字形结构。第三类是由原来的表义构件或者示音构件粘连而成的记号构件，视为一个一级构件来考虑。如“寒”见于隋大业九年（613年）《张虔墓志》“寒暑交馳”。《说文》：“寒，凍也。从人在宀下，以茻薦覆之，下有仌。”字形“寒”中，构件“宀”、“人”、“茻”已经粘连为“⿱宀𡗗”，成为了一个记号构件。

在综合比较以往研究成果的基础上，再结合石刻楷字的实际情况，我们将隋唐五代石刻楷字的结构模式归纳为以下18种类型：

（1）独体结构，只有一个一级构件构成。例如，甲、也、我、十、口等。

（2）左右结构，两个一级构件呈左右分布。例如，咏、凋、纸、掩、温等。

（3）上下结构，两个一级构件呈上下分布。例如，英、茂、恕、霏、垄等。

（4）左中右结构，三个一级构件呈左中右分布。例如，攸、狱、樹、斜、澍等。隋唐五代石刻楷字中，这种结构模式的字非常少，而且多为构件增加的异体字字样。

（5）上中下结构，三个一级构件呈上中下分布。例如，帚、鱼、佥、害等。

（6）全包围结构，其中一个构件将另外一个构件包围在中间。例如，因、图、围、固、国等。

（7）上三包孕结构，其他构件位于另一个一级构件的左、上、右三面包孕之中。例如，阅、同、徽、风、臧等。

（8）下三包孕结构，其他构件位于另一个一级构件的下、左、右三面包孕之中。例如，函、舆、豳、幽等。

（9）左三包孕结构，其他构件位于另一个一级构件的左、上、下三面包孕之中。例如，匿、匮、匪等。

（10）左上包孕结构，一个构件位于另一个一级构件的右下部。例如，座、瘁、幨、扇、族等。

（11）右上包孕结构，一个构件位于另一个一级构件的左下部。例如，氲、可、忒、匍等。

（12）左下包孕结构，一个构件位于另一个一级构件的右上部。例如，邀、遥、遽、趋、毬等。

（13）右下包孕结构，一个构件位于另一个一级构件的左上部。例如，染、望、渠等。

（14）穿插结构，一个一级构件将另一个一级构件分成上下或者左右两部分。例如，器、葬、卿、班、辩等。

（15）品字结构，由三个一级构件构成，三个构件呈“品”字形分布。例如，矗、淼、聂、焱、整等。

（16）叠合结构，两个或两个以上的一级构件，互相穿插或交错在一起。例如，夷、束、秉、吏等。

（17）框架结构，其余的构件以另一个一级构件为框架而分布。例如，噩、坐、爽、乘等。

（18）综合结构，除了这些单一的结构模式以外，还有一些字的结构模式是比较复杂的，是两种或者两种以上的结构类型的综合应用。例如，彝。

以上结构模式类型是对隋唐五代石刻楷字中的所有字样进行全部分析后归纳而得出的，其具体的分布情况见下表：

结构模式	独体	左右	上下	左中右	上中下	全包围	上三包孕	下三包孕	左三包孕
数量	880	8517	3052	11	146	48	190	17	31
结构模式	左上包孕	右上包孕	左下包孕	右下包孕	穿插结构	品字结构	叠合结构	框架结构	综合结构
数量	698	154	566	45	211	70	51	43	75

从这些数据，我们可以看出这批文字材料在字形结构模式的一些特点：

（1）左右结构的字样有8517个，占了全部字样的54.6%。也就是说在隋唐五代石刻楷书语料库贮存的所有字样中，有一半以上的字样选择的是左右结构的模式类型。换言之，在隋唐五代石刻楷字中，左右结构的类型在所有结构模式中，具有绝对的优势。这充分表明，随着汉字的结构方式呈现系统一致，隋唐五代时期石刻楷字结构的定型程度已经较高。

（2）仅次于左右结构的是上下结构的模式类型，占所有字样的19.6%。这表明，上下结构的布局也比较适应汉字的构形。但是上下结构的模式类型往往导致整个字形稍显过高，通过我们的调查发现绝大多数上下结构的字样，上部构件和下部构件的形体在整字中所占的比例并不相同，二者总是一大一小。这样做是为了减少视觉上的不足，弥补字形看上去过高的缺憾。如果有时上下构件的比例相当，那么在隋唐五代石刻楷字中往往更多的字样会选择左右结构。例如，“羣”是上下结构，但在隋唐五代石刻楷字中更多的是使用左右结构的字形“群”。

（3）包围结构和包孕结构类型的字样共有1749个，占所有字样的11.2%。这几种结构模式的字样主要有两个来源：一是直接传承自古文字阶段的结构模式，如国、因、同、匪等。二是在隶变楷化的过程中，由其他结构模式的字样转化而成的，如取、彭、惑、感等。其中，第一、二个字样是由左右结构的字转化而成的，第三、四个字样是由上下结构的字转化而成的。

（4）上中下、左中右的结构模式比较少，两种类型的字样加起来也不过只有157个。主要原因有二：其一，这两种结构模式的汉字必须要由三个一级构件同时构成，而汉字中由三个一级构件直接构成的字原本就不多；其二，在157个字样中，绝大多数是半理据字或无理据字，都是随着汉字的发展演变而逐渐产生的，与汉字的构形理据不相符合。在以往的研究中，由三个末级构件构成的上下结构或者左右结构的字往往被误看作是上中下结构或者左中右结构，如彬、湖、冀、奚等。其实，它们是由两个一级构件组成的左右结构和上下结构的字，而以往的研究者却根据末级构件的组合方式来划分。

（5）另外几种结构模式的字样数量都非常少，并且大部分在小篆阶段就已经形成，然后被隶书、楷书继承下来。其中，叠合结构的字主要是由于隶变后，汉字构件形体发生讹变而致。

第二节

整字的传承

汉字发展史研究中的一个很重要的领域，就是对不同时代所使用的文字进行比较研究。比较研究中的一个很重要的方面，就是文字的传承与变异问题。每个时代总会有新文字产生，也总会有一些文字停止使用，同时也总会从前代继承相当数量的文字，隋唐五代石刻楷字也不例外。作为楷书的一种，它处于承上启下的重要环节。因此，研究隋唐五代石刻楷字对于前代文字的继承情况以及隋唐五代石刻楷字的变异情况就具有特别重要的意义。其中，前代主要是指魏晋南北朝时期。魏晋南北朝、隋唐五代时期是汉字书体和汉字字形发展至为关键的两个时期，这两段时期楷字的传承与变异对现代楷字的定型影响很大，现代楷字的许多形体都可以在这里找到直接源头。因此，从整体上来说，这两段时期楷字之间的关系如何？隋唐五代之人是另起炉灶大量地改造楷字字形还是继续沿用魏晋南北朝的？传承的字量有多少？这些传承字具体有哪些特点？新增字的字量有多少？新增字有哪些特点？如果这些问题得不到彻底的解决，汉字楷书的发展演变历史将无从谈起，对于汉字楷书的萌芽、发展、成熟、定型过程的划分也只能要么笼统称之，要么语焉不详。

一、传承字判定的材料及其标准

到目前为止，有关这方面的研究工作还处于薄弱环节。主要原因在于：要展开魏晋南北朝与隋唐五代时期楷字的历时比较研究，必须要以占有这两段时期的丰富资料为前提条件。而这两段时期楷字的载体形式多样，内容庞杂，资料繁多，仅仅凭借个人的力量是无法完成的。目前，我们所在的中国文字研究与应用中心则给我们提供了十分完备的魏晋南北朝时期的各种资料。具体如下：

1．魏晋南北朝时期的实物文献材料。本部分材料主要包括：魏晋南北朝石刻语料库、魏晋南北朝简牍语料库、魏晋南北朝书帖语料库、魏晋南北朝残纸语料库等。

2．魏晋南北朝时期的传世字书材料。本部分材料主要是指包括原本《玉篇》残卷、《篆隶万象名义》等在内的传世字书语料库。

同时，为展开历时的比较调查，我们也专门开发了“隋唐五代石刻楷书语料库”。所有的这些资料使我们的调查成为可能。

这样，在占有翔实可靠的出土文献材料和传世字书材料的基础上，将魏晋南北朝时期使用的楷字和隋唐五代石刻楷字逐一进行调查，通过仔细的对照分析，明确二者之间关系的做法尚属首次。

传承字是指不同时间层次上具有传承关系的汉字，它们是不同时代、不同构形系统中的同一个字，记录的是不同时期的同一个词。“我们把确定字与字之间的历时传承关系称作汉字的历时认同。”[①]要对同一单字在不同历史时期的形体进行历时认同，除了占有丰富的资料之外，还需要明确判断的原则。王宁在《汉字构形学讲座》中曾经提出了两条基本原则：形体传承原则和历时职能原则，其中以形体传承为主线。因此，隋唐五代石刻楷字的历时认同应该兼顾职能和形体两个方面。本书定义跟一般的说法不同：不包括变异传承。本书所谓的传承字，就是指在隋唐五代石刻楷字中，和前阶段（魏晋南北朝时期）汉字具有相同的记词功能，并且整字结构属性相同的字。据此，我们认为判断该阶段的传承字主要有以下三个条件：

1．记词功能相同。即记录着不同历史时期的同一个词的一组字才能进行历时认同。这是判断传承字的首要条件。

2．结构属性相同。即传承字与被传承字在字形上具有历时传承关

①王宁：《汉字构形学讲座》，上海：上海教育出版社，2002年版，第87页。

系，主要是要有相同的结构模式、平面布局和层级结构。

3．传承字的最小结构单位——笔画层次的差异要视具体的情况而定。在楷化过程中，组成楷字的最小结构单位——笔画已经逐渐形成，并成为区别字形的重要手段。笔画的形体、数量、相对位置、组合方式已经具有了区别汉字个体的功能，因此，是否为传承字，笔画这个层面上的差异要视具体情况而定。其中，由于书写风格的不同而造成的笔画的肥瘦、正斜、波磔以及有无笔锋等方面的差异，不在我们研究的范围之内，属于书法学研究的问题。对于具有这种类型差异的字样，我们予以认同。

二、传承字的情况

按照上述制定的判定标准，在我们所整理的19484个隋唐五代石刻楷字字样中，其中有10715个字样与魏晋南北朝时期的楷字字样具有传承关系，也就是说隋唐五代石刻楷字中有10715个字样与魏晋南北朝时期的楷字具有相同的结构模式、平面布局、结构层次，这10715个字样可以归并为3795个字位。换言之，即相对于魏晋南北朝时期的楷字，隋唐五代石刻楷字中共有3795个传承字。

虽然我们的调查统计可能存在遗漏，但这些十分可观的数据足以说明以下两点问题：

第一，楷化过程中，楷字字形结构具有高度传承性与稳定性。虽然每个时代的异体字有着不同之处，但是，汉字的发展是一脉相承的，排除一些新造的字，后世使用的绝大多数的字均有自己的历史渊源，它往往是前代产生，后代继续沿用的，或者是在某个阶段被人们遗忘，随着时间的流逝，朝代的更迭，于不经意间又被人们所重新使用。同一种书体——楷书内部的发展更是如此。上述调查结果已经充分表明，在整字层面上，隋唐五代石刻楷字与魏晋南北朝时期的楷字之间存在较大程度的传承关系。另外，以魏晋南北朝石刻楷字为例，从构形模式上看，魏晋南北朝石刻楷字中的8种构形模式：传承独体字、记号独体字、标义合体字、音义合体字、会义合体字、半记半音合体字、半记半义合体字、记号合体字，在隋唐五代石刻楷字中均有继承；从结构模式上，魏晋南北朝石刻楷字中的18种结构模式：独体、上下、上中下、左右、左中右、全包围、上包围、下包围、左包围、上左包围、上右包围、下左包围、下右包围、横向插入、竖向插入、品形、穿合、综合，在隋唐五代石刻楷字中亦均有继承。[①]隋唐五代石刻楷字相对于魏晋南北朝石刻楷字来说，整字层面的各种属性并没有发生大规模的改变。

第二，通过比较，我们发现隋唐五代石刻楷字对魏晋南北朝时期楷字的传承情况大致包括以下三种情况。以魏晋南北朝石刻楷字为例，1. 有的字样完全传承自魏晋南北朝。如“今”见于北魏《元略墓志》“古今同美”，隋唐五代石刻楷字继承，“今”见于隋大业六年（610年）《张乔墓志》“加以學贍今古”。2. 有的字样完全传承自魏晋南北朝，并为隋唐以降的人们历代使用，甚至成为今天的规范用字。如“麦”字的现代简化字字形在魏晋南北朝石刻楷字中已经出现，“麦”见于北魏《元颢墓志》“獨軫麦秀之悲”，隋唐五代石刻楷字传承此字形，“麦”见于后唐清泰三年（936年）《张涤妻高氏墓志》“恩賜賻贈布帛粟麦”。3. 还有的字样则经过历史的筛选，随着魏晋南北朝的结束，它们也退出了历史的舞台，成为历史汉字库中的成员，没有被隋唐五代石刻楷字传承。如“变”字在魏晋南北朝石刻楷字中出现了一个新的形体，即“𧦝”，见于北齐《高叡定国寺塔铭碑》“始布六條，尋能一變”。“苏”字，在魏晋南北朝石刻楷字中出现了一个新的形体，即“甦”，见于北魏《赫连悦墓志》“來甦之澤”。这两个字样在《颜氏家训·杂艺》描述的北朝用字中也曾经提到过，“言反为变”、“更生为苏”，但是它们仅仅出现并在魏晋南北朝时期使用，到隋唐五代石刻楷字中，已经不再使用。在上述三种类型中，以第一种类型数量为最多，这表明一种书体的成熟是历史发展的必然结果，隋唐五代石刻楷字的成熟定型是存在着历史传承关系的。隋唐五代石刻楷字之所以达到这种发展水平，是因为它是以魏晋南北朝时期的楷字，特别是以魏晋南北朝石刻楷字为基础而形成的。

①郭瑞：《魏晋南北朝石刻楷字的传承与变异》，华东师范大学2008届博士论文。

第三节

整字的变异

本部分主要从整字层面的变异情况展开对隋唐五代石刻楷字的讨论。其中，隋唐五代时期整字层面的变异主要是指新增字。从目前学术界的研究情况来看，新增字主要包括文献新增字和字书新增字两类。其中文献新增字可以再分为出土文献新增字和传世文献新增字。

由于这里所讲的出土文献专指隋唐五代石刻楷书文献，因此书中的新增字是相对于隋唐五代以前社会用字而言的。也就是隋唐五代时期石刻楷书文献中新出现的文字形体。它属于对文献新增字中出土文献新增字的研究。目前，利用出土文献对汉字出现的时代进行准确断代的研究还比较少见。根据我们的调查，涉及到新增字研究的文章主要有：专著类《原本玉篇文字研究》①；单篇论文类《秦简中的传承字与新出字》②、《从楚简新出字看〈说文〉或体》③；博士学位论文类《历时汉字的传承与定形——宋本〈玉篇〉研究》④、《楚简新出字研究》⑤、《楚文字字形系统再认识——〈楚文字编〉补正》⑥等。

以上这些文章，既有出土文献新增字的研究，也有传世文献新增字

①朱葆华：《原本玉篇文字研究》，济南：齐鲁书社，2003年版。

②郝茂：《秦简中的传承字与新出字》，《新疆大学学报》（社会科学版），2000年第1期，第99—106页。

③蒋德平：《从楚简新出字看〈说文〉或体》，《辞书研究》，2007年第1期，第129—138页。

④何瑞：《历时汉字的传承与定形——宋本〈玉篇〉研究》，华东师范大学2006届研究生博士学位论文。

⑤蒋德平：《楚简新出字研究》，华东师范大学2008届研究生博士学位论文。

⑥徐新伟：《楚文字字形系统再认识——〈楚文字编〉补正》，华东师范大学2008届研究生博士学位论文。

的整理，都或多或少涉及到了新增字的内容。仅仅是具体的称谓有所不同：有的称为新出字，有的称为新增字。但是，就汉字而言，新增的文字形体应该包括新增字和新增字形两种情况。前者与文字系统的整体变化有关，后者则反映某一文字形体的具体变化情况，应该进行严格的区分。但遗憾的是，他们都没有再进行深入的探讨。

从与传承字是否存在异体关系的角度看，隋唐五代石刻楷书新增字可分为异体和新造两种情况。前者我们称之为新增字形，后者则为新造字。新增字形反映的是某一文字形体在一个时间段的发展变化情况。新造字反映的是文字系统整体在一个时间段的发展变化情况。二者都具有很强的时代性。新增字形和新造字的判定原则和方法并不完全相同，具体的操作方法将在下面分而述之。

一、新增字形

上面我们提及：从与传承字是否存在异体关系的角度看，新增字可分为异体和新造两种情况，前者我们称之为新增字形。具体来说，新增字形是指在历时的使用中功能没有发生分化，为记录语言中同一个词而造的不同文字形体。新增字形往往会随着时代的变化、书写材质、社会功用等因素的不同而发生比较大的变化，反映的是某一文字形体的发展变化。因此，我们要调查出隋唐五代石刻楷书中的新增字形，必须涉及两个主要因素：一是所参考的材料，二是所采用的方法。

（一）参考材料

隋唐五代石刻楷字属于出土文献，因此我们选择的参考资料以出土文献为主，一些传世文献仅仅作为参考。

1. 历时的同质材料

文字因使用场合和书写材质的不同，往往会有比较大的差异，因此，与其具有直接传承关系的同质材料即魏晋南北朝石刻文献用字就顺理成章地成为参照对象的首选。为此，我们专门研发了“魏晋南北朝石刻楷书语料库”，该语料库文献材料的来源主要包括：《北京图书馆藏中国历代石刻拓本汇编》（魏晋南北朝2—8册），《新中国出土墓志·陕西卷》、《新中国出土墓志·河南卷》、《新中国出土墓志·重庆卷》。共收录楷书字头4328个。

2. 历时的异质材料

魏晋南北朝时期的实物文献除了石刻文献以外，还有诸如竹简、残纸、书帖等其他材质的文献。因此，在具体的操作过程中，我们还参考了“魏晋南北朝实物语料库”[①]中其他的社会实物用字材料。如《走马楼吴简数据库》、《魏晋楼兰残纸数据库》、《魏晋南北朝书帖数据库》等。

3. 历时的字书材料

从《说文解字》开始，历代的文字整理者都是通过编纂字书对汉字进行系统的整理，试图收录反映当时的社会用字。“从《说文解字》问世（公元121年）至《中华字海》出版不到1900年，汉字增加了7万多。”[②]因此，一段时期的传承字与新增字大多会被收录在当时出现的字书当中。

《原本玉篇》作为魏晋南北朝时期的一部重要字书，对于当时的社会用字情况作了比较全面的整理和记录。后来流失，现在只见残卷，因此，《原本玉篇》残卷我们以中华书局1985年出版的版本为依据。在此基础上，又对照了另外一部记录和贮存魏晋南北朝时期社会用字的非常重要的字书——《篆隶万象名义》。《篆隶万象名义》与《原本玉篇》残卷存在着明显的传承关系，臧克和通过对《原本玉篇残卷》与《篆隶万象名义》两部字书的逐字比较，认为“就整体而言，《名义》的确是传抄《原本》，这应当是没有什么问题”[③]，这本字书我们以1995年中华书局根据崇文院本缩印的本子为依据。

虽然我们已经占有了大量翔实可靠的实物材料，但是并不能保证面面俱到。因此，对于一些实在无法准确判断的字形，我们只能将其作存疑处理。

①“魏晋南北朝实物语料库”，华东师范大学中国文字研究与应用中心研制，2007年。主要包括“魏晋南北朝石刻语料库、魏晋南北朝简牍语料库、魏晋南北朝书帖语料库、魏晋南北朝残纸语料库”，其中以“魏晋南北朝石刻语料库”为主要参照系。

②李宇明，《汉字规范百家谈》，北京：商务印书馆，2004年版，第139页。

③臧克和：《历史汉字的贮存、传播与变异（二）》，《中国文字研究》，2006年第1期，第129—134页。

（二）采用的方法及其判定的原则

调查的内容和目的决定调查方法。要对隋唐五代石刻楷书新增字形进行准确的调查，必须要根据具体情况，制定出合理的判断条件，并采取科学的判定方法。“所谓楷字时间层次的调查，能够大致区分的只是楷字使用的下限，也就是最迟不会晚于哪个时段出现的情况。传世字书贮存的历史楷字，经过若干历史时段的积淀，一般不能简单地作为断代的坐标。传世字书未加贮存的楷字，未必说明当时或之前的社会生活中并没有使用过。”[①]因此，在具体的操作过程中，要合理地使用传世字书、传世文献与出土文献来确定楷字的时代性。隋唐五代石刻楷书新增字形是指在历时的使用中功能没有发生分化，为记录语言中同一个词而造的不同文字形体。也就是隋唐五代石刻楷书传承字中由于笔画、构件或者整字层面的变异而产生的新的变异形体。

因此，我们判定的主要原则如下：

第一，该形体为文献中前所未见。

第二，该形体与传承字存在构形差异。差异的程度要视具体情况而定，主要从整字、构件、笔画三个层次来看。

第三，该形体与传承字存在异体关系。

必须同时满足以上三个条件，才能断定该字形为新增字形。

具体的断定方法如下：

第一步，以“隋唐五代石刻楷书语料库”所收录的字头为调研对象，首先将其与“魏晋南北朝实物语料库”所收录字头作对比，确定隋唐五代石刻楷字中传承字。有关“传承字”的判定标准和具体操作方法我们在上一节中已经具体交代过。

第二步，将第一步中确定的传承字字头下所统摄的变异形体逐一进行调查，确定隋唐五代时期传承字中新出现的变异形体，即为新增字形。

第三步，由于“魏晋南北朝石刻楷书语料库”所收集的材料可能存在遗漏，所以统计出来的变异形体可能并不一定是隋唐五代时期新出现的，但是我们可以通过类推的方法，把这一遗漏减少到最低程度。如，

①臧克和：《楷字的时代性》，《中国文字研究》，2007年第1期，第106—116页。

隋大业八年（612年）《高紧墓志》“像”作“𠎝”，在“魏晋南北朝石刻语料库”中“像”下所统摄的变异形体中无此字形，按照上面的统计方法此字形应为新增字形。但是按照构件类推的方法，此字形应该被排除。因为在“魏晋南北朝石刻语料库”中“象”下所统摄的字形中有“𤉢”这个形体。

另外，还有一部分字形，目前根据我们已经掌握的材料还不能确定是否为新增字形，因此，我们只能作为存疑处理。如，隋大业七年（611年）《田德元墓志》“轉瑩胸中之寶”，“胸”作“肖”。

根据上述统计方法，共得出1461个隋唐五代石刻楷书新增字形。这些数目比较可观的字形，具有十分重要的研究价值。

第一，它们可以直接反映出隋唐五代石刻楷书传承字中出现了哪些新的变异形体。与魏晋南北朝石刻楷字相比，它们更能反映出隋唐五代石刻楷书传承字在形体结构上的整体变异情况。

第二，新增字形具有明显的时代性，部分字形甚至可以作为字形断代的实物依据。

第三，一些新增字形可以为大型语文工具书的编纂和订补提供参考。如，补充漏收字形，提前书证，补充社会实物用例等。

二、新增字形的整体情况

为了更加清楚地了解新增字形产生的主要原因及其整体面貌，我们首先根据新增字形和字头的形体差异将其分为如下几类：

（一）改变造字模式形成的新增字形

由于对理据的不同理解，有时用字者会抛弃原有的字形而另外创造一个与原有字形的构形理据完全不同的新字形，这个新增字形与原有字形之间形成异体关系。在隋唐五代时期，改变造字模式而形成新增字形的典型代表就是武后新字。如，𡈼（人）、恴（臣）、𠡦（年）等。这种类型的新增字形仅有34个，数量比较少。

1. “𡈼”见于武周圣历二年（699年）《大周故于公（遂古）墓志铭》“随内史舍人”。

按：“人”本为独体象形字，经过隶定楷化之后，象形化程度逐渐丧失殆尽。武后新字“𤯔”，从一从生，会意。意指人只有一生。

2．“𢘑”见于武周天授二年（691年）《许君妻樊氏墓志》“噲有忠臣之節”。

按：郭沫若在《甲骨文研究》中认为“臣”的甲骨文、金文字形：“均象一竖目之形。人首俯则目竖，所以‘象屈服之形’者，殆以此也。”隶变楷化之后的“臣”字，已经看不出原有的构形理据。武后新字“𢘑”，从一从忠，会意。意指做臣子的对君主要忠心如一。

3．“𠡦”见于唐神龙三年（707年）《李修已墓志》“錫命遐年”。

按：“年”本写作“秊”，本义为禾谷成熟，形声字，金文始用作年岁之义。后经楷化省并为一个无法进行构件拆分、失去构形理据的记号字。武后新字“𠡦”，由“千千万万”四个构件组成，会意。意指大周帝业绵延无绝期。严格来说，字形“𠡦”应该是由“千千力力”四个构件组成的。可能是借“千”的一横成“万”，这样省掉两笔，方便书写。也有可能构件“力”是“卐”字的变体。

（二）书体变异原因而形成的新增字形

隋唐五代石刻文献用字中篆、隶、草、楷等各种书体并行，虽然它们各自产生、成熟、定型的时代先后有别，而且在隋唐五代石刻文献中的地位也不相同，但它们之间的形体会不可避免地相互影响。隋唐五代时期处于楷书成熟定型时期。在汉字楷化定型的过程中，自然会出现一批由于书体演变以及书体间相互影响而产生的新增字形。在所调查的材料中，共有117个由此原因而产生的新增字形。其中主要是草书楷化原因形成的新增字形。

草书在隋唐五代时期已经十分发达，分化出了章草、今草和狂草。在唐代，甚至还出现了历史上第一块用草书撰写的碑——武则天《升仙太子碑》，草书的地位和影响由此可见一斑。草书的特点是结构简省、笔画连绵，在一定程度上可以满足书写者对于书写简便易写的愿望。因此，在具体的书写过程中，出于方便快捷的考虑，使用者都会倾向于选择这些草书字形。这种原因产生的新增字形，我们称之为受草书影响而形成的新增字形。这类字往往是楷化其中的部分构件。例如：

“监”，本为从卧，衉省声的形声字。《说文·卧部》：“臥，休也。从人、臣，取其伏也。凡臥之屬皆从臥。”根据我们的调查，在隋唐五代时期出现了“监”字的草书楷化字形，且最早见于隋代的墓志文字中，“监”见于隋开皇三年（583年）《寇遵考墓志》“祖臻龍驤将軍，監安遠府諸軍事”。另外，在唐天宝六载（747年）的《张去奢墓志》中出现的一个形体则更容易看出其草书楷化的轨迹。“监”见于唐天宝六载（747年）《张去奢墓志》“無幾，遷少府監”。

上面两例中二级构件“臣”省减作两短竖，字形大为简化。经调查，在隋唐五代时期的石刻楷字中，由于受草书的影响，“臣”在做二级、三级构件时，往往被省减作两笔短竖，表现在同时期的材料中为：“鏗”见于隋大业七年（611年）《刘则墓志》“拖珠珮以鏗鏘”；“坚”见于唐元和九年（814年）《乔进臣买地券》“保人辰堅故”；“贤”见于唐咸通十二年（871年）《阎肇墓志》“有心膂之賢”。

（三）构件移位原因形成的新增字形

构件的移位是指人们在书写或者镌刻文字的过程中，改变构件原来固有的位置。由于这种原因而形成的新增字形，我们称为构件移位而形成的新增字形。在我们所调查的材料中，此类新增字形共有78个。例如：

“胐”，《说文·月部》：月未盛之明。从月、出。《周書》曰：“丙午胐。”“朏”见于唐贞元五年（789年）《孙君妻李氏墓志》“考胐，皇石州方山縣令”。此处“胐”作为人名用字出现。虽然还是一个左右结构的会意字，但是两个构件的位置发生了变化。

构件的移位往往会导致汉字结构的改变，如改左右结构为上下结构，或者改上下结构为左右结构等各种情况。

1．“婚”，本为从女从昏，昏亦声的形声字，左右结构。隋唐五代石刻楷字中作“婚”，见于唐光化三年（900年）《苻进昌墓志》“又婚清河郡張氏”。其中，将二级构件“日”置于整字的下边，变左右结构为上下结构。

2．“裕”，《说文·衣部》：衣物饒也。从衣谷聲。左右结构。

形声字。隋唐五代石刻楷字中作“衮”，见于唐天宝十载（751年）《唐故臧府君（怀亮）墓志铭》“然荷此休裕而不得不私也”，由左右结构变为上下结构。

3．“巖”，《说文·山部》：岸也。从山嚴聲。上下结构。形声字。隋唐五代石刻楷字中出现了另外的一种形体，“巗”见于隋开皇三年（583年）《寇奉叔墓志》“巖巖松立”，“巗”见于隋大业六年（610年）《范高墓志》“冠絶巖而逈出”，由上下结构变为左右结构。

4．“案”，《说文·木部》：几屬。从木安聲。上下结构。形声字。隋唐五代石刻楷字中出现了另外的一种形体，“桉”见于唐上元三年（676年）《史君妻赵氏墓志》“舉案裁儀”，“桉”见于武周万岁登封元年（696年）《李起宗墓志》“早敦舉案之歡”，由上下结构变为左右结构。

5．“碧”，《说文·玉部》：石之青美者。从玉、石，白聲。倒品字形结构。隋唐五代石刻楷字中作“珀石”，见于唐永徽五年（654年）《杨贵墓志》“碧洺浮空”，由倒品字形结构变为左右结构。

6．“彭”，《说文·壴部》：鼓聲也。从壴彡聲。左右结构。形声字。隋唐五代石刻楷字中作“彭”，见于唐开元十九年（731年）《刘禄墓志》“君本彭城郡人”，其义符的最末一笔加长，将声符“彡”置于其上，使之变为一个半包围结构的形声字。

（四）构件替换原因形成的新增字形

按照发生替换的构件之间的关系可以将本部分大致分为三类：音近构件的替换、义近构件的替换、形近构件的替换。在我们所调查的材料中，由于这种原因而产生的新增字形大约有857个，约占全部新增字形的59%。其中又以形近构件的替换为最多。

音近构件替换的前提是两个构件的读音相同或者相近，调查表明，这种类型主要发生在形声字中声符的替换。

1．“悌”，《说文·心部》：善兄弟也。从心弟聲。隋唐五代石刻楷字中，“㣢”见于唐贞观八年（634年）《□孝敏墓志》“惟資孝悌以為心”，“㣢”见于唐天宝二年（743年）《李超墓志》“君幼而遜悌”，构件“弟”与“第”读音完全相同，为替换声符而形成的新增字形。

2．“狗”，《说文·犬部》：从犬句聲。声符“句”，《广韵》：“古矦切。”隋唐五代石刻楷字中作“㺃”，见于唐《谢通墓志》“芻狗□物”，其声符为“苟”，《广韵》：“古厚切。”“句”与“苟”读音相近，属于替换声符而形成的新增字形。

3．“墕”见于唐咸通二年（861年）《裴君妻彭氏墓志》“以其年四月廿八日歸葬於東都河南府河南縣平樂鄉尚店村澠澗里伯樂堰邙山之北原”。“堰”本从土匽声，这里将声符“匽”替换为“焉”。“匽”为影母阮韵上声字，“焉”为影母仙韵平声字，二者声母相同，在充当整字的声符时可以发生替换。

4．“⿰女務”见于唐大和五年（831年）《姚君妻李氏墓志》“婺星實落”。“婺”本从女敄声，这里将声符“敄”替换为“務”。“務”从“敄”得声，二者音同，属于音近构件的替换。同时，声符和义符的位置也发生了变化，使整个字形由原来的上下结构变为左右结构。

义近构件替换的前提是两个构件所代表的意义范围相近。调查表明，这种类型主要发生在形声字中义符的替换。

1．石和玉

“石”，《说文·石部》：“山石也。在厂之下；口，象形。凡石之屬皆从石。”“玉”，《说文·玉部》：“石之美。有五德：潤澤以溫，仁之方也；䚡理自外，可以知中，義之方也；其聲舒揚，尃以遠聞，智之方也；不橈而折，勇之方也；銳廉而不技，絜之方也。象三玉之連。|，其貫也。凡玉之屬皆从玉。”据此可知，玉是美石，二者在充当整字构件时往往发生替换。如，“碈”见于唐开元八年（720年）《唐故刘府君墓志铭》“勒此貞珉”，“碔砆”见于唐开元二十六年（738年）《王仁□墓志》“故勒珷玞”，“硺”见于唐天宝十三载（754年）《秦暕墓志》“琢石工文”。

2．牙和身

“牙”，《说文·牙部》：“牡齒也。象上下相錯之形。凡牙之屬皆从牙。”“身”，《说文·身部》：“躳也。象人之身。从人厂聲。凡身之屬皆从身。”二者声音上无关联，“牙”是“身”的一部分，两者意义上相互关联，在作为表义构件时均能够从“人体组成部分”角度提示整字意义，具有相近的意义提示功能，因此在作为表义构件时能够产生换用。当然，也不排除二者是由于形体相近而发生替换的可能。如，“穿”见于隋大业八年（612年）《刘德墓志》“乃於城北穿地為道”。《集韵·僊韵》：“穿，或从身。”《龙龛手鉴·穴部》：“穿，今；穿，正。”

形近构件替换的前提是两个构件的形体相似。

1．大和夭

“大”，《说文·大部》：“天大，地大，人亦大。故大象人形。古文大（他達切）也。凡大之屬皆从大。”“夭”，《说文·夭部》：“屈也。从大，象形。凡夭之屬皆从夭。”由于两个构件之间的外形相似，而且“大”比“夭”少一撇笔，在书写的过程中容易发生替换，属于形近构件替换而形成的新增字形。如，“笑”见于唐长庆元年（821年）《罗池庙碑》“慰我民兮不嚬以笑”。

2．䀠和賏

“䀠”，《说文·䀠部》：“左右視也。从二目。凡䀠之屬皆从䀠。讀若拘。又若良士瞿瞿。”“賏”，《说文·賏部》：“頸飾也。从二貝。”二者不仅读音不同，而且也不存在意义上的联系。“嬰”本从女从賏，而隋唐五代石刻楷字中作“嬰”，见于武周神功元年（697年）《王豫墓志》“旋嬰陟屺之悲”，属于形近构件替换而形成的新增字形。

3．八和宀

“安”，《说文·宀部》：从女在宀下。隋唐五代石刻楷字中作“安”，见于唐元和四年（809年）《王大剑墓志》“有先夫人安氏”。其中构件“宀”写作“八”。“八”，《说文·八部》：“别也。象分别相背之形。凡八之屬皆从八。”“宀”，《说文·宀部》：“交覆深屋也。象形。凡宀之屬皆从宀。”二者不存在读音和意义上的联系，属于形近构件替换而形成的新增字形。

4．尸和厂

“展”，《说文·尸部》：“轉也。从尸，襄省聲。”隋唐五代石刻楷字中，“𡱕”见于唐元和三年（808年）《李三十三娘墓志》“孝不展情”，“㕓”见于唐元和三年（808年）《李三十三娘墓志》“如賔展敬”，“展”见于后唐同光四年（926年）《康赞羑墓志》“展繐帷之杲杲”。上述三例中“展”所从构件“尸”均作“厂”。“尸”，《说文·尸部》：“陳也。象臥之形。凡尸之屬皆从尸。”“厂”，《说文·厂部》：“山石之厓巖，人可居。象形。凡厂之屬皆从厂。”二者不存在读音和意义上的联系，属于形近构件替换而形成的新增字形。

5. 日和口

“日”，《说文·口部》：“實也。太陽之精不虧。从口一。象形。凡日之屬皆从日。”“口”，《说文·口部》：“人所以言食也。象形。凡口之屬皆从口。”二者形体相近，在充当构件时往往发生替换。如“怛”见于唐天宝四载（745年）《张俊墓志》“怛以字孤”；“旦”见于唐天宝十二载（753年）《李君妻裴氏墓志》“雖忘情於旦宅”；“書”见于唐大历五年（770年）《裵士淹题名》“禮部尚書裴士淹出為饒州剌史”；“暨”见于唐贞元八年（792年）《卢峤墓志》“暨韋公下世”；“但”见于唐大中十年（856年）《郑子容墓志》“但有割奪之哀”；“影”见于唐大中十三年（859年）《张审文墓志》“而聲沉影滅”；“坦”见于后梁贞明六年（920年）《谢彦璋墓志》“襟情坦正”。

6. 日和田

“墓”见于隋大业十二年（616年）《徐氏墓志》“旌之大墓”；“曡”见于隋仁寿元年（601年）《卢文构墓志》“重規疊矩”。前者所从构件“日”写作“田”，后者所从构件“田”写作“日”。按“日”，《说文·口部》：“實也。太陽之精不虧。从口一。象形。凡日之屬皆从日。”“田”，《说文·田部》：“陳也。樹穀曰田。象四口。十，阡陌之制也。凡田之屬皆从田。”二者不存在读音和意义上的联系，属于形近构件替换而形成的新增字形。

（五）构件增减原因形成的新增字形

构件的增减是指使用者在书写汉字的过程中，在原有字形的基础上，额外地增加或者减少一个或者几个构件。由于这种原因形成的新增字形，我们称之为构件增减原因形成的新增字形。在我们所调查的材料中，这种类型一共有96个。

构件的增加有时是为了使字的意义更加明显。

1．“患”，《说文·心部》：“憂也。从心上貫吅，吅亦聲。”隋唐五代石刻楷字中作“⿸疒患”，见于唐天宝元年（742年）《李元福妻巩氏造像记》“天寶元年十月二日李元福妻鞏為身患願造阿弥陁石像一區”，在原来字形的基础上，增加了一个表义构件“疒”，示意该字字义与“病”有关。

2．“眷”，《说文·目部》：“顧也。从目𢍏聲。”隋唐五代石刻楷字中作“⿰目眷”，见于唐开元九年（721年）《唐故济阴郡王（李嗣庄）墓志铭》“屢迴天眷”，在原来字形的基础上，又增加了一个表义构件“目”。

3．“乐”，《篆隶万象名义·木部》：“吾角反。節也。娱也。喜也。欲也。”隋唐五代石刻楷字中作“⿰忄樂”，见于隋大业八年（612年）《高紧墓志》“說英謀而自樂”，增加了一个表义构件“心”。《集韵》、《正字通》中也收录了该字样“⿰忄樂”作为“乐”的异体字。

另外一种情况是受临近字形的影响而增加构件，使之与前面或者后面的字形所从的某一个构件保持一致。

1．“娩”，本为从女从免的形声字。隋唐五代石刻楷字中作“⿱宀婏”，见于唐永徽六年（655年）《陈君妻王氏墓志》“夫人婉娩之姿”，是受前面“婉”字形体的影响而增加一个构件“宀”。

2．“突”，《说文·穴部》：“犬从穴中暫出也。从犬在穴中。”隋唐五代石刻楷字中作“⿰山突”，见于唐长庆元年（821年）《苏恩妻卢氏墓志》“突屼崔嵬”，是受“屼”字形体的影响而增加了一个构件“山”。同时，构件“犬”与“夭”发生换用。

3．“樵”，《说文·木部》：“散也。从木焦聲。”隋唐五代石刻楷字中作“⿱艹樵”，见于唐天宝元年（742年）《贾令琬墓志》“樵蘇不至兮多歷星霜”，是受后面“苏”字形体的影响而增加了一个构件“艹”。

使用者在书写汉字的过程中，有时出于书写的便捷而往往会在原有字形的基础上，减少一个或者几个构件。

1. “婚”，《说文·女部》：婦家也。《禮》：“娶婦以昏時，婦人陰也，故曰婚。从女从昏，昏亦聲。”隋唐五代石刻楷字中作“”，见于唐显庆六年（661年）《张楚墓志》“以顯慶六年二月七日冥婚馬氏”，其声符“昏”的一个构件“日”省掉，这样比原来减少了四笔，大大方便了书写。

2. “”见于隋开皇五年（585年）《樊敬贤七十人等造像记》中，被用作姓氏。“”见于唐大和三年（829年）《卢初墓志》“妻行號以攀櫬車”。按“樊”、“攀”二字所从的构件“棥”中间的“爻”省掉，这样每个字比原来的字形省掉了四笔，从而提高了书写的速度。

（六）笔画变异原因形成的新增字形

笔画变异是指在书写的过程中，由于书写的随意性而导致的不同笔画之间的换用、笔画连接方式的改变、笔画的延长等现象。由于这种原因而产生的新增字形，我们称之为笔画变异原因形成的新增字形。在我们所调查的材料中，这种类型的新增字形共有52个。

有些笔画变异是将其中的一种笔画改为另外一种。如，“”见于隋大业八年（612年）《刘德墓志》“云岳陪封”，将第一横笔改写为一点。“”见于唐大历十三年（778年）《赵泼心妻裵婉墓志》“自作嬪君子”，将最后的两横笔改写为撇点。

有些笔画变异是将相接的两笔连写为一笔。如，“”见于唐显庆元年（656年）《郭君妻张某墓志》“標映人伍”，将表音构件“五”的第一笔和第二笔连写作一笔。“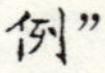”见于唐景龙三年（709年）《邢德弼墓志》“从班例也”，将其二级构件“歹”的第二笔和第四笔连写作一笔。

还有些笔画变异是将原有的笔画延长，并且导致笔画之间连接方式的改变。如，“”见于唐元和十二年（817年）《张士陵墓志》“克紹先德”，将其一撇笔的上端延长，导致笔画连接方式的改变。

（七）笔画增减原因形成的新增字形

笔画增减是指使用者在书写汉字的过程中，在原有字形的基础上增加或者减少笔画的数量。由于这种原因形成的新增字形，我们称之为笔画增减原因形成的新增字形。在我们所调查的材料中，这种类型一共有227个。

有些新增字形是增加了笔画的数量，如“兆”见于唐贞元十九年（803年）《孙君妻李氏墓志》“俾迩先兆”，增加了两笔。“偷”见于唐会昌元年（841年）《韦埙墓志》“無強弱例皆偷容”，增加了一横笔。

有些新增字形是减少了笔画的数量，如，“商”见于隋大业十二年（616年）《口悦昂墓志》“語則宮商合韻”，减少了两笔。“偏”见于唐永徽六年（655年）《王惠墓志》“偏王江南”，减少了一竖笔。“兎”见于武周圣历二年（699年）《南玄暕墓志》“白兔呈祥”，减少了一笔。“危”见于唐天祐四年（907年）《唐故亡宫九品墓志》“草危晨露”，减少了一横笔。

我们将隋唐五代石刻楷书的新增字形按照整字、构件、笔画三个层面进行划分，这样做的主要目的是力图分析新增字形产生的主要原因，其中必然会有交叉现象。如，“鸴”见于唐龙朔三年（663年）《古弘节墓志》“載葉鶺原之詞”。其中，声符“脊”与“即”的替换，属于构件替换层面的原因，构件“鳥”的最后四点连写作一笔则属于笔画层面的原因。这个新增字形的形成原因则涵盖了笔画和构件两个层面。

纵观隋唐五代石刻新增字形的情况，整字层面的原因形成的新增字形仅有151个，占全部新增字形的10%；构件层面的原因形成的新增字形有1031个，占71%；笔画层面的原因形成的新增字形有279个，占19%以上。其中，与魏晋南北朝相比，字形省减的有1352个，占全部新增字形的90%以上，字形增繁的仅有112个。

从这些数据我们可以看出隋唐五代石刻楷书新增字形的主要特点：

第一，构件的变化是形成新增字形的主要原因，占了70%以上。其中，形近构件的替换是最主要的表现形式，占构件变化原因的绝大部分。其背后的原因主要是在楷化过程中，汉字的表意区别性大大降低，最终导致形态接近的构件之间的混同。

第二，笔画层面的变异是形成新增字形的次要原因，占了19%以上。这表明笔画也是区别楷字形体的重要手段。其主要原因也在于楷化过程中，汉字的表意区别性降低到最低限度，笔画已经上升为区别楷字形体的一个重要因素。因为汉字的形体越简单，笔画在汉字形体中所占的地位就越高。在古文字阶段，一个古文字字形多一撇或者少一点，对字义几乎没有影响。而到隶楷文字阶段，特别是到隋唐五代楷字的成熟定型时期，汉字的形体已经大幅度简化，笔画也已经完全定型，并在楷字形体中占有十分重要的地位，单个笔画已经成为区别楷字形体的重要手段。

第三，这些新增字形中，字形简化与繁化的趋势同时存在，但是简化占绝对优势。这一现象背后的原因是：在楷化过程中，汉字的记号化特征增强，区别性特征降低，维护汉字表意的模式已经不再是以形表意，而是向对立区别性原则进一步靠拢。

三、新增字形与大型语文工具书的编纂

大型字典的一个重要特点就是收字数量众多，且随着时间的发展呈递增趋势。字书的收字数量之所以越来越多，主要是因为：一些本应该退出历史舞台的死字被当时的字书所收录；后世字书一方面要贮存它所处的时代正在使用或者已经消亡的字，另一方面还要收录前代字书中一些早已被淘汰的字。也就是说大型字典对共时和历时汉字的形音义要兼收并蓄。刘又辛在对历代字书所收字进行统计、分析后曾指出：“根据初步考察，这不断增加的汉字，大部分是异体字，一部分是后起专用字，只有少数是表示新词的新字。”[①]由此可见，每个时代新增的异体字应该是字书收录的重点。

隋唐五代石刻楷书中的新增字形（本质上就是新增的异体字字形），反映了当时社会用字的真实面貌，具有鲜明的时代气息，对于当今大型字典的编纂和修订具有十分重要的价值。特别是在增补漏收字形、提供适当语例、提前书证、纠正辨析失误、探析字形的源流演变等方面具有重要的参考价值。

①刘又辛：《大型汉语字典中的异体字、通假字问题》，《文字训诂论集》，北京：中华书局，1993年版，第90—103页。

20世纪出版的大型字书以《汉语大字典》（以下简称《汉大》）影响最远，使用范围最广。全书对异体字的收录之巨，辨析之精，反映了当时异体字研究的新成果，为今后的学习和研究提供了很大的帮助。但是由于当时所依据的材料主要是传世经典文献和历代字书，对出土实物文献的引用则较多地集中于古文字字形方面，对于楷书字形的利用则比较少。

本部分拟以《汉大》[①]为例，说明隋唐五代石刻楷书新增字形的研究在大型字典辞书编纂中的重要性。如果条目不多，则逐条分析。反之，则略举几例，其余以附表形式展示，以避免篇幅过长。

（一）增补漏收字形

隋唐五代石刻楷书新增字形的研究，可以为《汉大》增补大量的漏收字形，同时提供真实可靠的实物文献用例。

1. 旦（旦）

在隋唐五代石刻楷书新增字形中，“旦”不论是单独成字还是充当楷字构件，往往写作“旦”。

“旦”见于唐贞元十七年（801年）《薛迅墓志》“哭無旦夕”。

“坦”见于后梁贞明六年（920年）《谢彦璋墓志》“襟情坦正”。

“但”见于唐大中四年（850年）《郑君妻卢氏墓志》“但紀歲月而已”。

“壇”见于唐大历十年（775年）《如愿律师残墓志》“人人登壇”。

以上这些新增字形，《汉大》均失收。

2. 靣（面）

在隋唐五代石刻楷书新增字形中，“面”常写作“靣”。

“靣”见于闽永隆年间《坚牢塔记》“顧謂南面城中”。

“緬”见于武周年间《栖岩寺诗刻》“張循憲緬聽山之巔”。

《汉大》未收“靣”和以它作为构件的字形。

①汉语大字典编辑委员会：《汉语大字典》（缩印本），武汉：湖北辞书出版社；成都：四川辞书出版社，1997年版。

附表一：增补漏收字形例[1]

规范字形	新增字形	年份	出处	语境
龟	龜	唐咸通十二年（871年）	阎肇墓志	共姻族以龜筮告吉
	龜	唐咸通某年	王容墓志	姑安是兮龜筮從
龚	龔	唐贞元二年（786年）	李戢妃郑中基墓志	見其為龔黄
龙	龍	唐天宝十五载（756年）	赵留四墓志	龍劍泉奄
龄	齡	唐元和十五年（820年）	向晋妻宋氏墓志	夫人享齡六旬
鼻	鼻	唐大中九年（855年）	礼佛图阴	無眼耳鼻舌身意
鼎	鼎	隋大业十一年（615年）	尉富娘墓志	鍾鼎係踵
黼	黼	隋大业九年（613年）	郭宠墓志	衣傳黼黻
黻	黻	唐贞元十三年（797年）	实照墓志	糠粞黻冕
黯	黯	唐麟德二年（665年）	程君妻周氏墓志	朝光黯耀
鹤	鶴	唐开元十三年（725年）	邓君妻王氏墓志	夫駕鶴騰暉
	鶴	唐	李宾墓志	白鶴来弔
鸳	鴛	唐咸通九年（868年）	唐魏公夫人韦氏墓志铭	鴛鸞失侣
鸠	鳩	武周万岁通天二年（697年）	张仁师墓志	雖鳩斡聯燕
鲁	魯	后唐长兴元年（930年）	毛璋墓志	季曰廷魯
题	題	隋大业十一年（615年）	伍道进墓志	敬題實録
面	面	闽永隆年间	坚牢塔记	顧謂南面城中
露	露	唐大中十二年（858年）	张进及妻魏氏合祔志	於至年歲在戊寅七月庚申朔白露後廿五日甲申
双	雙	唐元和十二年（817年）	唐萧公故夫人田氏墓志铭	忠孝雙備
隰	隰	隋大业五年（609年）	宁赟墓碑	襄變原隰
限	限	唐显庆四年（659年）	支怀墓志	葬於洛城之北長崗之隈
陷	陷	唐开元十四年（726年）	李信墓志	陷敵危身
院	院	唐大历三年（768年）	古衍墓志	僧弟子達立於東院移日天雨花富地
陛	陛	唐永徽六年（655年）	王蒙恩造像记	上為皇帝陛下
镜	鏡	唐大中四年（850年）	安珍墓志	粧樓鏡昏
铿	鏗	隋大业七年（611年）	刘则墓志	拖珠珮以鏗鏘
锡	錫	隋仁寿元年（601年）	卢文机墓志	錫用茅土

①本表按照规范字形、石刻字样、具体时间、出处、语境将用例依次列出，方便查找。以下几个附表均同。

（续表）

规范字形	新增字形	年份	出处	语境
医		隋大业十二年（616年）	□[illegible]昂墓志	醫效無方
郎		后晋某年	王君妻关氏墓志	虎郎雖持
辽		武周万岁通天二年（697年）	刘子墓志	遼河間人也
遐		唐乾元元年（758年）	唐李公（镐）墓志	而不遐壽
遄		唐乾符四年（877年）	崔绍墓志	遄及永嘉之封
迟		唐开元十三年（725年）	裴沙墓志	詔遲迴而後許
远		唐天宝五载（746年）	侯方墓志	金根遠苗
逢		隋大业十二年（616年）	杨厉墓志	逢春不春
转		唐乾符五年（878年）	敬能等造陁罗尼经幢	即得轉生諸佛如来一生補處菩薩同會處生
载		唐麟德元年（664年）	冯安墓志	載諸青史
赠		唐咸通十五年（874年）	张君妻刘冰墓志	贈左僕射
贤		唐咸通十二年（871年）	阎肇墓志	有心膂之賢
贸		唐贞观十六年（642年）	唐故李君（绍）墓志铭	将恐陵谷遷貿
謷		武周天授二年（691年）	赵本质墓志	謷其道者自新
讥		唐天宝三载（744年）	张思鼎墓志	或有譏譏
谣		唐永徽六年（655年）	杨康妻刘妙姜墓志	氓懷鼓腹之謡
华		隋大业八年（612年）	萧氏墓志	芳華麗質
荒		隋大业三年（607年）	张怦墓志	送君荒徑
芒		唐元和元年（806年）	裴孝仙墓志	芒嶺連翩
艰		唐光化二年（899年）	唐故李府君（令崇）墓志铭	常扈從於艱難
致		唐开成元年（836年）	王从政墓志	豈非福慶而致焉
臆		唐神龙三年（707年）	唐故严明府夫人任氏墓志铭	臨穴腷臆
膺		隋大业六年（610年）	段模墓志	紹膺世德
膝		唐大中十一年（857年）	刘洽妻姚氏权葬石表	坐於膝
		唐乾符三年（876年）	支欣妻郑氏墓志	尋至卧膝几枕
胁		唐大历十年（775年）	如愿律师残墓志	應遽還於曲肱右脅
脂		唐	孙说墓志	不脂韋於朋比
胄		唐咸通某年	王容墓志	晉陽之胄冠諸宗
聯		唐上元二年（675年）	唐李凤妃刘氏墓志铭	作守聯華
翥		唐贞元十四年（798年）	刘建墓志	鵷鴒群翥

（续表）

规范字形	新增字形	年份	出处	语境
媄	嬍	唐开元二十年（732年）	慕容瑾墓志	撰媄揚休庶不忒
缅	緬	唐武周年间	栖岩寺诗刻	張循憲緬聽山之巔
薨	薨	隋大业五年（609年）	郭世昌墓志	薨於家館
蒿	薨	后唐同光二年（924年）	王璠墓志	遂卜隣於蒿里
絶	絶	隋大业八年（612年）	孔神通墓志	無絶巖隈
终	終	隋大业七年（611年）	刘则墓志	終乃守丘園而長養□
绍	紹	唐广明元年（880年）	柳延宗墓志	紹承徽令
累	累	唐贞观二十年（646年）	大唐故道士薛先土（赜）墓志铭	而無□待之累者
紫	紫	唐永徽五年（654年）	王素墓志	國子祭酒金紫光禄大夫
粮	糧	唐贞元六年（790年）	阎士熊墓志	供備資粮
箓	籙	唐贞元二年（786年）	苏公残塔志	隸幽籙兮
簪	簪	隋仁寿元年（601年）	卢文机墓志	不墜簪纓
管	管	唐	孙說墓志	終於邕管經略招討等使兼御史中丞
策	策	唐开元十一年（723年）	唐故失府君（善光）墓诗铭	祖即遣長子思力入朝獻策
窥	窺	唐永徽四年（653年）	张洛墓志	榮禄莫窺
禅	禪	武周万岁通天二年（696年）	赵元智墓志	属有唐告禪
福	福	唐神龙三年（707年）	李修已墓志	蒙授上柱國、景福府校尉
祸	禍	唐天宝四载（745年）	杜君墓志	天不假禍
禄	禄	唐元和七年（812年）	唐故张君夫人墓志铭	夫爵禄隆殺而有時
袟	袟	隋开皇四年（584年）	杨居墓志	開袟慇懃
瞻	瞻	隋大业八年（612年）	萧氏墓志	瞻望月麗
眷	眷	唐大中九年（855年）	杨干光墓志	况旭獲承眷憐
益	益	唐贞观五年（631年）	唐李寿墓志	别食益州五百户封
盈	盈	隋大业十一年（615年）	苟君妻宋玉艳墓志	謙盈孰害
	盈	隋大业九年（613年）	张业墓志	□珠盈水
瘗	瘞	唐元和十一年（816年）	王海朝墓志	沉沉瘞玉
	瘞	隋大业十三年（617年）	杜君妻郑善妃墓志	玉瘞藍田
	瘞	唐显庆二年（657年）	瘞琴铭	瘞琴於山巔
痛	痛	唐乾符六年（879年）	申屠君及妻贺氏墓志	痛思折羽之悲

（续表）

规范字形	新增字形	年份	出处	语境
疆	[illegible]	唐上元二年（675年）	高德墓志	莫知疆隴
晼	晼	唐咸亨四年（673年）	大唐夏侯府君夫人李氏墓志铭	晼蕙舒翹
	𣉻	隋大业十三年（617年）	唐氏墓志	蘭晼消芬
	晥	唐永徽四年（653年）	朱师墓志	澄芬蕙晼
亩	畆	唐天宝十四载（755年）	东方朔墓志	以百畝之田清其疆
甥	甥	唐元和五年（810年）	唐故崔慎思墓志铭	外甥常益
瓞	瓞	隋开皇九年（589年）	张礼墓志	綿綿瓜瓞
玺	璽	隋大业十年（614年）	樊氏墓志	斑陪璽觀
环	環	后唐同光四年（926年）	康赞羑墓志	曜靈豈墜於輪環
琴	琹	唐	孙说墓志	人琴俱謝
琬	琬	后唐长兴四年（933年）	毛璋妻李氏墓志	琬琰泣編
琢	硺	唐天宝十三载（754年）	秦睐墓志	琢石工文
物	物	隋大业十二年（616年）	羊本墓志	何圖物變時移
为	為	隋大业十二年（616年）	□悩昂墓志	仙骨為然
瀛	瀛	隋大业十二年（616年）	羊本墓志	瀛州洛壽縣君
濠	濠	隋大业二年（606年）	董敬墓志	濠上妙旨
漱	瀨	武周天册万岁元年（695年）	封抱墓志	坐巖壄而漱清流
滞	滯	唐元和十三年（818年）	杨仲雅墓志	而沉滯下寮
涣	渙	隋大业十一年（615年）	张寿墓志	渙矣遥瀾
淹	淹	后唐同光四年（926年）	康赞羑墓志	豈淹驥足在聲光而已
深	湥	唐贞元九年（793年）	樊浣墓志	率性沉深
淑	淑	唐开元二十三年（735年）	马君妻董氏墓志	詩美淑女
浸	浸	隋大业十一年（615年）	王弘墓志	波瀾浸而遂遠
洛	条	唐会昌三年（843年）	贾政墓志	餘自抵洛逾歲星一稔
气	气	隋大业八年（612年）	高紧墓志	意氣相得
毁	毀	唐元和九年（814年）	刘密妻崔氏墓志	執喪毀容
殿	殿	唐开成五年（840年）	孙君妻李氏墓志	今任殿中侍御史
残	殘	唐永徽四年（653年）	张逸墓志	瓊虈先殘
殁	歿	唐咸通六年	唐故段淙墓志铭	歿於洋州官舍
归	歸	隋大业十二年（616年）	杨厉墓志	不共君歸
歇	歇	唐永徽四年（653年）	梁有意墓志	芳塵歇絶

（续表）

规范字形	新增字形	年份	出处	语境
权	㩲	唐元和十四年（819年）	卢璠墓志	如均權衡
	權	隋大业五年（609年）	郭世昌墓志	權殯於郡城東北五里王趙村南
检	捡	后周显德三年（956年）	萧处仁墓志	詔還授右金吾衛將軍檢校司徒
构	搆	唐麟德元年（664年）	袁弘毅墓志	丕構綿書
檀	檀	后周显德七年（960年）	智坚塔记	檀越以之沽善
橘	橘	唐永徽四年（653年）	李智墓志	孝同懷橘
椒	椒	隋大业十二年（616年）	杨厉墓志	椒摧桂折
棣	棣	唐大和四年（830年）	王逖墓志	棣萼聯榮
枣	棗	唐仪凤三年（678年）	大唐唐嘉会墓志	臨晰棗而停滋
	来	隋大业八年（612年）	王君妻成公氏墓志	詎侵隣棗
条	條	唐贞观五年（631年）	唐李寿墓志	六條所察
梁	梁	隋大业六年（610年）	羊玮墓志	梁太清元年除智武將軍通直散騎常侍
栽	栽	武周长寿二年（693年）	张元墓志	塋栽紫栢
柔	柔	唐咸通十五年（874年）	郑濆墓志	柔嘉婉嫕
望	望	唐永徽三年（652年）	宫官司设墓志	預望江表
朔	朔	唐大中九年（855年）	大唐白公济墓志铭	大中九年歲次乙亥十一月丁未朔四日己酉
	朔	唐永徽五年（654年）	王素墓志	遂以永徽五年歲次甲寅二月丁丑朔三十日景午
朏	朏	唐贞元五年（789年）	孙君妻李氏墓志	考朏
曾	曾	唐乾元二年（759年）	赵君妻李氏墓志	曾祖弘節
曹	曹	隋大业十一年（615年）	陈叔明墓志	九年檢校左屯衛鷹揚郎將卿寺增輝郎曹
书	書	唐大历五年（770年）	裵士淹题名	禮部尚書裴士淹出為饒州剌史
曜	曜	隋大业六年（610年）	薛保与墓志	長辞曜朗
暨	暨	唐贞元八年（792年）	卢峤墓志	暨韋公下世
景	景	唐开元二十六年（738年）	唐故李承乾墓志铭	開元廿六年歲次戊寅五月戊辰朔廿九日景申
晤	晤	唐显庆二年（657年）	王立墓志	青衿通晤
晚	晚	隋大业十一年（615年）	萧翘墓志	及茲晚暮

（续表）

规范字形	新增字形	年份	出处	语境
晋	晋	唐乾符四年（877年）	唐故李雅墓志铭	敵我秦晉
	晉	唐大中五年（851年）	李从证墓志	學晉右將軍書
时	时	唐贞元二年（786年）	李戢妃郑中基墓志	於時天下晏然而事有將亂之兆
旦	旦	唐贞元十七年（801年）	薛迅墓志	哭無旦夕
既	旣	唐大中五年（851年）	王氏墓志	既發不掩
	既	唐开元三年（715年）	王頠墓志	既而志好盤遊
旃	旃	后晋	王君妻关氏墓志	引動丹旃之旃
族	族	唐大和四年（830年）	王逖墓志	克諧九族
	族	唐咸通某年	王容墓志	外族清河武城東
	族	唐大中九年（855年）	卢当墓志	族姻之内
旌	旌	唐武德七年（624年）	唐故郭敬墓记	略旌表記
旅	旅	隋大业八年（612年）	孔神通墓志	以遠從師旅
数	數	隋开皇三年（583年）	寇奉叔墓志	四時數變
整	整	后梁龙德三年（923年）	萧符墓志	於是挍覆整理
政	政	隋大业十二年（616年）	杨厉墓志	翼佐朝政
	政	隋大业六年（610年）	梁瓌墓志	六司咸政
攀	攀	唐大和三年（829年）	卢初墓志	妻行號以攀櫬車
	攀	唐开元十一年（723年）	田嵩墓志	攀號罔極
击	擊	唐开元二十八年（740年）	唐故范安及墓志铭	元子游擊將軍
	擊	隋大业八年（612年）	高紧墓志	隼擊鷹揚
	擊	唐开元十九年（731年）	刘禄墓志	游擊則勤王霸上
擅	擅	隋大业十一年（615年）	荀君妻宋玉艳墓志	擅美北方
横	横	隋开皇三年（583年）	寇遵考墓志	海内横分
授	授	隋大业七年（611年）	刘则墓志	詔授兼内給事
挽	挽	唐神龙二年（706年）	大唐永泰公主（李仙蕙）志石文	哀挽風分
	挽	唐显庆五年（660年）	大唐赵王故妃宇文氏（修多罗）墓志铭	哀挽晨移
挈	挈	唐咸通十五年（874年）	唐故李府君（审规）重迁祔墓记	因茲挈府君竁於河陰
	挈	唐贞元二年（786年）	李戢妃郑中基墓志	太妃挈今之嗣王與女子子
指	指	隋大业八年（612年）	田光山妻李氏墓志	指樹明幽
拯	拯	隋大业六年（610年）	张乔墓志	拯物體道

（续表）

规范字形	新增字形	年份	出处	语境
拜	拜	隋大业六年（610年）	薛保与墓志	入拜侍内都座大官大羽真河東康王
扃	扃	唐贞元十五年（799年）	唐故姚府君（轸）墓志铭	用表泉扃
	扃	唐永徽五年（654年）	韩逻墓志	泉扃易奄
或	或	唐永徽三年（652年）	杨佰陇墓志	或播九功
懿	懿	隋大业十二年（616年）	□彻墓志	北懿芒山
惧	惧	唐景福元年（892年）	万寿寺记	懼寺年久
懔	懔	唐显庆元年（656年）	郭君妻张某墓志	方懔長松之風
懋	懋	唐永徽三年（652年）	王宏墓志	勳德兹懋
恳	懇	唐天宝四载（745年）	大唐睿宗大圣真皇帝贤妃王氏（芳媚）墓志铭	懇請侍養
憖	憖	唐开元二十四年（736年）	唐故杨府君（会）墓志铭	惟大不憖兮殲彼良臣
怜	憐	唐长庆二年（822年）	裴氏墓志	夫人撫視憐念
忧	憂	武周长安四年（704年）	邢彦褒墓志	寧憂退鵙
虑	慮	唐咸通十二年（871年）	唐故狄府君夫人骆氏墓志铭	慮後丘陵改移
沓	沓	唐乾宁元年（894年）	孙君妻董氏墓志	松蘿合沓
巫	巫	隋大业九年（613年）	豆卢氏墓志	雲銷巫嶺
巅	巔	隋大业十一年（615年）	张志相妻潘善利墓志	即以其月九日庚子窆於邙山之山巔
嶢	嶢	唐天宝八载（749年）	唐故独孤公（袆之）夫人清河张氏墓志铭	新墳嶕嶢
嵇	嵇	唐开元十九年（731年）	刘禄墓志	嵇康負林泉之節
崦	崦	隋大业九年（613年）	陈常墓志	懸車将崦
屦	屨	唐咸通二年（861年）	唐故田府君（文雅）墓铭	冠屨斂身
屣	屣	隋大业五年（609年）	吕胡墓志	倒屣来迎
属	屬	隋开皇八年（588年）	王兰茺造象记	内外眷属
展	展	唐元和三年（808年）	李三十三娘墓志	孝不展情
	展	唐乾宁元年（894年）	孙君妻董氏墓志	如賔展敬
寻	尋	唐开成二年（837年）	唐故范阳卢公（岑）改葬墓志铭	尋即世
	尋	隋大业十二年（616年）	杨厉墓志	此乃苗穎相尋

（续表）

规范字形	新增字形	年份	出处	语境
寡	寡	唐贞元十九年（803年）	崔千里墓志	寡於親知
密	密	唐大和三年（829年）	李蕚墓志	河南府密縣義臺鄉
宛	宛	唐开元十五年（727年）	周绍业妻赵璧墓志	南陽宛人也
嬰	嬰	武周神功元年（697年）	王豫墓志	旋嬰陟屺之悲
娇	嫣	唐咸通四年（863年）	唐吴德墉妻天水郡赵夫人墓志铭	或撫嬌幼之情
嫡	嫡	隋大业十年（614年）	王光墓志	出嫡孝養舅姑
婺	婺	唐大和五年（831年）	姚君妻李氏墓志	婺星賈落
婚	㛰	唐光化三年（900年）	苻进昌墓志	又婚清河郡張氏
	娬	唐显庆六年（661年）	张楚墓志	以顯慶六年二月七日冥婚馬氏
婉	婉	唐开元九年（721年）	唐故契苾夫人墓志铭	幼而閑婉
	婉	唐元和七年（812年）	卢璠妻崔元二墓志	婉婉乘龍
娩	娩	唐永徽六年（655年）	陈君妻王氏墓志	夫人婉娩之姿
奸	姧	唐大中元年（847年）	张亮墓志	姦邪不作
奭	奭	唐大中六年（852年）	董惟靖墓志	宗奭等罹此苴疚
	奭	唐开元十二年（724年）	李敬墓志	地居旦奭
奂	奐	唐元和十五年（820年）	向晋妻宋氏墓志	奐然光彩
奄	奄	唐贞元八年（792年）	刘君妻屈氏合祔志	徒聳鬱而奄腐
梦	㝱	唐元和五年（810年）	唐故张府君（涣）墓志铭	忽驚大夢
	夣	唐天宝十四载（755年）	东方朔墓志	以為夢中恍惚
垄	壟	唐永徽三年（652年）	阎志雄墓志	雲昏壟暗
壘	壘	后汉乾祐二年（949年）	祭渎记	瀝罇壘於三獻無虧
壑	壑	唐大历十二年（777年）	唐故周公（惠）墓志铭	藏山遷壑
	壑	唐会昌元年（841年）	韦埙墓志	海田山壑
坛	壇	唐大历十年（775年）	如愿律师残墓志	人人登壇
坠	墜	隋大业十一年（615年）	尉富娘墓志	墜露寧遲
涂	塗	隋开皇四年（584年）	杨居墓志	沉丹塗漆
埠	埠	武周万岁通天二年（697年）	常协墓志	合葬遷於邙山之源平樂鄉老神裹之幽埠
坦	坦	后梁贞明六年（920年）	谢彦璋墓志	襟情坦正
地	地	唐永徽五年（654年）	王素墓志	庶清徽與天地俱長
图	圗	隋大业八年（612年）	萧玚墓志	丞相以宏圖高佐命少傳

（续表）

规范字形	新增字形	年份	出处	语境
园	薗	唐大中五年（851年）	勑内庄宅使牒	莊居東道竝菜薗
	園	唐广明元年（880年）	柳延宗墓志	郡夫人自免園號
嘱	囑	隋大业八年（612年）	高紧墓志	囑慶緒於天潢
严	嚴	唐宝历元年（825年）	李君妻田氏墓志	嚴父堕淚
丧	喪	唐大中五年（851年）	曲元缜妻李氏墓志	亦俱畢喪
哭	关	唐贞元十九年（803年）	陶英妻张氏墓志	居哭泣之位
	[illegible]	武周证圣元年（695年）	齐朗墓志	既而哀生晝哭
咽	咽	隋大业六年（610年）	张乔墓志	共咽水而俱悲
呼	呼	隋大业十二年（616年）	□彻墓志	嗚呼哀哉
原	原	唐贞观五年（631年）	唐故李寿墓志	葬於雍州三原縣之萬壽原
卿	卿	唐天宝十二载（753年）	张璥墓志	子卿之秩
却	却	隋开皇四年（584年）	杨居墓志	關門却掃
勤	勤	武周延载元年（694年）	房怀亮墓志	夙著功勤
劲	勁	唐	孙说墓志	壁傷以勁
剑	劍	唐天宝十四载（755年）	张登山墓志	杖劍出塞
割	割	隋大业八年（612年）	高紧墓志	割愛從戎
克	剋	隋大业八年（612年）	高紧墓志	勲誠剋著
凛	凜	唐景云二年（711年）	大唐李贤墓志铭	凜和嶠之高風
冕	冕	唐景龙三年（709年）	王信威墓志	軒冕簪纓
	冕	隋大业六年（610年）	朱氏墓志	家傳軒冕
册	册	隋大业八年（612年）	高紧墓志	揚名史冊
	冊	唐显庆元年（656年）	王师感墓志	道光往冊
克	克	唐元和十二年（817年）	张士陵墓志	克紹先德
凶	凶	后晋开运二年（945年）	顾亭林法云寺感梦伽蓝记	凡有吉兇
兆	兆	唐贞元十九年（803年）	孙君妻李氏墓志	俾迩先兆
俨	儼	唐大中四年（850年）	张信墓志	資儼恪以飾躬
价	價	唐开元五年（717年）	朱齐之墓志	美價擅於當時
像	[illegible]	隋仁寿二年（602年）	亡父为二息造像记	敬造玉像一軀
仅	僅	隋大业三年（607年）	张怦墓志	百粒僅存
倾	傾	唐贞元四年（788年）	宋朝日墓志	傾者時属干戈
	傾	唐天佑十八年（921年）	窦真墓志	追逹士以傾罇
传	傳	隋大业十年（614年）	王光墓志	斯德乖傳不朽
	傳	唐永徽五年（654年）	王素墓志	世傳二九
杰	傑	唐咸通九年（868年）	唐魏公夫人韦氏墓志铭	傑出間生
	傑	唐大和元年（827年）	李鼎墓志	皆以人倫傑秀

（续表）

规范字形	新增字形	年份	出处	语境
傅	傅	隋开皇十二年（592年）	李则墓志	膠西太傅
偏	偏	隋大业七年（611年）	魏氏墓志	讚菊偏新
	偏	唐开元十七年（729年）	张楚璋墓志	井邑偏卑
	偏	唐永徽六年（655年）	王惠墓志	偏王江南
假	假	唐元和十二年（817年）	唐萧公故夫人田氏墓志铭	遂假以文
傲	敖	后梁龙德二年（922年）	牛知业板筑新子墙记	民斯傲擾
	傲	后周显德三年（956年）	萧处仁墓志	其後安陸畔授常山傲擾
俱	具	隋仁寿三年（603年）	姚伯儿造像记	俱登佛道
俄	俄	隋大业十二年（616年）	口悊昂墓志	固俄俄特秀
侣	佀	唐天宝六载（747年）	源光乘墓志	左清道兵曹侣
但	但	唐大中四年（850年）	郑君妻卢氏墓志	但紀歲月而已
	但	唐大中十年（856年）	郑子容墓志	餘與若母夫人郡君但有割奪之哀
	但	唐永徽五年（654年）	刘皆砖志	但塞雙陳
仰	仰	隋大业五年（609年）	宁贙墓碑	咸仰斯茂
京	亰	唐神龙二年（706年）	九品亡宫墓志	莫之與京
亢	亢	隋开皇十二年（592年）	诸葛子恒等造像碑	敢亢萬乘之師
亟	亟	隋大业七年（611年）	张涛妻礼氏墓志	灰管亟變
五	五	隋大业八年（612年）	高紧墓志	即以其年歲次壬申八月戊申朔廿五日壬申
丘	坵	唐中和二年（882年）	马公亮墓志	守志丘園
弊	弊	后唐长兴四年（933年）	毛璋妻李氏墓志	繆忝弊知
郟	郟	武周万岁登封元年（696年）	樊廉墓志	遷殯於郟城東三里平原
笑	咲	隋大业八年（612年）	高紧墓志	笑李将軍而不勇
	笑	唐长庆元年（821年）	罗池庙碑	慰我民兮不嚬以笑

通过上面这些漏收字形的分析，我们可以讨论一下大型字书收字的原则。针对不同的汉字发展阶段，应该有不同的收字标准。在楷书阶段，笔画定型，已经成为区别字形的重要手段，字形之间的差异已经存在于汉字的整字、构件和笔画三个层次上。因此，我们认为应该从整字、构件、笔画三个方面来确定楷字字书收字的原则，具体表现为以下

几个方面差异的字形都应该予以收录：（1）整字构形模式不同的字位变体。（2）整字结构模式不同的字位变体。（3）使用不同构件的字位变体。（4）构件数量不同的字位变体。（5）由于笔画的长短变化而造成构件或者整字混同的字位变体。（6）由于笔画的长短变化而造成构件接合方式发生变化的字位变体。（7）由于笔画数量的增减而产生的字位变体。（8）由于使用笔画类型的不同而产生的字位变体。

上述八条收字选取的标准，囊括了整字、构件、笔画三个层面上的差异。我们认为对楷书字形选取的过程是由整字到构件再到笔画。换言之，在字书确定字形是否收录时，首先考虑整字构形模式、结构模式上是否有差异，然后再考虑构件是否存在区别，最后考虑笔画的类型、数量等方面是否有差别。

（二）提前例证，并补充实物用例

例证对于字典、辞书的编纂非常重要。王力在《理想的字典》一文中指出："例子对于字典是很重要的，近代字书一个明显的进步是'知举例'。"[①]辞书的举例是一门学问，对于例证的出处、时间等方面要求比较高。因为辞书的编纂要尽可能历史地、正确地反映汉字形音义的发展变化的过程，"源流并重"。这样，编纂大型的字书一般要求溯源，尽可能找到每个字的每个义项的最早用例，至少是年代相差无几的例证。

但"提示语源，举出最早的用例并不是一件容易的事"[②]。由于时代和条件的局限，当时的编纂者对出土文献材料的重视程度不够，致使《汉大》中例证迟后的现象普遍存在。以隋唐五代石刻楷书新增字形为例，共发现以下例证。

本部分新增字形，不仅可以为《汉大》提供实物文献用例，而且还可以将其例证提前，避免"以流代源"的失误。

1. 《汉大》鸟部"鸎"字下云：

同"鶺"。《玉篇·鸟部》："鸎，鸎鸰，雝鶏。鶺，同鸎。"《龙龛手鉴·鸟部》："鸎"，同"鶺"。

①王力：《理想的字典》，《龙虫并雕斋文集》第一册，北京：中华书局，1982年版，第360页。
②赵振铎：《字典论稿·字典的举例》，《辞书研究》，1991年第3期，第57—65页。

按：《汉大》“鴷”字先后见于《玉篇》、《龙龛手鉴》，没有例证。在隋唐五代石刻楷书中已有用例：“鴷”见于唐龙朔三年（663年）《古弘节墓志》“載葉鶺原之詞”。

2．《汉大》鸟部“鵂”字下云：

同“鵬”。《玉篇·鸟部》：“鵂，鳥名。”《正字通·鸟部》：“鵂，俗鵬字。”宋梅尧臣《周仲章通判润州》：“已免卑濕憂，仍離鴞鵂惡。”

在隋唐五代的石刻楷书中早有用例：“鵂”见于武周神功二年（698年）《盖畅墓志》“庭栖鵟鵬”。

3．《汉大》禾部“香”字下云：

同“香”。《海篇·禾部》：“香，音香，芳氣也。”

按：《汉大》此字形最早见于《海篇》，且没有文献用例。其实，隋唐五代的石刻楷书中早有用例：“香”见于唐景福元年（892年）《悯忠寺重藏舍利记》“填以異香”。

4．《汉大》页部“顥”字下云：

同“顯”。《正字通·页部》：“顯，俗作顥。”

按：隋唐五代石刻楷书中已有用例，而不必等到明代。“顥”见于唐贞元十三年（797年）《来治安妻田氏墓志》“謂居清顯”。

5．《汉大》金部“鐵”字下云：

同“鐵”。《龙龛手鉴·金部》：“鐵”，同“鐵”。

按：隋唐五代石刻楷书用字不仅可以提供文献用例，而且可以提前书证。“鐵”见于唐开元十一年（723年）《大唐故失善光墓志铭》“鐵石居心”。

6．《汉大》鸟部“鴈”字下云：

同“鴈”，也作“雁”。《广雅·释鸟》：“鳴鵝，倉鳴，鴈也。”王念孙疏证：“鴈與鴈同，或作雁。”

按：隋唐五代石刻楷书用字不仅可以提供文献用例，而且可以提前书证。“鴈”见于唐开元三年（715年）《崔哲妻源氏墓志》“府君禮加執鴈”。

附表二：提前例证，并补充实物用例

规范字形	新增字形	年份	出处	语境
鹊	舄	唐龙朔三年（663年）	古弘节墓志	载葉鵲原之詞
鹏	鵬	武周神功二年（698年）	盖畅墓志	庭栖鵟鵬
鴈	鴈	唐开元三年（715年）	崔哲妻源氏墓志	府君禮加執鴈
香	香	唐景福元年（892年）	悯忠寺重藏舍利记	填以異香
飙	飈	唐天祐元年（904年）	巩氏墓志	花墜飇風
显	顯	唐贞元十三年（797年）	来治安妻田氏墓志	謂居清顯
霾	霾	隋大业十二年（616年）	卜鉴墓志	雲霾落月
陷	陷	唐永泰元年（765年）	李璀墓志	都邑淪陷
鐵	鐵	唐开元十一年（723年）	大唐故失善光墓志铭	鐵石居心
裕	褎	唐天宝十载（751年）	唐故臧怀亮墓志铭	然荷此休裕而不得不私也
盘	磐	唐大和八年（834年）	朱君妻赵氏墓志	磐礴兮周流之遠
盼	肹	隋大业八年（612年）	王君妻成公氏墓志	顧盼生光
窃	窃	唐开元十九年（731年）	胡明期母曹氏墓志	泉扃夜臺相窃窱
穹	穹	唐天宝二年（743年）	王公度墓志	酷訴穹旻
画	畫	隋大业八年（612年）	张伏敬墓志	車邊畫柳
床	床	唐贞元十三年（797年）	济渎庙祭器铭	長連牀一張
气	炁	唐	安灵镇神七气天文	竇白帝錬度五仙安靈鎮神九氣天文
杀	敍	唐广德元年（763年）	臧怀恪墓碑	殺其數百人
段①	叚	隋大业六年（610年）	段模墓志	周故儀同大將軍府叅軍事段君墓誌銘並序
乐	㦡	隋大业八年（612年）	高紧墓志	說英謀而自樂
楚	楚	唐贞元三年（787年）	田侁墓志	且楚有子玉
柳	栁	唐咸通十二年（871年）	唐故狄府君夫人骆氏墓志铭	量如竹柳長青
松	柗	隋大业六年（610年）	张乔墓志	入松原而獨轉
迭	曡	隋仁寿元年（601年）	卢文构墓志	重規疊矩

①《龙龛手鉴·长部》：“叚，俗，直良、知两二反。”二者并不相同。

（续表）

规范字形	新增字形	年份	出处	语境
昆	昆	唐大中六年（852年）	冯审中墓志	昆弟茹泣兮夫何足言
散	散	唐咸通十二年（871年）	唐故景氏府君（公直）合祔墓志铭	朝散大夫
	散	后唐同光三年（925年）	吴君妻曹氏墓志	朝散大夫
携	擕	唐元和七年（812年）	卢璠妻崔元二墓志	携手同行
搢	搢	唐开元二年（714年）	梁涣墓志	作彝則於搢紳
掩	掩	唐广明元年（880年）	柳延宗墓志	俄掩泉夜
	掩	隋大业十一年（615年）	严元贵墓志	送人掩淚
掌	掌	隋大业八年（612年）	王君妻成公氏墓志	若指諸掌
愍	慜	唐开元二十六年（738年）	大唐故李承乾墓志铭	大唐故恒山愍王荆州諸軍事荆州大都督墓誌銘
愆	諐	唐乾封元年（666年）	王延墓志	終愆景命
	僁	武周天册万岁二年（696年）	五品亡宫墓志	鬼神愆聽
惋	惋	唐大中十四年（860年）	韦君妻齐氏墓志	往往亦自惋
悠	滺	隋大业十一年（615年）	张志相妻潘善利墓志	派緒悠長
悖	悖	唐广明元年（880年）	柳延宗墓志	忿拒命悖王之寇
怨	怨	唐贞元九年（793年）	樊涚墓志	則下人胥怨
怛	怛	唐天宝四载（745年）	张俊墓志	怛以字孤
影	影	唐元和十五年（820年）	曹琳墓志	形影相弔
	影	唐大中十三年（859年）	张审文墓志	而聲沉影滅
彭	彭	唐开元十九年（731年）	刘禄墓志	君本彭城郡人
张	張	唐元和二年（807年）	苗藩墓志	其妻清河張氏
弱	弱	唐贞元十九年（803年）	崔千里墓志	未登弱冠
	弱	武周圣历二年（699年）	萧言思墓志	弱冠趨庭
弧	弧	唐天宝十三载（754年）	张崧墓志	絃弧張羅

规范字形	新增字形	年份	出处	语境
弈	帟	唐麟德二年（665年）	程君妻周氏墓志	紛綸赫弈
弄	弄	唐咸亨二年（671年）	大唐故越国太妃燕氏墓志铭	寵豊慈膝而弱不好弄
底	庢	唐元和四年（809年）	诸葛亮祠堂碑	其底定南方也
幽	幽	唐元和九年（814年）	唐故叔氏（李术）墓志	靈幽其託
幼	紉	唐开元九年（721年）	唐故契苾夫人墓志铭	幼而閑婉
	㓜	唐大和八年（834年）	朱君妻赵氏墓志	夫人幼稟禮法
幸	㚔	隋大业十一年（615年）	萧翘墓志	鍾索幸籍
年	秊	隋大业六年（610年）	段模墓志	即以其年十二月丁巳朔五日辛酉窆於北邙之上
	秊	隋大业六年（610年）	段模墓志	以大隋大業六年太歲庚午八月庚寅朔十五日甲辰
嶕	嶕	唐天宝八载（749年）	唐独孤祎之夫人张氏墓志铭	新墳嶕嶢
居	居	隋大业八年（612年）	田光山妻李氏墓志	一志居心
壶	壷	唐龙朔二年（662年）	刘君妻贾令珪墓志	閫壼韶清
因	因	唐龙朔三年（663年）	傅交益墓志	因而家焉
	囙	唐显庆三年（658年）	暴贤墓志	因宦任官
倚	倚	隋大业十二年（616年）	□悩昂墓志	豈覺麦灞倚柱作書
攲	攲	隋开皇四年（584年）	杨居墓志	恐倚天易動
俾	俾	唐开元十五年（727年）	石浮图铭	俾臧與嘉

（三）提供适当语例

隋唐五代石刻楷书新增字形的研究，可以为《汉大》提供准确的实物文献用例，避免传世文献的不足。也就是说《汉大》引用的文献仅为传世文献，我们在此提供出土文献，在真实性上更进一步。

1. 《汉大》网部“罸”字下云：

同“罰”。《篇海类编·器用类·网部》：“罸，音伐。小罪也。罪于人曰罸，本作罰。”《六韬·犬韬》：“（周）太公曰：‘王者帥師，三軍分為數處，將欲期會合戰，約誓賞罸，為之奈何。’”

没有实物文献用例。“罸”作为“罰”的一个异体，在隋唐五代石刻楷书中有用例：“罸”见于唐开元十六年（728年）《匹娄思妻靳氏墓志》“禍鍾天罸”。

2．《汉大》山部“峼”字下云：

同“崇”。《玉篇·山部》：“峼”，同“崇”。《汉书·郊祀志下》：“莽遂峼鬼神淫祀。”

没有实物文献用例。“峼”作为“崇”的一个异体，见于隋唐五代石刻楷书中：“峼”见于唐永徽六年（655年）《陈君妻王氏墓志》“崇基克搆”。

附表三：提供适当语例

规范字形	新增字形	年份	出处	语境
类	類	唐	何简墓志	以類羔柴
陈	敶	唐大和五年（831年）	崔弘礼墓志	昔周以君陳保釐東郊
胸	胷	唐永徽六年（655年）	卢万春墓志	忘寵辱於胸襟
翦	剪	唐贞元十九年（803年）	唐柳昱妻墓志铭	翦焉無及
罚	罸	唐开元十六年（728年）	匹娄思妻靳氏墓志	禍鍾天罸
织（古文）	綕	唐天宝十一载（752年）	侯智元妻鲁氏墓志	衣冠盛織
突	峻	唐长庆元年（821年）	苏恩妻卢氏墓志	突屼崔嵬
积	積	唐永徽六年（655年）	沈士公墓志	思若積石爭流
焰	欿	武周长安四年（704年）	张安墓志	釭燈謝焰
炮	炰	后梁开平四年（910年）	穆君弘墓志	以烹羊炮羔為伏臘之費
涩	澀	唐开元六年（718年）	唐故严识玄墓志	泉路幽澀
欻	歘	唐元和三年（808年）	唐故杨萼墓志铭	吸欻性情
樵	蕉	唐天宝元年（742年）	贾令琬墓志	樵蘇不至兮多歷星霜
最	㝡	唐大中十一年（857年）	鲁谦墓志	京中醫人最得其上
旌	旍	唐永徽六年（655年）	元勇墓志	楊旌朔漠
攒	欑	唐麟德二年（665年）	杨康墓志	蕙圃欑芳
应	應	唐大历十三年（778年）	郭瑶墓志	縱捨由心祇應且計出百端
憙	憙	后晋开运二年（945年）	顾亭林法云寺感梦伽蓝记	吾甚忻憙
惭	慚	隋仁寿四年（604年）	冯君妻卢旋芷墓志	差無慙色

（续表）

慎		唐大中元年（847年）	赵珪墓志	仁泰生慎己
帚		唐大中十年（856年）	支子璋墓志	未偶於箕帚
嶕		唐天祐四年（907年）	唐故内玉晨观上清大洞三景法师赐紫大德（韩自明）仙宫铭	嶕嶢山壇兮終萬古
崇		唐永徽六年（655）	陈君妻王氏墓志	崇基克搆
浸		唐天宝十二载（753）	卢含墓志	浸有昌德
堰		唐咸通二年（861）	裴君妻彭氏墓志	葬於東都河南府河南縣平樂鄉尚店村湹澗里伯樂堰邙山之北原
仿		唐大中十三年（859年）	张审文墓志	仿以中外知舊
寂		唐天宝四载（745年）	和守阳墓志	寂寥千古

（四）现代简化字的来源问题

现代的简化字如“贤、监、坚、诸”等，《汉大》要么仅仅解说为“某的简化字”，要么例证晚出。前者没有引用一个文献用例，未免过于简单，后者则应该找出更早的例证。在我们所调查的隋唐五代石刻楷字新增字形中共出现了20个与现代简化字完全一致的字形。

1. 《汉大》土部“贤”字下云：

同“賢”。《宋元以来俗字谱》：“賢”，《通俗小说》、《三国志平话》等作“贤”。

按：《汉大》缺少实物文献用例，隋唐五代石刻楷书用字不仅可以提供文献用例，而且可以提前书证。“贤”见于唐咸通十二年（871年）《阎肇墓志》“有心膂之賢”。

2. 《汉大》言部“诸”字下云：

“諸”的简化字。

按：《汉大》缺少早期文献用例。隋唐五代石刻楷书中已有此用例。“诸”见于唐开元二十八年（740年）《唐故范公（安及）墓志铭》“洎諸孤在疚”。

3. 《汉大》纟部“综”字下云：

“綜”的简化字。

按：《汉大》缺少早期文献用例。隋唐五代石刻楷书中已有此用例。“综”见于隋大业十一年（615年）《程谐墓志》“錯綜縑緗”。

附表四：简化字的来源

规范字形	简化字	年份	出处	语境
诸	诸	唐开元二十八年（740年）	唐故范公（安及）墓志铭	洎諸孤在疚
谐	谐	唐大和四年（830年）	刘渶润妻杨珽墓志	宜乎永諧宫徵
谁	谁	唐元和三年（808年）	李三十三娘墓志	茫茫誰測
诚	诚	唐开元十五年（727年）	孟俊墓志	達志之誠滿聞於士友
诗	诗	唐大和四年（830年）	刘渶润妻杨珽墓志	詩書贍曹家之奥
诉	诉	唐大历十一年（776年）	王景秀墓志	號訴於天
训	训	唐元和十二年（817年）	唐张氏夫人吕氏墓志	訓誨禮儀
综	综	隋大业十一年（615年）	程谐墓志	錯綜縑緗
继	继	唐开元十八年（730年）	李偘偘墓志	大丈夫不繼單於頸
给	给	唐显庆四年（659年）	张义墓志	勑給永年
络	络	唐开元十八年（730年）	唐故骞思玄墓志铭	泝經絡於遠代
监	监	唐贞元十三年（797年）	蔡元雪妻杨氏墓志	天監何昧
数	数	唐大和元年（827年）	卢士琼墓志	君曉之曰俸錢職田手力數既别官品矣
梦	梦	唐显庆二年（657年）	杜询妻崔素墓志	痛鹿夢之成真
寿	寿	隋仁寿元年（601年）	古宝轮禅院记	仁壽元年三月廿三日
坚	坚	唐元和九年（814年）	乔进臣买地券	保人辰堅故
嘱	嘱	唐广明元年（880年）	善悟塔铭	付囑有在
俭	俭	唐大和八年（834年）	朱君妻赵氏墓志	加之以恭儉施惠
	俭	唐建中元年（780年）	唐故祁日进墓志铭	□義儉身
洁	洁	后梁开平二年（908年）	山可球造像记	佛殿僧潔殷
贤	贤	唐咸通十二年（871年）	阎肇墓志	有心膂之賢

四、新造字

根据上面的分类，隋唐五代时期石刻楷书新造字是指该时期石刻楷书文献中为记录新词而出现的新字[①]。它反映的是文字系统整体在一个时间段的发展变化情况。主要包括以下两类：（1）为记录隋唐五代之前的语言中从未出现的音义结合体而新造的字。（该时期社会文化生活中所出现的新的特殊因素：其中人名专用字、音译佛经用字等都归入此类中。）（2）由旧词分化出了新词或者旧字被借用来记录其他词，为区别旧字所承担的不同功能而新造的字。要根据以上这些标准准确地判定隋唐五代时期石刻楷书新造字，一方面需要进行共时和历时的比较，所以对材料的收集有较高的要求。另一方面要根据具体情况，制定出合理的判断方法。其中，参考的材料与前面新增字形所用材料相同，不再赘述。而采用的方法却与前者不同，具体方法为：

第一步，以“隋唐五代石刻楷书语料库”的楷书字头为调研对象，首先将之与“魏晋南北朝石刻楷书语料库”的楷书字头作对比，排除二者相同的字头，因为这部分相同的字头肯定是隋唐五代石刻楷书中的传承字。[②]

第二步，再参考魏晋南北朝其他材质（如简纸、书帖）的楷书用字，排除相同部分的字头，又排除了一部分传承字。

第三步，将剩余楷书字头与《原本玉篇》残卷、《篆隶万象名义》作对比，排除在这两本字书中贮存的传承字。

最后，在参考魏晋南北朝以前出土文献资料及其传世文献资料的基础上，得出隋唐五代石刻楷书新造字。“由于传世文献经过历代传抄传刻，一般传世文献用字不足为时代依据；如果有明确的文献用字说明，或出土文献有用例，则为可信时代依据。”[③]因此，在具体的操作过程中，魏晋南北朝以及魏晋南北朝以前的传世文献仅仅作为参考，不作为

①这里的新增字统计结果可能会存在遗漏，所以我们只能保证我们调查出的这部分字是本时期的新增字，而不能涵盖本时期出现的全部社会用字的新增字。

②被排除的这部分楷书字头即为隋唐五代石刻楷书传承的六朝石刻楷书部分。其中，“隋唐五代石刻楷书语料库”收录楷书字头6863个，“六朝石刻楷书语料库”收录4328个。这样做，大部分的传承字就被排除了。

③臧克和：《楷字的时代性》，《中国文字研究》，2007年第1期，第106—116页。

主要凭证。

根据上述统计方法，共得出135个隋唐五代石刻楷书文献中使用到的新造字。这些新造字，不计发生某些变异的形体数量。由于隋唐五代石刻楷书新造字中存在着诸多变异形体，因此，每一组异体字中，必须确定一个能够统领其他字形的主形。本书对主形的择定主要遵循以下几条原则：（1）字形的社会流通程度，即在所调研的石刻文献资料中，同一组异体字所有字形中使用频率最高的被确定为主形。（2）如果同一组异体字的各个字形，在石刻文献资料的分布中，使用频率相近，则以泽存堂《宋本玉篇》作为最主要的参考，结合《篆隶万象名义》、“开成石经”以及“字样学”著作的正字来确定异体字的主形。按照这个标准，我们整理出这135个新造字的主形如下：

飼、飀、𨢊、需、襚、鐩、鎚、鋼、鉑、鈿、鑼、鋑、錁、鋾、鍪、醁、躞、踠、跏、躝、䠒、認、詃、禠、褥、袈、裟、袋、蓑、艤、艘、腑、腷、䏴、鑵、絏、粞、糦、籬、籊、籐、簩、篹、簣、筇、穠、硉、砂、礴、矖、睋、矚、暄、瘴、瘡、痢、癧、疰、瑽、瑢、琉、熚、燦、灆、渺、殮、殂、雅、檏、榭、栴、暌、晬、昳、昢、暻、眼、攞、撤、慵、愀、恟、恇、廨、廬、帆、嵌、峎、峻、峉、峇、嶫、嶂、岧、姮、妋、妐、媃、媫、媞、墅、堮、埭、垈、塽、塑、垉、垙、坳、圠、囉、囈、喫、喃、唎、哩、咔、噪、唄、喇、嚂、囇、嚩、嚧、噝、嗹、啷、𠻳、猰、酡、諫、猒、踃、究、凸

其中，除飼、需、腑、妐、礴、堮、囈、猰等几个字属于新造字的第二类之外，其余的全部属于隋唐五代之前的语言中从未出现的音义结合体类。具体的分析参见后文。

隋唐五代石刻新造字的研究，具有十分重要的价值。

第一，新增字具有明显的时代性，部分字形甚至可以作为字形断代的实物依据。其中，与《宋本玉篇》新增字展开比较，我们可以直接判断《宋本玉篇》新增字中哪一部分字来自隋唐五代时期的社会用字，由此推测唐宋之际成书的《宋本玉篇》收字的来源，进而推断其大致的成书年代。

第二，这些新增字可以为大型语文工具书的编纂和订补提供参考。

如，补充漏收字形，提前书证，补充社会实物用例等。

五、新造字与《宋本玉篇》新增字①的对照分析

《宋本玉篇》的现有规模是经过唐孙强、宋陈彭年在《原本玉篇》基础上修订而成的，其修订的主要途径是增加字数、删除书证、修改注音等。其中，唐宋间各个历史阶段的具体增字情况，仅以传世文献和《宋本玉篇》本身贮存的文献来讲，很难展开具体的分析。而我们所整理的隋唐五代石刻楷书文献新造字，则在一定程度上可以弥补这一缺憾。与《宋本玉篇》新造字的比较，我们可以直接判断《宋本玉篇》新造字中哪一部分字来自隋唐五代时期的社会用字，由此推测唐宋之际成书的《宋本玉篇》收字的来源情况，进而推断其大致的成书年代。

汉字本体的研究，首先强调的是材料的保真性。虽然前辈学者的研究是建立在石刻原始拓片的基础之上的，但是在具体的成文中，基本上都是采用自造字或者临摹字。本书为保证文献的真实性，并且使研究者对本时期的石刻楷字有一个真实的感性认识，下面在对材料中的具体汉字字形展开分析讨论时，全部采用石刻材料的原始拓片，即以图片的形式加以呈现。

同时，为避免误释、误认，在文中出现的每个原字形我们都给出其出现的语境。即在引用石刻文字材料的时候，不是摘取单个的字形，而是采用摘句的方式。这样不仅便于展开具体的字际关系的分析和讨论，并方便为大型语文工具书的订补提供参考，而且可以避免字形与上下文脱节。为了节省篇幅，语境以能够帮助确认字形为限，一般为句子或者短语，每个例句的长度尽量限定在10字以内。

1. 食部

飼，《名义》无此字。《玉篇》“同上”字贮存此字。“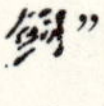”见于唐天宝三载（744年）《索思礼墓志》“實資其受猛饕食肉，以□飼雄，諒其於時，我何多矣”。《玉篇·食部》：“飤，夕恣切。食也。

①我们以“宋本玉篇各部新增字表”为依据，本表是将宋本《玉篇》与原本《玉篇》、《篆隶万象名义》进行逐部对照统计得出，共包括新增字5298个。何瑞：《历时汉字的传承与变异——宋本〈玉篇〉研究》，华东师范大学2006届博士论文。

飼，同上。”清段玉裁《说文解字注·食部》：“飤，以食食人、物，其字本作食，俗作飤，或作饲。”“饲”是一个后起字，承担了“食”作为动词的功能，即喂养、给人吃之意，是为区别旧字所承担的不同功能而新造另外的字。

2. 风部

飀，《名义》无此字。《玉篇·风部》：“飀，力尤切。飕飀，風。”“飀”见于唐大历七年（772年）《公孙杲赠诸法师诗》“玉葉低梁下，金飀引窓前”。“金飀”与“玉葉”对举。“金飀”即“秋风”，“玉叶”即“云彩”。

3. 面部

䩈，《名义》无此字。《玉篇·面部》：“䩈，音悔。洗面也。與頮同。”“䩈”见于唐元和五年（810年）《唐故崔慎思墓志铭》“徒将與歸，䩈淚傷神”。

4. 雨部

霈，《名义》无此字。《宋本玉篇·雨部》：“霈，匹妹切。大雨。”“霈”见于唐贞元二年（786年）《唐李戢妃郑中基墓志》“如彼崇山，膺時出雲，霈然作雨，澤潤生人”，“霈然”是形容雨盛貌。“霈”见于唐会昌三年（843年）《神策军碑》“惟新霈澤”，“霈泽”是“恩泽”之义。隋唐以前的文献中多作“沛”，“霈”是一个后起字，增加了表义构件“雨”专指雨充沛貌，是为区别旧字所承担的不同功能而新造另外的字。

5. 示部

襚，《宋本玉篇·示部》较《名义》本部新造字“襚”，见于隋唐五代石刻用字：“襚”见于隋大业十年（614年）《邓昞墓志》“賵襚□赠殊礼”；“襚”见于唐咸亨二年（671年）《故越国太妃燕氏墓志铭》“馳驛賵襚，典策隆重”。按“賵襚”都是送死者物品。魏晋南北朝、隋唐五代石刻用字中，构件“衤”由于与构件“礻”形近而时常互换使用。这样的用法在魏晋南北朝以及隋唐五代的石刻文献中常常发生。魏晋南北朝时期，如“衿”见于北魏《元顼墓志》“蘭芷松筠，茂於衿抱”，“祚”见于北魏《张卢墓志》“孝武衛姚氏祚終，翻然依化”。隋唐五代时期，如“袍”见于唐开元二十三年（735年）《白知礼墓志》“十七年，勑令内使送紫袍金帶”。上举第二例中“襚”所从“示”形，混写为“衣”形。

6．金部

（1）鐩，《名义》无此字，《宋本玉篇·金部》：“鐩，辝類切。鏡也。”见于隋唐五代石刻用字：“鐩”见于唐上元二年（675年）《故（李凤）妃刘氏墓志铭》“飾兹金鐩，虔色養於晨昏”。

（2）鎚，《名义》无此字，《宋本玉篇·金部》：“鎚，都雷切，又直追切。鐵鎚也。”“鎚”见于唐《多宝塔碑》“灑以香水，隱以金鎚”，其二级构件“𠂤”上面一撇笔省掉。

（3）鐗，《宋本玉篇·金部》较《名义》本部新造字“鐗”，见于隋唐五代石刻用字，“鐗”见于唐麟德元年（664年）《王玄墓志》“玉閨金鐗”。

（4）鉑，《宋本玉篇·金部》较《名义》本部新造字。见于隋唐五代石刻用字：“鉑”见于唐大和二年（828年）《阎公（子光）夫人崔氏合葬墓志铭》“言呈七德，射滿六鉑”。

（5）鈿，《宋本玉篇·金部》：“鈿，徒練切。金花也。又音田。”《说文》新附字：“金華也。从金田聲。”《名义》无此字。“鈿”见于隋大业八年（612年）《萧氏墓志》“粟鈿流光，珠明耳側”。

（6）鏹，《名义》、《原本玉篇》无字头，但被用为同一个字“繈”的反切用字。《名义》：“繈，所鏹反。緩也。履中絞。”《原本玉篇》：“繈，所鏹反。《方言》謑緵也。關文東西謂之繈。郭璞曰：謂履中絞也。”魏晋南北朝石刻未见。由此推断该字在魏晋南北朝时可能已经出现，但并不经常使用，且意义未详。在隋唐五代石刻用字中常见：“鏹”见于唐天宝二年（743年）《明俊墓志》“覭鏹川流”；“鏹”见于唐大中五年（851年）《孙公乂墓志》“官鏹百萬”。而且在这一时期，“鏹”有时被写作“繈”，与“襁褓”之“襁”的另外一个形体“繈”混同，如“繈”见于唐开元十五年（727年）《故杨府君（执一）墓志铭》“攘鏹逾於巨萬”，此例中，“鏹”应指钱币。《宋本玉篇》没有贮存此字头，并且保存的与《名义》、《原本玉篇》相同的字头“縔”的反切用字也被改为“所两切”。

（7）鋑，《宋本玉篇》、《名义》都没有贮存此字头，魏晋南北朝石刻也未见。但，《名义》中将“鋑”作为“鐫”的同上字记录下来。隋唐五代石刻中出现此字形：“鋑”见于唐贞观五年（631年）《（李寿）墓志》“玉笄華衮，金鋑繡軸”，但意义与《名义》不同，句中“金鋑”是用马首饰物代指马匹。

（8）錁，《宋本玉篇》、《名义》均无此字。魏晋南北朝石刻也未见。隋唐五代石刻用字中出现此字形：“錁”见于唐贞元十四年（798年）《刘公（奇秀）墓志铭》“於錁内府，四朝翼輔”。《集韵·马韵》：“銙，帶具，或作錁。”指古代附于腰带上的扣板。

（9）鍧，《宋本玉篇》、《名义》均无此字。魏晋南北朝石刻也未见。隋唐五代石刻用字中出现此字形：“鍧”见于唐咸通十四年（873年）《吉州长史郭公（克全）墓志铭》“清廉抱節，長為相府之股肱；秉牘灑毫，助鈞衡之鍧鑄”。“鍧铸”与“股肱”对应，喻指墓主为可以担负国家重任的辅佐之臣。

（10）鍌，《宋本玉篇》、《名义》均无。“鍌”见于唐显庆四年（659年）《季君妻王摩墓志》“父鍌，隋幽州鎮将”。此例中，“鍌”为人名用字。

7．酉部

醁，《宋本玉篇》、《名义》均未贮录。魏晋南北朝石刻也未见。“醁”见于隋大业七年（611年）《田德元墓志》“良辰美景，命醁酒而開筵”。“醁酒”指美酒。

8．足部

（1）躞，《宋本玉篇·足部》：“蘇協切。躞蹀。”《名义》无此字。“躞”见于武周长安二年（702年）《唐故史君（怀训）墓志》“騏驥之足，紛躞蹀而千里”。其示音构件“燮”本从言从又、炎，这里“言”的第二笔横笔延长，改变了原来的间架结构，而且“又”被替换为“火”。“躞蹀”为叠韵联绵，行貌。

（2）踠，《宋本玉篇·足部》：“於遠切。曲腳也。”《名义》无此字。“踠”见于唐开元十年（722年）《韦府君（晃）墓志铭》

"子荆僶俛，初踠足於粲卿"；"踠"见于唐开元十五年（727年）《唐故杨府君（执一）墓志铭》"左退適成其踠足"。"踠足"，比喻贤士隐居，意在待时。第二例中，表义构件"足"所从"止"由于受到草书的影响，有时会草写，此写法在魏晋南北朝石刻中已经出现，如北魏《李端墓志》"路"作"路"，但是比较少见。占绝对优势的写法是"𧾷"（构件"止"下边的竖笔和最后的横笔连成一笔）和"𧾷"（构件"止"下边的竖笔和最后的横笔连成一笔，上面增加一笔，与字形"正"几乎混淆）。而到隋唐五代时期，"𧾷"这种写法已经比较少见，占绝对优势的写法是"𧾷"和"𧾷"。

另外，示音构件"宛"右下部本为横折钩，但上面的用例中却简写作一短撇。在"魏晋南北朝石刻楷书语料库"中，"宛"在充当构件时几乎全部被写作"宛"或"宛"，还没有出现"宛"这样的写法。到隋唐五代时期，在继承"宛"和"宛"两种写法的基础上，又出现了另外两种写法"宛"、"宛"，但以"宛"这种形体居多。如"婉"见于唐乾符五年（878年）《崔眸妻李道因墓志》"婉彼令德，秀於華宗"；"琬"见于唐景龙三年（709年）《大唐故贺兰（敏之）墓志》"嗣子銀青光禄大夫、太僕卿琬，哀緾陟岵"；"惋"见于唐贞元九年（793年）《樊涚墓志》"則上情憤惋，得無咎乎"。由此，我们可以看出，在隋唐五代时期，"宛"在作构件时的写法更加简便，其记号化特征也越来越明显。

（3）跏，《宋本玉篇·足部》："古牙切。結跏坐。"《名义》无此字。"跏"见于唐大历六年（771年）《同光塔铭》"結跏趺坐"。其表义构件"足"所从"止"草写。与"踠"同。

（4）躝，《宋本玉篇》、《名义》均未贮录。魏晋南北朝石刻也未见。"躝"见于唐龙朔某年《唐李英墓志》"躝玄晏以先驅"。

（5）踋，《宋本玉篇》、《名义》均无。"踋"见于唐开元十六年（728年）《杨淡造陁罗尼经幢》"佛前踋跪而白佛言"。"踋跪"，屈膝表示虔诚。其表义构件"足"所从"止"草写。与"踠"同。

9．言部

（1）認，《宋本玉篇·言部》："而振、而證二切。識認也。"

《名义》无此字。“認”见于唐开元五年（717年）《崔宜之墓志》“所冀邙山葬後，来認金環”。

（2）訞，《宋本玉篇·言部》：“古犬切。誘也。”《名义》无此字。“訞”见于唐景云元年（710年）《唐故骞府君（思哲）志铭》“銅綬彩章，訞三異於落星之野”。

（3）諫，《宋本玉篇·言部》：“初稼切。異言。”《名义》无此字。“諫”见于后唐长兴三年（932年）《怀州竖立生台记并经幢》“裝飾而諫色咸臻，焚靚而氛氳共霧”。

10．衣部

（1）褵，《宋本玉篇·衣部》：“力支切。衣帶也。”《名义》无此字。“褵”见于隋大业二年（606年）《蔡君妻张贵男墓志》“結褵表飾”；“褵”见于隋大业九年（613年）《张盈妻萧餝性墓志》“衿褵成則”；“褵”见于隋大业十年（614年）《鲍氏墓志》“肅以衿褵”；“褵”见于隋大业十一年（615年）《苟君妻宋玉艳墓志》“聞禮聞詩，禀衿褵之訓”。“衿褵”即施衿结褵，是古代女子出嫁时，由母亲将佩巾系上女儿领衿的一种礼节。第二例中，示音构件“离”省掉最后一点笔。经调查，“内”在做构件时，最后一笔经常被省略，表现在同时期的材料中，如“遇”见于隋开皇十五年（595年）《段威墓志》“以大隋開皇十年四月十三日遇患薨”，“萬”见于唐开元十四年（726年）《王晓妻崔淑墓志》“恐翠微千刃，山俄成萬頃之陂”，“禽”见于唐乾符四年（877年）《崔滂妻李殷墓志》“薦藻有歸，委禽成禮”。其实，这一用法在魏晋南北朝石刻中早已出现：“遇”见于北魏《元继墓志》“故能出内丕顯，受遇兩京”。“厲”见于北魏《尔朱绍墓志》“昇車愕愕，布秋霜之厲”。“萬”见于北魏《尔朱绍墓志》“千秋易往，萬古難追”。“禽”见于北魏《元宝月墓志》“既而倫伊比陟，況魯侔禽”。第四个用例中，“褵”与“褵”相比，二者区别在于构件“内与内”。《说文·入部》：“内，小篆作内，入也。从冂，自外而入也。”《说文》：“内，小篆作内，獸足蹂地也。象形，九聲。”二者本风马牛不相及。《说文·内部》：“离，山神獸也。从禽頭，从厹从屮。歐陽喬說：离，猛獸也。”离从内，而褵从衣从离，所以应该是用构件“内”，而非“内”，仅仅是由于字形相近而发生混淆。

另外，第三、第四用例中，其表义构件“衤”由于与构件“礻”形近而时常互换使用。用同“襚”字。

（2）褥，《宋本玉篇·衣部》：“而欲切。氊褥。”《名义》无此字。“褥”见于隋大业十一年（615年）《程谐墓志》“非無被褥之恩”。其表义构件“衤”由于与构件“礻”形近而时常互换使用。这样的用法在魏晋南北朝以及隋唐五代的石刻文献中常常发生。用同“襚”字。

（3）袈、裟，《名义》无此二字。《宋本玉篇·衣部》：“袈，古牙切。袈裟，胡衣也。亦作毠毟。”《宋本玉篇·衣部》：“裟，所加切。袈裟。”二者为梵文音译联绵词。二字的写法不固定，《宋本玉篇》就贮存了“袈裟、毠毟”两种书写形式。其中“袈裟”这种书写形式与今天简化字中的形体相同。“隋唐五代石刻楷书语料库”中也只有一条记录作“袈裟”，即“袈裟”，见于唐建中二年（781年）《景教流行中国碑》“試殿中監賜紫袈裟”。

（4）袋，《宋本玉篇·衣部》：“徒戴切。囊屬。亦作帒。”《名义》无此字。“袋”见于唐开元九年（721年）《王修福墓志》“勑與緋及魚袋”。“袋”见于唐大历七年（772年）《孙公（希严）故妻刘氏墓志铭》“賜紫金魚袋孫公”，此字形与“袋”相比，区别在于构件“弋”与“戈”。在魏晋南北朝时期，构件“弋、戈”已经混同，隋唐五代时期二者继续沿用。“帒”见于唐乾符六年（879年）《申屠君及妻贺氏墓志》“賜紫金魚袋”，此字形与《玉篇》的亦作字形同。“袋”见于后汉乾佑二年（949年）《祭渎记》“賜緋魚袋”，构件“代”上面一点省掉。“鱼袋”为唐代官员所佩带的盛放鱼符的袋子。《旧唐书·舆服志》：“咸亨三年五月，五品以上赐新鱼袋，并饰以银……垂拱二年正月，诸州都督刺史，并准京官带鱼袋。”据记载，“鱼符”最早出现于隋代，《隋书·高祖纪下》：“开皇九年闰月丁丑，颁木鱼符于总管、刺史，雌一雄一。”“鱼符”，当为隋唐时期朝廷颁发的符信，木刻或铸铜为鱼形，刻书其上，剖而分执之，以备符合为凭信。也叫鱼契。唐代沿用之。传世文献中亦有记载，如，唐陆龟蒙

《送董少卿游茅山》诗："将随羽节朝珠阙，曾佩鱼符管赤城。"可见，"袋、帒"是继"鱼符"出现之后，随着"鱼袋"的出现而产生的为记录新词而新造的字。

11. 艸部

蓑，《宋本玉篇·艹部》："音衮。藨蓑，壅養苗也。"《名义》无此字。"蓑"见于唐天宝十载（751年）《梁令珣墓志》"三時而藨蓑是勤"。"藨蓑"指用土培苗根养苗。

12. 舟部

（1）艤，《宋本玉篇·舟部》："魚倚切。整舟向岸。"《名义》无此字。"艤"见于唐开元十四年（726年）《郑戎墓志》"艤舟河洛"。"舣舟"指使船靠岸。

（2）艘，《名义》无此字。《宋本玉篇》中有两条记录的释文层面贮存此字形。《宋本玉篇·木部》："艘，蘇刀切。船緫名。亦作艘。"《宋本玉篇·木部》："椶，先刀切。船緫名。或作艘。樓，同上。""艘"在《宋本玉篇》中同时作为"艘、椶"二字的异体贮存。《说文》无"艘"字，《说文·木部》："船緫名。从木叜聲。臣鉉等曰：今俗别作艘，非是。"《名义》三字形均未贮存。隋唐五代石刻中使用该字，"艘"见于唐贞元十三年（797年）《灵庆公神祠碑》"艘連其檣"。

13. 肉部

（1）腑，《宋本玉篇·肉部》："方武切。藏腑。本作府。""腑"见于唐乾宁五年（898年）《崔舣及妻郑氏合葬志》"窮經而義貫心腑"，是为区别旧字所承担的不同功能而新造的字。

（2）腷，《宋本玉篇》、《名义》均无。见于隋唐五代石刻文献中，"瞌"见于唐神龙三年（707年）《唐故栎阳县严明府夫人任氏墓志铭》"臨穴腷臆"，构件"月（肉）和目"的字形相近而讹写。"瞌"见于唐大中十一年（857年）《唐故王府君墓志铭》"松風苦月兮徒腷臆"，"腷臆"作为一个叠韵联绵词，两例中均为怒气或怨气郁结心中，无法发泄。

（3）腤，《宋本玉篇》、《名义》均无。"腤"见于唐《弘农杨氏夫人（边诚夫人）墓志铭》"腤然斯理"。《字汇·肉部》："腤，俗作脗。”唐白居易《无可奈何歌》：“是以达人静则脗然与阴合迹，动则浩然与阳同波。”脗然，浑然一体貌，今作“吻合”，过渡形体作“脗”。

14．缶部

罐，《宋本玉篇·缶部》较《名义》本部新造字。见于隋唐五代石刻中，“罐”见于唐贞元十三年（797年）《济渎庙祭器铭》“水罐十”。《说文·缶部》新附字：“器也。从缶雚聲。”表义构件“缶”的第一笔省掉，并且与构件“缶”形近。

15．糸部

絏，《玉篇·糸部》：“絏，音泄。繫也。”《名义》所无。“絏”见于武周天授二年（691年）《爨右墓志》“雖冶長縲絏，已見明於魯臣”，“糸”在左边充当构件时往往写作“糹”，共计六笔。但在魏晋南北朝以及隋唐五代的石刻文字中却经常将下面的三点连写为一笔。

16．米部

（1）粞，《宋本玉篇·米部》：“桑來切。碎米。又音西。”《名义》所无。“粞”见于唐贞元十三年（797年）《实照墓志》“糠粞黻冕”。

（2）糒，《宋本玉篇》、《名义》均无。“糒”见于后梁龙德三年（923年）《萧符墓志》“軍糒所切”。“军糒”，指军粮。

17．竹部

（1）籬，《宋本玉篇·竹部》：“力支切。藩籬。本从竹離聲。”《名义》所无。“籬”见于唐龙朔三年（663年）《兰达墓志》“賞東籬之菊，汎琱觴於月夜；悦西園之竹，奏雅詠於風朝”。句中“东篱”与“西园”对举。“艸、竹”二字义近，所以在充当表义构件时常常可以通用。在魏晋南北朝隋唐五代石刻文字中往往如此。

（2）籜，《宋本玉篇·竹部》：“他各切。竹籜。”《名义》所无。“籜”见于唐神龙三年（707年）《李修已墓志》“籜殞春徑”；“籜”见于唐天宝元年（742年）《崔君妻朱氏墓志》“秋風辤籜”。

（3）簩，《宋本玉篇·竹部》：“徒棱切。簬器。”《名义》所无。“簩”见于唐龙朔三年（663年）《路彻墓志》“婉累德於金籐”。“艸、竹”二字义近，所以在充当表义构件时常常可以通用。在魏晋南北朝隋唐五代石刻文字中往往如此。“滕縢”二字都从朕得声，一个从水表义，意义为水往上涌，一个从糸表义，为捆绑封闭之意。二者意义上毫无联系。只能是义符“水、糸”形体相近而混用。

（4）簩，《宋本玉篇·竹部》：“力到切。”《名义》所无。“簩”见于唐龙朔三年（663年）《秦义墓志》“簩鲜漾碧”。

（5）簊，《宋本玉篇·竹部》：“居其切。竹名。笄，同上。”《名义》所无。“簊”见于唐显庆元年（656年）《韩长墓志》“眺簊岫而留心”。

（6）簠，《宋本玉篇》、《名义》均无。“簠”见于武周长安三年（703年）《张君表墓志》“固先基於始簠”。

（7）篰，《宋本玉篇》、《名义》均无。“篰”见于唐龙朔三年（663年）《斛斯君妻张氏墓志》“夏壤覯篰�之節”。“篰”见于唐仪凤三年（678年）《唐府君（嘉会）墓志》“爰闢漢庸，茂節彰於篰嶺”，构件“阝（邑）、卩”由于形近经常发生替换。在魏晋南北朝和隋唐石刻尤其如此。

18．禾部

穠，《宋本玉篇·禾部》：“而容切。花木盛也。”《名义》所无。“穠”见于武周长安四年（704年）《七品亡宫墓志》“荒涼穠李之蹊”；“穠”见于唐开元九年（721年）《长孙安墓志》“穠華其質”；“穠”见于唐大中十年（856年）《支子珪墓志》“方及穠華”。这三例中字形的区别在于构件“辰”的不同。其中第一、第二例中的字形是汉字隶变过程中形成的。

19．石部

（1）硉，《宋本玉篇·石部》：“郎兀切。硉矹，危石。”《名义》所无。“硉”见于唐乾符三年（876年）《赵虔章墓志》“觀截海之螭梁，未為硉兀”。“硉兀”即为“硉矹”，二字叠韵联绵，形容岩石高耸貌。唐代李白《明堂赋》：“挐金龙之蟠蜿，挂天珠之硉矹。”

（2）砂，《宋本玉篇·石部》：“色加切。俗沙字。”《名义》所无。隋唐五代数据库贮存了两条记录作“砂”。“砂”见于唐开元三年（715年）《少林寺戒坛铭》“砂界時遷”；“砂”见于唐天宝二年（743年）《园济塔铭》“在身心為砂界含生”。“砂界”为佛教语，谓多如恒河沙数的世界。隋唐五代数据库同时也贮存了一条记录作“沙”，“沙”见于唐永徽五年（654年）《苻肃墓志》“著功沙漠”。虽然这一时期两个形体并存，但是各司其职，“砂”专指佛教语“砂界”，“沙”则指细小的石粒。《宋本玉篇》同时收录，并界定二者为异体关系。

（3）礴，《宋本玉篇》、《名义》均无。“礴”见于唐永徽四年（653年）《王协墓志》“本根磐礴”；“礴”见于唐元和三年（808年）《故韦府君（孟明）墓志铭》“磅礴組冕”；“礴”见于唐大和八年（834年）《朱君妻赵氏墓志》“磐礴兮周流之遠”。“磅礴、磐礴”均为联绵词，在文献中还可写作旁薄、旁礴、傍薄、旁魄、滂薄，也可以写作盘礴、盘薄、盤礴、盤薄、磻礴、蟠薄等。作为联绵词时，本借写作“薄”，到隋唐五代时期加表义构件“石”，分化写作“礴”。

另外，在魏晋南北朝及隋唐五代石刻文献中构件“艹”与“⺮”往往互换。构件“尃”本从寸叀声，魏晋南北朝及隋唐五代石刻文献中常常省掉“叀”最后的两笔。

20．目部

（1）矖，《宋本玉篇·目部》：“色滓切。視也。”《名义》所无。“矖”见于后唐长兴三年（932年）《怀州竖立生台记并经幢》记载的“佛顶尊胜陁罗尼真言”中，为音译佛教语而新造的字。

（2）睋，《宋本玉篇·目部》：“吴哥切。《公羊傳》注曰：睋，望也。”《名义》所无。“睋”见于唐开元十五年（727年）《王游艺墓志》“睋厥伊識”。

（3）矚，《宋本玉篇》、《名义》均无。“矚”见于唐永徽六年（655年）《王惠墓志》“每矚林泉，常希隱逸”。

（4）暄，《宋本玉篇》、《名义》均无。“暄”见于唐《孙君妻李氏墓志》“烈祖暄，皇朝台州剌史”。《集韵·元韵》：“暄，大目也。”这里为人名用字。

21. 疒部

（1）瘴，《宋本玉篇·疒部》：“之亮切。瘴，癘也。”《名义》所无。“瘴”见于武周长安四年（704年）《杜君妻孙氏墓志》“東南瘴癘”；“瘴”见于唐景龙二年（708年）《韦府君（洞）墓志铭》“王乘淩瘴癘”；“瘴”见于唐开元十八年（730年）《刘庭训墓志》“交阯瘴癘”，其构件“广、疒”二者不存在读音和意义上的联系，当属于形近而发生替换。

（2）瘡，《宋本玉篇·疒部》：“瘡，楚羊切。瘡痍也。古作創。”《名义》作为楷字字头未见，但作为释义层面在“腫、瘬、瘍、瘑、疾、痂、瘃、癆、瘭、瘙、瘥、痦、皻”13字下皆使用“疮”字。可见字形“疮”在《名义》中使用的频率比较高。疑《名义》脱文。“瘡”见于唐大和九年（835年）《魏叔元墓志》“忽染瘡疾”。

（3）痢，《宋本玉篇·疒部》：“力地切。瀉痢也。”《名义》所无。“痢”见于唐乾符四年（877年）《崔绍墓志》“痢血於道”。

（4）癧，《宋本玉篇》、《名义》均无。“癧”见于唐大中四年（850年）《唐试左武卫仓曹参军丘公夫人河东柳氏墓志铭》“不幸瘡癧所嬰”，其构件“止”草写。

（5）疰，《宋本玉篇》、《名义》均无。“疰”见于唐大中五年（851年）《孙公乂墓志》“因得風疰”。

22. 玉部

（1）瑽，《宋本玉篇·玉部》：“七恭切。瑽瑢，佩玉行皃。”《名义》所无。“瑽”见于隋大业十二年（616年）《□悊昂墓志》“年纔弱冠，好瑽瑢於禮園”。“瑽瑢”二字为叠韵联绵，指佩玉行貌。“瑽”与“瑽”相比，其二级构件“从”省写作“丷”，并且三级构件“之（之上一点有时省略）”“止”发生替换。在同时期其他石刻楷字中，构件“止”经常也变为“之”。如“促”见于唐大中九年《李氏室女墓志》“何夭之促”；“足”见于隋开皇十二年（592年）《李则墓志》“轍跡從擴，詎足云比”；“走”见于隋大业十二年（616年）《□彻墓志》“走步追生，勿過三五”；“超”见于唐《萧令臣墓志》“判入第二等，超授北都太原尉，羡才也”；“疑”见于唐大和九年（835年）《唐故李府君（叔夏）墓志铭》“禮以送之，式表反疑之慕”；“徙”见于武周神功元年（697年）《朱仁表墓志》“庶陵遷谷徙，海變桑移”；“縱”见于隋大业八年（612年）《高紧墓志》“縱情林苑，散抱池臺”。魏晋南北朝石刻中也有此用法，“促”见于北魏《元愿平妻王氏墓志》“促淪陰教，茂齡卅”，“足”见于北魏《王基墓志》“敖然獨足，齊鴻遥神趣”，“足”见于北魏《尔朱袭墓志》“駿足方馳，逸翮將起”，“走”见于北魏《元寿安墓志》“二宫軫悼於上，百辟奔走於下”，“超”见于北魏《寇凭墓志铭》“秀逸超世，容豫自得”，“疑”见于北魏《元乂墓志》“講論疑滯，研賾是非”，“徙”见于北魏《王绍墓志》“昭車徙□，連城□國”，“徙”见于北魏《元思墓志》“神機徙御，授後遺之寄”，“縱”见于北魏《元朗墓志》“縱王褒朽樹於前，孟仁變竹於古”。由此推断，此用法当为魏晋南北朝用法的沿袭。

（2）瑢，《宋本玉篇·玉部》：“余恭切。瑽瑢。”《名义》所无。“瑢”见于隋大业十二年（616年）《□悯昂墓志》“年纔弱冠，好瑽瑢於禮園”。“瑽瑢”二字为叠韵联绵，指佩玉行貌。汉语中还有一个叠韵联绵词“从容”，与之相比，读音完全相同。“瑽瑢”应该是在“从容”二字的基础上加上表义构件“玉”，专指佩玉缓行。

（3）琉，《宋本玉篇·玉部》：“齒融切。琉耳也。”《名义》所无。“琉”见于唐会昌四年（844年）《韦承诲妻邢芳墓志》“其姊壻河閒劉琉遂述”。这里用作人名。

23．火部

（1）煒，《宋本玉篇·火部》：“爲輒切。火光皃。”《名义》所无。“煒”见于唐开元五年（717年）《温炜妻李□上座墓志》“伯煒有如母之酷”；“煒”见于唐长庆元年（821年）《苏恩妻卢氏墓志》“亦既嫁止，煒煒煒煒”；“煒”见于唐咸通十五年（874年）《张君妻刘冰墓志》“煒彼慶門，誕慈淑德”。

（2）燦，《宋本玉篇》、《名义》均无。“燦”见于武周长安三年（703年）《李承嗣造像记》“威嚴相好，燦然圓滿”；“燦”见于唐贞元六年（790年）《李甹妻杨氏墓志》“遥源敻緒，燦乎縑緗”，其中构件“叙、癶”在隋唐五代时期常常相混。

24. 水部

（1）灆，《宋本玉篇·水部》：“力甘切。水清。又力敢切，葅也。”《名义》所无。“灆”见于唐显庆五年（660年）《郭敬墓志》“却背灆河，前瞻長嶺”；“灆”见于唐开元十五年（727年）《崔严墓志》“左綿九逵，右控灆川”。

（2）渺，《宋本玉篇·水部》：“亡小切。水長也。”《名义》所无。“渺”见于唐永徽六年（655年）《杨康妻刘妙姜墓志》“悠哉遠系，渺矣長源”；“渺”见于唐开元十四年（726年）《郑戎墓志》“奈何江波渺然”，其构件“目、日”形近而讹。

25. 歹部

（1）殮，《玉篇·歹部》：“殮，居良、居亮二切。死不朽也。”《名义》所无。“殮”见于唐上元二年（675年）《唐故薛国公阿史那贞公（忠）墓志铭》“自於初終，及之殯殮，中使頻降，賵襚隆厚”；“殮”见于唐大中九年（855年）《苗弘本墓志》“族親寮舊為之殮”。“殮”本从歹僉声，其示音构件“僉”，按《说文·亼部》：“皆也。从亼从吅从从。《虞書》曰：‘僉曰伯夷。’”但在东汉隶书摩崖刻石《郙阁颂》中已经写作僉，变为从亼从吅从灬。魏晋南北朝及隋唐五代时期，构件“僉”一直是几种写法并存并逐渐趋向简便。通过对魏晋南北朝以及隋唐五代石刻楷书文字的调查，我们甚至可以清晰地看出构件“佥”在楷书的演变轨迹：僉—僉—僉—僉—僉—僉—佥—佥、㑒。

（2）殂，《宋本玉篇》、《名义》均无。“殂”见于后唐长兴四年（933年）《王禹墓志》“芳殂萬祀，紀勒貞堅”。《集韵·志韵》：“殂，春祭以除病。”

（3）殙，《宋本玉篇》、《名义》均无。“殙”见于隋大业九年（613年）《张业墓志》“祖殙，曠野将軍司空府長史”。人名用字。

26. 木部

（1）樘，《宋本玉篇·木部》：“徒郎切。車樘。”《名义》所无。“樘”见于隋仁寿元年（601年）《古宝轮禅院记》“下基起木塔甘樘”。

（2）榭，《宋本玉篇·木部》：“辭夜切。臺有木曰榭。”《名义》所无。“榭”见于唐开元五年（717年）《朱贞墓志》“池榭時遊，賞暇辰之高宴”；“榭”见于唐大和九年（835年）《赵君旨墓志》“因其勝絶，創立亭榭”。

（3）栴，《宋本玉篇·木部》：“章延切。栴檀，香木。”《名义》所无。“栴”见于唐龙朔三年（663年）《道因法师碑》“非色非空，被栴檀之簡”。

27. 日部

（1）暌，《宋本玉篇·日部》：“去圭切。違也。”《名义》所无。“暌”见于唐元和十一年（816年）《申屠晖光墓志》“數暌靈壽，時享春秋七十二”。

（2）晬，《宋本玉篇·日部》：“子對切。周年也。”《名义》所无。“晬”见于唐大中十年（856年）《郑子容墓志》“子容幼妹者纔晬而未名”，构件“卒”省掉了两笔。

（3）昳，《宋本玉篇·日部》：“徒結切。日昃。”《名义》所无。“昳”见于唐大中六年（852年）《冯审中墓志》“蟾滿則虧，烏正則昳”。

（4）昢，《宋本玉篇·日部》：“滂佩切。向晴也。”《名义》所无。“昢”见于唐大历三年（768年）《李睦墓志》“仲子昢，舒州望江縣令”。人名用字。

（5）暻，《宋本玉篇》、《名义》均无。“暻”见于唐元和三年（808年）《唐故弘农杨府君（萼）墓志铭》“嗣子暻，號天泣血，哀缠涕零”。人名用字。

（6）㫰，《宋本玉篇·日部》：“力黨切。明。”《名义》无此字。“㫰”见于隋大业六年（610年）《薛保与墓志》“長辞曜㫰，永歎幽昏”。

28. 手部

（1）攞，《宋本玉篇·手部》：“力多、力可二切。揀攞也。”《名义》所无。“攞”见于唐大历十三年（778年）《明觉寺尼心印记》“一切如来心真言”中。

（2）撇，《宋本玉篇·手部》：“擎，普滅切。擊也。撇，同上。”《名义》所无。“撇”见于唐天宝五载（746年）《唐庆国故细人孙氏墓志铭》“行路所知，為之撇涕”。“撇”在此当为丢，抛弃之意。

29．心部

（1）慵，《宋本玉篇·心部》：“是容切。慵，嬾也。”《名义》所无。“慵”见于唐长庆三年（823年）《唐故李府君（赡）墓铭》“胡為不慵，降禍斯速”。

（2）愀，《宋本玉篇·心部》：“在九、子小二切。色變也。”《名义》所无。“愀”见于唐贞元八年（792年）《李皋墓志》“乃愀然賙而養之”。“愀然”，忧愁貌。

（3）恟，《宋本玉篇·心部》：“許邛切。恐也。”《名义》所无。“恟”见于唐会昌四年（844年）《苗缜墓志》“是時京城方恟然”。“恟然”，惊骇貌。

（4）怔，《宋本玉篇·心部》：“之成切。怔忪，懼皃。”《名义》所无。“怔”见于唐咸通十二年（871年）《唐故张公（叔遵）墓志铭》“莅事怔忪，若臨寒谷”。“怔忪”，惊恐不安貌。

30．广部

（1）廨，《宋本玉篇·广部》：“居賣切。公廨也。”《名义》所无。“廨”见于隋仁寿元年（601年）《卢文构墓志》“開皇十八年十二月十五日終於曹州寃句縣廨”；“廨”见于唐大和三年（829年）《唐故王府君墓志铭》“秋七月乙未，瞑目於潭府之廨署”。廨，从广从解，《说文·角部》：解，判也。从刀判牛角。一曰解廌，獸也。“廨”的示音构件“解”讹写作“觧”。

（2）庿，《宋本玉篇·广部》：“安盍切。山旁穴。”《名义》所无。“庿”见于唐元和三年（808年）《龙泉记》“寧復見幾於潜庿□□乎”。

31．巾部

帆，《宋本玉篇·巾部》：“帆，扶嚴、扶汎二切。船上帆。與舤同。颿，扶巖切。古文帆。”《名义》所无。“帆”见于唐宝历元年（825年）《浯溪记》“帆風檝流”；“帆”见于唐大中十三年（859

年）《王公素墓志》“準詔赴闕，征帆越鏡”。按“帆”本为左形右声的形声字，而上面的两个用例中，为了书写的方便，左边的表义构件“巾”已经与“忄”发生混淆，失去了表义功能，成为一个记号。右边的示音构件“凡”则或者省略其中的一点，混同为“几”，或者把点笔由里面移至顶端，也失去示音功能。由此可见，“帆”已经由原来左形右声的形声字完全演变成了一个失去造字理据的记号字。而这一时期还有另外一种写法，“帆”见于唐大中八年（854年）《沈师黄墓志》“及嶺南從命，萬里来帆”，仅仅把示音构件“凡”的点笔由里面移至顶端。

32. 山部

（1）嵌，《宋本玉篇·山部》：“口銜切。坎傍孔也。又山巖。”《名义》所无。“嵌”见于唐永徽六年（655年）《王礼墓志》“雙闕嵌巖，行楸蕭爽”。

（2）崱，《宋本玉篇·山部》：“仕力切。山名。”《名义》所无。“崱”见于唐开元十八年（730年）《孟头墓志》“曾祖崱，吉州条軍”。人名用字。

（3）崚，《宋本玉篇·山部》：“力升切。崚嶒，山皃。”《名义》所无。“崚”见于后唐天成四年（929年）《西方鄴墓志》“莊宗皇帝一覩崚嶒之貌”，构件“山夌”的位置发生变化，由左右结构变为上下结构。“崚嶒”二字叠韵联绵，指山高貌，这里是比喻墓主——西方鄴刚正不阿、坚贞不屈的性格。

（4）峉，《宋本玉篇·山部》：“五百切。峞峉。”《名义》所无。“峉”见于唐会昌元年（841年）《李璆墓志》“地峻門昌，嶷峉當世”。“嶷峉”形容山高大貌。

（5）峇，《宋本玉篇·山部》：“口合切。山窟也。岴，同上。”《名义》所无。“峇”见于唐天宝十二载（753年）《暴庄墓志》“悚詞豊而岌峇”。“岌峇”为象声词。

（6）嶪，《宋本玉篇》、《名义》均无。“嶪”见于唐景福元年（892年）《悯忠寺重藏舍利记》“中有寶閣，横雲嶪虚”。嶪，指高耸貌。

（7）嶂，《宋本玉篇》、《名义》均无。“嶂”见于唐开元九年（721年）《荀怀节墓志》“再移蓮嶂，使規猷有聞”；“嶂”见于唐大和三年（829年）《嵩高灵胜诗刻》“朝霞破林嶂，錯落閒蒼紅”。

（8）岧，《宋本玉篇》、《名义》均无。“岧”见于唐显庆三年（658年）《韩承墓志》“岳峙岧嶤，巖巖有泰山之峻”，其二级构件“刀”省写作一点一撇。“岧”见于唐咸通九年（868年）《唐故李府君（公政）墓志铭》“遷厝於州城南岧山之左”，其构件“山召”的位置发生变化，由左右结构变为上下结构，并且二级构件“刀”省写作一点一撇。句中所谓的“岧山”是指地名。《汉语大字典》此义项缺失。

33．女部

（1）姮，《宋本玉篇·女部》：“胡登切。姮娥也。”《名义》所无。“姮”见于唐广明元年（880年）《孙幼实墓志》“有女三人：曰嬋娘、曰嫺娘、曰姮娘”。人名用字。

（2）妷，《宋本玉篇·女部》：“弋質切。淫妷也。亦音帙。”与侄同。《名义》所无。从《玉篇》的释义层面不难看出“妷”有两个义项：一为淫妷，二为女子对自己兄弟的子女的称谓，与侄同。“妷”见于隋开皇四年（584年）《杨居墓志》“不憍不妷，常盈常滿”，与第一义项同，“妷”见于唐开元二十六年（738年）《张余墓志》“房妷哀深，愁雲為之昧晦”，与第二义项同。

（3）妐，《宋本玉篇·女部》：“之容切。夫之兄也。”《名义》所无。“妐”见于隋大业十一年（615年）《张志相妻潘善利墓志》“善事姑妐，能和娙娣”。在隋唐五代以前，称呼丈夫之父时，写作“公”。由表示“公正、无私”之义的“公”来承担这一义项。后来，才专门为此造了“妐”字形。“妐”相对于“公”，为后起字。

（4）媬，《宋本玉篇》、《名义》均无。“媬”见于唐大中十四年（860年）《孙嗣初妻韦氏墓志》“太夫人媬育撫念，事事加等”。

（5）婹，《宋本玉篇·女部》：“蒲繇切。婹娟，美女皃。”《名义》无此字。“婹”见于武周年间《栖岩寺诗刻》“松翠上森竦，竹碧下婹□”。宋代梅尧臣《依韵马都官宿县斋》：“常爱陶潜远世缘，阮家仍有竹婹娟。”故疑所缺字有可能为“婹娟”之“娟”。按

“㛐□”应与“森竦”对举。“森竦”描述松树耸立，挺立之貌，“㛐娟”应该是形容竹林翠绿美好之貌。

（6）婬，《宋本玉篇》、《名义》均无。“婬”见于唐永徽五年（654年）《华歆墓志》“昣丘園□自娱，□□□而婬志”。

34．土部

（1）墅，《宋本玉篇·土部》：“余者切。田也。又食與切，村也，田廬也。”《名义》所无。“墅”见于唐大中六年（852年）《孙廿九女墓志》“以長慶三年五月十日終於鄭州之别墅，權厝所居之南”。墅，本从土野声。其二级构件按照《说文》应为里、予。“墅”，却从矛。予、矛没有读音和意义上的任何联系，只是形态相似，矛比予在笔画上多了一撇而已，当属于形近而致的构件混用。“墅”见于唐贞元二年（786年）《李戢妃郑中基墓志》“王屋天壇之下，有别墅焉”。“墅”，一级构件“土”应该在整字的正下方，而在上面的用例中却将构件“土”移至右下角，即构件“予”的下方。导致整字的结构改变，由上下结构变为左右结构。同时构件“土”上面加一点，又属于笔画增加一类。“在魏晋南北朝时期，还没有用笔画的长短来区别字义，只能借助别的记号，如‘、’来区别两个形近汉字的字义。”[①]根据我们的调查，隋唐五代时期虽然已经开始用笔画的长短来区别字义，如“士（士）、土（土）”，但是还很不成熟，有时仍然借用额外的记号来强调区别度，如“土”有时候仍然写作土、墓作“墓”、垫作“墊”等。

（2）堮，《宋本玉篇·土部》：“�，五各切。圻壥也。堮，同上。”《名义》无“堮”字形，但是《名义·土部》：“壥，咢字也。”清段玉裁《说文解字注·土部》：“垠，地垠咢也。”又：“堮者，后人增土，咢则许书本然。”《说文·吅部》：譁訟也。从吅屰聲。由此推斷，在《说文》时，“咢”字具有两个义项：一是争辩义；二是地面突起可以当作界线的部分。没有“堮”。到《名义》之时，也还没有出现“堮”，但是，分化出了另外的一种写法“壥”承担了“咢”的第二个意义。到隋唐五代时期，“堮”才作为“壥”的异体

①郑婕：《魏晋南北朝简牍文字研究》，华东师范大学2007届博士论文。

出现。“塄”见于唐开元十四年（726年）《寇塄墓志》“大唐開元十四年正月癸未，前國子進士上谷寇塄卒”。《玉篇》已经明确界定了“壣、塄”二者属于示音构件不同而造成的异体关系。“塄”“壣”相对于“咢”来说，既是后起字，又是分化字。

（3）埭，《宋本玉篇·土部》：“徒賚切。以土堨水。”《晋中兴书》：“求以牛车牵埭，取其海税。”《名义》无此字。“埭”见于唐天宝二年（743年）《薛文昭墓志》“乃以開元二十九年歲次辛巳九月朔卒於相思埭之第”。

（4）垡，《宋本玉篇·土部》：“坺，扶滑切。耕也。亦作垡。”《名义》无此二字形。“垡”见于唐开元十七年（729年）《冯潘州（君衡）墓志》“子智垡，恩州刺史”。人名用字。

（5）垙，《宋本玉篇·土部》：“古皇切。垙，陌也。”《名义》无此字。“垙”见于武周天授二年（691年）《掌思明墓志》“西畝丘區，垙連獸陌”。

（6）坳，《宋本玉篇·土部》：“烏交切。不平也。《莊子》云：覆杯水於坳堂之上。”《名义》无此字。“坳”见于唐景龙三年（709年）《王行果墓志》“坳堂積水，無運於吞舟”；“坳”见于唐麟德元年（664年）《皇甫璧墓志》“故智周蓮鍔，不辯鑒於塘坳”，其二级构件“力”与“刀”在汉字隶变楷化的过程中经常相混。

（7）圠，《宋本玉篇·土部》：“音軋。山曲。”《名义》无此字。“圠”见于武周天授二年（691年）《爨右墓志》“一氣坱圠，萬化推遷”。

（8）塽，《宋本玉篇》、《名义》均无。“塽”见于唐龙朔元年（661年）《郭寿墓志》“爾其川原塽塏，池塘縈映”。“塽塏”，高朗干燥。

（9）塑，《宋本玉篇》、《名义》均无。“塑”见于后唐同光四年（926年）《行钧塔铭》“復立殿堂，兼塑佛事”。“塑”本从土朔声。其示音构件“朔”，从月屰声。在隶变的过程中，其示音构件“屰”常常讹写作“乎”。

（10）垉，《宋本玉篇》、《名义》均无。“垉”见于隋开皇四年（584年）《杨居墓志》“沉丹塗漆，埋琛堍瓆”。《汉大》仅引《龙龛手鉴》的反切注音，没有释义。

35. 口部

（1）囉，《宋本玉篇·口部》：“呼孔切。囉嗊，歌曲也。”《名义》无此字。“囉”见于《后唐怀州竖立生台记并经幢》“佛顶尊胜陁罗尼真言”中。

（2）嚱，《宋本玉篇·口部》：“許羈切。吹嚱，口聲。”《名义》无此字。唐咸通十五年（874年）《郑滀墓志》“嚱”作“嚱”。唐大中三年（849年）《故段府君（文绚）墓志铭》“嚱”作“嚱”。唐大历十二年（777年）《唐故周公（惠）墓志铭》“嚱”作“嚱”。在这些用例中“嚱”均为叹词，表示感叹。家喻户晓的唐代诗人李白的《蜀道难》：“噫吁嚱，危乎高哉！”则是运用叹词的典范之作。“噫吁嚱”形成连续的重复感叹，表示异常的惊异和慨叹。本借写作“戲”，在隋唐五代时期，增加表义构件“口”，专指语气词，表示感叹。虽然在这一时期，“戲、嚱”虽然已经发生分化，但是在具体的使用层面有时还是会混淆。如唐开元二十一年（733年）《许君妻李肃邕墓志》作“戲”，用作叹词。至于上面第一、第二例中的示音构件“戲”的写法在魏晋南北朝时期已经写作如此。如，北齐《无量义经之二》“戲”作“戲”。

（3）喫，《宋本玉篇·口部》：“去擊切。啖喫也。噄，同上。”《说文》新附字：“喫，食也。从口契聲”。《名义》无此字。“喫”见于唐开元十七年（729年）《法澄塔铭》“後月餘，儼然坐繩牀七日不動，唯聞齋時鍾聲即喫水”。

（4）喃，《宋本玉篇·口部》：“女銜切。呢喃。”《名义》无此字。“喃”见于唐会昌二年（842年）《文鉴等造陁罗尼经幢》咒语中。

（5）唎，《宋本玉篇·口部》：“力至切。聲也。”《名义》无此字。“唎”见于唐会昌二年（842年）《文鉴等造陁罗尼经幢》咒语中。

（6）哩，《宋本玉篇·口部》：“力忌切。出《陀羅尼》。”《名义》无此字。“哩”见于唐元和八年（813年）《那罗延建陁罗尼经碑》咒语中。

（7）哢，哢之异体，《宋本玉篇·口部》："哢，力涷切。言哢也。"《宋本玉篇》无"哢"字形。《名义》无此二字形。"哢"见于隋大业九年（613年）《皇甫深墓志》"每以春朝鶯哢，揮蔡子之絃；秋夜蛩鳴，步陳王之月"。"哢"与"鸣"字相对。陶潜《癸卯岁始春怀古田舍》诗之一："鸟哢欢新节，泠风送余善。"

（8）噪，《宋本玉篇·口部》："噪、喿，二同。先到切。呼噪也。"《名义》无此字。"噪"见于唐天宝二年（743年）《僧突墓志》"名大噪"。

（9）唄，《宋本玉篇·口部》："薄賣切。梵音聲。"《名义》无此字。"唄"见于后晋开运二年（945年）《顾亭林法云寺感梦伽蓝记》"唄具香火"。

（10）喇，《宋本玉篇·口部》："喇，力葛切。喝喇，言急。"《名义》传抄无此字。"喇"见于唐元和八年（813年）《那罗延建陁罗尼经碑》咒语中；"喇"见于后唐长兴三年（932年）《怀州竖立生台记并经幢》"怛喇"；"喇"见于后梁贞明六年（920年）《谢彦璋墓志》"遐迩物情，盡播嚩流之譽"。此三例中，"喇"均从赖得声，剌、赖一声之转。

（11）囕，《宋本玉篇》、《名义》均无。"囕"见于唐元和八年（813年）《那罗延建陁罗尼经碑》"佛顶尊胜陁罗尼"咒语中；"囕"见于后唐长兴三年（932年）《张思录造佛顶尊胜陁罗尼经幢》"佛顶尊胜陁罗尼真言"中。构件"覽"，《说文·见部》："觀也。从見、監，監亦聲。"在魏晋南北朝以及隋唐五代时期，"監"在充当构件时，"皿"经常被省掉。如，北魏《元悦妃冯季华墓志》中"攬"作"攬"，武周年间《唐栖岩寺诗刻》"覽"作"覽"，唐开元五年（717年）《朱齐之墓志》"攬"作"攬"。

（12）囇，《宋本玉篇》、《名义》均无。"囇"见于唐贞元十五年（799年）《佛顶尊胜陁罗尼经》"佛顶尊胜陁罗尼经"咒语中。

（13）嚩，《宋本玉篇》、《名义》均无。"嚩"见于唐会昌二年（842年）《文鉴等造陁罗尼经幢》咒语中；"嚩"见于唐贞元十五年（799年）《佛顶尊胜陁罗尼经》咒语中。其构件"尃"本从寸叀声，魏晋南北朝及隋唐五代石刻文献中常常省掉"叀"最后的两笔。

（14）嚧，《宋本玉篇》、《名义》均无。“嚧”见于后唐长兴三年（932年）《怀州竖立生台记并经幢》咒语。

（15）嚟，《宋本玉篇》、《名义》均无。“嚟”见于唐天宝十四载（755年）《韩贞瓒女二娘造浮图铭》咒语。其构件“黎”，《说文·黍部》：“黏也。从黍，秎省聲。”在隶变阶段“黎”字已经写作黎（见《魏受禅表》）。在魏晋南北朝时期更是如此，北魏《韩震墓志》“黎”作“黎”。隋唐五代时期沿用，隋大业十一年（615年）《曹海凝墓志》“黎”作“黎”。

（16）嶙，《宋本玉篇》、《名义》均无。“嶙”见于隋大业十二年（616年）《杨厉墓志》“幽門寂寂，風鳥嶙嶙”。

（17）唧，《宋本玉篇》、《名义》均无。“唧”见于唐贞元十五年（799年）《佛顶尊胜陁罗尼经》咒语中。

（18）嗽，《宋本玉篇》、《名义》均无。“嗽”见于隋大业十一年（615年）《张波墓志》“德音徒播，松櫝嗽然”。《汉大·口部》引《龙龛手鉴·口部》：“嗽”同“嗽”。

36. 犬部

獛，《宋本玉篇·犬部》：“音余。歎聲。又豬兒聲。”《名义》无此字。“獛”见于武周神功元年（697年）《王绪太夫人郭五墓志》“猗獛令淑，慶積流長”；“獛”见于唐贞元二十年（804年）《武珍妻裴氏墓志》“猗獛夫人兮令德深”。上面的用例中“猗獛”二字联绵，叹词，表示赞美。在先秦时期多借“与”写作“猗与”。魏晋南北朝石刻数据库中存两条二字并用的记录，均作“猗歟”。歟，《说文·欠部》：“安气也。从欠與聲。”段玉裁注：“今用为语末之辞，亦取安舒之意。通作‘与’。”《原本玉篇》残卷贮存“歟”字。顾氏解释为：“亽（亦）語未之辞也。《孝經》是何言歟。《論語》抑与之歟是。”可见，魏晋南北朝时期是借用句末之辞的“歟”来记录“獛”的。到隋唐五代时期才出现专门表示叹声的“獛”。至于为什么从犬，可能是受与之联绵的“猗”的影响而产生的偏旁类化现象。

37. 酉部

酡，《宋本玉篇·酉部》：“酡，平孝切。面上瘡。”《名义》无此字。"⿰酉包"见于唐大和六年（832年）《郭濛及妻崔氏墓志》"承盥⿰酉包以奉廟獻，守敬順以和中外"。"⿰酉包"在此并非面上疮之意。"盥⿰酉包"应该是指当时的一种祭祀——灌祭。酌酒浇地降神。"⿰酉包"应该为盥祭用的"酒"。《集韵·效韵》：⿰酉包，酒之色。另外，这一用例还可以为《汉大》补充典型的实物用例。其构件"包"的第二笔本为横折钩，却简单地写为横钩，可能是趋于书写方便的需求。

38. 犬部

献，《玉篇·犬部》："音遒。道犬。""献"见于唐《张去奢墓志》"懸献掄材，聿来斯撫，爰諮爰度，允文允武"。"献"与"献"相比，仅仅是构件"犬"上加了一笔，以增加区别度。在同时期其他石刻楷字中，构件"犬"经常也变加一笔，防止与"大、夭、天"等字形接近而混淆。另外，这一用例还可以为《汉语大字典》补充典型的实物用例。

39. 立部

⿰立身，《宋本玉篇》、《名义》均无。"⿰立身"见于唐开元二十年（732年）《王希俊墓志》"才高位下，梁⿰立身徒勞之歎；據德遊藝，仲尼旅人之象"。"梁⿰立身"与"仲尼"对举。"⿰立身"为人名。

40. 穴部

⿱穴儿，《宋本玉篇》、《名义》均无。"⿱穴儿"见于唐景龙二年（708年）《王素臣墓志》"背邙卜擇，面伊⿱穴儿穸"。《汉大·穴部》仅引《龙龛手鉴》"直禁反"，以为"深也"。

41. 亞部

凸，《宋本玉篇·亞部》："他骨切，起皃。"《名义》无此字。"凸"见于唐建中元年（780年）《大岯山铭》"頂凸坤儀，根壓洪河"。

通过与《宋本玉篇》新造字的比较分析，我们可以看出：在我们所调查的这135个新造字中，有95个与《宋本玉篇》新造字相同，大约占70%，其余的40个《宋本玉篇》没有贮存，这部分字约占30%。这表明现存《宋本玉篇》中的绝大部分新造字来源于隋唐五代时期的社会实物用字，当时的社会用字为唐人增字提供了确凿的证据。

同时我们也应该看到，在"隋唐五代石刻楷书语料库"中贮存的新造字的字形，有很多还是处于过渡状态（如构件记号化，构件结构位置不固定等），一个汉字存在着几个变异形体，并没有完全定型。但是，与魏晋南北朝石刻楷书相比，呈现出非常明显的规律：一是几乎所有的构件或者笔画等层次的变异方式都是魏晋南北朝用法的沿袭；二是与魏晋南北朝相比，部分汉字的形体更加简单易写，有的甚至失去造字理据，成为记号，与今天的简化字所差无几。

六、新造字的特点

根据上面的分析，我们进一步归纳隋唐五代石刻楷书新造字的特点如下：

第一，在我们所统计出的135个新造字中，其中以口部（18个）、金部（10部）、土部（10个）、山部（8个）、竹部（7个）、女部（6个）、日部（6个）的新造字居多。我们可以看出这些构字能力比较强的部首不仅与人们的日常生活密切相关，而且笔画都比较简单易写。

第二，口部新造字最多，大多为音译梵文——一般为佛教咒语而新造的字，且大部分并未被《宋本玉篇》所贮存。这批新造字的出现，与佛教在隋唐五代时期的兴起有着直接的关系。它们没有被当时的字书收录则与文字的滞后性密切相关。

人类的历史每前进一步，都会增加很多新的内容，从而使每个时代显现出与众不同的阶段性特征。语言文字作为记载传播历史文化的工具也同样如此。隋唐五代时期既对魏晋南北朝的历史语言文化有所继承和发展，同时又拥有自己的显著特点。其中与佛教的密切关系，就是这一阶段独有的特点之一。因此，作为这一时期历史文化载体之一的石刻文字也呈现出独有的特点。

有关佛教的石刻，在魏晋南北朝时期只有以造像记、摩崖为主的几种简单的类型。而随着佛教的逐渐兴盛繁荣，佛教石刻的类型也发生了很大的变化，出现了一些新的表述形式。在隋代，佛教石刻除了造像记（樊尚造像记、姚长宽造像记、董晖宝造像记、韦载造像记等）以外，还出现了一种新的表现形式：舍利塔（下）铭。例如，岐州凤泉寺舍利塔下铭、信州舍利塔下铭、邓州舍利塔下铭、金轮寺舍利塔铭等等。到唐代，社会政治、经济、文化、艺术达到了空前的繁荣，佛教在中国的发展也达到了鼎盛状态。当时众多的佛教徒及信仰佛教的平民百姓都十分相信：把陁罗尼经刻写在经幢上，经幢上的灰尘吹到人身上，或者经幢的影子映到人身上，都可以使自己脱离苦海，死后免入地狱之苦，托生西方极乐世界。至于造经幢刻石经，那更是功德无量的好事。于是另外一种类型的佛教石刻便应运而生，即佛顶尊胜陁罗尼经幢开始出现并迅速成为主流。

与佛教石刻的发展相对应，记载佛教的石刻文字内容也由原来的单一化向多样化发展，由原来单纯的记载民众的祈愿希望以及捐造者的名字发展到以刻写佛教经典著作、长篇赞记为主。特别是经幢的流行，使得出现了一批新造字与佛教词语相对应。这个新造字的方法主要有两种：一是在原来的汉字左边加一个构件“口”，如囉、喃、唎、哩等，陈原曾经指出：“汉唐时期因佛教的传入，大量从梵文中‘引进’了借词、大量的佛教词语的表示方法。借词所用的汉字往往在原来的汉字左旁加一个‘口’——这个‘口’表示这个汉字是音译的借词。汉字系统不是拼音文字，因此它在创造新字时只能采用一种指示符号（例如，‘口’、‘气’）加在原来的汉字上作为偏旁，顺理成章，符合汉语的造字法。”[①]一是在原来汉字的基础上加上一个表义构件，如，袈裟。

但通过上面的比较，我们也可以看到，大约有一半的口部新造字，在《宋本玉篇》中都没有贮存。究其原因则在于文字的滞后性。造字分词反映变化了的社会生活，但是又往往是滞后的，聚合成字，加以贮存反映需要一个过程，所以一部分字尽管在社会生活中被使用，作为同时的字书并未加以体现。

第三，新造的记录双音节联绵词的“区别字”比较多。如，腷臆、瑽瑢、崚嶒、硉矹等。随着社会的进步和人们对客观事物认识的逐步加深，人们对语言表述的精确程度提出了更高的要求。所谓的“物貌难尽”即是如此。人们有时觉得用几个简单的字来描摹性状，并不能曲尽事物的情态，也难以寄托作者的心情。于是就会创造更多的双音节联绵

①陈原：《语言和人》“汉字的社会语言学考察”，北京：商务印书馆，2003年版，第86页。

词来具体细致地描摹客观事物的状态，表达自己的感情。如上面论及的“瑽瑢”，专用来形容佩玉慢行之貌。

七、新造字的结构分析

我们将上面整理出的135个新造字按照前面总结的六种构形模式进行分析，发现其中绝大部分为义音组合字，只有很少几个为非义音组合字。因为有些构件处于过渡时期，所以我们以上面确定的主形为依据进行结构分析。

新造字中义音组合字共有129个，占新造字总数的95%。其中左右结构的有99个，占义音组合字总数的76%；上下结构的有22个，占义音组合字总数的17%；其余部分则是由于汉字构件的原因而只能属于全包围或者半包围结构。此外，新造字中还有“昳、咄”等仅有的几个表义构件组合字和一个记号字“凸”。

以上统计数据显示：在隋唐五代新造字中，义音组合造字已经成为最主要的方式；义音组合字中，又以左右结构为主；左右结构中又以左形右声居多，右形左声者少。

另外，通过与魏晋南北朝石刻楷书义音组合字中表义构件、示音构件的比较，我们也可以进一步明确在隋唐五代石刻楷书新造字的义音组合字中，表意构件、示音构件呈现出规律性的特征。第一，表意构件全部传承了魏晋南北朝部分。第二，示音构件中，有“忍、燮、衮、滕、勞、匱、薄、利、歷、眇、羅、爽、戲、黎”14个构件在魏晋南北朝石刻楷书文献中没有被用作组成义音组合字的示音构件，而作为单字呈现，而“叜、邛”在魏晋南北朝石刻楷书文献中既没有作为单字呈现，也没有被用作义音组合字的示音构件。这表明示音构件绝大部分继承了魏晋南北朝部分，新出现的部分又绝大部分来自魏晋南北朝石刻楷书的单字，只有“叜、邛”两个示音构件没有在魏晋南北朝石刻楷书出现。但是“叜、邛”这两个构件在《篆隶万象名义》均有单字贮存，且有用其为示音构件的字贮存。《名义·攵部》：“叜，子公反。寂也。聚也。”《名义》中从“叜”得声的字有“堫、睃、鬉、㚇、椶、葼、篓、稜、糉、醶、輚、艐、稯、騣、猣、鯼、鬷、緵”等18例。《名义·邑部》：“邛，渠恭反。劳也。丘也。病也。”从“邛”得声的字有“茚、柳”。表意构件绝大部分居于义音组合字的左边，示音构件绝大部分居于义音组合字的右边。

之所以呈现出上面的特点，主要是因为在隋唐五代时期，汉字已经进入楷书的成书定型时期。楷化定型过程中，汉字的构造被破坏，记号化特征增强，大大影响了汉字的表意功能。最终致使汉字的表意模式发生改变，由原来的以形表意发展到了通过对立区别原则来实现。在楷书阶段，单个构件已经丧失了其原有的功能，构件功能的实现必须依赖于结构的整体性。

义音组合结构的字，也就是传统上的形声结构的字，其主要的功能是通过形符和声符的对立区别来体现的。“形符和声符的作用，就是在系统的对比中，使字形结构意义得到区别。通过这种区别，使得我们习惯上所说的示音表意即音意关系得到确认。这种从‘结构整体性’着眼的说明，是比较符合实际的”①。这种结构类型的字具有多方面的优势：一方面，从组合关系来看，声符和形符的相互配合，互为区别，可以利用有限的构件和构形模式组合出无限的字形，并能最大限度地维护楷字结构的区别性原则。形声结构中的声符，就其功能而言，主要是使所标记的结构意义在形声系统中实现对立区别。没有声符的对立，形符所对应的只能是一个大致的意义范畴。如上面的形符“竹”只能划定一个与竹子有关的意义范围，只有跟声符“擇、劳、滕、基”等合成，才能体现汉字“籜、簩、籐、箕”的确切意义，并使它们区别于其余的汉字。另一方面，从构件的聚合关系来看，组成形声字的形符和声符方便了汉字的类聚群分，使得汉字具有很强的系统性，而且形声结构的字既能显示意义范畴，又能标记语音信息，便于归类识别和记忆，具有很大的优越性。

总而言之，“楷化选择倾向于形声结构，与其说是顽强保留示意标音功能，毋宁说主要是维护楷字结构区别性原则，以及由此带来认知机制上归类识别的方便”。②

---

①臧克和：《谈结构》，《中文自学指导》，2006年第1期，第10—14页。

②臧克和：《楷字的区别性》，《中国文字研究》，2007年第2期，第1—28页。

八、新造字与大型语文工具书的编纂

与新增字形类似，新造字对于大型语文工具书的编纂和订补也具有十分重要的价值。以《汉大》为例，主要体现在以下几个方面：补充实物文献用例；提供更早的实物文献用例；补充单字的义项。由于单个的例字以及其出现的具体时间、出处、语境在上面的比较分析中已经详细介绍，在此不再具体展开，仅分类列出字头。

第一，补充实物文献用例。

隋唐五代石刻楷书新造字中，可以为《汉大》提供适当语例的字头主要有：

飼、飀、醻、禭、鎚、鋼、鈿、鑼、醁、躞、踠、跏、躝、認、褵、褥、袈、裟、袋、袞、艤、腑、腷、罐、絏、籬、犤、籐、篣、笻、穠、硉、礴、曬、睋、矚、瘴、瘡、痢、癧、疰、燦、渺、殮、榭、睽、睟、眣、昢、撤、愀、怔、廨、盧、帆、嵌、崱、峉、峇、嶪、嶂、岧、姮、妐、媬、婹、墅、埭、垈、坳、圠、喫、喃、噪、唄

第二，可以为《汉大》提供更早的实物文献用例。

本部分新增字，不仅可以为《汉大》提供实物文献用例，而且还可以将其例证提前，避免“以流代源”的失误。

踼、詃、糌、簺、籄、瞳、瑽、灆、殂、樸、媞、垉、垙、霈、鐩、鉑、鍐、錁、銁、錖、艘、腳、粞、砂、琉、爗、栴、暻、眼、攞、慵、恂、姺、塄、堜、塑、囉、曦、哩、咔、喇、唎、嚩、囇、嚧、嚟、嶙

第三，可以为《汉大》补充单字的义项。

1. 岧，《汉大》仅有一个义项：“岧嶤”，高峻貌，又比喻品德高尚。这一义项在隋唐五代石刻楷书中有用例，“岧”见于唐显庆三年（658年）《韩承墓志》“岳峙岧嶤，巖巖有泰山之峻”，其中二级构件“刀”省写作一点一撇。但本时期石刻楷字中还贮存了另外一个用例，“岧”见于唐咸通九年（868年）《唐故李府君（公政）墓志铭》“遷厝於州城南岧山之左”，构件“山召”的位置发生变化，由左右结构变为上下结构，并且二级构件“刀”省写作一点一撇。句中所谓的

“岧山”是指地名，《汉语大字典》此义项缺失。

2．垉，《汉大》仅引《龙龛手鉴》的反切注音，没有释义。在隋唐五代石刻楷书新造字中已有用例，“**垉**”见于隋开皇四年（584年）《杨居墓志》“沉丹塗漆，埋琛垉瓉”。在此例句中“埋”与“垉”对应，应指埋葬之意。

第四章　构件比较

构件处于汉字层级体系的中间层次，是构成汉字的基本元素，是汉字结构属性的主要体现者。王宁曾指出：“部件的数量、功能和组合方式（位置、置向、交接法）是每个汉字区别于其他汉字的最重要的属性。”不同类型、不同时代的汉字，都具有各自的构件系统和组合规律。隋唐五代石刻楷字的构件体系具有明显的时代特征。本章的研究目的是要在断代研究的基础上，通过对魏晋南北朝与隋唐五代时期石刻楷字构件系统的综合比较与分析，总结出隋唐五代石刻楷字构件系统独有的特点和规律。

第一节

构件功能类型

构件是构成汉字的基本元素，是能直接进入构形层次的构成成分。一般而论，构件作为构形系统的要素和单字的构成成分，具有特定形体和功能是其基本条件。“具有特定形体”，才能参与汉字的构形；“具有特定功能”，才能体现汉字的构意。[①]

一、构件拆分的原则

构件是构成汉字的最小意义单位，是能直接进入构形层次的构成成分。要对隋唐五代石刻楷字的构件进行全面的调查研究，就需要对字形进行拆分，整理出参与构成汉字的所有构件。而要进行拆分，就需要制定出严格的拆分标准。我们在对隋唐五代石刻楷字进行具体拆分时，基本按照以下原则进行操作：

第一，依理拆分是首要原则。汉字拆分的直接依据就是汉字的构形理据。也就是说，在对字形进行拆分时，首先要根据每个字形的构形理据和组合方式来拆分。“古汉字是表意文字系统，每个汉字的构形都是以来自词义的字意为依据的，是有字理可寻的。现代汉字经过隶变、楷化阶段，并没有改变它的基本性质，大多数字形仍有理据。”[②]如

①韩伟：《汉字构件及其功能研究》，《西南民族大学学报》（人文社科版），2003年第8期，第319—323页。

②王宁：《汉字构形理据与现代汉字部件拆分》，《语文建设》，1997年第3期，第4—9页。

“𰯌”，见于唐开元十五年（727年）《郑温球墓志》“憩息未行”。根据构形理据应该先拆分出直接构件“舌、息”，然后直接构件“息”再进行拆分，得到基础构件“自、心”。

第二，拆分的下限是基础构件，而不是笔画。臧克和曾讲过：“汉字结构如果拆分到笔画的层次，就像有的西方学者将汉字的笔画对应于英语里的字母，其实已经不能反映汉字的结构属性……所以，我们不赞成将汉字最基本的字符即偏旁部首拆分成一堆笔画，或者称之为很难界定的‘部件’之类。”孤立的笔画，既不涉及整字的读音，也无关整字的意义，不具备构件所具有的功能。因此，我们在进行拆分时，只拆分到基础构件层次。

第三，含有多个层次构件的整字可以从大到小进行拆分，得到的构件依次叫做一级构件、二级构件、三级构件等。一级构件又叫直接构件，处于最底层的不能再进行拆分的构件又叫基础构件，介于二者之间的构件又叫过渡构件。在这些构件中，直接构件是整字构形理据赖以存在的基础，其形体的组合关系也就是全字的结构模式。因此，统计直接构件的数量并测查其功能类型就成了汉字构形分析的重中之重。也正因为如此，下面我们将对隋唐五代石刻楷字的直接构件进行专项的量化统计与研究。

第四，构件的拆分分为依理拆分和依形拆分。依理拆分是指根据汉字的构形理据来拆分构件，依形拆分是指就汉字当时书写的实际情况进行构件的拆分。隋唐五代阶段的大部分石刻楷字依理拆分和依形拆分是一致的，有些楷字由于字形经过楷化过程，构件的形态发生了明显的变化，导致理据的丧失，我们对这些汉字进行依形拆分，而不再追溯其古文字阶段的构形理据。只有这样，才能准确地反映隋唐五代时期石刻楷字独有的构形面貌。

第五，汉字楷化过程中，有些构件发生了粘连、重组。这类构件的拆分与否，要视具体的情况而定。在隋唐五代石刻楷字中，这类情况大致可以分为以下三类：

一类是构件变异之后，几个构件黏合在一起，部分笔画已经共享，从而无法拆分。例如：

更，小篆作“更”，《说文·攴部》：“改也。从攴丙聲。”在楷书中作“更”，见于唐永徽三年（652年）《杨佰陇墓志》“其馨更遠”。其构件“攴”与“丙”已经粘连为一体，无法进行拆分，这样的字形我们将不再进行拆分，而将其视为独体字。

承，小篆作“承”，《说文·手部》：“奉也。受也。从手从卩从収。”在楷书中作“承”，见于唐大历六年（771年）《麻姑仙坛记》“真卿幸承餘烈”。其原有的构件“手、卩”已经看不出其形态，故不再进行拆分。

一类是一部分构件发生黏合、变形，无法拆分，还有一部分构件尚未发生黏合可以分离出来。在这种情况下，能拆分到什么程度就拆分到什么程度，不能拆分的则不予拆分。例如：

泰，小篆作“泰”，《说文·水部》：“滑也。从廾从水，大聲。”在楷书中作“泰”，见于唐开元十五年（727年）《石浮图铭》“非泰非約”。其原有的构件“廾”与“大”黏合为一个记号构件“夫”，不能再进行拆分。因此，只能拆分为“夫、氺”。

舂，小篆作“舂”，《说文·臼部》：“擣粟也。从廾持杵臨臼上。午，杵省也。古者雝父初作舂。”在楷书中作“舂”，见于唐开元十一年（723年）《唐故失府君（善光）墓志铭》“隣舂輟相”。其原有的构件“廾”与“午”黏合为一个记号构件“夫”，与“泰、秦、舂”等字形所从的构件雷同，不宜再进行拆分。

一类是构件虽然发生交叉组合，但仍然可以分离出符合构形理据、并且有一定构字能力的构件，此时则要对这些字形进行拆分。例如：

尹，小篆作“尹”，《说文·又部》：“治也。从又、丿，握事者也。”在楷书中作“尹”，见于唐神龙三年（707年）《韦君妻裴首儿墓志》“位隆京尹”。其构件“又”与“丿”，虽然相互穿插，但是仍然可以根据造字理据拆分出构字频率比较高的构件“又”，应予以拆分。

東，小篆作“東”，《说文·东部》：“動也。从木。官溥說：从日在木中。凡東之屬皆从東。”在楷书中作“東”，见于隋开皇四年（584年）《杨居墓志》“窮東南之竹”。构件“日”和“木”已经黏合在一起，但两个构件仍然具有各自的构形理据。

二、构件的功能

构件的功能是针对直接构件而言的，因为只有直接构件才能在其组合的整字中体现出自身的功能。构件的功能直接体现了汉字的构形理据，但是随着汉字形体的演变，部分直接构件逐步丧失了其原有的功能，变得无理据可言。也就是说，不同时期，不同文字系统中构件的功能是有所区别的。因此，我们在研究汉字构件的功能类型时，要注意做到以下几点：

第一，对于断代汉字构件功能的研究，我们既要坚持传承观，又要不违背发展观。对此，臧克和曾强调："各个历史时期的文字结构都不外是它们所从来的前面的文字类型的呈现形式。根据这条原则，各种类型的文字结构，都应该找得出相对应的通用字符单位。各种类型的文字字符构造使用，都有各自的规律；根据这条原则，一个通用字符单位，在不同的文字类型中有时其功能可能是不同的。"[①]按照构形学的理论，在古文字阶段，汉字构件的功能共有四种：表形功能、表义功能、示音功能、标示功能。但是，随着汉字楷化过程的加深，到隋唐五代时期，汉字构件的功能系统发生了很大的变化：构件的表形功能已经不复存在；构形理据完全丧失，不具备构意功能、仅仅起区别字形作用的记号构件大量涌现。

第二，在今文字阶段，汉字构件功能的分析应该立足于"结构整体性"认识的基础之上。因为在汉字的构形系统中，各个构件组成整字的功能意义都是相对应于整个结构而言的。"形符和声符的作用，就是在系统的对比中，使字形结构意义得到区别，通过这种区别，使得我们习惯上所说的表音表义即音义关系得到确认。这种从'结构整体性'着眼的说明，是比较符合实际的。"[②]如形符"木"只能划定一个与木有关的意义范围，只有加入了"由"、"兆"、"每"、"夌"等声符，组成汉字"柚"、"桃"、"梅"、"棱"，才能使这些汉字的具体意义得到体现，使这些汉字之间以及与其余的汉字之间区别开来。汉字构件

①臧克和：《字符与分类》，《天津师范大学学报》（社会科学版），2003年第3期，第56—61页。
②臧克和：《谈结构》，《中文自学指导》，2006年第1期，第10—14页。

各自的功能都是在相互依存、相互对立的结构关系中实现的。因此，在本书的研究过程中，我们始终遵循着“结构整体性”这个原则去观察、分析汉字的构件。

结合上述注意事项，在尊重隋唐五代石刻楷字实际情况的前提下，我们根据汉字构形学理论中所总结出的汉字构件的功能类型，将本阶段的构件归结为表义功能构件、示音功能构件、记号构件三种类型。当然，各种功能的构件之间是相互依存，相互制约的。

（一）表义功能构件

表义功能构件是指在整字中具有提示整字意义范畴作用的构件。但是，构件的表义功能只能为整字的意义划定一个大致的范围，而不能使整字的专称意义得到确认。如：“语”、“谈”、“谓”、“请”的字义都与说话有关，正是由于它们都有一个共同的表义功能构件“言”。“言”的本意是说话、说、讲，在参与构造这四个字时，将自身的意义带入了这三个字中。有时表义构件带入整字的是引申义，或与本义、引申义相关的某种意义。如“日”的本义是指太阳，后引申出表示“时间”的含义，进而在与时间有关的单字中充当表义构件，如“时”、“晨”、“晚”等。

在隋唐五代石刻楷书文字系统中，表义功能构件主要有两个来源：一是承袭古文字的表义功能构件，如言、寸、立等；一是古文字表形功能构件的义化，如日、月、山、水等，这些构件直接来自古文字阶段的象形字。

根据我们的调查，隋唐五代石刻楷书文字系统中共有704个表义功能构件构成了11825个字样，平均单个构件参构16.8个字样。其中，构字能力最强的50个构件构成了8344个字样，平均单个构件参构168.9个字样。具体见下表：①

①表中的“使用频率”即每个构件构成字样的数量。下同。

ID	表义构件	使用频率
1	水	792
2	心	467
3	木	428
4	人	426
5	手	409
6	艸	372
7	土	366
8	糸	359
9	口	335
10	日	253
11	女	253
12	山	228
13	言	210
14	竹	194
15	火	190
16	玉	189
17	宀	172
18	月	163
19	示	145
20	禾	142
21	犬	136
22	刀	117
23	目	111
24	力	110
25	攵	103
26	广	100
27	石	93
28	疒	87
29	虫	84
30	穴	84
31	衣	79
32	足	75
33	彳	73
34	田	72
35	殳	70
36	貝	69
37	歹	69
38	王	68
39	大	67
40	皿	64
41	冫	61
42	尸	61
43	米	60
44	欠	52
45	巾	51
46	㫃	49
47	弓	49
48	止	48
49	子	45
50	牛	44

（二）示音功能构件

示音功能构件是指在整字中具有提示整字读音作用的构件。如“皇”，具有固定的读音，并以构件的身份参构了“湟”、“煌”、“篁”、“蝗”、“隍”等字，构件“皇”在这些整字中起到提示语音的作用。本质上说，汉字的声符并不是用来标音的，它的功能是为了区别。臧克和曾经在《谈结构》一文中指出：“形符和声符的作用，就是在系统的对比中，使字形结构意义得到区别。通过这种区别，使得我们习惯上所设的表音表义与音义关系得到确认。”因此，在今文字阶段，构件在整字中充当示音构件时，其形体的书写也就比较随意，在汉字的楷化过程中，尤为明显。隋唐五代石刻楷字中，存在着大量的示音构件省简的现象，如“樊”，石刻写作“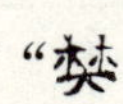”，见于隋开皇五年（585年）《樊敬贤七十人等造像记》，被用作姓氏。这类形体发生变异的示音构件仍然具有示音功能。

根据我们的调查，隋唐五代石刻楷书文字系统中共有1635个示音功能构件构成了9595个字样，平均单个构件参构5.9个字样。其中，构字能力最强的50个构件构成了1479个字样，平均单个构件参构29.6个字样。具体见下表：

ID	示音构件	使用频率
1	莫	46
2	兆	42
3	僉	41
4	婁	41
5	止	40
6	召	37
7	攸	36
8	俞	36
9	萑	36
10	卒	35
11	亶	33
12	曷	33
13	圭	32
14	隹	31
15	襄	31
16	免	30
17	叔	30

ID	示音构件	使用频率
18	亡	30
19	各	30
20	失	30
21	單	29
22	翏	29
23	辟	29
24	昜	28
25	其	28
26	龍	28
27	台	27
28	癸	27
29	艮	27
30	延	27
31	且	27
32	詹	27
33	爰	27
34	堯	27

ID	示音构件	使用频率
35	與	26
36	丁	26
37	殳	26
38	干	26
39	令	25
40	方	25
41	廷	25
42	交	25
43	尞	24
44	古	24
45	此	24
46	疑	24
47	宛	23
48	分	23
49	尚	23
50	巠	23

（三）记号构件

记号构件是指在整字中不具备表义、示音功能，只起区别字形或辅助其他表义、示音构件标记整字字义、字音的构件。根据我们的调查，隋唐五代石刻楷书文字系统中共有138个记号构件构成了2021个字样，平均单个构件参构14.6个字样。其中，构字能力最强的50个构件参与构成了1101个字样，平均单个构件参构22.0个字样。具体见下表：

ID	记号构件	使用频率
1	手	125
2	口	48
3	日	47
4	示	39
5	亠	36
6	木	35
7	一	35
8	厶	34

ID	记号构件	使用频率
9	大	32
10	彳	30
11	亻	27
12	人	26
13	八	25
14	冖	25
15	殳	24
16	工	22

ID	记号构件	使用频率
17	巳	21
18	夫	21
19	衣	20
20	十	20
21	来	19
22	心	18
23	田	18
24	又	18

（续表）

ID	记号构件	使用频率
25	几	18
26	穴	18
27	止	17
28	宀	17
29	刀	16
30	禾	16
31	夫	15
32	广	14
33	山	14

ID	记号构件	使用频率
34	月	13
35	天	13
36	小	13
37	巾	13
38	丂	12
39	丬	12
40	方	12
41	艹	11
42	米	11

ID	记号构件	使用频率
43	爪	11
44	欠	10
45	冂	10
46	上	10
47	目	10
48	龶	10
49	匕	10
50	干	10

记号构件是今文字阶段特有的现象。古文字阶段组成汉字的构件都有其意义，所以不存在记号构件。隶变过程中，汉字的书写元素发生了重大变化，由原来的线条变为笔画。受此影响，汉字的构件形体也发生了很大变化。有些构件发生省减或粘连，有些构件发生混同，这使得一些构件失去了它原来承担的表义、示音作用，开始记号化。楷化过程中，汉字的笔画系统逐渐成熟，构件系统日趋完善，整字层面逐步规整，这些方面的变化使得汉字的记号化程度加深。经过调查，隋唐五代石刻楷字中的记号构件主要有以下几个来源：

1．来源于表义构件。有些构件在古文字系统中当为表义构件，表示汉字的本义。但到了今文字阶段，特别是楷书阶段，其本义已经被淘汰，因此这些构件已经失去了原有的提示整字意义范畴的功能，沦为记号。如“特”，《说文·牛部》：“朴特，牛父也。从牛寺聲。”“特”本义为牛父，因此以“牛”为表义构件。隋唐五代石刻楷字中有一用例，如“**特**”见于唐建中元年（780年）《颜惟贞庙碑阳》“特命蕭鈞讚之”。此用例中的“特”为副词，表示“特意，特地”之义。可见，“特”本义是“牛父”，后引申为“特意，特地”之义，本义则基本不再使用，构件“牛”所表示的意义范畴与“特意，特地”意义之间不能建立联系，所以构件“牛”在作副词用的“特”字中只能充当记号构件，没有任何表义、示音功能。

2．来源于示音构件。有些构件在古文字系统中当为示音构件，具有提示整字读音作用。但随着语音系统的发展变化，到了今文字阶段，特别是楷书阶段，这些构件已经不再具有提示整字语音的作用，沦为记号。如“寶”，见于唐会昌元年（841年）《大达法师玄秘塔碑》“薦金寶以致誠”。《说文·宀部》：“寶，珍也。从宀从王从貝，缶聲。”中古时期唇音分化出重唇音和轻唇音，“缶”作单字时读音为“非母有韵”，而“寶”为“帮母晧韵”，两字的声、韵均不相同，“缶”已经不能起到提示“寶”字读音的作用。我们认为构件“缶”在此字中即为记号构件，在整字中没有提示读音、意义的作用，仅仅是一种符号，使“寶”字区别于其他的字。

3. 来源于指事符号和区别符号。有些汉字在古文字系统中作为指事字，这类字都是通过在表义构件上添加指事符号或者区别符号来跟其他形近字进行区分。其中，指事符号是指在整字中用于标示某一位置，以示区别的符号。如“末”、“本”，二字是通过在表义构件“木”上添加指事符号“一”，以“一”所处的位置来标记整字的意义。“末”标在“木”的上部，其意义为树梢；“本”标在“木”的下部，其意义为树根。区别符号是指在整字中起到和其他形近汉字区别作用的符号。如，“王”、“玉”二字的小篆字形都是三横一竖，区别在于“玉”三横均分，而“王”上紧下松。但这种区别作用不大，因此加区别符号“、”，将二者明显分开。这样的指事符号和区别符号，在隋唐五代石刻楷书文字系统中我们归入记号构件。

4. 来源于隶变过程中构件形体的变异。在隶变的过程中，有些构件发生粘连或者重组，变得不能再进行拆分，形成了一些在古文字阶段没有的构件。还有些构件的形体发生了变异，形成了一些与古文字阶段完全不同的构件。楷书阶段，构件的变异在传承隶书阶段变异的基础上，进一步加剧。在隋唐五代石刻楷书文字系统中，这样一些无法进行溯源的构件我们归入记号构件。关于前者，人们最熟悉的例子就是构件“𡗗”，如“秦”、“泰”、“奉”等字的上部构件都是“𡗗”，但是在古文字系统中它们却分别属于不同的表义构件。“秦”字中的构件“𡗗”，是由“午”和“廾”重组而成的；“泰”字中的构件“𡗗”，是由“大”和“廾”重组而成的；“奉”字中的构件“𡗗”是由“丰”

和"廾"重组而成的。这一变化在隶书阶段已经出现，魏晋南北朝石刻楷字传承，隋唐五代石刻楷字继续沿袭。如"泰"见于隋大业八年（612年）《萧氏墓志》"秦女莫以方之"；"泰"见于唐开元十五年（727年）《石浮图铭》"非泰非約"；"奉"见于隋仁寿二年（602年）《邓州舍利塔下铭》"於鄧州大興國寺奉安舍利崇建神塔"。后者如"要"，《说文·臼部》："身中也。象人要自臼之形。从臼，交省聲。"隶定楷化之后，表形构件"臼"变形为"西"，不再具备表形功能；示音构件"交"变形为"女"，不再具有示音功能。二者都不能为整字提供任何音义功能，它们只能是记号构件。

三、直接构件功能的共时测查与历时比较

（一）共时测查

在组成整字的所有构件中，直接构件是汉字构形系统的特点和形体结构的发展演变规律的具体体现者。因此，我们对隋唐五代石刻楷字的直接构件进行了专项测查与分析。

通过对19475个字样的拆分和统计，我们共得到2044个直接构件，这个数据没有考虑构件的功能差别。如果兼顾构件的功能，将形体相同而功能不同的构件分别统计，那么直接构件的数量就增加了2477个。其中，直接构件的功能分布和参构频率如下：

构件种类	表义构件	示音构件	记号构件
构件数量	704	1635	138
参构频率	11825	9595	2101

从表格中的统计数据我们可以看出，隋唐五代石刻楷字中直接构件的功能分布有以下特点：

1. 表义构件的数量明显少于示音构件。隋唐五代石刻楷字中共有704个表义构件，1635个示音构件，示音构件约是表义构件的2.3倍。示音构件数量多，并不能说明它们比表义构件更重要，关键是要看谁的参构次数或者"参构能度"[①]大。704个表义构件构成了11825个字样，平

①参构能度是指构件构成汉字字形的能力。下同。

均参构能度为16.8次/构件；1635个示音构件构成了9595个字样，平均参构能度为5.9次/构件。隋唐五代石刻楷书文字系统中，表义构件的参构能度明显大于示音构件。这说明这一时期的文字系统中，表义属性仍然是汉字的本质属性。隋唐五代石刻楷字的表义构件不仅参构次数多，而且系统性强。相对而言，示音构件系统则显得十分松散，平均每六个汉字就要换一个示音构件。属于同一意义范畴的汉字一般使用同一个表义构件，如与“石”有关的汉字，一般都使用“石”来作为表义构件。而声音相同或者相近的汉字却往往会选用不用的示音构件，如“掖”、“槐”、“唧”读音相近，却分别使用了不同的示音构件“夜”、“曳”、“耶”。

2．记号构件的出现。在今文字阶段，汉字中出现了记号构件。随着汉字形体的发展演变，记号构件的数量有所增加。在隋唐五代石刻楷书文字构件系统中，共有记号构件138个。这138个记号构件主要包括以下几种类型：一是直接继承了隶书，魏晋南北朝石刻楷字中的记号构件；二是随着楷化过程的加深，新出现了一些记号构件。这些新出现的记号构件往往是由于构件之间发生粘连，变得无法进行拆分而形成的。总之，沦为记号的构件大多是汉字形体演变的客观结果，其功能已经消失，它们只能借助于其他的表义、示音构件才能构成整字，只能起到区别字形的作用。

（二）历时比较

汉字构件的功能是一个随着汉字体系的发展而不断变化的动态演进系统。在汉字发展的不同历史层面，构件的功能类型会有相应的发展和调整。即使是在同一书体内部，在其产生、发展、成熟的各个阶段，构件的功能类型也会有不同程度的变化。楷书亦不例外。通过比较发现，在楷书的不同发展阶段，构件功能类型的变化主要有以下两个方面：

1．随着楷书的发展演变，表义构件和示音构件的数量及其比例略有变化。这一变化我们可以通过一组具体的数据来说明。根据调查，魏晋南北朝石刻楷书文字系统中有表义构件837个，示音构件1679个，其比例为1∶2.01[①]；隋唐五代石刻楷书文字系统中有表义构件704个，示

①数据来自郭瑞：《魏晋南北朝石刻楷字的传承与变异》，华东师范大学2008届博士论文。

音构件1635个，其比例为1∶2.32；宋代雕版楷书文字系统中有表义构件473个，示音构件1218个，其比例为1∶2.58[①]。以上这三组数据均属于同一书体——楷书系统内的调查，分别代表楷书发展的不同阶段。我们可以看出：在汉字楷书发展演变的过程中，不同发展阶段构件系统中表义构件和示音构件的数量和比例略有变化。其中，在这三个阶段中，表义构件的数量一直明显少于示音构件。这表明在楷书阶段，表义构件的构字能力非常强，表义属性仍然是汉字的本质属性。从魏晋南北朝石刻楷字，发展到隋唐五代石刻楷字，再到宋代雕版楷字，汉字楷书逐渐走向成熟。随着汉字楷书系统的成熟，表义构件和示音构件的比例也略有增长。这表明随着汉字楷书系统的成熟，表义构件的系统性也越来越强。

2．记号构件传承性强，数量略有增加。根据调查，隋唐五代石刻楷字中有70％以上的记号构件传承自魏晋南北朝石刻。如“己、已、巳”，在魏晋南北朝石刻楷字中充当构件时，区别性已经丧失。如“改”见于北魏《卢令媛墓志》“改物遷衣”；“改”见于北魏《元斌墓志》“榮不改身”；“改”见于北魏《奚智墓志》“改爲達奚氏焉”。隋唐五代石刻楷字继续沿用，如“改”见于唐永徽四年（653年）《张皎墓志》“尋又改授慶州弘化縣令”，“改”见于隋大业六年（610年）《范高墓志》“涉寒歲而不改”，“改”见于武周长安四年（704年）《张安墓志》“改朝議大夫”。与魏晋南北朝石刻楷字相比，隋唐五代石刻楷字中记号构件有所增加。魏晋南北朝石刻楷字中共有记号构件96个，[②]而隋唐五代石刻楷字中的记号构件增加到138个。出现这种情况的原因有以下几个方面：一是在构件功能的归类方面，我们的标准与魏晋南北朝存在着差异，我们将“指事”构件归入了记号构件之中，所以统计结果会比魏晋南北朝时期增加8个，因为“指事”构件都是历史传承的结果，从魏晋南北朝到隋唐五代时期的石刻楷字中都没有产生新的“指事”构件。二是楷化过程的加深，在一定程度上促进了一些记号构件的形成，导致隋唐五代时期新出现了部分记号构件。如

①数据来自王立军：《宋代雕版楷书构形系统研究》，上海：上海教育出版社，2003年版，第38页。
②数据来自郭瑞：《魏晋南北朝石刻楷字的传承与变异》，华东师范大学2008届博士论文。

构件“卧”，在隋唐五代石刻楷字中出现一种非常简单的写法，即将其左部的“臣”省减作两短竖，如“监”见于隋开皇三年（583年）《寇遵考墓志》“祖臻龍驪驤将軍，監安遠府諸軍事”，“鏗”见于隋大业七年（611年）《刘则墓志》“拖珠珮以鏗鏘”。

第二节

构件变异类型

楷化过程对于汉字的构件层次影响最大。受到楷化的影响，隋唐五代石刻楷字中，大量的构件发生了不同程度的变异，让人觉得纷繁杂乱，似乎无律可循。实际上，只要将一定数量的例证进行统计归纳，我们仍然可以找出其变异的主要类型及其规律。

本节以隋唐五代石刻楷字为研究材料，以魏晋南北朝石刻楷字为基本对照平台，选取其中最有代表性的几组楷字变异构件作为研究对象，对隋唐五代时期石刻楷字构件变异的主要情况进行调查和分析，旨在总结隋唐五代石刻楷字构件变异的主要类型，为进一步分析与魏晋南北朝石刻楷字构件变异之间的关系，探讨构件变异的主要原因奠定基础。

经过我们的调查统计，隋唐五代石刻楷字的构件变异情况大致可以分为以下四种类型：或者同形不同源，或者同源不同形，或者省简，或者增繁。

一、同形不同源构件

同形不同源构件，是指由两个或者两个以上分别承担不同职能的构件，发生变异而形成的形体完全相同的构件。它们之间的关系是形体相同，职能不同。有的研究者称这种现象为“构件的混同”。

1. 构件“令”

（1）源于构件“令”。

“令”在石刻楷字中一般充当声符，如“齡”见于唐显庆四年（659年）《唐故尉迟君（敬德）墓志》“遠錫遐齡”，“領”见于唐显庆五年（660年）《樊宽及妻韩氏合葬志》“實郷閭之領袖”，“鈴”见于武周年间刻《栖岩寺诗刻》“鍾鈴□□□”，“鴒”见于唐贞元二十年（804年）《唐故柳府君（昱）墓志铭》“鴒原炳蔚”；“聆”见于后唐长兴四年（933年）《毛璋妻李氏墓志》“仰聆懿實”。

（2）源于构件“今”。

“矜”见于唐永徽四年（653年）《张洛墓志》“模楷矜莊”；“鈐”见于唐开元二十年（732年）《赵南山墓志》“韜鈐在口”；“岑”见于唐开元二十四年（736年）《唐故尚乘直长裴公（瑾）墓志铭》“太守歸政於岑公”。“矜、钤、岑”三字本均从“今”得声，而“今、令”楷化后仅差最后一笔，区别性降低，导致与“令”同形。

魏晋南北朝石刻用字亦如此，如“矜”见于北魏《封魔奴墓志》“惟矜宸居以軫流連”。

（3）源于构件“生”。

“旍”见于唐永徽六年（655年）《元勇墓志》“楊旌朔漠”。按《玉篇·㫃部》：“旌，子盈切。《周禮》曰：析羽爲旌。旍，同上。見《禮記》。”《集韵·清韵》：“旌，或作旍。”《玉篇》和《集韵》都是将“旍”作为“旌”之异体贮存。“旌”与“旍”，表面上看是示音构件的替换，即构件“生”与“令”的替换，但整字的变异过程可以证明实际情况并非如此。旌，本从㫃生声，楷化过程中，其声符“生”有时与“金”混同，如“旌”见于隋大业八年（612年）《孔神通墓志》“慷慨麾旌”；有时与“全”混同，如“旌”见于隋大业五年（609年）《宁贙墓碑》“靡旌摩壘”。后者，“全”在石刻楷字中往往写作“全”，与“令”的形体几乎完全相同，区别性丧失，于是出现了形体“旍”。通过分析，我们可以看出：从“旌”到“旍”形体的变异不是一蹴而就的，而是一个过程；变异的原因不是示音构件的替换，而是形近构件的混同。“旌”的记号化并没有到此结束，而是进一步加剧，出现了三个更为简化的形体：一是字形从㫃从㐱，如“旑”见于唐武德七年（624年）《唐故郭府君（敬）墓记》“略旌表記”；二是字形从方从全，如“㫇”见于隋大业十三年（617年）《杜君妻郑善妃墓志》“書玄石以旌記”；三是字形从方从令，如“旍”见于唐龙朔某年《桓琮妻张氏墓志》“緋旌逐悲風而雜起”。我们不难看出：第一种形体来自“旌”的省写，即旌—㫇—旑。第二、三种形体一方面是构件“㫃”和“方”的混淆，另一方面是“令、全、生”之间的混同，即旌—㫇—㫇，旌—旍—旍。

在魏晋南北朝石刻用字中，“旌”也有诸多变异形体。具体可以归结为两类：第一类是示音构件发生变异，如“旌”见于北魏《元融墓志》“再擁旌旄”，“㫇”见于北魏《元寿安墓志》“出燿旌軒”，“㫇”见于北魏《穆纂墓志》“旌挽飄飄”，“旌”见于北魏《元液墓志》“勒銘黄廬以旌烋烈”，“旌”见于北魏《王诵妻元贵妃墓志》“庶旌不朽”，“旌”见于北魏《李端墓志》“式旌泉戶”。前五例中，示音构件发生变异是由于“生”与“金”、“全”、“圭”的形体相近发生替换而造成的，其中，第三例中表义构件“㫃”的右部省去。最后一例中，示音构件发生变异则是由于笔画的增加而产生的。第二类是示音构件和表义构件均发生变异，如“旌”见于北魏《元恭墓志》“旌鼓暫搗”，“旌”见于北魏《寇臻墓志铭》“旌無假於人”，“旌”见于北魏《元宏充华赵氏墓志》“以旌餘哀”，“旌”见于北魏《元秀墓志》“飾旌遺塵”，“栓”见于北魏《于纂墓志》“贈以旌厥若可”。这五例中“旌”字形体变异的原因，一方面是由于表义构件“㫃”的左部“方”与构件“礻”、“衤”形近发生替换使用，另一方面是示音构件“生”与“圭”、“全”由于形近也发生替换。其中，第五例中表义构件“㫃”的左部被替换为“礻”，右部直接省去。

相较可见，隋唐五代石刻用字中，“旌”的形体变化有两种趋势：一是表义构件逐渐定型，与“礻”、“衤”混同的现象已经不复存在；一是形体更加简化，主要体现在示音构件的变化上，“生”与笔画较多的“圭”的混同消失，取而代之的是，形体中含有与构件“㫃”的右部相同的构件，如“令”、“参”、“全”等，这样在与“㫃”组合成字的过程中，可以直接省掉“㫃”的右部。

2．构件“山”

（1）源于构件“山”。

《说文·山部》：“山，宣也。宣气散，生萬物，有石而高。象形。凡山之屬皆从山。”从山得义的字，其意义一般与“山”有关，如“岌”见于唐龙朔二年（662年）《刘君妻贾令珪墓志》“崇崖岌岌”，“岫”见于唐开元十五年（727年）《魏靖墓志》“曾峰喬岫”，“岱”见于唐开元二十一年（733年）《江璀墓志》“巖巖岱岳”，“屹”见于唐会昌三年（843年）《贾政墓志》“屹然不群”，“岯”见于后周显德六年（959年）《大山岯山寺准勅不停废记》“唯曰大岯”。

（2）源于构件“止”。

《说文·止部》：“止，下基也。象艸木出有址，故以止爲足。凡止之屬皆从止。”其形体与“山”相近，充当构件时往往变形写作“山”。如“步”见于隋开皇四年（584年）《杨居墓志》“窆於村西北二百步”；“武”见于隋大业十二年（616年）《杨厉墓志》“武藝悝悝”；“歸”见于唐贞元十一年（795年）《唐故江陵郡太君高氏（杨公夫人）墓志》“乃歸於楊氏之門”。按“步”，本从止少；“武”，本从止从戈；“歸”，本从止，从婦省，𠂤声。上引三例字所从构件“止”全部形变作“山”。同样，从“止”得声之字亦如此，如“齒”见于隋大业七年（611年）《田光山妻李氏墓志》“令章幼齒”，“徙”见于武周长寿二年（693年）《张道墓志》“因兹徙第”。按“齒”，本从止得声；“徙”，本从辵止声。上引两例字所从声符“止”全部形变作“山”。

“止”在充当构件时变形写作“山”的现象完全传承于魏晋南北朝时期，如“步”见于北魏《元愿平妻王氏墓志》“尺步逶迤”，“武”见于北魏《寇臻墓志铭》“及宣正文武”，“歸”见于北魏《元谭妻司马氏墓志》“夭夭攸歸”，“齒”见于北魏《慈庆墓志》“法門宿齒”，“徙”见于北魏《王绍墓志》“昭車徙□”。

（3）源于构件“囟”。

“惱”见于唐开元四年（716年）《安思节墓志》“昔厭煩惱之境”。按《集韵·晧韵》：“惱，或作惱。”《集韵·晧韵》：“嫍，《說文》：‘有所恨也。从女𡿺聲。今汝南人有所恨曰嫍。’或作惱。”“恼”为后起字，“嫍”字逐渐被淘汰，其意义由“恼”承担。可见，“恼”本应从心𡿺声，上面用例中将其二级构件“囟”写作“山”，“𡿺”写作“𡿺”，“恼”、“惱”构成异体，而唐代字样学之代表作《干禄字书》却将“惚惱”并举，视为异体，实为不当。

虽然在这一时期的石刻楷字中，我们仅仅找到这一个用例，但同时期或者时代稍晚字书材料中也有类似的贮存，如“腦與腦”，《玉篇·肉部》：“腦，奴到切。頭腦也。腦，同上。”“熘與熘”，《集韵·晧韵》：“熘，熱皃。或作熘。”“碯與碯”，《字汇补·石部》：“碯，同碯。”“瑙與瑙”，《字汇补·玉部》：“瑙，《韻會》與瑙同。”“瑪瑙”，亦作“碼碯”，属于音译外来词，是一种玉石，从玉或从石皆可。四者之间互为异体关系：“碯（碯）”＝“瑙（瑙）”。

根据调查，这一变异现象传承自魏晋南北朝石刻楷字，如“腦”见于晋《黄庭内景经》“可以迴顏填血腦”。即使到隋唐五代之际，也是处于过渡状态，两种形体并存，如“腦”，见于隋仁寿四年（604年）《韦载造像记》“為亡父母，離苦超凡，降生人間，掃除煩腦”。按“烦恼”本是佛教用语。陈义孝《佛学常见词汇》：“烦是扰义，恼是乱义，能扰乱众生身心，令使心烦意乱的见思惑，叫做烦恼。”这里本应作“恼”，却以表示头脑义的“脑”代之，显然属于同音替代现象。

（4）源于构件的部分形体变异。

《说文·出部》：“出，進也。象屮木益滋，上出達也。凡出之屬皆从出。”出，本为象形字，与山没有任何意义上的关联，隶变楷化为“出”形。隋唐五代石刻楷字中，出现了另外的一种写法，即写作两个“山”上下相叠之形。如“出”见于唐开成三年（838年）《颜元贞墓志》“幸遇出守東海”。

这一写法在魏晋南北朝石刻楷字中已经出现，如“出”见于北魏《姚伯多供养碑》“設教留經出法”。

3．构件“灬”

《集韵·果韵》：“火，或書作灬”。《正字通·火部》：“灬即火字變體，凡四點在下者俱屬火部。”按照这两本字书的解释，“灬”为“火”在充当汉字构件时的变体，其意义一般与“火”有关。如下面字组（1）中各字，俱属火部。但是，在隋唐五代石刻楷书中，形体写作“灬”的构件却分别来自不同的形源。因为它们都是由于构件的形体发生变体而造成的形体混同，并不符合造字的理据。如下面字组（2）—（6）中的各字。

（1）源于构件“火”。即“灬”为“火”字之变体。

“烈”见于隋大业十年（614年）《贾玄赞墓志》“瞻言往烈”；“烝”见于唐神龙二年（706年）《刘寂墓志》“子通等烝烝孝心”；“焦”见于唐大和三年（829年）《卢初墓志》“自楚州啓護歸祔於河南縣金谷鄉焦古村依澧州伯父之兆域”；“然”见于唐广明元年（880年）《故师府君（弘礼）墓志铭》“公忿然有翦滅之志”；“烹”见于后梁开平四年（910年）《穆君弘墓志》“以烹羊炮羔為伏臘之費”。

（2）源于构件“从”。

“僉”，《说文·亼部》：“皆也。从亼从吅从从。”隋唐五代石刻楷字中构件“从”变为“灬”。“僉”见于隋大业十一年（615年）《伍道进墓志》“僉曰惟宜”。

类推性是隋唐五代石刻楷字构件变异的一个重要规律，因此从“僉”得声的字，也有同样的变化。“儉”见于隋大业十一年（615年《荀君妻宋玉艳墓志》“孝友恭儉”；“劒”见于隋大业十一年（615年）《范安贵墓志》“利劒星揮”；“瀲”见于唐麟德二年（665年）《张运才墓志》“恐潋玉移碧瀲之波”；“檢”见于唐上元二年（675年）《唐故薛国公阿史那贞公（忠）墓志铭》“檢校長州都督”；“殮”见于唐上元二年（675年）《唐故薛国公阿史那贞公（忠）墓志铭》“及之殯殮”；“奩”见于唐神龙二年（706年）《孟孝敏妻陆氏墓志》“哀緾匳鏡”；“險”见于唐太极元年（712年）《崔孝昌墓志》“在夷險而莫加”；“嶮”见于唐开元十七年（729年）《张楚璋墓志》“事有嶮易”；“斂”见于唐咸通二年（861年）《唐故田府君（文雅）墓铭》“冠屨斂身”；“獫”见于唐咸通十四年（873年）《唐故郭公（克全）墓志铭》“地連獫狁”。

上述“僉”作为单字或者充当构件时形体的这一变化现象，早在魏晋南北朝石刻楷字中就已经十分流行。如“僉”见于北魏《元乂墓志》“僉望有歸”；“劍”见于北魏《元诱墓志》“崖岸儕於負劍”；“險”见于北齐《窦泰墓志》“憑險逆命”；“斂”见于北魏《尔朱绍墓志》“斂翼侍騁”等等。

（3）源于构件“分”。

“寡”见于唐显庆元年（656年）《车诜墓志》“忠規寡欲”；“寡”见于唐贞元十九年（803年）《唐故徐府君（思倩）墓志铭》“奮寡擊暴”。按“寡”，《说文》释形为“从宀从頒”。其构件“頒”，《说文》解释为：“大頭也。从頁分聲。”“寡”的二级构件“分”在石刻楷字中变异为“灬”。

这一现象传承自魏晋南北朝时期，如“寡”见于北魏《尔朱袭墓志》“而賊衆我寡”。

（4）源于构件“心”。

“悠”见于隋大业十三年（617年）《杜君妻郑善妃墓志》“泉夜悠悠”。按“悠”，《说文》释形为“从心攸聲”，但上例中所从构件“心”变异为“灬”。

这一现象传承自魏晋南北朝时期，如“悠”见于北魏《封魔奴墓志》“道悠運促”。

（5）源于构件“吅”。

“單”见于唐永徽三年（652年）《李清墓志》“眷瓢單以自貽”。《说文·吅部》：“單，大也。从吅、甲，吅亦聲。闕。”其构件“吅”的形体变异大致分两步：吅—厸—灬。前面两个形体在魏晋南北朝已经混淆，如“單”见于北魏《元天穆墓志》“田單攻取之術”，“單”见于北魏《元珍墓志》“公單馬肆焉”。隋唐五代石刻楷字延续混淆，如“單”见于隋大业七年（611年）《田德元墓志》“及秩滿言旋，單車就路”，“單”见于唐永徽三年（652年）《李清墓志》“眷瓢單以自貽”。在此基础上，又出现了另外一个形体“單”。同样，从“单”得声的字也有这种用法，如“戦”见于唐天宝十二载（753年）《廉元泰墓志》“征戰方休”。另外，在本时期的石刻楷字中，还有一个构件的变异过程与“吅”殊途同归。“留”，《说文》释形为“从田丣聲”，其构件在石刻楷字中的变异情况如下：丣—卯—吅—厸—灬。其中，前面三个形体在魏晋南北朝石刻楷字中已经混淆，如“畱”见于北魏《元悰墓志》“不留致恨而已”，“畱”见于北魏《元恩墓志》“不留意焉”，“畄”见于北魏《邢峦妻元纯阤墓志》“遘疾彌留”。隋唐五代石刻楷字延续混淆，如“畱”见于唐大历七年（772年）《八关斋会报德记》“守陳留”，“畱”见于唐开元十五年（727年）《敬觉墓志》“硯碑之歲不留”，“畄”见于隋大业十年（614年）《邓昞墓志》“授朝散大夫轉朝請大夫檢校虎賁郎将留守鷹門”。甚至出现更为简便的形体：“畄”见于唐长庆元年（821年）《苏恩妻卢氏墓志》“男留守”。

总之，与魏晋南北朝相比，构件“吅”与“丣”的形体在保留魏晋南北朝时期过渡痕迹的基础上，记号化程度进一步加剧。

（6）源于构件的部分形体变异。

①“亦”字中构件的变异。

“亦”见于唐开元十三年（725年）《王待征墓志》“亦甞有栖閑之誌矣”。“亦”字小篆写作“亦”，《说文·亦部》：“人之臂亦也。从大，象兩亦之形。凡亦之屬皆从亦。人之臂亦也。从大，象兩亦之形。”本为专指人腋的指事字，后借为表示重复之义的副词。但不论是作名词还是副词，都与火没有任何联系，仅仅是由于“亦”字下部形体与“灬”相似而发生讹变。同样，隋唐五代石刻楷字中从“亦”得声的字，无一例外。“弈”见于隋大业五年（609年）《吕胡墓志》“弈葉有人”；“迹”见于唐天宝三载（744年）《元振墓志》“冀霜臺之一迹”；“跡”见于唐咸通二年（861年）《唐故杨执一墓志铭》“委跡銅鹽”。

另外，在隋唐五代石刻楷字中，构件“亦”还有一种更为简便的写法，即将四点连写作一笔，写作“一”。如“弈”见于唐永徽三年（652年）《吴孝墓志》“弈葉無絶”；“弈”见于唐麟德二年（665

年）《王惠墓志》“弈葉簪纓”。

上述“亦”在单独成字或充当构件时形体的变异情况均传承自魏晋南北朝时期，如“亦”见于晋《黄庭内景经》“亦玄解於心矣”，“亦”见于东魏《吕覎墓志》“亦逝川而不返”，“弈”见于北魏《元新成妃李氏墓志》“弈葉官華”，“跡”见于北魏《元尚之墓志》“恥跡子春”等。

②“兼”字中构件的变异。

《说文·秝部》：“兼，並也。从又持秝。兼持二禾，秉持一禾。”隶变过程中，构件二禾经过粘连组合，已经轮廓化，有时其底部直接形变作“灬”，甚至连笔写作“一”。魏晋南北朝石刻楷字承袭此写法，如“兼”见于北魏《元茂墓志》“兼舉涉獵情理”，“兼”见于北魏《元新成妃李氏墓志》“四德兼朗”。隋唐五代石刻楷字中也有这种写法，如“兼”见于后梁龙德三年（923年）《萧符墓志》“乃授以河北都招討判官兼行營都粮料使”，“兼”见于隋大业二年（606年）《李虎墓志》“授儀同三司兼除秦州清水本郡太守”。

相较而言，形体“兼”在魏晋南北朝石刻文字中处于字位主形的地位。随着楷化过程的不断深入，至隋唐五代时期，字形“兼”的写法又逐渐占据优势，被人们所接受。

4. 构件“龶”

（1）源于构件“𠂹”。

《说文》：“素，白緻繒也。从糸、𠂹，取其澤也。”段玉裁注：“繒之白而細者也……澤者，光潤也。毛潤澤易下𠂹，故从糸、𠂹，會意。”隶变过程中，构件“𠂹”形变作“龶”，完全记号化，魏晋南北朝、隋唐五代石刻楷字承袭。“素”见于北魏《元□墓志》“素體雖融”；“素”见于唐龙朔三年（663年）《唐沙墓志》“素履忠規”。

（2）源于构件“朿”。

責，《说文》释形为“从貝朿聲”。隶变过程中，所从声符“朿”形变作“龶”，完全记号化，魏晋南北朝、隋唐五代石刻楷字承袭。“責”见于北魏《元暐墓志》“太尉責重憂深”；“責”见于唐开元十年（722年）《李瑱墓志》“宫寮遘戻園之責”。

（3）源于构件“來”。

麥，《说文》释形为“从來从夊”。在隶变过程中，构件“來”形变作“圭”，完全记号化，如“麦”（西狭颂）。①《名义》：“麦，莫革反。大麦麰也。小麦秾也。”《玉篇·麦部》：“麥，莫革切。有芒之穀也。秋種夏熟。麦，同上。俗。”《玉篇》真实地记录了隋唐五代石刻楷字的使用情况，即形体“麦”在当时的石刻楷字中占绝对优势，如“麦”见于隋大业九年（613年）《萧球墓志》“粟麦三百碩”，“麦”见于后唐清泰三年（936年）《张涤妻高氏墓志》“恩賜賻贈布帛粟麦”。

（4）源于构件“㞷”。

“往”，《说文》释形为从“彳㞷聲”。隶变过程中，构件“㞷”形变作“圭”或者“主”，魏晋南北朝、隋唐五代石刻楷字承袭。如“往”见于北魏《元继墓志》“於是撫翼登連率往來”；“往”见于隋大业八年（612年）《高紧墓志》“風雲往来”。

5．构件“大”

（1）源于构件“大”。

《说文·大部》：“天大，地大，人亦大。故大象人形。古文大（他達切）也。凡大之屬皆从大。”如“奄”见于隋大业八年（612年）《张伏敬墓志》“奄从薨背”；“夷”见于唐贞观五年（631年）《唐故李寿墓志》“承旨清夷”；“夸”见于唐上元二年（675年）《唐故薛国公阿史那贞公（忠）墓志铭》“夸父驚其已遠”。

（2）源于构件“犬”。

“器”见于隋大业九年（613年）《皇甫深墓志》“瑚璉成器”；“伏”见于隋大业十一年（615年）《元智墓志》“姦吏摺其擿伏”；“吠”见于唐麟德元年（664年）《大唐故郑府君（仁泰）墓志铭》“吠堯助桀”；“戾”见于唐麟德元年（664年）《大唐故郑府君（仁泰）墓志铭》“禍極戾園”。据《说文》，“器”，字形中间部分本从犬；“伏”，本从人从犬；“吠”本从犬从口；“戾”，本从犬出户下。

①引自《汉语大字典》（缩印本），武汉：湖北辞书出版社；成都：四川辞书出版社；1992年版，第1911页。

上述四例中却将所从构件“犬”皆省掉一笔，与构件“大”造成同形。

这一现象在魏晋南北朝石刻楷字中也十分普遍。如“器”见于北魏《元继墓志》“重器隆名”；“伏”见于北齐《道明墓志》“伏尸百萬”。总之，在魏晋南北朝到隋唐五代时期的石刻楷字中，构件“犬”与“大”的混同现象一直存在。

（3）源于构件“火”。

“照”，《说文》释形为“从火昭聲”，隶变过程中，构件“火”有的形变作“灬”，有的保持原形，后者很容易与“大”发生混同。在魏晋南北朝、隋唐五代的石刻楷字中均发现用例，如“照”见于北齐《乡老举孝义隽敬碑并维摩经刻》“照顯上世”，“照”见于隋大业十二年（616年）《口悦昂墓志》“何慙照雪”。此两例中构件“火”均形变作“大”。

6. 构件“丷”

（1）源于构件“从”。

“夾”见于唐永徽三年（652年）《杨清墓志》“薤露夾塗”；“從”见于后唐同光二年（924年）《王璠墓志》“旣從筮於著龜”。“夾”，本从大俠二人；“從”，本从辵、从，从亦声。上两例中构件“从”粘连省减作一个非字构件“丷”，使得前者变得不可拆分，后者原有的形声结构被破坏。这一现象也是传承自魏晋南北朝时期，如“從”见于北魏《陈天宝造像记》“有願從必上”。

（2）源于构件“北”。

“冀”见于武周万岁通天二年（697年）《冯善廓等造浮图铭》“願祟三寶所冀元靈納祐游定水之津”；“冀”见于后唐同光四年（926年）《康赞羑墓志》“冀就痊平”；“驥”见于后唐同光四年（926年）《康赞羑墓志》“豈淹驥足在聲光而已”。按“冀、驥”两字中的构件“北”形变作“丷”。更有甚者，直接省减作“丷”或“八”，如“冀”见于唐贞观五年（631年）《唐故李君（立言）墓志铭》“冀州刺史”，“冀”见于唐大历七年（772年）《唐孙公夫人刘氏墓志铭》“冀表千秋兮此地”。

“冀”中构件“北”的形变在魏晋南北朝石刻楷字中早已十分普

遍，隋唐五代时期只是延续而已。如“⿱⿲⿱𠂉口⿻土𠃊八”见于北魏《元湛墓志》“三台冀登”；“冀”见于北魏《郑黑墓志》“冀州刺史”；“冀”见于北魏《元勰墓志》“流恩冀北”。

（3）源于构件“艹（艸）”。

“苗”见于隋大业八年（612年）《萧氏墓志》“其先漢相蕭何之苗裔也”；“芳”见于唐显庆二年（657年）《张伽墓志》“芳枝茂緒”；“苟”见于唐天宝十一载（752年）《周敬本墓志》“曾祖苟”；“花”见于唐大和元年（827年）《乐升进墓志》“南歸花邑”。按上四字中的构件“艹（艸）”形变作“䒑”。

相较而言，这一现象只是延续了隶变楷化初期的变异特点而已。因为构件“艹（艸）”的这一形变现象在魏晋南北朝时期已经大量存在，如“苗”见于北魏《咸阳太守刘玉墓志》“遠祖司徒之苗”，“苟”见于北魏《元弘嫔侯氏墓志》“應享胡苟”，“花”见于北齐《法义优婆姨等造像记》“法義吳連花”。

（4）源于构件“竹”。

“符”见于隋大业十一年（615年）《程谐墓志》“德叶龜符”；“節”见于唐显庆四年（659年）《唐故尉迟君（敬德）墓志》“冊拜使持節宣州諸軍事”；“範”见于武周证圣元年（695年）《李瓛墓志》“足可永高範”。上面三字本应从竹，但石刻文字中“艹（艸）、竹”形体混用，因此也往往随“艹（艸）”形变作“䒑”。

这一现象传承自魏晋南北朝时期，如“節”见于北魏《王翊墓志》“使持節鎮北將軍”，“範”见于北齐《元贤墓志》“楷模可爲世範”。

（5）源于构件“廿”。

“漢”见于唐开元十五年（727年）《崔严墓志》“昔漢朝有命”；“歎”见于唐天宝十四载（755年）《李洪钧墓志》“追延陵之歎”；“難”见于唐大中八年（854年）《唐故太原郡王夫人墓志铭》“幽顯難測”。按上三例中构件“廿”形变作“䒑”。

这一现象传承自魏晋南北朝时期，如“難”见于北魏《冯迎男墓志》“因鄉曲之難”。

7. 构件“刃”

（1）源于构件“刃”。

“忍”见于隋大业十二年（616年）《王世琛墓志》“每忍不言”；“軔”见于唐贞观十六年（642年）《唐故李君（绍）墓志铭》“息軔山門”；“屻”见于唐麟德元年（664年）《唐故郑府君（仁泰）墓志铭》“先鳴屻鋭”；“仞”见于唐天宝六载（747年）《元君妻来香儿墓志》“孤絶萬仞”；“紉”见于唐咸通六年（865年）《唐段璲亡室严氏玄堂铭》“紉針翦刻之工巧”；“釖”见于后梁贞明六年（920年）《谢彦璋墓志》“釖藏澧水”。按忍、轫、屻、仞、纫、釖六字均从“刃”得声。

（2）源于构件“刂（刀）”。

“刻”见于唐大和二年（828年）《向清墓志》“刻此銘焉”。按《玉篇·刀部》：“刻，苦則切。鏤也，㦤也，割也。剼，古文。”《名义·刀部》：“刻，古（苦）則反。鏤。剼，古文。病也。貧也。識也。”《说文·刀部》：“刻，鏤也。从刀亥聲。”隋唐五代石刻楷字，所从构件“刀”记号化，左部增加一点笔，与“刃”混淆。

这一现象在魏晋南北朝石刻楷字中也已经出现，如“刻”见于北魏《元略墓志》“刻妻之流”。

（3）源于构件“力”。

“劫”见于隋大业十年（614年）《邓昞墓志》“破劫城市”；“効”见于唐天宝四载（745年）《和守阳墓志》“必加刑効”；“勁”见于唐元和四年（809年）《诸葛亮祠堂碑》“勵為勁兵”。按“劫、効、劲”本均从力，石刻楷字中，其笔画交接方式改变，并增加一点笔，混淆于“刃”，完全记号化。

这一现象在魏晋南北朝石刻楷字中也已经出现，如“劫”见于北魏《刘璇等造像记》“累劫貪慾因緣”。

8. 构件“丑”

（1）源于构件“丑”。

“杻”见于唐仪凤三年（678年）《唐故唐府君（嘉会）墓志》“公杻陽銑照”；“鈕”见于唐先天元年（712年）《杨孝弼墓志》

“得廓地之鈐鈕”；“紐”见于唐开元二十三年（735年）《卢全操墓志》“紐絶貫於龔黄”；“狃”见于唐天宝四载（745年）《张沘墓志》“禮樂狃於閨闈”。按“杻、钮、纽、狃”四字均从“丑”得声。

（2）源于构件“刃”。

“忍”见于唐天宝三载（744年）《卢友度墓志》“悠悠彼蒼忍殲良兮”；“忍”见于唐开成二年（837年）《唐故卢公（岑）改葬墓志铭》“固不敢不忍死而襄其事”。按《说文·心部》：“忍，能也。从心刃聲。”《名义》：“忍，如軫切。含忍也，仁也，強也。”《玉篇》：“忍，如軫反。強也。含也。”上两例中“忍”的示音构件“刃”已经混同于“丑”形。

魏晋南北朝石刻也有此写法，如“紉”，见于北魏《吊比干文》“紉蕙芷以爲紳兮”。

（3）源于构件“彐”。

《说文·雨部》：“雪，凝雨，說物者。从雨彗聲。”段玉裁注：“说，今之悦字，物无不喜雪者。”《玉篇》：“雪，思悅切。凝雨也。雪，同上。”《玉篇》“同上”字贮存的字形已经写作从雨从彐。隋唐五代石刻楷字中，“雪”的构件“彐”有时与“丑”混同，如“雪”见于隋大业十二年（616年）《□惂昂墓志》“何慙照雪”，其构件“彐”与“丑”区别性丧失，完全记号化。

魏晋南北朝石刻也有此写法，如“雪”见于北齐《无量义经之一》“白齒四十猶珂雪”。

9．构件“丬”

（1）源于构件“爿”。

“壯”见于隋大业八年（612年）《张伏敬墓志》“壯心恒在”；“狀”见于隋大业十年（614年）《贾玄赞墓志》“狀寫雲臺”；“牀”见于唐贞观五年（631年）《唐故李君（立言）墓志铭》“求温凊於牀枕”。按壯、狀、牀三字均从“爿”得声，隶变楷化过程中，构件“爿”左上角的竖折笔变为一点笔，左下角的两笔连写作一提笔，成“丬”形。

（2）源于构件“丩”。

《玉篇·攴部》：“收，式由切。《说文》曰：捕也。”《名义》：“收，舒田反。捕也。聚也。補也。取也。”《说文》：“收，捕也。从攴丩聲。”而隋唐五代石刻楷字中，构件“丩”楷化省减作“丬”，区别性降低，如“**收**”见于隋大业十一年（615年）《曹海凝墓志》“妖神收烈”，“**収**”见于唐咸通二年（861年）《唐故吴夫人（吕常侍妻）墓志铭》“浮雲早收”。

魏晋南北朝石刻也有此写法，如“**收**”见于北魏《侯刚墓志》“蕃收庶政”。

（3）源于构件“扌”。

“扶”见于唐贞元二十一年（805年）《张惟妻王氏合祔墓志》“濟弱扶危”。按《说文·手部》：“扶，左也。从手夫聲。𢻭，古文扶。”《名义·支部》：“𢻭，附俱反。扶字也。佐也。”《名义·手部》：“扶，富瑜反。佐也。時（持）也。”《玉篇·支部》：“𢻭，附俱切。今作扶。”《玉篇·手部》：“扶，防無切。扶持也。又府俞切。《公羊传》曰：扶寸而合。側手曰扶。”隋唐五代石刻楷字选择“今作”字，且构件“扌”与“丬”混同。

魏晋南北朝石刻也有此写法，如“**扶**”见于北魏《邢峦妻元纯阤墓志》“不反扶桑”。

（4）源于构件“牛”。

“物”见于隋大业十二年（616年）《羊本墓志》“何圖物變時移”。按《说文·牛部》：“物，萬物也。牛爲大物；天地之數，起於牽牛，故从牛。勿聲。”《名义》：“物，莫屈反。色也。事也。相類也。徒也。”《玉篇》：“物，亡屈切。凡生天地之閒皆謂物也，事也，類也。”隋唐五代石刻楷字中“牛”与“丬”混同，区别性降低。

这一用法传承自魏晋南北朝石刻，如“**牧**”见于北魏《元昉墓志》“司州牧貞景王之少子”。

（5）源于构件“車”。

《说文·车部》：“轉，運也。从車專聲。”《名义》：“轉，知篆、知戀二切。廻也，轉運也。”《玉篇》：“轉，知篆反。遷移也。”而隋唐五代石刻楷字中，构件“車”省减作“丬”，区别性降低，如“轉”见于唐开元五年（717年）《朱齐之墓志》“尋轉朝散大夫”。有时，“丬”的左边再增加一笔，如“轉”见于唐乾符五年（878年）《敬能等造陁罗尼经幢》“即得轉生諸佛如来一生補處菩薩同會處生”。

魏晋南北朝石刻未见此写法，因此，构件“車”混同于“丬”当属隋唐五代时期特有的构件变异现象。

10. 构件“至”

（1）源于构件“至”。

《说文·至部》：“至，鳥飛从高下至地也。从一，一猶地也。象形。不，上去；而至，下來也。凡至之屬皆从至。”隋唐五代石刻楷字中，无论是充当表义构件还是示音构件，构件“至”的形体一般作“至”。如“到”见于隋大业十年（614年）《邓昞墓志》“莫不應絃而到”；“臻”见于唐贞元六年（790年）《黎干墓志》“遂臻和平”；“桎”见于唐神龙二年（706年）《桑贞墓志》“将同桎梏”；“致”见于唐广德二年（764年）《武周长安县主簿李公（相）故夫人司马氏（和）墓志铭》“致宗親於輯穆”。

（2）源于构件“巠”。

《说文·力部》：“勁，彊也。从力巠聲。”《名义》：“勁，居盛反。強也。”《玉篇》：“吉聖切。彊也。《左氏傳》曰：中權後勁。”隋唐五代石刻楷字中，构件“巠”由于形近而被写作“至”，区别性大为降低。如“勁”见于唐乾元元年（758年）《慕容晓墓志》“勁風殞人”；“勁”见于唐某年《孙说墓志》“壁傷以勁”。

相较而言，魏晋南北朝石刻楷字中，构件“巠”大部分也发生变异，其中以变为“坙”和“巠”为主，没有混同于“至”的用例。如“經”见于北魏《邢峦妻元纯陁墓志》“慱搜經藏”；“經”见于北魏《元纂墓志铭》“惟國之經”；“涇”见于北魏《元腾及妻程法珠墓志》“使持節都督秦雍涇涼益五州諸軍事”；“涇”见于北魏《元继墓志》“都督雍涇岐華四州諸軍事”。因此，构件“巠”混同于“至”当属于隋唐五代时期特有的构件变异现象。

二、同源不同形构件

同源不同形构件是指承担某一具体职能的构件，由于形体发生变异而形成的几个形体不同的构件。即同一个构件有多种不同的变体，它们之间的关系是形体不同，职能相同。

1. 构件“攴”

《说文·攴部》：“攴，小擊也。从又卜聲。凡攴之屬皆从攴。”《名义》：“攴，叵角反。小擊。赴卜反。”隶变省减作“攵”，《九经字样》：“攵，音撲。《说文》作攴，隸省作攵。”《玉篇》：“攴，普卜、普角二切。小擊皃。攵，同上。”虽然“攴”经过隶变作“攵”，但是隋唐五代石刻楷字仍有部分选择形体“攴”。如“攸”见于隋大业十一年（615年）《荀君妻宋玉艳墓志》“母儀攸備”；“啓”见于唐贞观五年（631年）《唐故李寿墓志》“時逢啓聖”；“數”见于唐咸亨二年（671年）《□满墓志》“象數符節”。

（1）变体“攵”。

隋唐五代石刻部分楷字选择《玉篇》同上字形，即隶变省减的字形“攵”作为构件，如“數”见于隋仁寿三年（603年）《苏慈墓志》“數百人”，“敵”见于隋大业十一年（615年）《伍道进墓志》“公每臨戎抗敵”，“整”见于唐显庆五年（660年）《唐故鄂国公夫人苏氏（斌）墓志铭》“又敕所司整吉兇儀衛”，“斂”见于武周神功二年（698年）《盖畅墓志》“姦豪斂跡”。

魏晋南北朝石刻楷字亦如此，如“數”见于北魏《元子正墓志》“天數中圯”，“敵”见于东魏《仪同三司文静公李宪墓志》“迴顧敵齒”。

（2）变体“𡕒”、“夊”、“殳”。

“散”见于隋开皇十五年（595年）《段威墓志》“自奉朝請遷征虜將軍內散大夫”；“散”见于唐会昌三年（843年）《神策军碑》“正議大夫守右散騎常侍充集賢殿學士判院事上柱國河東縣開國伯”；“散”见于后唐同光三年（925年）《吴君妻曹氏墓志》“長女適彭城劉襲吉前邠節推朝散大夫檢校户部員外郎”。按《说文·肉部》：

"散（散），雜肉也。从肉㪚聲。"《名义》："散（散），蘓但反。歡也。雜肉也。"《玉篇》："散（散），蘇旦切。《說文》曰：雜肉也。"其示音构件"㪚"，本从攴从林，隋唐五代石刻楷字中，构件"攴"形变作"殳"、"夊"、"殳"。显然，是受隶变过程中"攴"形变作"殳"的影响，因为同时期的材料中更多的是"殳"形变作"殳"、"夊"、"殳"，如，"般"见于唐天宝元年（742年）《陈令望造密多心经碑》"般若波罗蜜"，"般"见于唐大中十三年（859年）《广惠塔铭》"了般若之性"，"磐"见于隋大业六年（610年）《段模墓志》"祖道倫磐陽鎮将清河郡太守"。

构件"攴"在"散"字中的这些变体并不是隋唐五代时期才出现的，在魏晋南北朝时期已经相当普遍。如"散"见于北魏《元瞻墓志》"加散騎常侍"；"散"见于北齐《元贤墓志》"使持節散騎常侍"。

2. 构件"手"

"手"，《说文》："拳也。象形。凡手之屬皆从手。"隶变楷化的过程中，"手"充当构件时采用什么样的形体往往与构件所处的位置有关。隋唐五代石刻楷字中，"手"在字形左边作构件时往往写作"扌"、"手"，在上部作构件时往往写作"手"、"手"、"手"，在下部作构件时往往作"手"、"扌"。

（1）变体"扌"、"手"。

"手"在字形左边作构件时往往写作"扌"。如"挺"见于隋大业八年（612年）《萧玚墓志》"挺自生知"；"撰"见于唐显庆四年（659年）《田通墓志》"敢撰德於素旒"；"摛"见于唐上元二年（675年）《唐故赠司徒虢王（李凤）妃刘氏墓志铭》"旣摛獨立之妍"。"手"在字形左边作构件时有时写作"手"。如拜，《说文》将"拜"作为"𢷎"的古文，楊雄說："拜从兩手下。"根据《说文》的解释，"拜"字应从两只手。隋唐五代石刻用字中，"拜"字写作"拜"，见于唐开元十五年（727年）《卢思庄墓志》"名高文武之拜"。

这一现象完全传承自魏晋南北朝石刻楷字，如"挺"见于北魏《元诱墓志》"結慶挺生"，"拜"见于北魏《元诠墓志》"尋拜光爵"。

（2）变体“手”、“乎”、“乎”。

“手”在字形上部作构件时有时还可以写作“手”、“乎”、“乎”。如“看”见于唐永淳元年（682年）《大唐故临川郡长公主（李孟姜）墓志铭》“領供奉醫人及藥看療”；“看”见于唐中和五年（885年）《李克用题名》“易定節度使撿挍司空王處存看題”；“看”见于唐开元十一年（723年）《唐故失府君（善光）墓志铭》“行看銷鑠”。

上述三个变体中，仅变体“手”传承自魏晋南北朝石刻楷字，如“看”见于北魏《元斑墓志》“看松鳥淚”。其余两种变体在魏晋南北朝石刻楷字中未发现，当为隋唐五代石刻楷字构件的新增变异现象。

（3）变体“キ”与原形“手”。

“手”在字形下部作构件往往作“手”、“キ”。如“拳”见于隋大业二年（606年）《蔡君妻张贵男墓志》“靡吝拳握”；“拏”见于隋开皇十六年（596年）《陈黑闼造像记》“妹阿神拏妻於銀光”；“掌”见于隋大业十一年（615年）《元智墓志》“三年二月轉為掌式中士”。这三例中，构件“手”位于整字的下部，均采用原字形。“奉”见于隋仁寿二年（602年）《邓州舍利塔下铭》“以仁壽二年歲次壬戌四月戊申朔八日乙卯謹於鄧州大興國寺奉安舍利崇建神塔”；“舉”见于隋大业二年（606年）《蔡君妻张贵男墓志》“寧逢舉案之日”；“攀”见于隋大业十二年（616年）《杨厉墓志》“早令攀接”。这三例中，构件“手”位于整字的下部，均形变作“キ”。

变体“キ”与主形“手”在魏晋南北朝石刻楷字中均已出现，如“掌”见于北魏《邢峦妻元纯阤墓志》“不離股掌之上”，“奉”见于北魏《胡明相墓志》“虞帝以應曆奉乾”，“舉”见于北魏《张玄墓志》“不因舉燭便自高明無假置水”，“攀”见于北魏《檀宾墓志》“攀轂斷途”。

3. 构件“水”

“水”，《说文》：“準也。北方之行。象眾水並流，中有微陽之气也。凡水之屬皆从水。”隶变楷化的过程中，“水”充当构件时采用什么样的形体往往与构件所处的位置有关。隋唐五代石刻楷字中，“水”在字形左部作构件时往往写作“氵”，在下部作构件时往往作

"水"、"氺"。

（1）变体"氵"。

"水"在字形左部作构件时往往写作"氵"。如"河"见于隋大业六年（610年）《段模墓志》"今為河南洛陽人也"；"沙"见于唐永徽五年（654年）《苻肃墓志》"著功沙漠"；"洛"见于唐上元二年（675年）《唐故赠司徒虢王（李凤）妃刘氏墓志铭》"旣而洛邑朝宗"；"浙"见于唐贞元十九年（803年）《崔千里墓志》"浙西觀察使王公緯欲署職江左"。

（2）变体"氺"与原形"水"。

"水"在字形下部作构件时往往写作"氺"或"水"。如"漿"见于唐开元二十三年（735年）《白知礼墓志》"竝水漿絕口"；"泉"见于唐天宝十五载（756年）《刘智墓志》"悼泉雞之不鳴"。以上两例中，构件"水"采用原字形。隋唐五代石刻楷字中，从"水"的左右结构的字改为上下结构时，构件"水"的形体也由"氵"变为"水"。如"𣲙"见于唐开元十八年（730年）《高懲墓志》"渤海蓨人也"；"𣴎"见于唐会昌三年（843年）《贾政墓志》"餘自抵洛逾歲星一稔"。"滕"见于唐显庆五年（660年）《大唐故司徒公并州都督上柱国鄂国公夫人苏氏（斌）墓志铭》"滕室泉扉"；"泰"见于唐开元十五年（727年）《石浮图铭》"非泰非約"；"潁"见于唐乾符四年（877年）《苗君妻刘氏墓志》"次適前臨潁主簿范陽張夢殷"。这三例中，构件"水"位于整字的下部或左下部，均形变作"氺"。

隋唐五代石刻楷字中，"水"在充当汉字构件时随着位置的变化形体有所变化的现象，均传承自魏晋南北朝石刻楷字，如"河"见于北魏《于祚妻和丑仁墓志》"河南洛陽人也"，"泉"见于北齐《窦泰墓志》"翟泉潰水"，"𣲙"见于北魏《元继妃石婉墓志》"勃海南皮人也"，"泰"见于北魏《高珪墓志》"以普泰元年"。

4. 构件"心"

"心"，《说文》："人心，土藏，在身之中。象形。博士說以爲火藏。凡心之屬皆从心。"隶变楷化过程中，"心"在充当汉字构件时，形体会随构件位置的不同而发生相应的变化。"心"位于字形的左部充当构件时往往写作“忄”、“⺗”、“忄”；位于字形的下部充当构件时往往采用原字形“心”或者形变作“⺗”。

（1）变体“忄”、“忄”。

隋唐五代石刻楷字中，“心”位于字形的左部充当构件时形变作“忄”、“忄”，如“愠”见于隋仁寿元年（601年）《卢文构墓志》“無愠無熹”，“情”见于隋大业十一年（615年）《元智妻姬氏墓志》“忘情憙愠”，“怏”见于唐景龙三年（709年）《柬良墓志》“惟君鬱怏南州”，“慎”见于唐开元十八年（730年）《史待宾墓志》“操履貞慎”。这四例中，构件“心”形变作“忄”。“怜”见于隋开皇十六年（596年）《李钟葵妻马怜造像记》“妻馬怜”；“性”见于隋大业十三年（617年）《杜君妻郑善妃墓志》“薰脩道性”；“恃”见于武周长安三年（703年）《大周故亡宫三品墓志》“千金莫恃”；“惟”见于唐神龙三年（707年）《崔师墓志》“昔周王以命曆惟永”。这四例中，构件“心”形变作“忄”。

根据调查，在魏晋南北朝石刻楷字中，“心”位于字形的左部充当构件时除了形变作上述两种形体以外，还可以写作“⺗”。如“怡”见于北魏《元子直墓志》“怡情無倦”，“性”见于北魏《元天穆墓志》“苞五常之性”等，这是汉字隶变楷化初期的表现。随着楷化过程的加深，“⺗”的最后一点笔被省掉，写作“忄”。在我们所整理的“隋唐五代石刻楷书语料库”中，共收集整理包含构件“心”，且构件“心”处于整字左部的单字74个，其形体全部写作“忄”或者“忄”，无一例外。

（2）变体“⺗”与原形“心”。

隋唐五代石刻楷字中，“心”位于字形的下部充当构件时采用原字形“心”或形变作“⺗”，如“慕”见于唐开元十五年（727年）《王游艺墓志》“擕慕終身”，“恭”见于隋大业十三年（617年）《杜君妻郑善妃墓志》“虔恭八聖”，“忝”见于唐开元十六年（728年）《崔齐荣墓志》“琦忝姻好”。《玉篇·心部》：“慕，莫故切。思也，習也。本作慕。”《玉篇·心部》：“恭，居庸切。法也，事也，恪也。本作恭。”《玉篇·心部》：“忝，聽簟切。辱也。本作忝。”

调查显示，“慕、恭、忝”三字在隋唐五代石刻楷字中没有写作“慕、恭、忝”的用例，而在魏晋南北朝石刻楷字中却有用例，如“慕”见于北魏《侯愔墓志》“慕其鴻烈”。据此推断，“慕、恭、忝”中的构件“心”在隋唐五代时期已经基本上定型为“⺗”，甚至朝着更加简化的方向发展，省掉右边一点，混同于“小”。如“慕”见于后唐长兴四年（933年）《毛璋妻李氏墓志》“專慕佛門”；“恭”见于唐大和三年（829年）《李蕚墓志》“竝恭孝立身”；“忝”见于闽永隆年间《坚牢塔记》“虚忝堅令善誌”。

5．构件“芻”

“芻”，《说文·艹部》：“刈艸也。象包束艸之形。小篆作‘芻’”。《玉篇·艹部》：“楚俱切。茭草。”《说文》云：“刈艸也。俗作蒭。”隶变楷化过程中，“芻”的小篆形体笔画化，弯曲的线条被拉直。由于构形比较复杂，因此作为单字时，其形体变异的类型比较多，并且随着楷化过程的加深，“芻”逐渐失去其象形功能，于是人们又增加构件“艸”，以突出其意义类属，这种现象在汉印中就已经出现，如“蒭”（汉印）[①]。隋唐五代石刻楷字贮存5个字样，其中有两个没有增加构件“艸”。如“芻”见于唐大中九年（855年）《张婴墓志》“塗芻備禮”；“芻”见于唐贞元二十年（804年）《唐故银青光禄大夫行殿中少监驸马都尉赠工部尚书河东柳府君（昱）墓志铭》“薪炭芻米”，将所从构件“屮”改写作“巾”。另外的3个字样均增加构件“艹”，并且作为构件的“刍”的形体也发生了变异。如“蒭”见于唐《孙说墓志》“芻靈序位”，构件“芻”最后增加两笔；“蒭”见于唐乾封元年（666年）《赵宗墓志》“微就生芻之禮”，将构件“芻”的两个部分作了相同的改造，改写为两个与“丑”形体雷同的字样；“蒭”见于唐大中五年（851年）《唐故河南府巩县洛汭乡乐坊薛府君（参）墓志铭》“芻馬塗居”，将构件“芻”的两个部分作了相同的改造，改写为两个与“匊”形体雷同的字样。

隋唐五代石刻楷字中，“芻”充当汉字构件时，还有以下几种变体：

①引自《汉语大字典》（缩印本），汉语大字典编辑委员会，武汉：湖北辞书出版社；成都：四川辞书出版社，1992年版，第1361页。

（1）变体“刍”。

“騶”见于唐永徽六年（655年）《高俨仁墓志》“始應鳴騶之聘”；“鄒”见于武周长安三年（703年）《张君表墓志》“家同鄒魯”。

这一变体传承自魏晋南北朝石刻楷字，如“騶”见于北魏《元顺墓志》“彤騶是導”，“鄒”见于东魏《李挺墓志》“非唯鄒鄭”，“趨”见于东魏《元悰墓志》“擁篲趨士”。

（2）变体“刍”。

“鄒”见于唐永徽四年（653年）《颜人墓志》“本乎鄒魯”；“雛”见于唐显庆三年（658年）《韩承墓志》“翹翹鳳雛”；“鶵”见于唐开元九年（721年）《唐故契苾夫人墓志铭》“及其比翼将鶵”。其中“鶵”为“雛”之异体，构件“鳥”、“隹”意义相近发生替换，属于义近构件换用而形成的异体，《名义》贮存字样“鶵”，并将其作为“鶵”之异体，即《名义》：“鶵，似諏反。鶵。”

这一变体传承自魏晋南北朝石刻楷字，如“鄒”见于东魏《王盖周等一百三十四人造像记》“鄒文憙”。

（3）变体“刍”。

“鄒”见于隋大业十年（614年）《贾玄赞墓志》“慮鄒衢之莫辯”；“雛”见于唐开元五年（717年）《崔宜之墓志》“誕生鳳雛”；“騶”见于唐元和十二年（817年）《杨宁墓志》“具訓群騶”；“趨”见于闽永隆年间《坚牢塔记》“猶趨潤礎之隅”。

这一变体在魏晋南北朝石刻楷字中没有发现用例，当属于隋唐五代时期构件的新增变异形体，其发展趋势是走向简化。

（4）变体“刍”。

“鄒”见于隋仁寿四年（604年）《刘相及妻邹氏墓志》“夫人鄒氏恒陽人也”。

这一变体在魏晋南北朝石刻楷字中没有发现用例，当属于隋唐五代时期构件新增的变异形体，其发展趋势是走向简化。

6．构件“糸”

“糸”，《说文·糸部》：“細絲也。象束絲之形。凡糸之屬皆从糸。讀若覛。”隶变楷化的过程中，“糸”在充当构件时有时会采用原形“糸”，有时会发生变异。

（1）原形“糸”。

隋唐五代石刻楷字中，构件“糸”位于整字的下部时，往往采用原形“糸”。如“紫”见于隋大业八年（612年）《高紧墓志》“陪扈紫宫”；“素”见于唐龙朔三年（663年）《唐沙墓志》“素履忠規”；“累”见于武周神功元年（697年）《逯贞墓志》“累遷朝散大夫行司府丞兼知地官事”。

（2）变体“糹”。

隋唐五代石刻楷字中，构件“糸”位于整字的下部或者左部时，可以写作“糹”。如“紫”见于唐神龙二年（706年）《大唐永泰公主（李仙蕙）志石文》“紫闟盈軿”；“累”见于唐景云二年（711年）《卢珍墓志》“累歷都畿”；“絡”见于唐咸亨二年（671年）《大唐故越国太妃燕氏墓志铭》“珠絡帳前”；“紬”见于武周长安二年（702年）《唐故东宫千牛备身济北史君（怀训）墓志》“紬玆令德”；“給”见于唐大中六年（852年）《孙廿九女墓志》“第卅四兄守給事中賜紫金魚袋景商書於貞石”。

（3）变体“纟”与“纟”。

隋唐五代石刻楷字中，构件“糸”位于整字的左部时，往往将下部的三笔省减作一提笔，写作“纟”，甚至进一步省掉一点笔，写作“纟”，与现行的简化形体相同。前者如“細”见于隋开皇十年（590年）《王曜墓志》“庭撫細草”；“絙”见于唐麟德二年（665年）《王相儿墓志》“行調絙瑟”；“緹”见于武周圣历二年（699年）《牛阿师墓志》“蔚緹緗而邵美”。后者如“給”见于唐显庆四年（659年）《张义墓志》“勑給永年”；“絡”见于唐开元十八年（730年）《唐故肃州玉门县令骞府君（思玄）墓志铭》“泝經絡於遠代”。

（4）变体“丝”。

隋唐五代石刻楷字中，构件“糸”位于整字的下部时，有时将下部的三笔省减作一横笔，写作“丝”。如“素”见于唐永徽三年（652年）《牛君妻申好墓志》“卜無愆素”。

构件“糸”在隋唐五代石刻楷字中的变体，只有变体“丝”在魏晋南北朝没有发现用例，当为新增变异现象。其余的变异形体均传承自魏晋南北朝时期：变体“糸”，如“素”见于北魏《元悛墓志》“騣騣素騏”，“細”见于北魏《元悌墓志》“細侯賢良”。变体“纟”与“纟”，如“細”见于北魏《宫内司杨氏墓志铭》“遷細謁小監”，“絶”见于南朝梁《罗浮山铭》“絶無文赩”。

7. 构件“足”

“足”，《说文·足部》：“人之足也。在下。从止、口。凡足之屬皆从足。”隶变楷化的过程中，“足”在充当构件时往往发生形变。隋唐五代石刻楷字中，“足”在充当构件时有“足”、“⻊”、“𧾷”、“𧾷”、“𧾷”五种形体。

（1）原形“足”。

“促”见于唐咸通二年（861年）《唐故濮阳郡吴夫人（吕常侍妻）墓志铭》“蕣華何促”；“蹇”见于唐元和十年（815年）《臧协妻向氏墓志》“蹇蹇諤諤”。

（2）变体“⻊”。

“蹇”见于唐永徽五年（654年）《王素墓志》“蹇蹇匪躬”；“捉”见于唐贞观十六年（642年）《唐独孤使君（开远）墓志铭》“奉敕捉屯兵及苑面”；“促”见于唐大中九年（855年）《李氏室女墓志》“何夭之促”。

（3）变体“𧾷”。

“路”见于唐大中十三年（859年）《张审文墓志》“行路之所傷感也”；“踰”见于唐贞观五年（631年）《唐故李寿墓志》“功踰烈丹”；“踴”见于唐乾符四年（877年）《苗君妻刘氏墓志》“擗踴泣血”。

（4）变体“𧾷”。

“路”见于隋开皇三年（583年）《寇奉叔墓志》“去當路之豺狼”；“踰”见于隋大业十年（614年）《王光墓志》“年踰三五”；“踴”见于隋大业十二年（616年）《□彻墓志》“能使親知躃踴”。

（5）变体“𧾷”。

“路”见于隋大业六年（610年）《段模墓志》“郭門路轉”。

构件“足”的变异形体除了“𧾷”没有在魏晋南北朝发现用例以外，其余的形体在魏晋南北朝时期均常见。变体“⻊”，如“促”见于北魏《元愿平妻王氏墓志》“促淪陰教”。变体“𧾷”，如“路”见于北魏《尔朱绍墓志》“正五緯於槐路”。变体“𧾷”，如“路”见于北齐《元贤墓志》“慰兹泉路”。

8. 构件“匕”

“匕”，《说文·匕部》：“相與比敘也。从反人。匕，亦所以用比取飯，一名柶。凡匕之屬皆从匕。”隶变楷化过程中，“匕”在充当构件时有时会采用原形“匕”，有时会发生变异。

（1）原形“匕”。

“指”见于唐开元二十四年（736年）《大唐故金仙长公主（无上道）志石铭》“悟指馬以齊物”。

（2）变体“上”。

“旨”见于唐会昌元年（841年）《大达法师玄秘塔碑》“迎合上旨”；“詣”见于唐景福元年（892年）《悯忠寺重藏舍利记》“詣子東門”。

（3）变体“人”。

“指”见于隋大业十一年（615年）《范安贵墓志》“指麾部陣”；“詣”见于唐永徽五年（654年）《盖赞妻孙光墓志》“鉤深詣頤”。

（4）变体“亠”。

“指”见于唐开元五年（717年）《温炜妻李□上座墓志》“如指諸掌”；“詣”见于唐开元十四年（726年）《思恒墓志》“詣秀禪師”；“脂”见于唐元和十四年（819年）《李弘亮墓志》“振衣脂轄”；“旨”见于后梁龙德三年（923年）《萧符墓志》“當在宸旨”。

构件“匕”的变异形体全部传承自魏晋南北朝时期。变体“上”，如“詣”见于北魏《元定墓志》“使持節侍中征南大將軍都督五州詣軍事”。变体“人”，如“旨”见于东魏《杜文雍等十四人造像记》“非聖熟宣其旨”。变体“亠”，如“旨”见于东魏《元凝妃陆顺华墓志》"朝旨衺其風德"。

9. 构件"屯"

"屯"，《说文·屯部》："難也。象屮木之初生。屯然而難。从中貫一。一，地也。尾曲。"《易》曰："屯，剛柔始交而難生。"隶变楷化过程中，"屯"在充当构件时有些会采用原形"屯"，有些会发生变异。

（1）原形"屯"。

"窀"见于隋仁寿四年（604年）《冯君妻卢旋芷墓志》"窀穸有期"。

（2）变体"屯"。

"窀"见于唐咸亨二年（671年）《大唐故越国太妃燕氏墓志铭》"窀穸云近"；"迍"见于唐开元六年（718年）《唐故祁府君（惠）墓志铭》"俄迍殞迫"。

（3）变体"屯"。

"純"见于隋大业八年（612年）《张伏敬墓志》"隋故人朝請大夫右武衛純德府鷹揚副郎将張伏敬之銘"；"窀"见于隋大业十一年（615年）《明云腾墓志》"冥冥窀穸"；"迍"见于唐元和二年（807年）《崔倚墓志》"因歎命有迍塞"。

（4）变体"屯"。

"頓"见于唐《多宝塔碑》"頓收珎藏"。隶变楷化过程中，"屯"充当汉字的示音构件，并且位于整字的左部时，最后一笔一般改为竖提。此例中，除了最后一笔发生改变以外，其余的三笔也省减作两笔。

（5）变体"乇"。

"窀"见于隋大业十二年（616年）《王世琛墓志》"爰謀窀穸"。"窀"，《说文》释形为"从穴屯聲"，上例中，其示音构件"屯"形变作"乇"，与表示"草叶"之义的"乇"不同。

隋唐五代石刻楷字中，构件"屯"出现的变异形体有以上四种，其中变体"屯"、"屯"、"屯"这三种均传承自魏晋南北朝时期。如"窀"见于北魏《元子直墓志》"窀穸奄至"；"窀"见于北魏

《元继墓志》“窀穸有期”；“頓”见于东魏《元澄妃冯令华墓志》“頓出斯門”等。最后一种变体“乇”，在魏晋南北朝时期没有发现用例，由此推测，当为隋唐五代石刻楷字构件新增变异现象。

10. 构件“甫”

“甫”，《说文·甫部》：“男子美稱也。从用、父，父亦聲。”隶变楷化过程中，构件“甫”在充当构件时有些会采用原形“甫”，有些会发生变异。

（1）原形“甫”。

“輔”见于唐贞观五年（631年）《唐故李寿墓志》“備斯蕃輔”；“酺”见于唐大和二年（828年）《向清墓志》“餔醩啜醨”；“逋”见于唐大中五年（851年）《孙公乂墓志》“積數十年之逋欠而長吏無敢以聞者”。

（2）变体“甫”。

“輔”见于唐永徽六年（655年）《王惠墓志》“俠輔衰晋”；“酺”见于武周久视元年（700年）《张大酺及妻段氏墓志》“君諱大酺”；“圃”见于唐开元十五年（727年）《崔严墓志》“樂歸田於農圃”。

（3）变体“甫”。

“傅”见于隋开皇十二年（592年）《李则墓志》“膠西太傅”；“敷”见于唐仪凤三年（678年）《大唐故殿中少监上柱国唐府君（嘉会）墓志》“敷夬淹融”。

（4）变体“甫”。

“博”见于唐贞观五年（631年）《唐故李寿墓志》“博洽於親黨”；“敷”见于武周延载元年（694年）《房怀亮墓志》“敷髦彦於堯年”。

在隋唐五代石刻楷字中，构件“甫”主要有以上三种变异形体。这三种变异形体均传承自魏晋南北朝时期，如“補”见于东魏《叔孙固墓志》“預補天之功”，“傅”见于北魏《元珽墓志》“侍中太傅”，“傅”见于北魏《元诱妻冯氏墓志》“率禮从傅”。

三、省简构件

字形简化是汉字发展的总趋势，构件层面的省简是汉字形体简化的主要体现。隋唐五代石刻文字构件系统中存在大量的省简构件，主要体现在两个方面：省去直接构件的一部分；减少构件的笔画数量。

1．省去直接构件的一部分

（1）构件“㫃”。

《说文·㫃部》：“㫃，旌旗之游，㫃蹇之皃。从屮曲而下，垂㫃，相出入也。讀若偃。古人名㫃，字子游。凡㫃之屬皆从㫃。”“㫃”在汉字中一般充当表义构件，在隋唐五代石刻楷字中，“㫃”常常省略掉“人”作“方”，这与表示“方位、方向”等意义的“方”并不相同。如“旗”见于唐武德二年（619年）《李密墓志》“朱旗爰舉”；“旂”见于唐龙朔三年（663年）《唐南阳张君（难）墓志铭》“斬将褰旂”；“旒”见于武周久视元年（700年）《崔哲墓志》“驟闐旒扆”；“旟”见于唐景龙三年（709年）《王行果墓志》“慶浙隼旟”；“旐”见于唐大中四年（850年）《范义墓志》“丹旐徐引”；“旆”见于唐大中六年（852年）《崔廷妻郑氏墓志》“旌旆既至”。

构件“㫃”的省形传承自魏晋南北朝，如“旗”见于南朝陈《刘猛进碑》“甘心旗旆之先”，“旟”见于北魏《郭显墓志》“亦矯旟旆”，“旆”见于北魏《和邃墓志》“於是迴軍轉旆”。

（2）构件“棥”。

“棥”，《说文·爻部》：“藩也。从爻从林。”《诗》曰：“營營青蠅，止于棥。”隋唐五代石刻楷字中，“棥”在充当构件时往往省掉“爻”，写作“林”，与表示“树林”意义的“林”不同。如“樊”见于隋开皇五年（585年）《樊敬贤七十人等造像记》“樊敬賢”；“攀”见于唐大和三年（829年）《卢初墓志》“妻行號以攀槻車”。

据调查，构件“棥”的省形在魏晋南北朝时期石刻楷字中没有发现用例，由此推断，这一现象当为隋唐五代时期石刻楷字中构件变异中特有的现象。

（3）构件“叀”。

《说文·叀部》：“叀，專小謹也。从幺省；中，財見也；中亦聲。凡叀之屬皆从叀。”《玉篇·叀部》：“叀，職緣切。自是也，小謹也，擅也，獨也，業也，壹也。今作專。皀、𢒈，並古文。”隋唐五代石刻楷字中，“叀”在充当构件时往往省形作“甶”。如“恵”见于隋大业六年（610年）《张乔墓志》“惠化殊功”；“轉”见于唐显庆二年（657年）《王君妻李总持墓志》“旆封霜兮弗轉”；“専”见于唐大中十一年（857年）《卢缄妻崔氏墓志》“尤專論語”；“傳”见于后周显德七年（960年）《智坚塔记》“名傳不朽”。

构件“叀”的省减变形传承自魏晋南北朝时期，如“恵”见于北魏《檀宾墓志》“惠悟發於齠卝”，“轉”见于北齐《高湝墓志》“轉驃騎大將軍”，“専”见于北魏《元信墓志》“專信以集友”，“傳”见于北魏《郭显墓志》“式傳不朽”。

据调查，构件“叀”省减作“甶”的现象大量存在于魏晋南北朝到隋唐五代时期的石刻楷字中，而且一直以绝对的优势占据构件主形的地位。

（4）构件“髟”。

“髟”，《说文·髟部》：“長髮猋猋也。从長从彡。凡髟之屬皆从髟。”隋唐五代石刻楷字中，“髟”在充当构件时往往省掉“彡”。如“髦”见于唐永徽四年（653年）《颜人墓志》“英髦弈棻”；“鬣”见于唐开元十八年（730年）《孟头墓志》“銜酸馬鬣”。

构件“髟”的省形传承自魏晋南北朝时期，如“髦”见于北魏《元项墓志》“海内髦傑”，“鬢”见于北魏《元朗墓志》“鬢髮晧然俱白”。

（5）构件“監”。

“覧”见于武周年间《栖岩寺诗刻》“周覽概将夕”。“覽”，《说文》释形为“从見、監，監亦聲”。上例中，“覽”的示音构件“監”省掉了“皿”。隋唐五代石刻楷字中，从“覽”得声的字亦如此，如“攬”见于唐开元五年（717年）《朱齐之墓志》“攬轡澄清”，“鑒”见于唐开元二十一年（733年）《卢翊墓志》“有知人之鉴”。

构件“监”省掉“皿”的形变传承自魏晋南北朝，如“攬”见于北魏《元悦妃冯季华墓志》“該攬圖傳”。

（6）构件“㶳”。

“盡”见于唐大和三年（829年）《李萼墓志》“力姪盡力”。据《说文》释形为“从皿㶳聲”，在隶变楷化过程中，其示音构件下部所从“火”写作“灬”。上例中“盡”的示音构件“㶳”省掉了“灬”。隋唐五代石刻楷字中，从“盡”得声的字亦如此，如“燼”见于隋大业十二年（616年）《杨厉墓志》“濫鍾此燼”。“藎”见于唐天宝十载（751年）《赵佺墓志》“藎臣側目”。

构件“㶳”省掉“灬”的形变传承自魏晋南北朝时期，如“盡”见于北魏《邢峦妻元纯陁墓志》“奉姑盡禮”。

（7）构件“昏”。

“婚”见于唐显庆六年（661年）《张楚墓志》“以顯慶六年二月七日冥婚馬氏”。据《说文》释形为“从女从昏，昏亦聲”，上例中，示音构件“昏”省掉了构件“日”，与表示“氏族”之义的“氏”不同。

据调查，构件“昏”的省形在魏晋南北朝时期未发现，由此推测，此现象当属隋唐五代石刻楷字中所独有。

（8）构件“罘”。

“懷”见于唐永徽三年（652年）《吴孝墓志》“抱質懷文”。“懷”，《说文》释形为“从心褱聲”，其示音构件“褱”为“从衣罘聲”。上例中构件“罘”的下部被省掉。

构件“罘”的省形传承自魏晋南北朝时期，如“懷”见于北魏《元悛墓志》“悼切於懷”。

（9）构件“㬎”。

“顯”见于隋开皇九年（589年）《两村法义造桥残碑》“以顯長夜”。“顯”，据《说文》释形为“从頁㬎聲”。上例中其示音构件“㬎”的下部省掉一个“纟”，上部混同于“田”，导致整个构件与“累”混同。

构件“㬎”的这一变化传承自魏晋南北朝时期，如“顯”见于北魏《姚伯多供养碑》“張君生因精成顯跡”。

（10）构件“襄”。

“壊”见于唐永贞元年（805年）《张道升墓志》“行春令而農夫擊壤”。此例中，其示音构件“襄”中间的两个构件“口”省去，沦为记号。

根据调查，构件“襄”的省减变化，在魏晋南北朝时期未发现，由此推测，此现象当属隋唐五代石刻楷字中所独有。

2. 减少构件的笔画数量

（1）构件“韱”省减作“韯”或“韯”。

“殱”见于唐开元二十一年（733年）《杜君妻张氏墓志》“殲我良人”。

按：此字形与《玉篇》中“殲”下“又作类字”所统摄字形相同。《玉篇·歹部》：“殲，子廉切。盡也，死也。又作殱。”《说文·歹部》：“殲，微盡也。从歹韱聲。《春秋傳》曰：‘齊人殲于遂。’”其示音构件“韱”中的“从”被省简作“十”，比原来减少了两笔，写作“韯”。《玉篇》将“韯”作为“韱”之异体贮存，《玉篇·韭部》：“韱，思廉切。山韭。或作韯。”《玉篇·戈部》：“韱，思廉切。細也。今作韯。又山韭也。”有时将“韭”的最后一横笔也省掉，如“殱”见于唐永徽三年（652年）《竺君妻盖氏墓志》“遽殲明淑”。实际上，这种省简在隶变过程中就已经出现，如东汉夏承碑作“殱”。魏晋南北朝石刻楷字沿袭，如“殱”见于北魏《元恪贵华王普贤墓志》“殲此淑仁”。隋唐五代石刻楷字只是顺延而已。

实际上，这种省简不仅破坏了原有的形声结构，而且还造成了与其他构件区别性的丧失，可谓得不偿失。因为在隋唐五代时期石刻楷字中还出现了另外一个形体，如“㦰”见于隋大业九年（613年）《张虔墓志》“南陽戚里”；“㦰”见于唐显庆四年（659年）《支怀墓志》“豈戚戚於貧賤”，《碑别字新编》释读为“戚”。字形“㦰”是由“慽”形体发生变异而形成的，“慽”又通“戚”。因此字形“慽”形变作“㦰”是由于构件“戚”形变作“韯”，并省掉了最后一横笔。“韱”、“戚”形变都作“韯”，区别性丧失。

（2）构件“垚”。

《说文·垚部》：“垚，土高也。从三土。凡垚之屬皆从垚。”隶变楷化过程中，“垚”在充当汉字构件时往往会发生省减，隋唐五代石刻楷字中主要出现了以下几种类型的省减：有些分别省掉下部两个构件“土”的最后一横笔，如“饒”见于隋仁寿三年（603年）《苏慈墓志》“洪、吉、江、虔、饒、袁、撫七州諸軍事洪州總管安平安公故蘇使君之墓誌銘”，“曉”见于隋大业十三年（617年）《杜君妻郑善妃墓志》“明曉蔵誠”，“堯”见于唐开元十八年（730年）《刘庭训墓志》“堯之妃見日累累南流”，“翹”见于唐总章三年（670年）《李绩墓志铭》“叱吒而萬夫翹首”。

有些分别省掉三个构件“土”的最后一横笔作“卉”，如“澆”见于唐景福元年（892年）《悯忠寺重藏舍利记》“澆醨”。有的甚至进一步将笔画粘连作“𠁥”，如“堯”见于后唐同光四年（926年）《康赞羑墓志》“堯天自碧”，“饒”见于隋大业七年（611年）《张涛妻礼氏墓志》“表貨殖之饒”，“曉”见于后汉乾祐二年（949年）《祭渎记》“曉趨廟皃”。

还有些直接将下部两个构件“土”省减作一点一撇，如“饒”见于唐永徽六年（655年）《房基墓志》“饒陽男”。

构件“垚”的这几种省减变化均传承自魏晋南北朝石刻楷字，如“堯”见于北魏《元悌墓志》“信可以兩堯年之足”，“澆”见于北魏《元钻远墓志》“返澆薄之風”，“翹”见于北魏《寇猛墓志》“翹揚託誕”，“堯”见于北魏《元宁墓志》“其先唐堯之苗裔”。

（3）构件“卒”。

《说文·衣部》：“卒，隸人給事者衣爲卒。卒，衣有題識者。”《玉篇·衣部》：“卒，作没切。衆也，隸人給事也，行鞭也。又千忽切，急也。又子律切，終也。今作卒。卒，同上。”隋唐五代石刻中，部分楷字使用《玉篇》字头所采用的字形，如“卒”见于唐天宝二年（743年）《僧突墓志》“母卒”。

隶变楷化过程中，“卒”在充当汉字构件时往往会发生省减，隋唐五代石刻楷字中主要出现了以下几种类型的省减：一种情况是将“卒”

上部所从“衣”省减作四笔，如“卒”见于隋大业九年（613年）《郭宠墓志》“春秋五十九卒於軍伍”，“悴”见于唐麟德二年（665年）《任君妻王师墓志》“任君奄悴芳蹊”，“悴”见于唐贞元七年（791年）《唐故俱府君（慈顺）墓志铭》忠則盡悴，“萃”见于唐永贞元年（805年）《孙君妻卢氏墓志》“萃其慶靈”，“淬”见于唐大和五年（831年）《崔弘礼墓志》“程度以淬鍊之”，“倅”见于后唐天成二年（927年）《孙拙墓志》“雍京副倅”。另一种情况是将“卒”上部所从“衣”省减作两笔，如“悴”见于隋大业十年（614年）《樊氏墓志》“芝華儵悴”，“卒”见于隋大业十一年（615年）《范安贵墓志》“以卒吐谷□功授公右光禄大夫”。

“卒”字所从构件“衣”的变异均传承自魏晋南北朝时期，第一种情况，如“卒”见于北魏《卢令媛墓志》“卒於京室”，“粹”见于北魏《王翊墓志》“體鍾美之粹靈”。第二种情况，如“卒”见于北魏《于纂墓志》“卒於洛陽里第”，“粹”见于北魏《元谧妃冯会苌墓志》“陶清粹之氣”。

（4）构件“聶”。

《说文·耳部》：“聶，附耳私小語也。从三耳。”隋唐五代石刻楷字中，“聂”在充当构件时往往发生省减，即将三个构件“耳”合并，使它们三者共享某些笔画，如“躡”见于隋大业二年（606年）《李虎墓志》“既其跨躡行陣”，“攝”见于唐咸亨二年（671年）《唐故赵王（李福）墓志铭》“仍令三品一人攝同文正卿四品一人為副”，“攝”见于唐武周年间《栖岩寺诗刻》“五言《歳隟登栖巖寺》勑河東道括户兼采訪使右臺監察御史攝殿中侍御史張循憲緬聽山之巔”，“躡”见于唐开元二十一年（733年）《邓夫人墓志》“躡園綺之蹤”。前两例中，构件“聶”上部的“耳”与下部的两个“耳”共享中间的一横笔。后两例中，构件“聶”上部的“耳”与下部的两个“耳”共享中间一横笔，并且下部的两个“耳”共享中间一竖笔。

构件“聶”的省减变形传承自魏晋南北朝时期，如“躡”见于北魏《元悌墓志》“方當躡驃騎之遺蹤”，“攝”见于北齐《无量义经》“晝夜攝心常往禪”，“躡”见于北魏《元显魏墓志》“往躡丹墀”。

（5）构件“婁”。

《说文·女部》：“婁，空也。从母、中、女，空之意也。一曰婁，務也。”隋唐五代石刻楷字中，“婁”在充当构件时往往发生省减，省掉上部的一横笔。如“樓”见于唐龙朔三年（663年）《斛斯君妻张氏墓志》“屏龍匣於春樓”；“鏤”见于武周长寿三年（694年）《刘通墓志》“鏤玉字以騰英”；“屢”见于武周圣历三年（670年）《元瑛墓志》“屢承飛盖之歡”；“縷”见于武周圣历三年（670年）《宋君妻淳于氏墓志》“鶴機鳳縷”；“螻”见于唐开元五年（717年）《七品亡宫墓志》“螻蟻某思兮”；“數”见于唐开元十七年（729年）《张楚璋墓志》“數百里閒”。

构件“婁”的省减变形传承自魏晋南北朝时期，如“屢”见于北周《普安壮公墓志》“開闢屢出”，“螻”见于北魏《元晬墓志》“莫識螻蟻”。

（6）构件“齒”。

《说文·齒部》：“齒，口齗骨也。象口齒之形，止聲。凡齒之屬皆从齒。”隋唐五代石刻楷字中，“齒”在单独成字或者充当构件时往往省掉最后一竖笔。如“齡”见于唐永徽三年（652年）《杨清墓志》“包千齡而作範”；“齕”见于武周圣历二年（699年）《周善持墓志》“穢陳平之糠齕”；“齒”见于唐开元四年（716年）《安思节墓志》“持戒没齒”；“齰”见于唐乾符四年（877年）《崔滂妻李殷墓志》“而知人舌齰意思”。

构件“齒”的省减形变传承自魏晋南北朝时期，如“齡”见于北魏《元诱妻冯氏墓志》“弱齡懷哲”。相较而言，隋唐五代时期石刻楷字中构件“齒”省掉最后一竖笔的现象更为普遍。

（7）构件“尞”。

《说文·火部》：“尞，柴祭天也。从火从昚。昚，古文慎字。祭天所以慎也。”隋唐五代石刻楷字中，“尞”在充当构件时往往省减掉上部的一点笔和一撇笔。如“療”见于隋大业十一年（615年）《曹海凝墓志》“醫和不療”；“遼”见于武周万岁通天二年（697年）《刘子墓志》“遼河間人也”；“寮”见于武周圣历元年（698年）《裴咸墓志》“即百寮憚其亮直”；“燎”见于唐开元十九年（731年）《司马铨墓志》“夜庭終燎”；“獠”见于唐元和十四年（819年）《卢璠墓志》“山谷蠻獠舉酒祝延”；“璙”见于唐大中四年（850年）《史从庆墓志》“曰璙”。

构件“尞”的省减形变传承自魏晋南北朝时期，如“僚”见于北魏《元肃墓志》“群僚取則”。相较而言，隋唐五代时期石刻楷字中构件“尞”省掉上部一点笔和一撇笔的现象更为普遍。

（8）构件“直”。

《说文·乚部》：“直，正見也。从乚从十从目。”《玉篇·乚部》：“直，除力切。不曲也，準當也，侍也。直，今文。”隋唐五代石刻楷字中，“直”在充当构件时往往省掉中间一横笔，如“真”见于隋开皇十二年（616年）《李则墓志》“但真人命世”，“殖”见于唐元和三年（808年）《龙泉记》“菰蒲殖焉”，“植”见于唐元和十四年（819年）《崔载墓志》“府君植性廉潔”，“置”见于唐咸通十一年（870年）《唐故荆公（从皋）墓志铭》“滄、齊、德等州觀察處置使”，“鎮”见于后唐长兴四年（933年）《毛璋妻李氏墓志》“三臨雄鎮”。

构件“直”的省减变形传承自魏晋南北朝时期，如“植”见于北周《开府仪同贺屯植墓志》“公諱植”，“鎮”见于北魏《长孙瑱墓志》“鎮遠將軍益州刺史之孫”。

（9）构件“甫”。

甫，《说文·用部》：“男子美稱也。从用、父，父亦聲。”小篆作“甫”，隶变变楷化作“甫”。《玉篇·用部》：“甫，方禹切。始也，大也，我也。”隋唐五代石刻楷字中，“甫”在充当构件时往往省掉最后一点笔。如“黼”见于隋大业九年（613年）《郭宠墓志》“衣傳黼黻”；“蒲”见于隋大业十一年（615年）《王弘墓志》“澁先蒲柳”；“輔”见于唐永徽六年（655年）《王惠墓志》“俠輔衰晉”；“痛”见于唐龙朔三年（663年）《道因法师碑》“静痛毒於三漏”。

构件“甫”省掉最后一笔的形变传承自魏晋南北朝时期，如“補”见于东魏《叔孙固墓志》“預補天之功”，“輔”见于东魏《元尚之墓志》“輔人徒說”。

四、增繁构件

简化和繁化是汉字形体发展演变过程中自始至终存在着的一对矛盾。隋唐五代时期石刻楷字的形体中既有简化现象，也有繁化现象。就构件层面来讲，主要增加构件的笔画数量。这种在组合成整字的过程中，形体变得复杂的构件我们称之为增繁构件。

1．“辟”见于隋大业三年（607年）《刘渊墓志》“不應州郡之辟”；“梓”见于唐永徽三年（652年）《王宏墓志》“杞梓攸繁”；“宰”见于唐麟德二年（665年）《任君妻王师墓志》“職宰王府”；“莘”见于唐天宝四载（745年）《贾令琬墓志》“異有莘之媵臣”。

按“辛”，《说文》释形为“从一从𢆉”，而上举隋唐五代石刻楷字中，“辛”在充当汉字构件时在其下部又添加一横笔。这种增繁现象传承自魏晋南北朝时期，如“辟”见于北魏《邢峦妻元纯陁墓志》“詩書禮辟”，“宰”见于北齐《窦泰墓志》“協規上宰”，“莘”见于北魏《寇演墓志铭》“領袖僚莘”。

2．“眷”见于隋大业十二年（616年）《口彻墓志》“眷属煩惋”。

按“眷”，《说文》释形为“从目𢍏聲”。隶变楷化作“眷”，隋唐五代石刻楷字用例中，其上部构件增加一横笔。这一现象传承自魏晋南北朝时期，如“眷”见于东魏《惠好惠藏等造玉像记》“現在眷屬”。

3．“尊”见于唐《崔虞延墓志》“君之門兮禮樂尊”；“遵”见于唐开元九年（721年）《唐故契苾夫人墓志铭》“敬遵合祔之典”。

按“遵”，《说文》释形为“从辵尊聲”，其示音构件“尊”来源于《说文》“或體”字，即“䔿”，从酋，廾以奉之。或从寸。隋唐五代石刻楷字用例中，其构件“酋”与“寸”之间又增加了一横笔。这一现象传承自魏晋南北朝时期，如“尊”见于北魏《秦洪墓志》“垂年拜尊府号”，“遵”见于北魏《韩震墓志》“字遵道”。

4．“渠”见于隋大业十一年（615年）《王衮墓志》“石渠通識”；“拒”见于隋大业十一年（615年）《陈叔明墓志》“真明三年百六運拒庚子數終”；“矩”见于唐会昌四年（844年）《李正卿墓志》“承規襲矩”。

按“巨”，《说文》小篆作“巨”，释形为“从工，象手持之”。隶变楷化作“巨”。隋唐五代石刻楷字用例中，“巨”在充当构件时，往往会在其下部增加一短竖笔。这一现象传承自魏晋南北朝时期，如“矩”见于北魏《于祚妻和丑仁墓志》“動合規矩”，“拒”见于北魏《元珍墓志》“與陳伯支相拒”。

5．“緩”见于隋开皇四年（584年）《杨居墓志》“應諾憎緩”；“援”见于唐贞元二十年（804年）《陈皆墓志》“未必不由我之聲實相援也”。

按“爰”，《说文》释形为“从𠬪从于”。隶变楷化作“爰”。隋唐五代石刻楷字用例中，“爰”在充当汉字构件时往往会在其构件“于”上再增加一横笔。这一现象传承自魏晋南北朝时期，如“援”见于北魏《元羽墓志》“援聲革響”。

6．“貎”见于唐开元十八年（730年）《刘庭训墓志》“多叙以弈菜貎蟬”；“貊”见于唐天宝三载（744年）《张思鼎墓志》“推貊噎哭”；“貔”见于后周显德二年（955年）《石金俊妻元氏合祔志》“貔貅良将”；“貅”见于后周显德二年（955年）《石金俊妻元氏合祔志》“明宗皇帝以府君貔貅良将”。

按“豸”，《说文》小篆作“豸”，隶变楷化作“豸”。隋唐五代石刻楷字用例中，“豸”在充当表义构件时往往会在其右部增加一撇笔和一点笔，很大程度上是出于维持汉字整体的平衡性而增加的。这一现象在魏晋南北朝时期的石刻楷字中没有发现用例，据此推测，当为隋唐五代石刻楷字构件的新增变异现象。

7．“津”见于唐开元十六年（728年）《崔齐荣墓志》“水閲歸津”；“肆”见于唐开元十七年（729年）《法澄塔铭》“淫刑肆逞誣”；“律”见于唐大中四年（850年）《孙君妻张氏墓志》“協律克”；“建”见于唐元和三年（808年）《龙泉记》“傍建祠宇”。

按“聿”，《说文》释形为“从聿一聲”，隶变楷化作“聿”。隋唐五代石刻楷字中，“聿”处于整字的右部或者右上部充当汉字构件时往往会增加一点笔。这一现象传承自魏晋南北朝时期，如“建”见于北魏《元崇业墓志》“字子建”。相较而言，隋唐五代石刻楷字中，这种现象更为普遍。

8．“掩”见于唐广明元年（880年）《柳延宗墓志》“俄掩泉夜”；“淹”见于后唐同光四年（926年）《康赞羑墓志》“豈淹驥足在聲光而已”。

按“奄”，《说文》释形为“从大从申”，隶变楷化作“奄”。隋唐五代石刻楷字用例中，其构件“大”上增加两笔。这一现象在魏晋南北朝时期的石刻楷字中没有发现用例，据此推测，当为隋唐五代石刻楷字构件的新增变异现象。

9．“但”见于隋大业八年（612年）《孔神通墓志》“但勲望兼華”；“坦”见于唐会昌元年（841年）《大达法师玄秘塔碑》“坦無丘陵”；“怛”见于唐大中十四年（860年）《孙嗣初妻韦氏墓志》“倍深惻怛”。

按“旦”，《说文》释形为“从日見一上”。隋唐五代石刻楷字用例中，“旦”在充当汉字构件时，往往会在“一”上增加一点笔。这一现象传承自魏晋南北朝时期，如“坦”见于北魏《慈庆墓志》“宗父坦之出宰長社”，“但”见于北魏《尔朱袭墓志》“但恐其勇於授命”。

10．“彤”见于隋大业十年（614年）《席氏墓志》“故□幸侍彤宫”；“旃”见于隋大业十一年（615年）《伍道进墓志》“徽猷在旃”。

按“丹”，《说文》小篆作“丹”，隶变楷化作“丹”。隋唐五代石刻楷字中，“丹”在充当构件时往往会增一点笔。这一现象传承自魏晋南北朝时期，如“丹”见于北齐《牛景悦造石浮图记》“丹炎之麗”。

上述这四种构件变异的类型，在汉字隶变的过程中就已经出现。到魏晋南北朝时期，石刻楷字构件系统的变异程度进一步加剧，主要表现出以下三个方面的特点：形体变异情况严重，形体省简数量增加，形体增繁现象突出。[①]到隋唐五代时期，社会趋于稳定，楷书也逐步规范，其构件系统也逐步成熟规范。通过与魏晋南北朝石刻楷字构件系统的对比分析，我们发现隋唐五代石刻楷字构件系统的这种成熟规范性主要表现在两个方面：一是与魏晋南北朝石刻楷字的构件系统相比，许多变异形体已经被淘汰，其变异程度呈现下降趋势。换言之，即隋唐五代石刻楷字的构件系统对魏晋南北朝石刻楷字中尚处于发展变异过程中的构件系统有所节制。二是绝大部分在魏晋南北朝时期尚处于发展变异过程中的构件，到隋唐五代时期逐步走向定型，即使是还没有完全定型的构件形体，也已经体现出明显的选择倾向。

①参见郭瑞：《魏晋南北朝石刻楷字的传承与变异》，华东师范大学2008届博士论文。

第三节

新增变异情况

通过与魏晋南北朝石刻楷字构件变异情况的对比分析，我们可以看出有些构件的变异现象属于“时代为之”。这些具有鲜明时代特征的构件变异情况，往往具有两方面的重要价值。一方面，在参与构形的过程中，这批具有明显变异特征的构件将影响到整个相关部类的构字整体，它们中的绝大部分都可以作为楷字使用的时代标志，为汉字发展史的断代研究提供重要的参考。如构件“僉”形变写作“佥”，根据石刻文献用字推测，最迟的出现时间不会晚于隋唐五代时期。当然，这个构件的变异还可以为“检”、“捡”、“脸”等以“僉”作为示音构件的现代简化字的来源问题提供佐证。另一方面，它们之中的一些具有规律性的新增变异现象还可以为同时期文献材料的释读提供一些思路和帮助。如“烙”见于唐广明元年（880年）《柳延宗墓志》“左驍衛大将軍分司贈陝州都督”。根据构件变异的规律，应该释读为“督”。“督”，《说文》释形为“从目叔聲”，其示音构件“叔”，《说文》释形为“从又尗聲”。在隶变楷化的过程中，“督”形变作“烙”大致过程如下：首先，表义构件“目”混同于“日”。隋唐五代石刻楷字中有例证，如“晳”见于唐开元十年（722年）《李瑱墓志》“桂州都督工部侍郎”，“督”见于唐天宝十载（751年）《裴肃妻阳氏合祔志》“轉補潞州大都督府叅軍”，“督”见于唐元和十一年（816年）《郑志题名》“恒陽督府録事叅軍”。其次，示音构件“叔”的构件

“尗”作“𡭔”。隋唐五代石刻楷字中也有用例，如“戚”见于唐显庆五年（660年）《大唐赵王故妃宇文氏（修多罗）墓志铭》“固能飛名戚里”，“淑”见于唐元和七年（812年）《卢璠妻崔元二墓志》“性禀淑順”，“俶”见于后梁龙德二年（922年）《牛知业板筑新子墙记》“民斯俶擾”。最后，上下结构变为左右结构，隋唐五代石刻楷字中有用例，如“䨴”见于唐永徽三年（652年）《阎志雄墓志》“雲昏䨴暗”，“髫”见于唐开元二年（714年）《唐故平州刺史煦山公于府君（尚范）墓志》“髫髮丱齒”，“龔”见于唐会昌元年（841年）《大达法师玄秘塔碑》“承襲弟子義均”。根据以上构件形体变异规律和构件位置变异规律的例证分析，完全可以释“督”为“督”。

基于此，本节将对构件的新增变异情况进行专项调查。本节所谓的构件新增变异情况，主要是针对魏晋南北朝时期石刻文献用字所使用的构件而言的。即在魏晋南北朝时期石刻文献用字与隋唐五代时期石刻楷字共同使用的构件中，隋唐五代时期新出现的构件变体情况。按照实际情况，我们可以将这些构件的新增变异情况分为两种：一是部分构件中出现了一些新的变异形体；二是部分构件的形体由过渡形态走向“定型”[①]。

一、构件的新增变异形体

根据具体的使用情况，构件的新增变异形体可以再分为两种类型：一种是初露端倪，还未普及的新增变异形体；另一种是已具规模，颇为流行的新增变异形体。

（一）初露端倪，还未普及的新增变异形体

这种类型具体是指在隋唐五代石刻楷字中，构件的新增变异形体，仅仅出现了一个用例，其余用例的构件形体均保持与魏晋南北朝石刻楷字一致。

1. 构件“皆”写作“皆”

“皆”，《说文·白部》：“俱詞也。从比从白。”在魏晋南北

① “定型”在这里有两重意思：一是指构件位置的固定；二是指构件形体的定形。

朝石刻楷字语料库中，无论是单独成字还是充当汉字构件时，均作“皆”，其构件“白”省掉上面一笔，混同于“日/曰”。如“皆”见于北魏《穆纂墓志》“皆率然巧妙”；“諧”见于北魏《邢峦妻元纯阤墓志》“能變諧於衆列”；“偕”见于北魏《冯邕妻元氏墓志》“偕老爲期”；“楷”见于北魏《元顼墓志》“裴楷阮咸”；“喈”见于北魏《元延明墓志》“伯喈歸其文藉”；“階”见于北魏《郭显墓志》“台階峻極”。

而隋唐五代石刻楷字语料库中，“皆”在单独成字时，有一用例却采用了与现行规范字形相同的形体“皆”，据此推断，此形体当为隋唐五代石刻楷字构件新增变异形体。如“皆”见于唐大历六年（771年）《麻姑仙坛记》“皆世所無有也”。

根据调查，在隋唐五代石刻楷字语料库中，仅仅发现这一个用例，其余所有从“皆”的字中（包括单独成字时），“皆”仍然写作“皆”。

2. 构件“貝”写作“贝”

“貝”，《说文·贝部》：“海介蟲也。居陸名猋，在水名蜬。象形。古者貨貝而寶龜，周而有泉，至秦廢貝行錢。凡貝之屬皆从貝。”魏晋南北朝石刻楷书语料库中共贮存从“貝”的单字31个，均写作“貝”。如“賈”见于北魏《王翊墓志》“至如賈父北臨”；“貪”见于北魏《侯刚墓志》“貪欲滋競”；“賦”见于北魏《元斌墓志》“望秋月而賦篇”。

而隋唐五代石刻楷字语料库中，“贝”在充当构件时，出现了另外一种与现行简化字形体相同的字样“贝”，据此推断，此形体当为隋唐五代石刻楷字构件新增变异形体。如“價”见于唐开元五年（717年）《朱齐之墓志》“美價擅於當時”。

根据调查，在隋唐五代石刻楷字语料库中，仅仅发现此一例，其余所有从“貝”的字中，“貝”仍然全部写作“貝”。

3. 构件“襄”写作“襄”

“襄”，《说文·衣部》：“漢令：解衣耕謂之襄。从衣㲋聲。”魏晋南北朝石刻楷字语料库中，“襄”在充当构件时往往写作

"襄"、"𮝻"、"襄"。如"曩"见于北齐《窦泰妻娄黑女墓志》"頡頏曩烈"；"驤"见于北魏《元引墓志》"魏故龍驤將軍元公墓"；"驤"见于北魏《伏君妻昝双仁墓志》"大魏龍驤將軍"；"讓"见于北齐《窦泰妻娄黑女墓志》"禮讓爲心"；"讓"见于北魏《元灵曜墓志》"河南洛陽安衆鄉崇讓里人也"；"壤"见于北魏《公孙猗墓志》"四壤贖身"；"壤"见于北魏《元诲墓志》"乃作銘壤隧"；"穰"见于北魏《元勰妃李媛墓志》"膺此穰穰"。

而隋唐五代石刻楷字语料库中，"襄"在充当汉字构件时，除了继承魏晋南北朝石刻楷字中所采用的三种形体以外，还出现了另外一种形体"襄"。据此推断，这种形体当为隋唐五代石刻楷字构件的新增变异形体。如"壤"见于唐永贞元年（805年）《张道升墓志》"行春令而農夫擊壤"。

根据调查，在隋唐五代石刻楷字语料库中，仅仅发现此一例。

4. 构件"手"写作"乎"、"乎"

"手"，《说文》："拳也。象形。凡手之屬皆从手。"隶变楷化的过程中，"手"充当构件时采用什么样的形体往往与构件所处的位置有关。在魏晋南北朝石刻楷字语料库中，"手"在"看"字中充当构件时往往写作"手"。如"看"见于北魏《元斑墓志》"看松鳥淚"。

而隋唐五代石刻楷字语料库中，"手"在"看"字中充当汉字构件时，除了继承魏晋南北朝石刻楷字中所采用的形体以外，还出现了另外两种形体"乎"、"乎"。据此推断，这两种形体当为隋唐五代石刻楷字构件的新增变异形体。如"看"见于唐中和五年（885年）《李克用题名》"易定節度使撿挍司空王處存看題"；"看"见于唐开元十一年（723年）《唐故失府君（善光）墓志铭》"行看銷鑠"。

5. 构件"車"写作"丬"、"丰"

"車"，《说文·车部》："輿輪之緫名。夏后時奚仲所造。象形。凡車之屬皆从車。"魏晋南北朝石刻楷字语料库中，"車"在充当构件时均写作"車"，如"轉"见于北魏《元平墓志》"轉爲青州安東府功曹參"，"輪"见于北魏《檀宾墓志》"朱輪方昇"，"連"见于北魏《元寿安墓志》"外連寇讎"，"輔"见于北魏《元崇业墓志》“而輔仁之慶虚文”。

而隋唐五代石刻楷字语料库中，“车”在充当汉字构件时，除了继承魏晋南北朝石刻楷字中所采用的形体以外，还出现了另外两种形体“丬”、“丯”。据此推测，这两种形体当为隋唐五代石刻楷字构件的新增变异现象。如“将”见于唐开元五年（717年）《朱齐之墓志》“尋轉朝散大夫”；“䡖”见于唐乾符五年（878年）《敬能等造陁罗尼经幢》“即得轉生諸佛如来一生補處菩薩同會處生”。

（二）已具规模，颇为流行的新增变异形体

这种类型具体是指在隋唐五代石刻楷字中，构件的新增变异形体，出现了两个或者两个以上的用例，即这种新增的变异形体在当时已经具有普遍性。

1. 构件“乎”写作“乎”。

“乎”，《说文·兮部》：“語之餘也。从兮，象聲上越揚之形也。”小篆作“乎”。在魏晋南北朝石刻楷字语料库中，“乎”在单独成字或充当构件时往往写作“乎”或者“乎”。如“乎”见于北魏《元继墓志》“布柔嘉乎海岱”；“乎”见于北魏《元融墓志》“堂堂乎物莫能量也”；“呼”见于北魏《元项墓志》“嗚呼”；“呼”见于北魏《元纂墓志铭》“嗚呼哀哉”。

而隋唐五代石刻楷字语料库中，“乎”在单独成字或者充当构件时，除了继承魏晋南北朝石刻楷字中所采用的两种形体以外，还出现了另外一种形体“乎”，据此推断，此形体当为隋唐五代石刻楷字构件新增变异形体。如“乎”见于后唐同光四年（926年）《康赞羑墓志》“兆乎隱晦”；“呼”见于隋大业十二年（616年）《□彻墓志》“嗚呼哀哉”。

因此，在隋唐五代石刻楷字语料库中，“乎”在单独成字或者充当构件时，均有用例写作“乎”，可见，“乎”这种写法在当时已经具有普遍性。

2. 构件“旦”写作“旦”、“旦”、“旦”。

旦，《说文·旦部》：“明也。从日見一上。一，地也。凡旦之屬皆从旦。”魏晋南北朝石刻楷字语料库中，“旦”在单独成字或充当构件时均写作“旦”或者“旦”。如“旦”见于北魏《元勰妃李媛墓志》“王賜比旦”；“旦”见于北魏《元继妃石婉墓志》“如何一旦”；“但”见于北魏《元均之墓志》“但積善無徵”；“但”见于北魏《尒朱袭墓志》“但恐其勇於授命”；“怛”见于北魏《元廞墓志》“百僚哀怛”；“怛”见于北魏《元扬墓志》“僚友悲怛”。

而隋唐五代石刻楷字语料库中，“旦”在单独成字或者充当构件时，除了继承魏晋南北朝石刻楷字中所采用的两种形体以外，还出现了另外三种形体“旦”、“旦”、“旦”，据此推断，这三种形体当为隋唐五代石刻楷字构件新增变异形体。通过调查发现，这三种写法中，前面的两种写法已十分流行，最后一种写法仅仅发现一例。如“旦”见于唐贞元十七年（801年）《薛迅墓志》“哭無旦夕”；“旦”见于唐天宝十二载（753年）《李君妻裴氏墓志》“雖忘情於旦宅”；“但”见于唐大中四年（850年）《郑君妻卢氏墓志》“但紀歲月而已”；“但”见于唐大中十年（856年）《郑子容墓志》“餘與若母夫人郡君但有割奪之哀”；“但”见于唐永徽五年（654年）《刘皆砖志》“但塞雙陳”；“怛”见于唐咸通二年（861年）《唐故宋伯康墓志》“班友泣怛”；“怛”见于唐天宝四载（745年）《张俊墓志》“怛以字孤”；“壇”见于唐贞元二年（786年）《李戢妃郑中基墓志》“王屋天壇之下”；“壇”见于大历十年（775年）《如愿律师残墓志》“人人登壇十大德尼常真”。

3. 构件“貝”混同于构件“目”。

“貝”，《说文·贝部》：“海介蟲也。居陸名猋，在水名蜬。象形。古者貨貝而寶龜，周而有泉，至秦廢貝行錢。凡貝之屬皆从貝。”魏晋南北朝石刻楷书语料库中共贮存表义构件为“貝”且位于整字左部的单字22个，均写作“貝”。如“贈”见于北魏《元继墓志》“贈使持節丞相”；“贍”见于北魏《元熙墓志》“文藻富贍”；“貺”见于北魏《檀宾墓志》“洞照衡璧之貺”。

而隋唐五代石刻楷字语料库中，“貝”在充当构件时，出现了另外一种形体“目”，省掉最后两笔，与构件“目”混同。据此推断，此形体当为隋唐五代石刻楷字构件新增变异形体。如“贈”见于唐永徽六年

（655年）《王惠墓志》“贈司空宣簡公”；“贈”见于唐咸通十五年（874年）《张君妻刘冰墓志》“贈左僕射”；“瞻”见于唐开成六年（841年）《王炼墓志》“悉以應贍賓侶”。

从上面的例字我们可以看出，“貝”写作“目”已经带有一定的普遍性。“貝”混同于“目”的形体变异，导致了区别性的降低，使得第二例中“贍”与“瞻”同形相混，只有依赖于具体的语境才能区分。

4. 构件“僉”写作“佥”。

“僉”，《说文·亼部》：“皆也。从亼从吅从从。《虞書》曰：‘僉曰伯夷。’”魏晋南北朝石刻楷字语料库中，“僉”在单独成字或充当构件时均写作“僉”、“㑒”、“佥”。如“僉”见于东魏《高盛墓碑》“餘風僉以”；“㑒”见于北魏《元乂墓志》“僉望有歸”；“嶮”见于北魏《元延明墓志》“據金湯之嶮”；“嶮”见于东魏《叔孙固墓志》“備嘗嶮岨”；“險”见于东魏《元澄妃冯令华墓志》“而無險詖之志”；“險”见于北齐《窦泰墓志》“憑險逆命”；“斂”见于东魏《元湛墓志》“貴戚斂手”；“斂”见于北魏《尔朱绍墓志》“斂翼侍駽”；“斂”见于北魏《元顺墓志》“斂衿見肘”；“劍”见于北齐《高湝墓志》“劍窮論說”；“劍”见于北魏《元诱墓志》“崖岸儕於負劍”；“劍”见于北魏《乞伏宾墓志》“明悟形於負劍”。

而隋唐五代石刻楷字语料库中，“僉”在充当构件时，除了继承魏晋南北朝石刻楷字中所采用的三种形体以外，还出现了另外一种形体“佥”，与现行简化字的形体相同，有时甚至还会出现笔画之间的粘连。据此推断，这种形体当为隋唐五代石刻楷字构件新增变异形体。通过调查发现，这种写法在当时已经十分流行。如“俭”见于唐大和八年（834年）《朱君妻赵氏墓志》“加之以恭儉施惠”；“俭”见于唐建中元年（780年）《唐故内寺伯祁府君（日进）墓志铭》“□義儉身”；“检”见于后周显德三年（956年）《萧处仁墓志》“詔還授右金吾衛將軍檢校司徒”；“剑”见于唐天宝十四载（755年）《张登山墓志》“杖劍出塞”；“敛”见于唐开成元年（836年）《唐故贾府君（雄）墓志铭》“哀誠斂涕”。

5. 构件“堇”写作“𡋾”。

“堇”，《说文·堇部》：“黏土也。从土，从黄省。凡堇之屬皆从堇。”魏晋南北朝石刻楷字语料库中，“堇”在充当构件时均写作“堇”、“堇”、“堇”。如“勤”见于北齐《高淯墓志》“魏朝式仰家勤”；“勤”见于北齐《无量义经》“勤苦脩習衆德行”；“謹”见于北齐《窦泰妻娄黑女墓志》“服膺孝謹”；“謹”见于北魏《冯邕妻元氏墓志》“覿伯姬之謹重”；“謹”见于北魏《元廞墓志》“操執端謹”。

而隋唐五代石刻楷字语料库中，“堇”在充当构件时，除了继承魏晋南北朝石刻楷字中所采用的三种形体以外，还出现了另外一种形体“𡋾”。据此推断，这种形体当为隋唐五代石刻楷字构件新增变异形体。隋唐五代石刻楷字语料库中，共有两例采用此种写法，如“僅”见于隋大业三年（607年）《张怦墓志》“百粒僅存”，“勤”见于武周延载元年（694年）《房怀亮墓志》“夙著功勤”。

6. 构件“氐”写作“氏”。

“氐”，小篆作“𠂆”，《说文·氐部》：“至也。从氏下箸一。一，地也。凡氐之屬皆从氐。”“氏”，小篆作“𠂆”，《说文·氏部》：“巴蜀山名岸脅之旁箸欲落墮者曰氏，氏崩，聞數百里。象形，乀聲。凡氏之屬皆从氏。”楷化过程中，“氐”、“氏”区别性降低，于是在“氏”的右边加一点笔，“氐”则写作与“互”相近的形体，以增加二者的区别性。在魏晋南北朝石刻楷字语料库中，用例皆与此对应，即“氐”可以写作“互”，“氏”绝不写作“互”，“氏”的右边增加一点笔，“氐”的右边绝不增加，二者严格区分。“氐”写作“互”的用例，如“低”见于北周《马龟墓志》“低昂而入室”，“低”见于北魏《元谭妻司马氏墓志》“低昂旌柳”，“邸”见于东魏《元湛妃王令媛墓志》“蕃邸率禮”，“邸”见于北魏《元朗墓志》“言發朱邸”，“砥”见于北魏《元焕墓志》“砥厲三善之樂”，“砥”见于北齐《元贤墓志》“砥躡鑾荆”。“氏”绝不写作“互”，而是在其旁加上一点笔，如“氏”见于北魏《穆彦妻元洛神墓志》“魏故穆氏元夫人墓誌”，“祇”见于北魏《王诵妻元贵妃墓志》“天祇降祉”，“祇”见于北魏《元宁墓志》“豈悟神祇”，“祇”见于北魏《元颢墓志》“神秖斯啓”。

有关于“氐”与“氏”的区别，唐抄本《名义》中贮存的部类也均严格遵循这一区别性特征。“氐”可以写作“互”，如“低”写作“㐌”，“邸”写作“邳”，“呧”写作“呾”，“抵”写作“拞”等等。“氏”绝不写作“互”，仍写作“氏”，如“氏”写作“氏”，“坻”写作“坻”等等。

而隋唐五代石刻楷字语料库中，“氐”与“氏”已混淆。混淆的情况有两种：一种为“氐”可以省一点写作“氏”。如“底”见于隋大业十一年（615年）《张志相妻潘善利墓志》“月沉山底”；“坻”见于唐贞观十六年（642年）《唐独孤使君（开远）墓志铭》“扼隴坻而控秦川”；“抵”见于唐会昌三年（843年）《神策军碑》“抵璧捐金”。另一种为“氏”的右边也可以加一点笔，如“底”见于唐会昌二年（842年）《文鉴等造陁罗尼经幢》“莎訶娑羅遏羅濕弥珊珠姪底（廿六）”。

总之，“氐”与“氏”在魏晋南北朝时期还有明显的区别，没有混淆，而到隋唐五代时期却开始混淆，这种构件形体混同现象当为隋唐五代石刻楷字构件新增变异情况。

7. 构件“叔”写作“尗攵”。

“叔”，《说文·又部》：“拾也。从又尗聲。汝南名收芌爲叔。”魏晋南北朝石刻楷字语料库中，“叔”在单独成字或者充当构件时往往写作“叔”、“尗寸”、“尗寸”。如“叔”见于北魏《尔朱绍墓志》“其先出自周王虢叔之”；“尗寸”见于北魏《檀宾墓志》“裴叔業啓爲府主薄”；“尗寸”见于北魏《元灵曜墓志》“以帝叔之尊”；“淑”见于北魏《元谭妻司马氏墓志》“誕兹淑令”；“淑”见于北魏《慈庆墓志》“於昭淑敏”；“淑”见于北魏《于祚妻和丑仁墓志》“令淑著自綺年”；“督”见于北魏《胡明相墓志》“使持節都督並州諸軍事”；“督”见于北魏《元馗墓志》“都督徐州諸軍事”；“督”见于北魏《元宁墓志》“都督武陽侯”。

而隋唐五代石刻楷字语料库中，“叔”在充当构件时，除了继承魏晋南北朝石刻楷字中所采用的三种形体以外，还出现了另外一种形体“赦”。据此推断，这种形体当为隋唐五代石刻楷字构件新增变异情况。隋唐五代石刻楷字语料库中，仅有一例采用这种形体，“督”见于隋大业十二年（616年）《卜鉴墓志》“齊光州禄事叅軍督察”。

此例中，“督”的形体变异包括两个部分：一是示音构件的“叔”的变异。其中，二级构件“尗”混同于“赤”，同时二级构件“又”混同于“攵”，导致整个示音构件“叔”混同于“赦”。二是表义构件的变异。即表义构件“目”被替换为“日”。虽然含有构件“叔”的字中仅仅有一例发生这样的形变，但是其二级构件“尗”混同于“赤”、“又”混同于“攵”的现象在隋唐五代石刻楷字中均有同例。如“戚”见于隋大业十二年（616年）《徐氏墓志》“由是騰芳戚里”；“戚”见于唐开元十六年（728年）《崔齐荣墓志》“地華邦戚”。这两例中，构件“尗”均混同于“赤”。“寂”见于唐贞元八年（792年）《李宏墓志》“寂寂幽途”；“督”见于唐元和十一年（816年）《郑志题名》“定州大都督”。这两例中，构件“又”混同于“攵”。因此，构件“叔”写作“赦”已经具有一定的普遍性。

8. 构件“臣”写作“刂”。

“臣”，《说文·臣部》：“牵也。事君也。象屈服之形。凡臣之屬皆从臣。”魏晋南北朝石刻楷字语料库中，“臣”在充当汉字的二级构件时往往写作“臣”、“彐”。如“堅”见于北魏《尒朱袭墓志》“乃起家拜君中堅將軍”；“堅”见于北魏《净悟浮图记》“道力貞堅”；“藍”见于北齐《高湇墓志》“爲青跨藍”；“藍”见于北魏《元袭墓志》“不假色於朱藍”。

而隋唐五代石刻楷字语料库中，“臣”在充当汉字的二级构件时，除了继承魏晋南北朝石刻楷字中所采用的两种形体以外，还出现了另外一种形体“刂”。据此推断，这种形体当为隋唐五代石刻楷字构件新增变异形体。隋唐五代石刻楷字语料库中，共有四例采用此种写法，已经具有普遍性。如“鏗”见于隋大业七年（611年）《刘则墓志》“拖珠珮以鏗鏘”；“坚”见于唐元和九年（814年）《乔进臣买地券》“保人辰堅故”；“贤”见于唐咸通十二年（871年）《阎肇墓志》

"有心膂之賢"；"监"见于唐《张去奢墓志》"遷少府監"。

"檻、籃、藍、覽、濫"等形体在现代简化字中均简化作"槛、篮、蓝、览、滥"，其中的构件"臣"均省减作两短竖，这一省减现象最早出现的时间应该就在隋唐五代之际。

9．构件"門"写作"门"。

"門"，《说文·门部》："聞也。从二戶。象形。凡門之屬皆从門。"魏晋南北朝石刻楷字语料库中，"門"在单独成字或者充当构件时写作"門"，或者将上部的笔画断开，写作"門"。如"門"见于北魏《王翊墓志》"捫景帶虹"；"門"见于北魏《元湛妻薛慧命墓志》"門師釋僧澤書"；"開"见于北魏《元思墓志》"無不開咏"；"開"见于北魏《元子直墓志》"眞定開國縣公"；"問"见于北魏《元悌墓志》"問嘉知十"；"問"见于北魏《元熙墓志》"問禮所憑"；"聞"见于北魏《檀宾墓志》"威略聞於魏闕"；"聞"见于北魏《元诱妻薛伯徽墓志》"一聞無味"。

而到隋唐五代石刻楷字语料库中，"门"在单独成字或充当构件时，除了继承魏晋南北朝石刻楷字中所采用的两种形体以外，还出现了另外一种形体"门"。这个形体是草书楷化的典型例子，虽然在隶变过程中已经使用，但是并未带有普遍性。到隋唐五代石刻楷字中，这个形体已经十分普遍，含有构件"门"的楷字均有用例写作"门"，因此，我们把它归为隋唐五代石刻楷字构件的新增变异形体。如"门"见于唐开元十五年（727年）《敬觉墓志》"故後嗣高門象賢"；"开"见于唐天宝元年（742年）《张本墓志》"去開元廿二年授冀州衆軍"；"闻"见于唐天祐十八年（921年）《窦真墓志》"四海驚聞"；"闭"见于唐大和四年（830年）《刘渶润妻杨珽墓志》"粧奩遽閉"；"闲"见于唐天祐十八年（921年）《窦真墓志》"惟慕清閑"；"间"见于唐开成三年（838年）《杨氏墓志》"人閒之苦莫甚於此"；"阁"见于唐大和四年（830年）《刘渶润妻杨珽墓志》"香閤永辭"；"阑"见于唐开元十五年（727年）《敬觉墓志》"侍講丹闈"；"阙"见于唐天宝六载（747年）《唐故少府监范阳县伯张公（去奢）墓志铭》"伏闕申理"；"阙"见于唐神龙二年（706年）《甘基墓志》"闕澤飛上月之名”。

10．构件“言”写作“讠”。

“言”，《说文》：“直言曰言，論難曰語。从口辛聲。凡言之屬皆从言。”魏晋南北朝石刻楷字语料库中共贮存以“言”作为表义构件的字样205个，全部写作“言”。如“諸”见于北魏《元谧墓志》“如彼諸姬”；“誌”见于北魏《贾瑾墓志》“賈散騎之墓誌”；“詔”见于北魏《郑黑墓志》“詔京師太學書立三體石碑”；“詠”见于北魏《元思墓志》“無不開詠”；“議”见于北齐《无量义经》“稽首歸依難思議”等等。

而隋唐五代石刻楷字语料库中，“言”在充当构件时，除了继承魏晋南北朝石刻楷字中所采用的形体以外，还出现了另外一种形体“讠”。这个形体是草书楷化的典型例字，虽然在隶变过程中已经使用，但是并未带有普遍性。隋唐五代楷字中出现了两种形体并存的局面。隋唐五代石刻楷字中共贮存包含有构件“言”的单字148个，其中有21个单字下所统摄的字样是两种形体并存。如“諸”见于唐咸通某年《王容墓志》“晉陽之胄冠諸宗”，“诸”见于唐开元二十八年（740年）《唐故范公（安及）墓志铭》“洎諸孤在疚”；“訓”见于唐大中十三年（859年）《王公素墓志》“訓子承家”，“训”见于唐元和十二年（817年）《唐（张氏）夫人吕氏墓志》“訓誨禮儀”；“訴”见于唐元和十四年（819年）《李弘亮墓志》“天遠難訴”，“诉”见于唐大历十一年（776年）《王景秀墓志》“號訴於天”等等。

11．构件“芻”写作“多”、“刍”。

“芻”，《说文·艸部》：“刈艸也。象包束艸之形。”小篆作“芻”。《玉篇·艸部》：“楚俱切。茭草。《說文》云：‘刈艸也。俗作蒭。’”魏晋南北朝石刻楷字语料库中，“芻”在充当汉字的构件时往往写作“多”、“刍”。如“鄒”见于东魏《李挺墓志》“非唯鄒鄭”，“鄒”见于东魏《王盖周等一百三十四人造像记》“鄒文憙”，“騶”见于北魏《元顺墓志》“彤騶是導”，“趨”见于东魏《元悰墓志》“擁篲趨士”。

而隋唐五代石刻楷字语料库中，“芻”在充当汉字构件时，除了继承魏晋南北朝石刻楷字中所采用的两种形体以外，还出现了另外两种形体“刍”、“刍”。据此推断，这两种形体当为隋唐五代石刻楷字构件的新增变异形体。根据调查，前一种形体在隋唐五代石刻楷字中，已经具有普遍性，后一种形体仅仅发现一例。前者如“鄒”见于隋大业十年（614年）《贾玄赞墓志》“慮鄒衢之莫辯”；“雛”见于唐开元五年（717年）《崔宜之墓志》“誕生鳳雛”；“騶”见于唐元和十二年（817年）《杨宁墓志》“具訓群騶”；“趨”见于闽永隆年间《坚牢塔记》“猶趨潤礎之隅”。后者如“鄒”见于隋仁寿四年（604年）《刘相及妻邹氏墓志》“夫人鄒氏恒陽人也”。

构件“芻”新增的这两种形体越来越简单，与今天简化字中“刍”的形体已经十分接近。

12. 构件“豸”写作“豸”。

“豸”，《说文》小篆作“豸”，“獸長脊，行豸豸然，欲有所司殺形。凡豸之屬皆从豸”。魏晋南北朝石刻楷字语料库中，“豸”在充当构件时均写作“豸”或者“豸”。如“貂”见于北魏《侯愔墓志》“纓貂累襲”；“貂”见于北魏《尔朱绍墓志》“金貂燿首”；“豹”见于东魏《元湛墓志》“豹文可辯”。

隋唐五代石刻楷字语料库中，“豸”在充当汉字构件时，除了继承魏晋南北朝石刻楷字中所采用的两种形体以外，还出现了另外一种形体“豸”。据此推测，当为隋唐五代石刻楷字构件的新增变异现象。根据调查，这一变异在隋唐五代时期已经带有普遍性。如“貂”见于唐开元十八年（730年）《刘庭训墓志》“多叙以弈棻貂蟬”；“貊”见于唐天宝三载（744年）《张思鼎墓志》“推貊噎哭”；“貔”见于后周显德二年（955年）《石金俊妻元氏合祔志》“貔貅良将”；“貅”见于后周显德二年（955年）《石金俊妻元氏合祔志》“明宗皇帝以府君貔貅良将”。

13. 构件“奄”写作“奄”。

“奄”，《说文·大部》：“覆也。大有餘也。又，欠也。从大从申。申，展也。”魏晋南北朝石刻楷字语料库中，“奄”在充当构件时均写作“奄”或者“奄”。如“奄”见于北魏《尔朱绍墓志》“横流奄及”；“奄”见于北魏《元斑墓志》“瑶池奄翠”；“掩”见于北魏《元晖墓志》“掩光寒暑”；“掩”见于北魏《元恪贵华王普贤墓志》“掩暖伊川”。

而隋唐五代石刻楷字语料库中，“奄”在充当汉字构件时，除了继承魏晋南北朝石刻楷字中所采用的两种形体以外，还出现了另外一种形体“奄”。据此推测，当为隋唐五代石刻楷字构件的新增变异现象。根据调查，这一变异在隋唐五代时期已经带有普遍性。如“掩”见于唐广明元年（880年）《柳延宗墓志》“俄掩泉夜”；“淹”见于后唐同光四年（926年）《康赞羑墓志》“豈淹驥足在聲光而已”。

14. 构件“巠”写作“至”。

“巠”，《说文·川部》：“水脈也。从川在一下。一，地也。壬省聲。一曰水冥巠也。”魏晋南北朝石刻楷字语料库中，“巠”在充当汉字构件时一般写作“巠”和“至”。如“經”见于北魏《邢峦妻元纯阤墓志》“慱搜經藏”；“經”见于北魏《元纂墓志铭》“惟國之經”；“涇”见于北魏《元腾及妻程法珠墓志》“使持節都督秦雍涇涼益五州諸軍事”；“涇”见于北魏《元继墓志》“都督雍涇岐華四州諸軍事”。

而隋唐五代石刻楷字语料库中，“巠”在充当汉字构件时，除了继承魏晋南北朝石刻楷字中所采用的两种形体以外，还出现了另外一种形体“至”。据此推测，这种形体当为隋唐五代石刻楷字构件的新增变异形体。根据调查，这一变异在隋唐五代时期已经带有普遍性。如“勁”见于唐乾元元年（758年）《慕容晓墓志》“勁風殞人”；“勁”见于唐某年《孙说墓志》“壁傷以勁”。

总之，我们认为上述第一种类型，由于仅仅存在孤证，所以不排除其中存在着书写者或者刻写者的个人主观因素。第二种类型，由于已经具有普遍性，因而可以确定它们是一种社会行为，绝非个人随意或者刻意为之，可以总结为形体变体的一种规律，同时为汉字发展史的断代研究提供佐证。

二、构件的形体由过渡形态走向“定型”

这里所谓的构件定型包括两个方面：一是指构件位置的固定；二是指构件形体的定形。

（一）构件位置的固定

1．“髟”部字结构的固定。

“髟”，《说文·髟部》：“長髮猋猋也。从長从彡。凡髟之屬皆从髟。”魏晋南北朝石刻楷字语料库中，含有构件“髟”的字形结构处于由上下结构向左右结构过渡的阶段，其表现为两种结构类型并存。如“髦”见于北魏《元勰妃李媛墓志》“豈伊髦俊”，“髮”见于北魏《净悟浮图记》“初落髮於天台□隱寺”，“髴”见于东魏《元澄妃冯令华墓志》“曾何髣髴”，“髣”见于北魏《陈天宝造像记》“近情之髣”，“髮”见于北齐《元贤墓志》“君爰自揔髮”，“鬢”见于北魏《元珍墓志》“明瑠燿鬢”。有时，甚至为了维持左右结构的平衡，而将表义构件“髟”的右部三笔省掉，如“鬢”见于北魏《元朗墓志》“鬢髮皓然俱白”，“髦”见于北魏《元项墓志》“海内髦傑”。

以上这些例字，在隋唐五代石刻楷字语料库中，则全部采用左右结构的字形。如“髦”见于唐建中元年（780年）《颜惟贞庙碑阳》“西平定侯諱髦”；“髴”见于唐显庆二年（657年）《唐亡宫五品墓志铭》“曾何髣髴”；“髣”见于唐元和十二年（817年）《李岗墓志》“髣髴如接”；“髮”见于唐开元十五年（727年）《周绍业妻赵璧墓志》“翦髮俟客”；“鬢”见于隋大业八年（612年）《萧氏墓志》“蟬飛入鬢”。经过调查发现，在我们所整理的隋唐五代石刻楷书语料库中，共收录从“髟”的字样41个，其中有39个字样选择了左右结构，仅有两例选择上下结构。

相较而言，在隋唐五代时期，“髟”部字更加趋向于选择左右结构的字形。

2．䰟—魄。

“魄”，《说文·鬼部》：“陰神也。从鬼白聲。”小篆作

“䰟。”《玉篇·鬼部》：“普格切。人之精爽也。《说文》曰：‘陰神也。又普各切。亦作䰟。’”魏晋南北朝石刻楷字语料库中，共贮存6个字样，4个选择左右结构，2个选择上下结构。如“魄”见于北魏《元倪墓志铭》“委魄荒原”；“㚆”见于南朝陈《刘猛进碑》“子億悲魄同雲而永去”。

而隋唐五代石刻楷字语料库中，共贮存2个字样，全部选择左右结构。如“魄”见于唐开元三年（715年）《崔公妻李氏墓志》“魂魄遊兮闕塞傍”；“魄”见于唐元和十四年（819年）《卢璠墓志》“避適寝以寧體魄”。

相较而言，隋唐五代时期，“魄”最终定型为左右结构。

3. 啟—啓。

“啟”，《说文·攴部》：“教也。从攴启聲。《论语》曰：‘不憤不啟。’”小篆作“啟”。《玉篇·攴部》：“啓，口禮切。《説文》云：‘教也。又開發也。’”在《玉篇》中其字头已经调整为上下结构，写作“啓”。魏晋南北朝石刻楷字语料库中，共贮存12个字样，11个选择上下结构，1个选择左右结构。如“啓”见于北魏《元新成妃李氏墓志》“寶胄啓於伯陽”；“啟”见于北魏《山徽墓志》“其先啓蹤遼右”。

而隋唐五代石刻楷字语料库中，共贮存13个字样，全部选择上下结构。如“啓”见于唐贞观五年（631年）《唐故李寿墓志》“時逢啓聖”；“啓”见于武周神功元年（697年）《逯贞墓志》“復啓河陽”。

相较而言，隋唐五代时期，“启”最终定型为左右结构。

4. 㴁—海。

“海”，《说文·水部》：“天池也。以納百川者。从水每聲。”小篆作“海”。《玉篇·水部》：“呼改切。大也，受百川，萬谷流入。㴁，同上。”魏晋南北朝石刻楷字语料库中，共贮存8个字样，5个选择左右结构，3个选择上下结构。其中上下结构的字样中，两个构件的位置还不稳定，可以互换。如“海”见于北魏《张玄墓志》“根通海翰”；“㴁”见于北魏《元继妃石婉墓志》“勃海南皮人也”；“𣳚”见于东魏《廉富等造像记》“□心法海”。最后一例中，构件

"每"发生变异，混同于"母"。

而隋唐五代石刻楷字语料库中，共贮存4个字样，3个选择左右结构，1个选择上下结构。如"海"见于后唐长兴四年（933年）《王禹墓志》"守器乃百川赴海"；"𣴴"见于唐开元十八年（730年）《高惩墓志》"渤海蓨人也"。

相较而言，隋唐五代时期，"海"的字形结构更为稳定。

（二）构件形体的定形

这里所谓的"构件形体的定形"是相对而言的，因此，根据其定形的程度可以分为两类：一类是完全定形的构件；一类是趋向于定形的构件。

构件形体的定形是相对于魏晋南北朝石刻楷字而言的。在魏晋南北朝时期的石刻文字中，部分构件的形体并没有完全定形，其主要表现为：同一个字位下，有些字样使用去古未远的构件形体，有些字样则使用尚未丧失独立性的构件。即同一字位下所统摄的字样所采用的构件形体存在差异。而到隋唐五代时期的石刻文字中，这些构件的形体已经统一。下面是我们统计出来的具体用例。

一类是完全定形的构件。

1."更"

"更"，《说文·攴部》："改也。从攴丙聲。"小篆作"𠣍"。魏晋南北朝石刻楷字语料库中，"更"字尚处于记号化的过程之中，表现为两种形体并存。如"𠣍"见于北魏《元端墓志》"更遷散騎常侍"；"更"见于北魏《元乂墓志》"乃更蘇粒"。在充当汉字构件时，"更"也存在两种形体。如"哽"见于北齐《光州刺史郑述祖重登云峯山题记》"發聲哽塞"；"哽"见于北魏《冯迎男墓志》"親侶哽噎"。"便"见于北齐《光州刺史郑述祖重登云峰山题记》"便以此夏"；"便"见于北魏《张玄墓志》"便是環寶相歎"。

而在隋唐五代石刻楷字语料库中，已经全部写作"更"，如"更"见于唐永徽三年（652年）《杨佰陇墓志》"其馨更遠"。作为构件的"更"也已经完全统一。隋唐五代石刻楷字语料库中共贮存含有构件"更"的单字5个，字样9个，全部写作"更"。如"鯁"见于隋大业十一年（615年）《王弘墓志》“祖威齊禦史大夫秦州剌史𩹉氣正情邦之司直”；“哽”见于唐显庆五年（660年）《桓锐墓志》“雲呈氣哽”；“梗”见于唐开元十九年（731年）《刘禄墓志》“梗汎三川”；“便”见于唐元和十四年（819年）《卢璠墓志》“佐便宜之新令”；“綆”见于唐光化二年（899年）《唐故李府君（令崇）墓志铭》“自知短綆之詞”。

相较而言，在隋唐五代时期，“更”的形体完全记号化并定形化。

2.“阜”

“阜”，《说文·阜部》：“大陸，山無石者。象形。凡𨸏之屬皆从𨸏。”小篆作“𨸏”。魏晋南北朝石刻楷字语料库中，“阜”在整字的左部充当表义汉字构件时，其形体尚处于过渡阶段，表现为两种形体并存。如“隴”见于北魏《净悟浮图记》“後渡江遠游開隴遂”；“隴”见于北魏《元弼墓志》“隴西定公”。“除”见于北魏《元融墓志》“除驍騎將軍”；“除”见于北魏《高珪墓志》“仍除持節督齊州諸軍事”。“陳”见于北魏《元端墓志》“雖陳韓子房”；“陳”见于北魏《张玄墓志》“妻河北陳進壽女”。

而隋唐五代时期的石刻楷字语料库中，构件“阜”的形体已经趋于统一。根据统计，隋唐五代石刻楷字语料库中共贮存以“阜”作为表义构件的单字22个，字样31个，全部写作“阝”。如“隴”见于隋大业八年(612年）《王君妻成公氏墓志》“寂寂荒隴”；“除”见于隋开皇三年（583年）《寇遵考墓志》“後二年除散騎侍郎”；“陳”见于隋大业十年（614年）《陈花树墓志》“宫人姓陳”。

相较而言，在隋唐五代时期，构件“阜”已经趋于定形。

3.“者”

“者”，《说文·白部》：“別事詞也。从白𣥒聲。𣥒，古文旅字。”小篆作“者”。北朝石刻楷字语料库中，“者”字形体尚处于过渡阶段，表现为两种形体并存。如“者”见于北魏《元悌墓志》“獨出群輩者矣”；“者”见于晋《黄庭内景经》“黄庭内景經者”。在充当汉字构件时，“者”也存在两种形体。如“緒”见于北齐《窦泰妻娄黑女墓志》“世緒之盛”；“緒”见于北魏《秦洪墓志》“以揚芳緒”。“署”见于北齐《窦泰墓志》“不署翟公之門”；“署”见于东魏《赠沧州刺史王僧墓志》“功名顯署”。“堵”见于晋《骠骑将军韩寿墓碣》“南陽堵陽韓府君墓神道”；“堵”见于北魏《元显魏墓志》“東堵冥貺”。“都”见于北齐《窦泰妻娄黑女墓志》“以疾薨於鄴都允忠里第”；“都”见于北魏《穆亮墓志》“高祖崇侍中太尉宜都貞公”。

而在隋唐五代石刻楷字语料库中，已经全部写作“者”，如“者”见于隋开皇十二年（592年）《李则墓志》“難得而稱者矣”。作为构件的“者”也已经完全统一。隋唐五代石刻楷字语料库中共贮存含有构件“者”的单字17个，字样26个，全部写作“者”。如“緒”见于隋大业十一年（615年）《荀君妻宋玉艳墓志》“門承素緒”；“署”见于隋大业十一年（615年）《萧翘墓志》“飛纓祕署”；“諸”见于唐咸通某年《王容墓志》“晉陽之胄冠諸宗”；“都”见于唐天宝十五载（756年）《刘智墓志》“左衛果毅都尉”。

相较而言，在隋唐五代时期，“者”的形体已经完全定形。

4.“角”

“角”，《说文·角部》：“獸角也。象形，角與刀、魚相似。凡角之屬皆从角。”小篆作“角”。魏晋南北朝石刻楷字语料库中，“角”字形体尚处于过渡阶段，表现为两种形体并存。如“角”见于北魏《高珪墓志》“善風角星算六日七分”；“角”见于北魏《笱景墓志》“及日角有歸”。在充当汉字构件时，“角”也存在两种形体。如“解”见于东魏《李挺墓志》“尋解餘任”；“解”见于北魏《邢峦妻元纯阤墓志》“薨於滎陽郡解别館”。“觴”见于北齐《窦泰墓志》“神福之觴成禍”。

而在隋唐五代石刻楷字语料库中，已经全部写作“角”，如“角”见于隋开皇十五年（595年）《段威墓志》“左奎右角之勢”。作为构件的“角”也已经完全统一。隋唐五代石刻楷字语料库中共贮存含有构件“更”的单字11个，字样23个，全部写作“角”。如“解”见于唐天宝十载（751年）《崔湛墓志》“識洞懸解”；“觸”见于唐大中九年（855年）《礼佛图阴》“無色聲香味觸法”；“觴”见于唐永徽六年（655年）《徐君通墓志》“悦清觴於勝境”。

相较而言，在隋唐五代时期，“角”的形体已经完全定形。

5.“心”

“心”，《说文·心部》：“人心，土藏，在身之中。象形。博士說以爲火藏。凡心之屬皆从心。”小篆作“𢗰”。魏晋南北朝石刻楷字语料库中，“心”在整字的左部充当表义汉字构件时，其形体尚处于过渡阶段，表现为两种形体并存。如“情”见于北齐《窦泰妻娄黑女墓志》“神情雅潤”；“情”见于北魏《元崇业墓志》“冰情外朗”。“性”见于北魏《元天穆墓志》“苞五常之性”；“性”见于晋《黄庭经》“扶養性命守虛無”。“恂”见于北齐《窦泰墓志》“司空以恂恂著稱”；“恂”见于北魏《寇偘墓志》“漢故大將軍恂之遺英”。

而隋唐五代时期的石刻楷字语料库中，构件“心”的形体已经趋于统一。根据统计，隋唐五代石刻楷字语料库中共贮存以“心”作为表义构件并且位于整字左部的单字177个，字样282个，全部写作“忄”。如“悽”见于隋大业八年（612年）《王君妻成公氏墓志》“月照悽清”；“悼”见于隋大业十年（614年）《陈花树墓志》“同等悼嗟”；“情”见于隋大业十一年（615年）《元智妻姬氏墓志》“忘情憙慍”。

相较而言，在隋唐五代时期，构件“忄”在整字的左部充当表义构件时，其形体已经趋于定形。

6.“必”

“必”，《说文·八部》：“分極也。从八、弋，弋亦聲。”小篆作“𠂬”。魏晋南北朝石刻楷字语料库中，“必”在单独成字或者充当构件时，其形体尚处于过渡阶段，表现为两种形体并存。如“必”见于北魏《元悦妃冯季华墓志》“三德必脩”；“必”见于北魏《郭显墓志》“因心必盡”。“秘”见于北魏《元融墓志》“拜秘書郎”；“秘”见于北魏《元崇业墓志》“拜秘書郎中”。“祕”见于北魏《元定墓志》“月祕狄明”；“祕”见于北魏《高珪墓志》“父璋有先祖所傳祕記”。“閟”见于北魏《尔朱绍墓志》“永閟泉宫”；“閟”见于北魏《慈庆墓志》“泉幽閟景”。

而在隋唐五代石刻楷字语料库中，已经全部写作“必”，如“必”见于隋大业十一年《元智墓志》“必均之於下吏”。作为构件的“必”也已经完全统一。隋唐五代石刻楷字语料库中共贮存含有构件“必”的单字8个，字样11个，全部写作“必”。如“泌”见于唐永徽五年（654年）《颜相墓志》“衡泌栖遅”；“毖”见于唐天宝十三载（754年）《张毖墓志》“公諱毖”；“苾”见于闽永隆年间《坚牢塔记》“草偃苾芻”。

相较而言，在隋唐五代时期，“必”的形体已经完全定形。

另一类是趋向于定形的构件。

1.“青”

“青”，《说文·青部》：“東方色也。木生火，从生、丹。丹青之信言象然。凡青之屬皆从青。”小篆作“青”。魏晋南北朝石刻楷字语料库中，“青”字尚处于记号化的过程之中，表现为两种形体并存。如“青”见于北齐《高淯墓志》“爲青跨藍”；“青”见于北魏《元谧妃冯会苌墓志》“丹青垂詠”。在充当汉字构件时，“青”也存在两种形体。魏晋南北朝石刻楷字中，共贮存包含有构件“青”的单字8个，每个单字下统摄的字样均处于过渡形态。如“靜”见于北魏《郑黑墓志》“字文靜”；“靜”见于北魏《元谧墓志》“克靜風塵”。“靖”见于北魏《元䜣妃李媛墓志》“陽武靖侯”；“靖”见于北魏《元愿平妻王氏墓志》“廣陽靖侯道岷之第”。“請”见于北魏《元子直墓志》“唯梁請牧”；“請”见于北魏《封魔奴墓志》“遣之致請”。“清”见于北魏《元悌墓志》“清爛自遠”；“清”见于北魏《穆亮墓志》“神清氣邈”。“情”见于北魏《元诱墓志》“情切儲禁”；“情”见于北魏《元崇业墓志》“冰情外朗”。

到隋唐五代石刻楷字语料库中，“青”单独成字时还存在着两种写法，如“青”见于隋大业十一年（615年）《程谐墓志》“北距青淵”，“青”见于隋大业六年（610年）《张乔墓志》“魏銀青光禄大夫兖州長史”。但是作为构件的“青”的形体已经明显趋向于选择字形“青”。隋唐五代石刻楷字语料库共贮存包含有构件“青”的单字15个，其中仅有“倩”、“情”两个单字所统摄的字样，采用了

“青”的两种形体，其余的全部写作“青”。如“精”见于隋大业八年（612年）《王君妻成公氏墓志》“重精神”；“靖”见于唐显庆元年（656年）《贾统墓志》“為大使李靖所舉”；“静”见于唐开元十四年（726年）《薛君妻裴氏墓志》“貞静悌睦”；“靚”见于唐大历十四年（779年）《颜勤礼碑阴》“靚，鹽亭尉”。

相较而言，在隋唐五代时期，“青”的形体更加稳定统一。

2.“昷”

“昷”，《说文·皿部》：“仁也。从皿，以食囚也。官溥說。”小篆作“昷”。魏晋南北朝石刻楷字语料库中，“昷”在充当构件时尚处于记号化的过程之中，表现为两种形体并存。如“温”见于东魏《元澄妃冯令华墓志》“而聰明温惠”；“温”见于北魏《山晖墓志》“温其如玉”。“愠”见于北齐《窦泰妻娄黑女墓志》“家人未瞻愠喜”；“愠”见于北魏《元恪嫔司马显姿墓志》“雖勞靡愠”。“轀”见于北齐《高湝墓志》“載以轀輬”；“轀”见于北魏《王僧男墓志》“賜東薗祕器及轀輬車喪之資”。

到隋唐五代时期的石刻楷字语料库中，构件“昷”已经明显趋向于选择字形“昷”。隋唐五代石刻楷字语料库共贮存包含有构件“昷”的单字11个，其中仅有“温”字所统摄的字样，采用了“昷”的两种形体，其余的全部写作“昷”。如“愠”见于隋仁寿元年（601年）《卢文构墓志》“無愠無熹”；“轀”见于唐显庆五年（660年）《纥干承基墓志》“轒轀碎而咽水”；“氲”见于唐贞元十六年（800年）《卢赡妻崔氏墓志》“保淳粹之氤氲”。

相较而言，在隋唐五代时期，“昷”的形体更加稳定统一。

总之，石刻用字构件层次的对比调查表明，相对于魏晋南北朝尚处楷书的发展阶段，隋唐五代石刻楷字确然已经达到定型化或基本定型的发展水平。

第四节

构件整体特点

前面三节我们已经分别从功能和形体两个方面对隋唐五代石刻楷字的构件系统进行了量化统计与分类研究，在此基础上，可以对隋唐五代石刻楷字构件的主要特点作些总结性说明。

一、构件功能方面的特点

构件功能，直接体现了汉字的构形理据。但是，楷化过程中的汉字形体结构，有些直接构件的功能发生了转化；有些直接构件的功能逐渐弱化；有些直接构件则逐步失去了其原有的功能，变得没有理据可言。隋唐五代石刻楷字构件功能方面的特点主要有以下几点：

1．功能的弱化。隋唐五代石刻楷字构件功能的弱化主要有两种表现：一是“同形不同源构件”和“同源不同形构件”数量的增多。隶变楷化过程中，充当构件的形体往往发生变异，变异的结果往往会产生大量的“同形不同源构件”和“同源不同形构件”。这两种现象在隶书阶段已经大量存在，魏晋南北朝石刻楷字继承并进一步扩大，隋唐五代石刻楷字延续。其中，前一种类型构件的特点是同一构件形体承担多种功能，后一种类型构件的特点是不同构件形体承担同一功能，因此它们所承担的表义示音功能，单单通过某一个字形，根本无法断定。只有通过对包含有此构件的一类字的归纳提取才能体现出来，因而导致构件的表义示音功能发生了弱化。二是省减构件数量的增多。省减是构件变异的主要方式之一。省减产生了很多省减构件，这些省减构件只能通过形体溯源或者“结构整体”才能明确其承担的功能。据统计，《说文》小篆有省减构件355个，魏晋南北朝石刻楷字有省减构件397个。经过比较，隋唐五代石刻楷字中除了传承魏晋南北朝时期的省减构件以外，还增加了26个省减构件。由此可见，随着楷化过程的发展，省减构件的数量有所增加，这必将导致构件功能弱化的趋势增强。

2．功能的转化。汉字发展到楷书阶段，字形上已经实现了彻底的笔画化，古文字阶段的象形意味荡然无存，表形构件也随之失去了其存在的基础。其中绝大多数的表形构件转化成了表义构件，也有部分表形构件在隶变楷化过程中，由于形体变异过于严重，从而失去了构形理据，变为记号构件。前者导致了构件的功能发生转化，后者则致使构件的功能逐渐消失。因此，在楷化过程中，构件功能的转化主要表现为表形构件向表义构件的转化。隋唐五代石刻楷字中构件功能的转化全部来源于隶变和魏晋南北朝石刻楷字中。

3．功能的消失。楷化过程中，绝大部分构件的形体走向简化，这种简化使得一些构件自身或者相互之间发生粘连，变得无法进行拆分而沦为记号。这些记号仅仅在“结构整体”中才有区别意义的功能，离开“结构整体”，这些构件连原有的表义示音作用也丧失殆尽。根据我们的调查，隋唐五代石刻楷字中已有记号构件138个。如果我们将构件中双向混同的情况分别计算的话，这个数字还会更大。记号构件的数量并不是一成不变的。随着汉字楷化过程的发展，功能消失的构件的数量也会有不同程度的变化。关于这一点，在第一节有关构件功能的历时比较中，已经作过比较说明。

从汉字形体的角度来看，这些功能消失的构件大大促进了汉字字形的简省，与汉字作为一种书写工具需要简捷的要求正好吻合。在隋唐五代石刻楷字中，人们为了书写的方便，经常采用两点来代替一些原来具有功能的构件。如：（1）用两点代替“口”。“歡”见于唐显庆二年（657年）《张相墓志》“方欣負米之歡”。（2）用两点代替“人”。“靈”见于唐开元十九年（731年）《长孙盿墓志》“軒后靈胤”。

（3）用两点代替“糸”的部分形体。“𣃁”见于隋大业九年（613年）《张盈墓志》“周簫斷絶”。但是构件的记号化也在很大程度上破坏了一些汉字原有的构字理据，使得汉字的示音构件失去了示音作用，表义构件失去了表义作用。这与汉字固有体系的特点并不相符。受汉字本质属性的限制，功能消失类构件的数量不会无限制地增长下去。

二、构件形体方面的特点

汉字的字形具有历史演变性，千百年来，它随着自身的规律而不断地发生着演变。与此同时，构件的形体也发生着各种各样的变化，而且构件的形体变化是汉字字形发展演变的基本因素，通过对楷化过程中不同发展阶段构件形体变异现象的调查，我们不难发现：同一个汉字在楷书的不同发展阶段，其基础构件很可能会发生变异；由于字形的演变，不同的构件有时会产生同形；某一构件还会由于某种原因而产生许多变异形体。具体来说，隋唐五代石刻楷字构件形体变异的特点主要有以下几点：

1．构件形体变异现象十分严重，形体省减趋势增强。经过统计，隋唐五代石刻楷字构件系统中，同源不同形构件有60多个，同形不同源构件90多个，省减构件50多个，增繁构件40多个。这四种情况都是构件形体变异的结果，可见隋唐五代石刻楷字构件的形体变异现象仍然十分严重。通过进一步的比较发现，绝大部分构件的变异现象传承自魏晋南北朝石刻楷字，仅有少数是隋唐五代石刻楷字中才出现的构件变异形体。有关构件新增的变异情况，我们已经进行了专项调查。通过调查我们发现，新增的变异形体中绝大部分是形体发生了简化现象，仅有极少数是发生了增繁现象。

2．变异形体的传承性非常强。通过构件形体变异的调查统计以及举例分析，我们不难看出：隋唐五代石刻楷字所使用的构件在形体上仍然存在着大量的形体变异现象。与魏晋南北朝时期石刻楷字所使用的构件相比，隋唐五代石刻楷字构件基本上遵循着魏晋南北朝石刻楷字构件所奠定的基础而有所前进和发展。这个过程仅仅是一个逐渐走向规范的过程，并没有什么根本性的超越和突破。隋唐五代石刻楷字中，部分构件新出现的变异情况也基本上是在魏晋南北朝石刻楷字构件变体基础上的进一步简化或者繁化。当然，这一过程也不排除当时社会各个方面因素的综合影响。

3．构件形体的变异具有类推性。王凤阳在其《汉字学》中指出：“‘类推’是思维中的由此及彼的一种推理形式，在文字学里，我们把字限制在字形的相互影响的范围内。在文字字形演进中，人们常常用熟悉的字形推衍不熟悉的字形，用简单的字形类推较繁复的字形，这种由此及彼的运动我们称之为‘类推律’。”[①]隋唐五代石刻楷字中的构件变异就明显地体现出了类推作用。如，构件“口”可以写作“厶”，在隋唐五代石刻文献中有很多字都发生了类似的讹变。如“遠”见于隋大业八年（612年）《田光山妻李氏墓志》“綿慶惟遠”；“韻”见于唐显庆元年（656年）《贾统墓志》“賛鳴琴而凝韻”；“員”见于唐开元四年（716年）《元希古墓志》“拜都官員外”；“捐”见于唐贞元八年（792年）《卢峤墓志》“自簉仕至於捐舍”；“悦”见于唐会昌六年（846年）《崔隋妻赵氏墓志》“得失無私悦”；“哭”见于隋大业十一年（615年）《明云腾墓志》“城頹恐哭”；“單”见于唐永徽三年（652年）《李清墓志》“眷瓢單以自貽”；“嚴”见于唐景云二年（711年）《卢珍墓志》“不嚴而理”。

①王凤阳：《汉字学》，长春：吉林文史出版社，1989年版，第776页。

第五章　笔画比较

汉字发展到今文字阶段，笔画是组成构件的基本元素，处于汉字层级结构的最底层。因此，要分析隋唐五代石刻楷字的发展程度，就必须要讨论笔画系统的整体情况。其中，主要包括笔画的类型和笔画的功能两个方面。本章探讨的重点在于通过对魏晋南北朝到隋唐五代时期的同质文字材料的整理，以及与今天标准楷书形体的对照，分类归纳，以呈现楷书笔画传承与变异的基本规律，并以条例的方式逐一呈现其状况。

第一节

笔画的类型

一、笔画的类型

王宁认为："笔画（隶书、楷书）是汉字的书写（包括刻、铸）元素。汉字发展到楷书，变为可以称说、可以论序、可以计数的书写单位。""笔画写成以后的样式，称作笔形。笔画按笔形来定名称说。"①

目前比较通行的分类方法是1988年国家语委和新闻出版署公布的《现代汉语通用字表》中规定的五种基本笔画，即按笔形将汉字的笔画归纳为"横、竖、撇、点、折"五大类，这种分类方法将"提"归入"横"，"竖钩"归入"竖"，"捺"归入"点"等。因为这种分类结果是建立在对现代简化字进行分析的基础之上，而我们所作的调查研究也完全是在汉字楷书范围之内，因此我们可以借鉴这种分类标准和方法。

由于研究材料和研究目的的不同，笔画的具体分类可粗可细。我们的研究材料为隋唐五代石刻楷字，研究目的为在对比魏晋南北朝石刻楷字以及现代标准楷书笔画系统的基础上，探讨隋唐五代石刻楷字笔画系统独有的特点。由于前两个阶段是汉字楷书发展成熟的关键时期，楷书的基本笔画在这两个阶段也逐渐地走向成熟、稳定，因此，对于这一动态发展过程中笔画发展演变的研究，我们需要在上述分类的基础上，

①王宁：《汉字构形学讲座》，上海：上海教育出版社，2002年版，第34页。

再作细致的调整。所作的调整主要包括：首先出于调查结果的严密性和石刻楷字的实际使用情况，我们将“提”、“捺”、“钩”再单独列出来。这样，我们所调查的隋唐五代石刻楷字的基本笔画就包括八种，具体为：横、竖、撇、捺、提、折、点、钩。其次，在讨论每种基本笔画的过程中，对这些基本笔画的变异形体以及一些复合笔画进行进一步的归纳和分析。我们认为这种分类不仅符合隋唐五代石刻楷字的实际情况，而且适合于所有楷字笔画的分析，方便进行楷字各个发展阶段的比较研究。

二、石刻楷字的笔画类型及其特点[①]

我们不但将隋唐五代石刻楷字中的八种基本笔画类型与魏晋南北朝石刻楷字中的对应笔画类型进行比较，分类探讨隋唐五代石刻楷字在笔画层面上的传承和变异关系，而且同时将其与现代标准楷书的相应笔画进行对比，总结隋唐五代石刻楷字在笔画层面上存在的进一步发展空间。为了叙述的方便，我们按照笔画的类型，分别从传承、变异及发展三个角度对隋唐五代石刻楷字展开讨论，如果笔画类型无变异情况则略而不论。

1．横笔的比较

（1）横笔的传承

横笔是最早成熟的笔画之一。魏晋南北朝石刻楷字中横笔在笔形上都呈现水平的形态，但是每个笔形又有着独自的个性特征，可以划分出三种变体类型，即（长横）、（短横）和（提笔）。这些笔形特征在隋唐五代石刻楷字中基本上得到传承，横笔的楷字笔形特征完全确定，并且使用的规范程度有较大提高。例如：

①本部分有关魏晋南北朝石刻楷字中的材料及其数据均来自“魏晋南北朝石刻楷书语料库”，华东师范大学中国文字研究与应用中心研制。“笔画传承部分”中有关魏晋南北朝石刻楷字的材料及数据借鉴自郭瑞：《魏晋南北朝石刻楷字的传承与变异》，华东师范大学2008届博士论文。

字形	时代	语境	字形	时代	语境
一	北魏	《元寿安墓志》“有同一變”	一	隋大业十年（614年）	《常进通造像记》“造天尊一區”
三	晋	《黄庭内景经》“使調和三魂制鍊七魄”	三	唐永徽五年（654年）	《盖赞妻孙光墓志》“春秋六十三”
丁	北魏	《张玄墓志》“十月丁酉”	丁	唐天宝十载（751年）	《崔湛墓志》“尋丁太夫人憂”
下	北魏	《李壁墓志阳》“游心稷下”	下	隋大业十一年（615年）	《范安贵墓志》“公下車布政”
不	北魏	《冯邕妻元氏墓志之二》“材貌不群”	不	后唐同光二年（924年）	《王璠墓志》“往而不春”

（2）横笔的变异

在魏晋南北朝时期的石刻楷字中，横笔的发展演变具有明显的阶段性。三国、西晋时期的石刻用字，横笔大多以隶书为主，但在民间的一些石刻用字中，已经出现楷化的迹象。晋室南移之后，长横已没有起伏之势，严格意义上的隶书长横已不多见，开始转化为楷书。南北朝时期要从南北两个地域来看，北朝前期的长横还保留有隶书的笔形，但楷化的痕迹更明显些，可以归入楷书的初期阶段形体。北朝中后期，长横已经完全摆脱隶书的笔意。南朝的长横明显受到北朝的影响，与北朝石刻相仿，但是形体比北朝石刻字形更清秀些。①

魏晋南北朝时期横笔的楷书笔形在隋唐五代时期基本上得到了传承。相较而言，隋唐五代石刻楷书用字中，横笔已经完全摆脱了隶意，完全定型为楷书笔形，并且在历时380年左右的时间跨度中，横笔的笔形基本上没有什么大的变化。例如：

表一：魏晋南北朝石刻楷字中的横笔例字

时代	字形	语境	字形	语境	字形	语境
曹魏	一	《受禅碑》“而猶以一至之慶”	上	《受禅碑》“允皇代之上儀”	安	《上尊号碑》“相國安樂鄉矦臣歆”
西晋	一	《晋皇帝三临辟雍碑阳》“冬十一月行鄉飲酒禮”	上	《晋皇帝三临辟雍碑阳》“聖上踐祚”	安	《晋皇帝三临辟雍碑阴》“禮生安平張智承謀”
东晋	一	《笔阵图》“每畫一波常三過折筆”	上	《黄庭经》“上有黄庭下關元”	安	《黄庭经》“系子長流志安寧”

①参见郭瑞：《魏晋南北朝石刻楷字的传承与变异》，华东师范大学2008届博士论文。

（续表）

时代	字形	语境	字形	语境	字形	语境
北朝前期	一	北魏景明元年（500年）《元定墓志》“十一月丁酉”	上	北魏太和十八年（494年）《吊比干文》“飒翾袂而上浮”	安	北魏太和二十年（496年）《元桢墓志》“南安王桢”
北朝中后期	一	北魏正光四年（523年）《元尚之墓志》“十一月癸未”	上	北魏正光五年（524年）《元谧墓志》“上言瞻拜”	安	北魏正光五年（524年）《元谧墓志》“君諱謐字道安”
南朝	一	梁《旧馆坛碑》“一百五十裹”	上	梁《旧馆坛碑》“上清真人許長史”	安	《罗浮山铭》“安止容膝”

表二：隋唐五代石刻楷字的横笔例字

时代	字形	语境	字形	语境	字形	语境
隋①	一	隋开皇十二年（616年）《李则墓志》“開皇十一年卒於家”	上	隋开皇三年（583年）《寇奉叔墓志》“上谷昌平人也”	安	隋开皇三年（583年）《寇奉叔墓志》“授安東将軍銀青光禄大夫”
初唐	一	唐武德九年（626年）《崔长先墓志》“聞一知十”	上	唐贞观二年（628年）《奉籍归唐表等刻石》“上柱國”	安	唐贞观四年（630年）《胡质墓志》“安定臨涇人也”
盛唐	一	唐开元二年（714年）《郑俭墓志》“丘陵一閉”	上	唐开元四年（716年）《法藏塔铭》“和上云亡”	安	唐开元六年（718年）《刘君及妻张氏墓志》“安其宅兆”
中唐	一	唐宝应元年（762年）《崔克让妻张氏墓志》“生二子一女”	上	唐广德元年（763年）《臧怀恪墓碑》“上柱國”	安	唐大历三年（768年）《李睦墓志》“曾祖贈隋雲安郡丞”
晚唐	一	唐大和元年（827年）《李鼎墓志》“有男一人曰公衍”	上	唐大和二年（828年）《向清墓志》“上佐之美”	安	唐乾符四年（877年）《苗君妻刘氏墓志》“遂奏授安邑縣令”
五代	一	后梁乾化三年（913年）《韩仲举妻王氏墓志》“貴達一時”	上	后梁乾化五年（915年）《惠光舍利塔铭》“大梁故牆西鹿景門外北壁上”	安	后唐同光二年（924年）《王璠墓志》“秦安平君翦之後”

①张涌泉在《汉语俗字研究》中曾经对隋唐五代俗字的使用情况作过梳理，认为：可以具体地划分为隋、初唐、盛唐和中唐、晚唐和五代四个阶段。本书采用这一划分方法。

（3）横笔的发展

尽管隋唐五代石刻楷字中的横笔已经比较成熟，但后世的使用者仍然对其进行了一些调整。具体表现在如下几个方面：

①短横—点[①]

在现代标准楷书中已经演变为点笔，但在隋唐五代石刻楷字中仍然停留在短横的阶段。如“氐”，《说文》：“至也。从氏下箸一。一，地也。凡氐之屬皆从氐。”小篆作“𡴞”。隋唐五代石刻楷字中，没有单独成字的用例，但是在充当构件时，最后一笔全部写作一短横。“砥”见于唐显庆六年（661年）《阳昕墓志》“推誠砥行”；“低”见于唐永淳元年（682年）《大唐故临川郡长公主（李孟姜）墓志铭》“松庭深而壟霧低”；“邸”见于唐建中元年（780年）《颜惟贞庙碑阳》“五邸初開”；“底”见于唐会昌二年（842年）《文鉴等造陁罗尼经幢》中的咒语。

“皋”，《说文》：“气皋白之進也。从夲从白。《礼》：‘祝曰皋，登謌曰奏。’故皋奏皆从夲。《周礼》曰：‘詔來鼓皋舞。’皋，告之也。”小篆作“皋”。隋唐五代石刻楷字中，除了写作跟标准楷书相同的形体以外，还有另外一种形体，即将中间的四笔，连写作两横笔，这样“皋”的下部就变为“丰”或者中间一竖笔与第一横笔的关系为相接关系，如“皋”见于唐贞观五年（631年）《唐故李寿墓志》“皋陶本系”，“皋”见于唐开元二十一年（733年）《卢翊墓志》“江皋胥悦”。

“示”，《说文》：“天垂象，見吉凶，所以示人也。从二。三垂，日月星也。觀乎天文，以察時變。示，神事也。凡示之屬皆从示。”小篆作“示”。现代标准楷书中，“示”位于整字的左边且充当表义构件时写作“礻”。隋唐五代石刻楷字中，有时第一笔写作一短横，如“祖”见于隋开皇十八年（598年）《刘明及妻梁氏墓志》“祖德”，“社”见于唐贞观五年（631年）《唐故李寿墓志》“依託城社”，“祚”见于唐贞观五年（631年）《唐故李寿墓志》“我皇踐祚”。

“户”，《说文》：“護也。半門曰戶。象形。凡戶之屬皆从

---

①前者是隋唐五代石刻楷字中的笔画，后者为现代标准楷书中的笔画。下同。

戸。”小篆作“户”。隋唐五代石刻楷字中，第一笔还没有定型，有时写作短横，有时写作点。“户”见于唐会昌三年（843年）《神策军碑》“食邑七百户”；“户”见于唐永徽六年（655年）《权开善墓志》“記之泉户”；“扈”见于隋大业八年（612年）《韦氏墓志》“方當□金戺之後塵”；“戺”见于唐天宝十一载（752年）《唐赠南川县主墓志铭》“絶跡蘭戺”；“扈”见于隋大业八年（612年）《隋大业八年》“陪扈紫宫”；“扈”见于唐大中五年（851年）《孙公乂墓志》“當逆帥劉從諫懷拔扈之初”。

②短横—长横

在现代标准楷书中，写作一长横的笔画，在隋唐五代石刻楷字中，有时还处于断开状态，写作两短横。如“昔”字，不论是单独成字，还是充当构件时均有第一笔断开的用例。“昔”见于唐麟德二年（665年）《赵元粲墓志》“昔為玉質”；“措”见于唐显庆三年（658年）《杜延基妻薛瑶华墓志》“安措於少陵之南原”；“錯”见于唐景龙三年（709年）《王佺墓志》“錯共工之事”；“惜”见于唐开元四年（716年）《安思节墓志》“惜其大位未躋而享年不永”；“借”见于唐开元十五年（727年）《唐故杨府君（执一）墓志铭》“官借手力、幔幕”。

构件“艸”，现代标准楷书中，写作“艹”。在隋唐五代石刻楷字中，第一笔有时还处于断开状态，写作两短横。如“荃”见于隋大业七年（611年）《李氏墓志》“馥似蘭荃”；“茂”见于隋开皇十七年（597年）《董美人墓志》“芝茂瓊田”；“英”见于唐永徽四年（653年）《李智墓志》“英賢遞秀”；“茹”见于唐开元十五年（727年）《于士恭墓志》“絶漿茹蓼”；“草”见于唐开元十六年（728年）《卢君妻辛氏墓志》“星官奏草”。

“革”，《说文》：“獸皮治去其毛，革更之。象古文革之形。凡革之屬皆从革。”小篆作“革”。隋唐五代石刻楷字中，“革”在单独成字或者充当构件时，有时第一笔长横还是处于断开状态，写作两短横。如“革”见于隋大业二年（606年）《蔡君妻张贵男墓志》“味革膻腥”；“韈”见于唐贞观五年（631年）《唐故李寿墓志》“偣韈匪懃”；“鞶”见于唐永徽四年（653年）《燕君妻姜墓志》“纂組鞶絲”；“韄”见于唐上元二年（675年）《唐故薛国公阿史那贞公

（忠）墓志铭》“雙戟兩鞬之奇”；“鞭”见于闽永隆年间《坚牢塔记》“鑿鞭来之巨石”。

“黄”、“難”、“漢”、“滿”等字中“廿”的横笔，在隋唐五代石刻楷字中有时还写作断开的两短横。如“黄”见于隋大业八年（612年）《萧玚墓志》“黄魚瑞洛”；“難”见于隋大业十一年（615年）《明云腾墓志》“染竹之淚難收”；“漢”见于隋大业十二年（616年）《□彻墓志》“東臨古漢”；“滿”见于唐永徽四年（653年）《周藻墓志》“字滿才”。

③横一点[①]

在隋唐五代石刻楷字中，有时将并列平行的四点连写作一横笔，这种类型在这一时期尚处于过渡状态，表现为两种笔画类型并存。最典型的例子就是“鳥”、“馬”以及包含有“鳥”、“馬”等构件的字，如“鳥”见于武周万岁通天二年（697年）《董希令墓志》“空林鳥思”，“鳥”见于隋大业八年（612年）《萧玚墓志》“玄鳥降祺”，“鵲”见于唐贞元二年（786年）《李戢妃郑中基墓志》“以詩之鵲巢”，“鵲”见于后唐同光四年（926年）《康赞羑墓志》“扁鵲無徵”，“馬”见于隋大业十一年（615年）《程谐墓志》“隟馬易過”，“馬”见于隋大业八年（612年）《王君妻成公氏墓志》“祖安魏膠州刺史考神齊江州司馬”，“馳”见于唐开元十九年（731年）《房孚墓志》“實馳魏闕”，“馳”见于隋仁寿元年（601年）《卢文机墓志》“馳漢南之譽”。

此外，还有一种特殊的情况，即现代标准楷字中写作一点笔和一撇笔，而隋唐五代石刻楷字中却连写作一横笔。最典型的例子就是“黑”以及含有构件“黑”的字，隋唐五代石刻楷书语料库中共贮存有单字“黑、黩、黶、黲、黯、黮、黔、党、黥、黡、黠、点、黜、黛、默、黔”16个，字样28个，其中“黑”上部的一点笔和一撇笔全部写作一横笔，无一例外。例如“黑”见于唐开元二十三年（735年）《王羊仁墓志》“不救黑風之難”；“黷”见于唐元和四年（809年）《诸葛亮祠堂碑》“不黷武以爭尋常”；“黲”见于唐咸通十二年（871年）

①这里的“点”与第一种类型不同，这里专指并列平行的四点，像“鳥”、“馬”最后的四点。

《唐故宜阳郡景氏府君（公直）合祔墓志铭》“感天地之黲然”；“黯”见于唐永徽四年（603年）《颜人墓志》“曾祖黯”；“黩”见于唐大和三年（829年）《卢初墓志》“日黯黩兮無色”；“黯”见于唐大和三年（829年）《卢初墓志》“日黯黩兮無色”；“黨”见于隋大业八年（612年）《孔神通墓志》“鄉黨固遠”；“黥”见于隋大业十一年（615年）《张寿墓志》“勇冠黥口”；“黤”见于唐元和十三年（818年）《张怙墓志》“寒郊黤黤”；“黠”见于隋大业九年（613年）《陈叔荣墓志》“黠吏畏威”；“點”见于唐永徽五年（654年）《杨贵墓志》“慎珪點而周後”；“黜”见于隋大业十一年（615年）《萧翘墓志》“忘懷昇黜”；“黛”见于隋大业十一年（615年）《田氏墓志》“南都掩黛”；“默”见于隋开皇十二年（592年）《李则墓志》“神資玄默”；“黔”见于唐开元二十一年（733年）《姚重曒墓志》“長子黔”。

④短横一提

在现代标准楷字中，整字左部或者上部构件的最后一横笔，往往写作一提笔。但这种笔画在隋唐五代石刻楷字中往往不定型，即横笔和提笔共存。最典型的例子就是构件“金”、“羽”。前者如“鐸”见于隋开皇二十年（600年）《独孤罗墓志》“哀鐸夜動”；“鐸”见于唐元和二年（807年）《曹乂墓志》“周成王母弟叔鐸之後”；“鏤”见于隋大业六年（610年）《段模墓志》“鏤石泉門”；“鏤”见于唐咸亨二年（671年）《大唐故越国太妃燕氏墓志铭》“鏤檻驚熊”；“錦”见于唐开元二十一年（733年）《杜君妻张氏墓志》“得錦之妙”；“錦”见于隋仁寿元年（601年）《卢文构墓志》“每裁美錦”。后者如“習”见于隋大业十三年（617年）《杜君妻郑善妃墓志》“研習四禪”；“翌”见于咸通某年《王容墓志》“翌月十八即幽宫”；“翠”见于隋大业八年（612年）《田光山妻李氏墓志》“積翠崑丘”。

2. 竖笔的比较

（1）竖笔的传承

楷书竖笔的笔形在魏晋南北朝石刻楷书字形中已经定型。魏晋南北朝石刻楷字中共存在四种竖笔类型，即丨（中长竖）、丨（边长竖）、丨（中短竖）和丨（边短竖）。这些笔形特征在隋唐五代石刻楷字中基本上得到传承，竖笔的楷字笔形特征已经确定，并且使用的规范程度比魏晋南北朝有所提高。这一传承性特点我们可以通过比照来发现：

①中长竖

字形	时代	语境	字形	时代	语境
十	东晋	《黄庭内景经》“金閑鳳文之羅四十尺”	十	隋开皇三年（583年）	《寇炽妻姜敬亲墓志》“春秋八十”
千	北魏	《吊比干文》“千金豈其吾珍兮”	千	唐乾封二年（667年）	《许国墓志》“願果大千”
干	东魏	《蔡儁断碑》“干戈未戢”	干	唐咸亨元年（670年）	《王君德墓志》“干戈未戢”
午	北魏	《元晖墓志》“歲次丙午”	午	唐咸亨二年（671年）	《张节墓志》“元年歲次庚午”
不	北魏	《卢令媛墓志》“昊天不憗”	不	唐贞元十九年（803年）	《韩弇妻韦氏墓志》“夫人之母前既不幸矣”

②边长竖

魏晋南北朝石刻楷书的边长竖分为两种情况，一种是笔形呈竖直形无弯曲；另一种是呈竖直形且末端向左弯曲，甚至写作竖钩笔。隋唐五代石刻楷字传承了这两种类型。下面举例说明，第一种情况以“阝”、“亻”两个构件为例。

构件	字形	时代	语境	字形	时代	语境
阝组	郡	北魏	《寇凭墓志铭》“郡丞寇君墓誌”	郡	隋大业十年（614年）	《陈花树墓志》“卜葬河南郡”
	陽	北魏	《元晖墓志》“河南洛陽人也”	陽	后唐清泰三年（936年）	《张涤妻高氏墓志》“□宗自岐陽迴”
	阻	北魏	《元寿安墓志》“既而隴右受劉阻兵稱亂”	阻	隋大业二年（606年）	《蔡君妻张贵男墓志》“駕綃幕而方阻”
	陸	北魏	《元固墓志铭》“妻河南陸氏”	陸	唐开成二年（837年）	开成石经《五经文字》“力部凡拾陸字”
	陌	北齐	《高湝墓志》“徘徊九陌”	陌	唐贞元九年（793年）	《吕思礼墓志》“蒿里悠悠陌與阡”

（续表）

构件	字形	时代	语境	字形	时代	语境
亻组	仞	东魏	《元宝建墓志》“千仞懷袖”	仞	唐天宝六载（747年）	《元君妻来香儿墓志》“孤絶萬仞”
	仁	北魏	《元珍墓志》“長以風雅著仁”	仁	唐永徽三年（652年）	《魏德墓志》“字開仁”
	化	北魏	《元晖墓志》“愚凶革化”	化	隋大业九年（613年）	《陈常墓志》“君千里易化”
	使	北魏	《元固墓志铭》“魏故使持節車騎大將軍”	使	隋大业十一年（615年）	《尉富娘墓志》“遂使臺上吹蕭”
	伯	北齐	《元贤墓志》“字景伯”	伯	唐开元十四年（726年）	《寇堮墓志》“父伯視疾”

第二种情况以“丬”、“门”两个构件为例。这种情况一般是两种笔形并存。

构件	字形	时代	语境	字形	时代	语境
丬组	將	北魏	《元谭妻司马氏墓志》“鎮遠將軍”	將	后唐同光四年（926年）	《康赞羑墓志》“檢校右散騎常侍左監門衛大將軍同正兼禦史大夫”
	將	北魏	《元斌墓志》“魏故襄威將軍大”	將	唐广德元年（763年）	《臧怀恪墓碑》“轉右領軍中郎將”
	狀	北魏	《华州别驾杨府君墓志铭》“每讀行狀”	狀	唐元和十四年（819年）	《李弘亮墓志》“狀其往行”
	狀	北齐	《畅洛生等造像记》“誤斯應狀”	狀	闽永隆年间	《坚牢塔记》“狀湧出之浮圖”
	壯	南朝陈	《刘猛进碑》“壯氣始隆”	壯	隋大业十一年（615年）	《范安贵墓志》“謚曰壯公”
	壯	东晋	《黄庭经》“精神還歸老復壯”	壯	隋大业八年（612年）	《张伏敬墓志》“壯心恒在
門组	門	北魏	《元湛妻薛慧命墓志》“門師釋僧澤書”	門	唐大中十年（856年）	《郑子容墓志》“何乃宗門之益昌”
	門	北齐	《道明墓志》“垂誨門庭”	門	隋大业八年（612年）	《张伏敬墓志》“共入幽門”
	闕	西晋	《晋皇帝三临辟雍碑》“帝典闕而未備”	闕	隋大业二年（606年）	《蔡君妻张贵男墓志》“牛闕遐險”
	闕	北魏	《元浚嫔耿氏墓志》“飛喈聲于天闕”	闕	隋大业五年（609年）	《郭世昌墓志》“六齋無闕”
	閑	东魏	《元湛妃王令媛墓志》“體韻閑凝”	閬	唐大和九年（835年）	《侯绩墓志》“其孤以軻嘗陪公閬州同寮”
	閑	北齐	《道明墓志》“志在閑獨之境”	閬	唐开元二十一年（733年）	《张轸墓志》“巖秩自衡閬”

③中短竖

字形	时代	语境	字形	时代	语境
堅	北魏	《尔朱袭墓志》“拜君中堅將軍”	堅	唐永徽五年（654年）	《盖赞妻孙光墓志》“後漢将軍堅之後”
善	北魏	《于祚妻和丑仁墓志》“既身光四善”	善	唐开元十五年（727年）	《石浮图铭》“法所務善”
去	北魏	《丘哲墓志》“以去武泰元年正月廿一日”	去	隋大业十年（614年）	《姚太墓志》“三從如何一去”
南	北魏	《元悛墓志》“卒於河梁之南”	南	唐永徽三年（652年）	《杨清墓志》“河南洛陽人也”
吉	北魏	《高珪墓志》“能望氣占候吉兇”	吉	唐天宝元年（742年）	《清真寺碑》“時天寶元年歲次壬午仲秋吉日立”

④边短竖

边短竖一般使用在呈封闭形的构件中，通常是由边短竖和其他横笔上下连接构成，例如，口、日、田、申等。魏晋南北朝石刻楷字中，边短竖有两种笔形，一种是向左倾斜的，另一种是竖直的。隋唐五代石刻楷书完全继承了魏晋南北朝石刻楷字中的边短竖这两种笔形。

字形	时代	语境	字形	时代	语境
告	南朝陈	《新罗真兴王巡狩碑》“告之哀公”	吕	唐显庆四年（659年）	《大唐故尉迟君（敬德）墓志》“月次中吕”
告	北魏	《元诱妻冯氏墓志》“命莛告祥”	吕	唐开元二十一年（733年）	《张轸墓志》“吕巖說撰”
旦	北魏	《穆彦墓志》“一旦傾輝”	昔	唐神龙二年（706年）	《孟孝敏妻陆氏墓志》“昔将軍之固守西陵”
旦	北魏	《元继妃石婉墓志》“如何一旦”	昔	唐麟德二年（665年）	《赵元粲墓志》“昔為玉質”
略	北魏	《元馗墓志》“夙闡洪略”	畹	隋大业十一年（615年）	《丁氏墓志》“九畹蘭摧”
略	北魏	《元寿安墓志》“可得而略焉”	畹	唐咸亨四年（673年）	《大唐故李氏（淑姿）墓志铭》“畹蕙舒翹”
當	北魏	《胡明相墓志》“方當絹是芳猷”	異	后唐长兴四年（933年）	《毛璋妻李氏墓志》“特稟異儀”
當	北魏	《元愿平妻王氏墓志》“落彩當春”	異	隋大业六年（610年）	《梁環墓志》“韞異天然”

（2）竖笔的变异

魏晋南北朝石刻楷字中，有些字的竖笔往往写作竖钩或者竖弯钩，有些字的竖钩却写作竖笔，造成了两种笔画形体并存的现象。

前者，如“川”见于北齐《高叡定国寺塔铭碑》“吐白陸之滋川”，“州”见于北魏《高珪墓志》“涼州諸軍事鎮都大將軍”，“枝”见于北魏《封魔奴墓志》“本枝盛乎劉魏”，“末”见于北魏《张整墓志》“晉末爲路川戍主”，“来”见于北魏《元显魏墓志》“來毗黄耳”。这种情况与隋唐五代石刻楷字的现象并无区别，如“川”见于隋大业九年（613年）《陈叔荣墓志》“晝夜川流”，“川”见于唐元和八年（813年）《刘通墓志》“川水夜流”，“馴”见于隋大业十一年（615年）《元智墓志》“虎去雉馴”，“馴”见于唐永徽六年（655年）《王瑗达墓志》“邁馴雉於中牟”，“訓”见于唐大中十三年（859年）《王公素墓志》“訓子承家”，“訓”见于唐开元九年（721年）《唐故契苾夫人墓志铭》“夫人以斷織垂訓”，“紃”见于唐大和三年（829年）《唐故王府君墓志铭》“備組紃之教”，“紃”见于唐永淳元年（682年）《大唐故临川郡长公主（李孟姜）墓志铭》“帨帨組紃之工”。以上这些用例是竖和竖弯并存的现象。“川”见于唐元和八年（813年）《刘通墓志》“川水夜流”；“川”见于隋大业十年（614年）《张轲墓志》“逝川何遽”；“州”见于隋大业十年（614年）《贾玄赞墓志》“齊襄州率道縣令”；“州”见于隋大业十一年（615年）《程谐墓志》“又遷為翟州端氏縣令”；“木”见于唐天宝五载（746年）《胡肃墓志》“奈何忽悲梁木”；“木”见于隋大业十一年（615年）《苟君妻宋玉艳墓志》“移栱木之悲易遠”；“杜”见于唐元和十四年（819年）《崔载墓志》“粤以其年十一月十六日窆於幽州幽都縣保大鄉杜村北二里之原”；“杜”见于隋大业七年（611年）《刘则墓志》“羊公登峴拭淚杜氏之碑”。以上这些用例是竖和竖钩并存的现象。这种竖笔写作竖钩的现象在“木”、“未”、“末”、“來”、“州”等字以及由它们充当构件的字中的比例非常高。其中，“未”、“末”、“來”等字在隋唐五代石刻楷字语料库中全部写作“未”、“末”、“来”。对于这种现象，王立军认为：这种笔画变化的原因，是为了与下一笔取得呼应，在书写的过程中顺势带出来的。这种变化，或许是受了行书的影响。[1]我们赞同这种观点，因为这些写作竖钩的竖，多数不是整字的最后一笔，受到行书的影响，为了与后面的一笔相互呼应，而顺势加上了钩笔。

后者，如“途”见于北魏《元悌墓志》“於是途絶赭衣”，“餘”见于北魏《元瞻墓志》“餘皇浮水”，“骨”见于北魏《元端墓志》“素骨遂玄泉而盡”，“衛”见于北魏《元继墓志》“左衛將軍”。隋唐五代石刻楷字中的这种现象与魏晋南北朝石刻楷字一脉相承，如“途”见于隋大业八年（612年）《萧玚墓志》“未騁脩途”，“餘”见于隋开皇三年（583年）《寇炽妻姜敬亲墓志》“汪汪餘亮”，“骨”见于隋开皇十五年（595年）《段威墓志》“奇毛駿骨”，“行”见于唐开元三年（715年）《王师墓志》“行標高義”，“衛”见于唐开元十八年（730年）《高悊墓志》“左衛副率判大理卿”。以上这些均为竖钩写作竖笔用例，在隋唐五代石刻楷书语料库中，每个单字下所统摄的字样中，均为两种笔形并存，但以竖钩笔为主。在魏晋南北朝石刻楷字中，两种形体出现的频率比较接近。相较而言，竖钩笔在隋唐五代时期更加规整。

（3）竖笔的发展

尽管隋唐五代石刻楷字中的横笔已经比较成熟，但后世的使用者仍然对其进行了一些调整。具体表现在如下两个方面：

①竖—点

隋唐五代石刻楷字中，由“令”充当构件的字最后一点笔，往往写作一短竖。如“玲”见于唐贞观五年（631年）《唐故李寿墓志》“玲瓏挽鐸”；“鸰”见于唐元和十四年（819年）《卢璠墓志》“開鴒原之新府”；“齡”见于隋大业八年（612年）《志修塔记》“□齡三十有二”。

②竖—撇

隋唐五代石刻楷字中，有些字的撇笔往往写作竖笔，这一撇笔一般为竖撇，且位于整字的左半部分。例如，在现代楷书中，“羊”充

①王立军：《宋代雕版楷书构形系统研究》，上海：上海教育出版社，2003年版，第51页。

当表义构件且位于整字的左部时，中间的一竖笔往往写作竖撇，但是在隋唐五代石刻楷字中，部分楷字字形仍然写作一竖笔。如“羜”见于唐贞观五年（631年）《唐故李寿墓志》“肥羜之燕”；“羯”见于唐显庆四年（659年）《张义墓志》“翦金徽之戎羯”；“翔”见于唐元和十二年（817年）《张士陵墓志》“殿中侍御史府君諱翔之子”；“羶”见于唐长庆四年（824年）《崔延墓志》“德明行羶”。另外，如“齊”见于后唐长兴四年（933年）《王禹墓志》“故齊王於天祐八年”。

3．撇笔

（1）撇笔的传承

楷书撇笔总的笔形特点是笔画由粗到细，中间略微弯曲，尾端呈尖状，运笔方向为从右上方到左下方。其笔形在魏晋南北朝石刻汉字中基本确定，主要可以归纳为四种类型，即（竖长撇）、（斜长撇）、（短撇）、（横撇）。这些笔形特征在隋唐五代石刻楷字中基本上得到传承，这一传承特点我们可以通过比照来发现。

①竖长撇

字形	时代	语境	字形	时代	语境
升	东晋	《黄庭内景经》“使人長生升九天”	升	唐开元八年（720年）	《沙陁公妻阿史那氏墓志》“宜其椒衍盈升”
月	北魏	《石门铭》“起四年十月十日”	月	唐元和七年（812年）	《卢璠妻崔元二墓志》“以元和五年八月十三日遘疾於潭州官舍”
成	东晋	《笔阵图》“遂成書聖”	成	隋大业十年（614年）	《贾玄赞墓志》“宗行成物”
辰	北魏	《慈庆墓志》“侍護先帝於弱立之辰”	辰	隋大业八年（612年）	《高紧墓志》“公委氣星辰”
虚	东魏	《高盛墓碑》“泛乎若虚舟之靡”	虚	唐永徽四年（653年）	《曹氏墓志》“仁不虚朝”

②斜长撇

字形	时代	语境	字形	时代	语境
少	晋	《兰亭序真本》“少長咸集”	少	武周神功二年（698年）	《盖畅墓志》“少微易感”

（续表）

字形	时代	语境	字形	时代	语境
文	北魏	《元诱墓志》“文辭內美”	文	武周长安四年（704年）	《张安墓志》“文含春露”
父	北魏	《张玄墓志》“父蕩寇將軍”	父	唐元和七年（812年）	《卢璠妻崔元二墓志》“父褒”
奄	北魏	《尔朱绍墓志》“横流奄及”	奄	隋大业八年（612年）	《张伏敬墓志》“八年歲次壬申十二月丁未朔廿二日丁卯奄從薨背”
合	北魏	《胡明相墓志》“楊煙曉合”	合	隋大业九年（613年）	《张虔墓志》“合窆於東都西北十里”

③短撇

字形	时代	语境	字形	时代	语境
角	北魏	《高珪墓志》“善風角星算六日七分”	角	隋开皇十五年（595年）	《段威墓志》“左奎右角之勢”
告	北魏	《慈庆墓志》“徒勗告存”	告	唐上元二年（675年）	《唐故薛国公阿史那贞公（忠）墓志铭》“會宗告窘”
吹	北魏	《元维墓志》“鳳吹虛音”	吹	唐显庆五年（660年）	《大唐赵王故妃宇文氏（修多罗）墓志铭》“悲風急而鳳管吹”
是	北魏	《尔朱袭墓志》“此兒乃是家門之千里”	是	隋大业十年（614年）	《陈花树墓志》“銘旌是立”
急	北魏	《邓羡妻李椝兰墓志》“松門風急”	急	唐显庆四年（659年）	《大唐故尉迟君（敬德）墓志》“郊風急兮邊簫咽”

④横撇

字形	时代	语境	字形	时代	语境
垢	北齐	《无量义经之一》“表裏映徹淨無垢”	垢	唐开元二十一年（733年）	《房惠琳墓志》“蓬髮垢容”
季	北魏	《元显儁墓志》“城陽懷王之季子也”	季	隋仁寿元年（601年）	《卢文机墓志》“恭順睦於昆季”
手	东魏	《元湛墓志》“貴戚斂手”	手	唐大中四年（850年）	《翟君妻高婉墓志》“列女傳未嘗廢手”
重	北魏	《王君妻韩氏墓志》“擢穎千重”	重	唐咸通二年（861年）	《郑君妻崔琪墓志》“皆以德行文學有重價於當世”
千	北魏	《元均之墓志》“千載莫記”	千	唐长庆元年（821年）	《罗池庙碑》“千秋萬歲兮”

（2）撇笔的变异

①长撇。在魏晋南北朝时期的石刻楷字中，有些斜长撇笔的笔形尾部较粗，收笔时末尾呈水平或上扬方向。如“少”见于曹魏《大将军曹真残碑》“使少長有□”；“文”见于西晋《皇帝三临辟雍碑》“文告江裔”；“父”见于北魏《张玄墓志》“父蕩寇將軍”；“文”见于南朝梁《太祖建陵二阙》“太祖文白帝之神道”。

与之相比，斜长撇的笔形在隋唐五代石刻楷字中已经完全定型，起笔最粗，至尾部逐渐变细，末端呈尖状，且向左下方运行。如“大”见于隋开皇二十年（600年）《孫先造像記》“大理冥漠”；“天”见于隋大业八年（612年）《王君妻成公氏墓志》“孝感天魚”；“文”见于唐武周长安四年（704年）《张安墓志》“文含春露”。

②横撇。在魏晋南北朝石刻楷字中，有些横撇的笔形非常短，状如三角形。如“丘”见于北魏《于纂墓志》“在丘伊賁”；“垢”见于北齐《欧伯罗夫妻造像记》“近淨遂垢”；“千”见于北魏《笱景墓志》“進爵爲公食邑千五百戶”；“新”见于北魏《檀宾墓志》“開新訓而奬士”。

与之相比，横撇的笔形在隋唐五代石刻楷字中已经完全定型，笔势自右向左，笔形近水平而略带弧度，末端呈尖状。如“丘”见于隋大业十年（614年）《贾玄赞墓志》“位心太丘”；“垢”见于唐开元二十一年（733年）《房惠琳墓志》“蓬髮垢容”；“千”见于唐长庆元年（821年）《罗池庙碑》“千秋萬歲兮”；“新”见于唐宝历元年（825年）《魏仲俛墓志》“今自他穴啓舉合祔新塋”。

（3）撇笔的发展

尽管隋唐五代石刻楷字中的撇笔已经比较成熟，但后世的使用者仍然对其进行了一些调整。具体表现在如下几个方面：

①撇—横

在现代标准楷书中，写作横笔的笔画，在隋唐五代石刻楷字中，有时写作撇笔。如“未”见于唐龙朔元年（661年）《王君妻阴好儿墓志》“捨未恭虔”；“作”见于唐大历十三年（778年）《赵泼心妻裵婉墓志》“自作嬪君子”；“乇”见于唐贞元十九年（803年）《陶英妻张氏墓志》“左屯營宿衛官”；“造”见于后唐长兴四年（933年）

《毛璋妻李氏墓志》“次子以夫人忽遘兇迍奄棄”。

②撇一点

在隋唐五代石刻楷字中，当一点笔位于一横笔的上部中间位置时，部分字形往往会将点笔写作短撇，并移至横笔的起笔位置。如“跡”见于隋大业八年（612年）《萧氏墓志》“華庭絶跡”；“立”见于隋大业十一年（615年）《陈叔明墓志》“侍奉旌門而翾立”；“音”见于唐永徽四年（653年）《安延墓志》“刊德音於玄石”；“像”见于唐大历七年（772年）《唐故段府君（晏）墓志铭》“氣竭慟偯”；“讓”见于唐咸通二年（861年）《郑君妻崔琪墓志》“且牢讓之不獲”。

4. 捺笔

（1）捺笔的传承

魏晋南北朝石刻楷字的捺笔笔形比较固定，主要有两种变体类型，即㇏（斜捺）和～（横捺）。与之相比，隋唐五代石刻楷字的捺笔类型中，无论是斜捺还是横捺，其笔形都没有什么大的变化，几乎是完全继承。我们可以通过下面几组字的比较清楚地看到这一点。

①斜捺

字形	时代	语境	字形	时代	语境
合	北魏	《李蕤墓志》“合葬君墓”	合	隋大业九年（613年）	《张虔墓志》“合窆於東都西北十里”
敖	东魏	《元澄妃冯令华墓志》“責叔敖之未登”	敖	唐永徽六年（655年）	《高俨仁墓志》“曾祖敖曹”
改	北周	《寇胤哲墓志》“若松門之有改”	攻	唐开元五年（717年）	《刘彦之墓志》“跡攻聲位”
来	北魏	《元谭妻司马氏墓志》“乃祖來遊”	来	唐开元十二年（724年）	《匹娄思墓志》“祚来慶於厥緒”
丈	晋	《黄庭内景经》“執劍百丈舞銘幡”	丈	隋大业十年（614年）	《王光墓志》“敬憑丈人”

②横捺

字形	时代	语境	字形	时代	语境
邊	北齐	《元贤墓志》“以豫州襟帶邊要”	邊	唐麟德元年（664年）	《王才及妻毛氏墓志》“所恐河邊萃柳”
道	北魏	《元洛神墓志》“西道行台尚書”	道	隋大业八年（612年）	《志修塔记》“揚州江陽縣道化□九年華禪院”

（续表）

字形	时代	语境	字形	时代	语境
是	北魏	《尔朱袭墓志》“君於是受屡廟堂”	是	隋大业十年（614年）	《陈花树墓志》“銘旌是立”
趙	北魏	《元谧墓志》“趙郡王之世子”	趙	武周大足元年（701年）	《赵进墓志》“趙壹以芝蘭属詞”
違	东魏	《太尉公刘懿墓志》“信義無違”	違	唐大历十二年（777年）	《窦君妻杨莹墓志》“嚴親不違”

（2）捺笔的发展

尽管隋唐五代石刻楷字中的横笔已经比较成熟，但后世的使用者仍然对其进行了一些调整。具体表现在如下几个方面：

斜捺—撇

斜捺在汉字中往往与斜撇相匹配，二者相互照应，如同人的左右手。在隋唐五代石刻楷字中，如“秦”见于隋大业八年（612年）《萧氏墓志》“秦女莫以方之”，“改”见于唐永徽四年（653年）《张皎墓志》“尋又改授慶州弘化縣令”，“太”见于唐显庆二年（657年）《瘗琴铭》“希聲於太古”。但在隋唐五代石刻楷字中，还存在着一种将撇笔写作斜捺的现象，典型的例子即“鹿”以及由“鹿”充当构件的汉字。

“鹿”，《说文》：“獸也。象頭角四足之形。鳥鹿足相似，从匕。凡鹿之屬皆从鹿。”小篆作“鹿”。隶变楷化作“鹿”，最后一笔为撇笔，而隋唐五代石刻楷字中，不论是单独成字，还是位于整字的右部或下部充当构件时，“鹿”的最后一笔往往写作一捺笔。如“鹿”见于武周长安三年（703年）《唐故处士骞君（绍业）墓志铭》“卜宅於萬年縣白鹿鄉之原”；“麗”见于隋大业七年（611年）《魏氏墓志》“空傳佳麗”；“驪”见于唐咸亨二年（671年）《大唐故越国太妃燕氏墓志铭》“吐圓曜於驪澳”；“麓”见于唐神龙二年（706年）《大唐永泰公主（李仙蕙）志石文》“銅巖北麓”。

5. 提笔

（1）提笔的继承

提笔是形成最晚的一种笔画，由横画演化而成，多为整字左部或者左部构件的最后一笔。魏晋南北朝石刻楷字中，提笔已经完全不同于横笔，笔形已经基本确定，但使用还不规范。隋唐五代石刻楷字完全传承自魏晋南北朝石刻楷字，几乎没有发展变化。主要表现为：位于整字左部的构件的最后一笔，往往不定型，即横笔和提笔共存，提笔和撇笔发生混淆。关于前者，在横笔的分析中已经论述，兹不赘述。后者则主要表现为“手”在充当表义构件时的变体“扌”的最后一笔往往写作一撇笔。将“扌”的最后一笔变为一撇笔的写法，往往混同于“才”或“木”，区别性大为降低，最终被淘汰。

字形	时代	语境	字形	时代	语境
撫	北魏	《李壁墓志》“召兼撫軍府長史”	撫	隋大业六年（610年）	《梁瓌墓志》“撫慰夷長”
橅	东魏	《赠沧州刺史王僧墓志》“撫孤矜□”	撫	隋大业六年（610年）	《薛保与墓志》“撫符一命”
持	北魏	《元桢墓志》“使持節鎮北大將軍”	持	隋开皇三年（583年）	《梁坦墓志》“魏故使持節征虜將軍東豫州大都督梁朝同州剌史梁君之銘”
持	北魏	《元馗墓志》“蒙贈使持節都督徐州諸軍事”	持	隋大业八年（612年）	《萧氏墓志》“空持秋夜”
抑	北魏	《元显魏墓志》“抑楊文史”	抑	唐贞元八年（792年）	《张惟岳神道碑》“抑而不納”
柳	北齐	《元贤墓志》“抑唯故實”	抑	唐显庆五年（660年）	《孟普墓志》“抑抑威儀”

（2）提笔的发展

尽管隋唐五代石刻楷字中的提笔已经比较成熟，但与现代标准楷书相比，仍然进行了一些调整，主要表现为：在隋唐五代石刻楷字中，构件“扌”中的提笔有时被写作撇笔。如“杭”见于武周圣历二年（699年）《姚恭墓志》“抗志白雲”；“析”见于隋大业十二年（616年）《杨历墓志》“椒摧桂折”；“柘”见于唐元和八年（813年）《李虚中墓志》“貴顯拓跋世”；“椄”见于隋大业八年（612年）《沈氏墓志》“接當熊之後眄”。

6．折笔

（1）折笔的继承

折笔是由不同的笔画复合而成的，在魏晋南北朝石刻楷书中，前一个笔画的尾部和后一个笔画的头部相接处往往形成折笔。折笔的主要类型有五种，即㇕（横折竖）、㇇（横折撇）、㇗（竖折横）、㇜（撇折横）、㇛（撇折点）。在魏晋南北朝石刻楷字中，无论是哪种类型的折笔，折笔的笔形都是基本一致的，都是方折，棱角分明。隋唐五代石刻楷字传承了这种笔形。这一点我们可以通过包含不同折笔类型的字形比较得出。

字形	时代	语境	字形	时代	语境
君	北魏	《于纂墓志盖》“於君墓誌”	君	唐元和四年（809年）	《王大剑墓志》“輔助君子”
又	北魏	《郑黑墓志》“又書三字石經”	又	唐显庆五年（660年）	《韩行妻解摩墓志》“又貫洛州洛陽縣上東鄉歸仁里”
山	北魏	《穆亮妻尉氏墓志》“附塟於景山之舊塋”	山	唐永贞元年（805年）	《张诜妻樊氏墓志》“青山黯黯兮何人在”
止	北魏	《山徽墓志》“納止言於樞衡”	止	隋大业十一年（615年）	《陈叔明墓志》“容止可觀”
至	北魏	《元瞻墓志》“至乃幽鑒自性”	至	唐建中二年（781年）	《房有非及妻尚氏墓志》“至晉有将軍諶”
女	北魏	《张玄墓志》“妻河北陳進壽女”	女	隋大业十三年（617年）	《杜君妻郑善妃墓志》“女師斯備”

（2）折笔的变异

魏晋南北朝石刻楷字中的笔画有一个特点，即位置相近的笔画往往互相黏合，成为一种复合笔画。有的将相邻的竖笔和横笔连写作竖折撇，最典型的例子就是“止”以及由“止”充当构件的字。在魏晋南北朝石刻楷书语料库中，共贮存“止”以及由“止”充当构件的字32个，字样55个，其中仅有4个字样写作“止”，其余的均连写为一笔。如“止”见于北魏《元袭墓志》“化止灾蝗”；“正”见于北魏《元悌墓志》“正兹省立”；“足”见于北周《董道生造像记》“自在八解是足”；“趾”见于北魏《元项墓志》“麟趾閒生”；“沚”见于北魏《长孙子泽墓志》“珠生圓沚”。

与之相比，隋唐五代石刻楷字中的这些笔画基本上是分开的，互不粘连。即使有，在数量上也是明显地低于魏晋南北朝时期。这一特点我们可以通过一组数据来证明。在隋唐五代石刻楷书语料库中，共贮存“止”以及由“止”充当构件的字25个，字样73个，其中有33个字样写作“止”。这个数据与魏晋南北朝相比，差别已经十分明显，充分地表明，隋唐五代时期，笔画粘连的现象已经有所降低，使用更加规范。

（3）折笔的发展

尽管隋唐五代石刻楷字中的折笔已经比较成熟，但后世的使用者仍然对其进行了一些调整。与现代标准楷书相比，所作的调整具体表现为复合笔画和单笔笔画之间的换用。

①横和竖—横折竖

在现代标准楷书中，写作横折竖的笔画，在隋唐五代石刻楷字中，有时写作分开的两笔，一横笔和一竖笔。如“今”见于隋大业六年（610年）《张乔墓志》“加以學贍今古”；“鈐”见于唐元和十四年（819年）《卢璠墓志》“将以事鈐扼於我公”。

②横—竖折横

在现代标准楷书中，写作竖折横的笔画，在隋唐五代石刻楷字中，有时写作一横笔。如“鄰”见于唐贞元三年（787年）《唐故扶风县君冯氏（雷彦芬妻）墓志铭》“隣里稱焉”；“鱗”见于武周长安三年（703年）《张师墓志》“攀鱗顯職”；“降”见于隋大业八年（612年）《张伏敬墓志》“降臨神牧”。

③竖折横—竖和横

在现代标准楷书中，写作竖笔和横笔的笔画，在隋唐五代石刻楷字中，有时连写作一复合笔画——竖折横。最典型的例子就是“止”字以及由“止”充当构件的字，如“止”见于隋大业十一年（615年）《陈叔明墓志》“容止可觀”，“正”见于唐开元十五年（727年）《石浮图铭》“盖所以兼仰正法”，“阯”见于唐贞元八年（792年）《刘君妻屈氏合祔志》“邙山之阯”，“趾”见于唐元和七年（812年）《卢璠妻崔元二墓志》“峻趾連起”。

④撇折横—撇和横

在现代标准楷书中，写作撇笔和横笔的笔画，在隋唐五代石刻楷字中，有时连写作一复合笔画——撇折横。

“造”见于隋大业八年（612年）《王君妻成公氏墓志》“造次難名”；“酷”见于唐建中二年（781年）《房有非及妻尚氏墓志》“不勝殘酷”；“驄”见于唐至德二年（757年）《明希晋墓志》“當

退冠馳城”；“飾”见于武周年间《栖岩寺诗刻》“□□□他飾”；“生”见于唐大和三年（829年）《卢初墓志》“生榮死哀”；“矩”见于唐大中十四年（860年）《孙嗣初妻韦氏墓志》“幼禀矩儀”；“跣”见于唐开元十八年（730年）《大唐故刘府君（浚）墓志》“行哭途跣”。

⑤横折竖—横和竖

在现代标准楷书中，写作横笔和竖笔的笔画，在隋唐五代石刻楷字中，有时连写作一复合笔画——横折竖。如“貢”见于唐麟德二年（665年）《支敬伦墓志》“蒙賓貢於王庭”；“空”见于唐大中十年（856年）《支子璋墓志》“空泣血以何補”；“工”见于唐广明元年（880年）《唐故师府君（弘礼）墓志铭》“檢校工部尚書”。

⑥横折撇—横和撇

在现代标准楷书中，写作横笔和撇笔的笔画，在隋唐五代石刻楷字中，有时连写作一复合笔画——横折撇。最典型的例子就是“衣”以及由“衣”充当构件的字，如“裴”见于唐显庆三年（658年）《马寿墓志》“邁裴遐之寬雅”，“裳”见于唐景云二年（711年）《大唐故雍王赠章怀大子（李贤）墓志铭》“鍾鼎旗裳之盛”，“裂”见于唐开元十四年（726年）《李信墓志》“裂眥龍韜”。

7．点笔

（1）点笔的传承

魏晋南北朝石刻楷字中点笔的类型比较多，处于整字的不同位置就可能会有不同的形体。按照点笔的笔形特点来归纳，魏晋南北朝石刻楷字中大致有四种类型，即（竖点）、（左点）、（右点）、（提点）。隋唐五代石刻楷字完全继承这四种类型。例如：

①竖点

字形	时代	语境	字形	时代	语境
守	北魏	《寇演墓志铭》“魏故汝南太守”	守	隋开皇十年（590年）	《王曜墓志》“守元生之非病”
享	北魏	《元弘嫔侯氏墓志》“應享胡荀”	享	唐天宝十五载（756年）	《刘智墓志》“享年不永”

（续表）

字形	时代	语境	字形	时代	语境
宣	北魏	《穆亮墓志》“宣道揚化”	宣	唐大和三年（829年）	《李萼墓志》“即宣城第二子”
定	北魏	《元新成妃李氏墓志》“青、定二州刺史”	定	唐开元四年（716年）	《元希古墓志》“俄出為定州長史”
宅	东魏	《元光基墓志》“薨于私宅”	宅	隋大业六年（610年）	《段模墓志》“詳其宅兆”

②左点

字形	时代	语境	字形	时代	语境
怨	北魏	《元恭墓志》“怨濾松崗”	怨	唐大中四年（850年）	《唐试左武卫仓曹参军丘公夫人河东柳氏墓志铭》“怨可耐兮”
慰	北魏	《元倪墓志铭》“用慰沈魂”	慰	唐长庆元年（821年）	《罗池庙碑》“慰我民兮”
恐	北魏	《元□墓志》“恐金芳之永墜”	恐	隋开皇四年（584年）	《杨居墓志》“恐倚天易動”
勳	北魏	《元暐墓志》“轉光祿勳卿”	勳	隋大业十一年（615年）	《范安贵墓志》“克著勳庸”
無	北魏	《元谭妻司马氏墓志》“動皂無虧”	無	隋大业五年（609年）	《郭世昌墓志》“六齋無闕”

③右点

字形	时代	语境	字形	时代	语境
尊	北魏	《元子正墓志》“屬負扆之尊”	尊	隋大业十一年（615年）	《苟君妻宋玉艳墓志》“夫尊妻重”
寺	北魏	《慈庆墓志》“出居外寺”	寺	隋开皇六年（586年）	《龙藏寺碑额》“恒州刺史鄂國公為國勸造龍藏寺碑”
詩	北魏	《冯邕妻元氏墓志》“頗說詩書”	詩	唐元和八年（813年）	《刘通墓志》“式備詩禮之義”
景	北魏	《惠朗造像记》“高陽縣閣杜景暉”	景	后梁龙德三年（923年）	《萧符墓志》“第三女適故景州刺史衛司空長子崇遠”
清	北齐	《高淯墓志》“詎往清都”	清	唐刻	《瀨水上古真义女碑铭》“尤彰可激清頹俗者”

④提点

石刻楷字中的提点主要出现在当两个或三个右点同时出现，并上下排列的时候，最后一笔则改左行为上挑。

字形	时代	语境	字形	时代	语境
河	北魏	《于祚妻墓志》"河南洛陽人也"	河	隋大业六年（610年）	《段模墓志》"今為河南洛陽人也"
洛	北魏	《元简墓志》"洛陽縣"	洛	唐上元二年（675年）	《唐故赠司徒虢王（李凤）妃刘氏墓志铭》"既而洛邑朝宗"
涼	北魏	《高珪墓志》"涼州諸軍事"	涼	隋大业八年（612年）	《李肃墓志》"其惟都督涼州諸軍事"
疾	北魏	《陈天宝造像记》"奄加攡疾"	疾	唐天宝七载（748年）	《唐故严府君（令元）墓志铭》"寝疾終於四京崇仁里"
冰	北魏	《元秀墓志》"慎越履冰"	冰	唐永徽四年（653年）	《杨君妻张伯墓志》"明允将冬冰爭潔"

（2）点笔的变异

魏晋南北朝石刻楷字中的部分点笔由于受到隶书的影响，往往具有向上挑的波脚。与之相比，隋唐五代石刻楷字中的点笔则更多的是向下收笔。

字形	时代	语境	字形	时代	语境
孫	北魏	《元譿墓志》"顯祖獻文皇帝之孫"	孫	后晋开运三年（946年）	《袁从章墓志》"娶孫氏"
無	北魏	《陈天宝造像记》"宿薄無良"	無	隋大业八年（612年）	《何氏墓志》"無思犯禮"
其	北魏	《侯愔墓志》"慕其鴻烈"	其	唐贞观五年（631年）	《唐故李寿墓志》"其詞曰"
忘	北魏	《巩伏龙造像记》"願忘師棠或永消"	忘	隋大业九年（613年）	《张盈墓志》"千載無忘"
燎	北魏	《元诲墓志》"炎燎不息"	燎	唐永徽五年（654年）	《杨贵墓志》"蘭堂燎歇"

（3）点笔的发展

尽管隋唐五代石刻楷字中的点笔已经比较成熟，但后世的使用者仍然对其进行了一些调整。具体表现在如下几个方面：

①点—横

在现代标准楷书中写作横笔的笔画，在隋唐五代石刻楷字中却写作一点笔。如"云"见于隋大业八年（612年）《刘德墓志》"云岳陪封"；"魂"见于唐开元三年（715年）《崔公妻李氏墓志》"魂魄游兮闕塞傍"；"阮"见于唐乾符四年（877年）《崔绍墓志》"以競居阮巷之列”；“筐”见于唐显庆三年（658年）《宋义及妻赵氏墓志》“祥降玉筐”；“甘”见于隋大业十一年（615年）《萧翘墓志》“甘羅秦相”。

②点—撇

在现代标准楷书中写作撇笔的笔画，在隋唐五代石刻楷字中却写作一点笔。主要包括以下三种情况：第一种情况是构件“刀”和“⺈”中的一撇笔写作点笔，相应的，右边的笔画也变为一撇笔。如“召”见于唐开元十八年（730年）《大唐故刘府君（浚）墓志》“天后召文獻夫人”；“髫”见于隋大业八年（612年）《王君妻成公氏墓志》“髫年始暨”；“韶”见于隋大业七年（611年）《田德元墓志》“風儀韶韻”；“魚”见于南汉大宝五年（962年）《马二十四娘买地券》“書券積是東海鯉魚仙”；“魯”见于后唐长兴元年（930年）《毛璋墓志》“季曰廷魯”；“色”见于唐大中十年（856年）《贾从赟墓志》“色養庭闈”。第二种情况是在三个撇笔同时出现，并且是上下排列的形体中，最后一个撇笔往往被替换为右点。最典型的例子就是构件“彡”，如“形”见于唐天宝十五载（756年）《赵留四墓志》“爾其形勝”，“彦”见于唐乾符二年（875年）《郭宣墓志》“偉彦不群”，“彩”见于隋大业十二年（616年）《杨厉墓志》“藉蔭鄧彩”，“彫”见于唐大中五年（851年）《杨宇墓志》“貞松夏彫”，“影”见于唐《张敬祖石塔铭》“黄壚影□”。第三种情况是构件“木”、“禾”等构件位于整字的下部时，右边的捺笔一般变为右点，左边的撇笔相应地变为左点。如“案”见于隋大业二年（606年）《蔡君妻张贵男墓志》“寧逢舉案之日”；“秦”见于隋大业八年（612年）《萧氏墓志》“秦女莫以方之”；“未”见于武周圣历元年（698年）《秦朗墓志》“飛鵬未遠”。

上述这些笔画之间的替换，虽然缩短了书写的时间，但是容易造成构件之间的混同。如上述例字中，“筐”的构件“匡”，由于点笔和横笔的换用，而造成与“主”同形；“秦”的构件“禾”，由于点笔和撇笔、捺笔的换用，而造成与“示”同形。这与汉字自身的发展规律不符，最终被淘汰，又恢复到原来的笔形。

8．钩笔

（1）钩笔的传承

钩笔是一个复合笔画。根据带钩的笔画类型和钩笔的位置，魏晋南北朝石刻楷字中的钩笔可以分为：亅（左竖钩）、㇙（右竖钩）、㇖（横钩）、㇁（左弯钩）、㇂（右弯钩）、㇃（卧钩）。隋唐五代石刻楷字继承了这些钩笔的笔形。

①左竖钩

左竖钩主要是竖笔笔画向左上折回，末端呈现尖形。

字形	时代	语境	字形	时代	语境
到	北魏	《元寿安墓志》“政若戶到”	到	隋大业十年（614）	《邓昞墓志》“莫不應絃而到”
利	北魏	《郭显墓志》“金無爽利	利	唐乾元元年（758年）	《净善塔铭》“利益弘溥”
對	北魏	《元诱墓志》“魂想若對千龄”	對	唐大中九年（855年）	《崔羣墓志》“對曰”
小	北魏	《元恪嫔司马显姿墓志》“小星重風”	小	唐大中十年（856年）	《支子璋墓志盖》“支氏小娘子墓”
宗	北魏	《孟元华墓志》“宗祖宋征虜將軍交州刺史”	宗	隋大业十一年（615年）	《程谐墓志》“二宗起譽”

②右竖钩

右竖钩是竖笔笔画向右上折回，末端呈现尖形。

字形	时代	语境	字形	时代	语境
衣	北魏	《邓羡妻李椝兰墓志》“爰及魏氏衣冠”	衣	唐元和十三年（818年）	《杨仲雅墓志》“次女幼未勝衣”
以	北魏	《邓羡妻李椝兰墓志》“信不以貴敖爲心”	以	唐显庆三年（658年）	《海禅师方坟记》“以顯慶二年四月八日於信行禪師所起方墳焉”
比	北魏	《元妻赵光墓志》“比陵王孫”	比	唐天宝元年（742年）	《清真寺碑》“比心此道同也”
仰	北齐	《张世宝三十余人造塔记》“仰爲皇祚昌延”	仰	隋大业二年（606年）	《蔡君妻张贵男墓志》“閨門仰則”

③横钩

横钩是横笔笔画向左下折笔，末端呈现尖形。

字形	时代	语境	字形	时代	语境
寄	东魏	《元澄妃冯令华墓志》“寄彼幽玄”	寄	唐贞元六年（790年）	《李蕚妻杨氏墓志》“寄幽石兮刊令名”
宗	北魏	《元愔墓志》“爲物宗極”	宗	隋大业十一年（615年）	《程谐墓志》“二宗起譽”
皮	北魏	《元继妃石婉墓志》“勃海南皮人也”	皮	隋大业九年（613年）	《张虔墓志》“大父皮車騎将軍夏州剌史”
波	北魏	《元秀墓志》“六世祖波燕儀同三司武邑公”	波	隋大业五年（609年）	《郭世昌墓志》“故伏波将軍”
吹	北魏	《元维墓志》“鳳吹虛音”	吹	唐显庆五年（660年）	《大唐赵王故妃宇文氏墓志铭》“悲風急而鳳管吹”
歌	北魏	《檀宾墓志》“若乃樂治齊歌”	歌	唐开元二十年（732年）	《贾元恭墓志》“琴歌不輟”

④左弯钩

魏晋南北朝石刻楷中的左弯钩包括两种类型，一是长撇向左上方折笔，末端呈现尖形；二是左竖弯。隋唐五代石刻楷字传承这两种类型。

字形	时代	语境	字形	时代	语境
戊	北魏	《张宁墓志》“五月戊子”	戊	唐开元二十六年（738年）	《大唐故李承乾墓志铭》“歲次戊寅”
戌	北魏	《寇猛墓志》“正始三年歲次丙戌”	戌	唐开元十九年（731年）	《李景阳墓志》“隴西成紀人也”
子	东魏	《姜夫人墓志》：“既嬪君子”	子	唐元和四年（809年）	《王大剑墓志》“輔助君子”
掌	北魏	《邢峦妻元纯陁墓志》“不離股掌之上”	掌	隋大业十一年（615年）	《元智墓志》“三年二月轉為掌式中士”

⑤右弯钩和卧钩

字形	时代	语境	字形	时代	语境
戈	北魏	《元诱墓志》“一人荷戈萬夫莫向”	戈	唐开元十三年（725年）	《索崇墓志》“於戈剋效”
伐	北魏	《北海王元详题记》“南伐蕭逆”	伐	唐开元三年（715年）	《崔哲妻源氏墓志》“祭有伐冰”
我	北魏	《元浚妻于仙墓志》“匪我留晷”	我	唐开元九年（721年）	《唐故契苾夫人墓志铭》“以妙年歸我右金吾将軍、常山縣開國公史氏”
心	北魏	《梁州刺史元演墓志》“藏之於寸心”	心	唐景龙四年（710年）	《杨承福墓志》“迺心以慎”
思	北魏	《邢峦妻元纯陁墓志》“思姜水之節”	思	唐大中十四年（860年）	《孙嗣初妻韦氏墓志》“唯思再侍膝下”

（2）钩笔的变异

魏晋南北朝石刻楷字中，竖笔后的钩笔经常被省掉，如“體”见于北魏《王翊墓志》“體鍾美之粹靈”，“體”北魏《元弼墓志》“體文經武”，“衡”见于北魏《元徽墓志》“抑揚衡石”，“衡”见于北齐《高湝墓志》“裁象資衡”，“術”见于北魏《元液墓志》“四術六書之業”，“行”见于北魏《奚智墓志》“内行羽眞散騎常侍”，“月”见于东魏《高盛墓碑》“泛乎若虛舟之靡觸”。

与之相比，隋唐五代石刻楷字中的这些钩笔基本上是规整的。当然也存在少数的钩笔被省掉的现象，但在数量上已经明显地低于魏晋南北朝时期。在隋唐五代石刻语料库中，仅有4个字样存在钩笔被省掉的现象。“衡”见于唐显庆三年（658年）《宋义及妻赵氏墓志》“劒影衡津”；“行”见于唐开元三年（715年）《王师墓志》“行標高義”；“衍”见于唐开元二十一年（733年）《张点墓志》“繁衍光大”；“赤”见于武周神功元年（697年）《张素墓志》“籍舊納言於赤帝”。

由此可以推断，隋唐五代时期，竖笔后的钩笔的省减现象已经有所降低，使用更加规范。

（3）钩笔的发展

尽管隋唐五代石刻楷字中的钩笔已经比较成熟，但后世的使用者仍然对其进行了一些调整。钩笔是一种复合笔画，在现代标准楷书中带有钩笔的笔画，在隋唐五代石刻楷字中却往往省掉。具体表现在如下几个方面：

①横折、横撇—横折钩

“黎”见于唐总章三年（670年）《大唐故李绩墓志铭》“先固黎陽”；“馳”见于隋仁寿元年（601年）《卢文机墓志》“馳漢南之譽”；“飽”见于唐大和六年（832年）《杭季棱及妻陈氏合祔志》“食飽一簞”。

②竖弯—竖弯钩

“陛”见于唐太极元年（712年）《崔孝昌墓志》“宫陛增華”；“選”见于唐显庆二年（657年）《张相墓志》“選授門下坊録事”；

“逸”见于唐永徽五年（654年）《王素墓志》“風神秀逸”；“起”见于隋大业八年（612年）《何氏墓志》“雲起荆岑”。

③横—横钩

“皮”见于唐开元二十一年（733年）《江瓘墓志》“亦主皮而合禮”；“皲”见于唐麟德二年（665年）《杨康墓志》“猛略則皲蛟截浪”。

④竖—斜钩

“曳”见于唐贞观十一年（637年）《大唐故侯使君夫人宝氏（娘子）墓志》“並曳龜組”。

总之，通过对上述八种基本笔画类型的逐一对比分析，我们可以发现：在魏晋南北朝石刻楷字中，楷书的基本笔画已经出现，但是还有部分笔画保留有明显的隶书风格，过渡时期的特征明显。因此，魏晋南北朝石刻文字类型在笔画笔形、笔画使用等很多方面还很不规范，不稳定性还普遍存在。与魏晋南北朝石刻楷字相比，隋唐五代石刻楷字中的各种笔画类型已经成熟定型，整个笔画系统已经逐步稳定。主要表现为：各种基本笔画的笔形隶意已经完全消失；笔画类型之间的混用、换用现象大大减少；笔画组合和使用的规范性提高。换言之，从魏晋南北朝到隋唐五代时期，石刻楷字在笔画层面上的发展变化，主要表现在“调整”上。千百年来，楷书在笔画层面的变化并不是很大，隋唐五代石刻楷字的笔画系统是在魏晋南北朝石刻楷字笔画系统基础上的进一步调整与规范。

虽然隋唐五代石刻楷字的笔画系统已经比较成熟，但是后世的使用者仍然对其中的一些笔画进行了局部的调整。与现代标准楷书相比，隋唐五代石刻楷字的笔画系统还存在着一定的不稳定性。如，笔画类型之间的混用、换用现象仍然存在，笔画的省减和增加现象也常常发生等。

第二节

笔画的功能

一、判定字体或考察字体的发展程度

一般认为，考察字体有三个要素：笔形、结构、体势。①其中，笔形是笔画的形状，是书写汉字的最小单位，是组成构件甚至整字的基础材料；笔形的变化可能会引起结构的改变；一种字体的体势如何也主要是由笔形的特点决定的。可见，在判定字体的过程中，起决定作用的是构成整字的基本材料，即线条或者笔画。秦永龙也曾经指出："在整个汉字形体演变的过程中，笔形的变化发展始终起着先导的作用。"②字体的发展演变可以是质变，即由一种字体演变为另外一种字体，如由篆书到隶书；也可以是量变，即一种字体发展过程中对书写元素的调整，如汉字楷书由魏晋南北朝到隋唐五代时期的发展演变。基于此，我们认为笔画的笔形是判定一种字体或者考察一种字体发展程度的最重要依据。

判定不同的字体或者同一种字体的不同发展水平，不仅仅需要考察单个笔形的异同，还需要考察整个笔形系统的完善程度。笔形和笔形系统是不同的概念，笔形为个体概念，指单个的笔画形状，具有长短、粗细、曲直等不同的形态属性。笔形系统则是集合概念，是构成构件或者

①赵志峰、秦永龙：《由隶到楷的字体演变浅探》，《兰州学刊》，2006年第7期，第89—93页。

②同上。

整字的所有笔形的聚合，也就是由不同的笔形构成的符号系统。这些笔形在同一种书体的形体内部相互联系、相互区别、相互配合，成为一个严密的笔形系统。笔形具有特定的形体和功能，而在一种字体的不同发展阶段，笔形系统始终处于开放的状态，随时接纳或者淘汰不符合汉字发展的笔形，或者对相关笔形进行调整。它们虽然是不同的概念，但彼此之间却紧密相连。系统是由个体构成的，个体也不能脱离系统而单独存在。即笔形系统是由诸多的笔形组成的，笔形也不能脱离笔形系统而单独存在，并要受到笔形系统的制约。

在本书中，判定字体主要是指判断隋唐五代石刻文字材料中一些难以断定的字体类型。由于全书要调研的对象是汉字楷书，所以在对研究材料进行选择时，首先要区分选取的字样是否为楷书。隋唐五代时期的石刻文字资料，篆书、隶书、楷书、草书、行书各种书体都应有尽有，而且有时同一篇石刻文本中还会出现几种书体间杂使用的现象，因此要确定是否为楷书要分两步进行。首先，从整体上确定一种石刻文本的字体是否为楷书，然后在选定的楷书石刻文本中，再排除其中间杂出现的非楷书字样。只有这样做，才能确保所选择的字样一定是完全意义上的楷书字样。在判定是否为楷书的过程中，起决定作用的就是汉字的笔形。上一节中，我们将隋唐五代时期石刻楷字中的八种基本笔画类型，与魏晋南北朝石刻楷字中形成的笔画类型进行了比较研究，得出的结论是横笔、竖笔、撇笔、捺笔、提笔、折笔、点笔、钩笔这八种具有鲜明的字体特征的笔画类型几乎完全传承魏晋南北朝时期笔画的特点。横笔，笔形大致呈水平状态，笔势从左至右，个别变体允许有一些上下倾斜。竖笔，笔形大致呈垂直直线，笔势自上而下，个别变体允许有少许左右倾斜。撇笔，笔形是带有弧度的线条，先粗后细，末端呈尖形，笔势从上至下或者从右上至左下。捺笔，笔形是带有波折的弧度线条，笔势自左到右或者自左上到右下。提笔，笔形呈上挑之势，末端呈尖状，笔势从左下到右上。折笔，笔形是两种笔画的连接，两种笔画之间没有断开，呈连接状态。点笔，笔形短小，笔势内敛，不向四周伸展。钩笔，笔形有短小的上挑之势，末端呈尖形，一般必须和另一种笔画连用。[①]

①郭瑞：《魏晋南北朝石刻楷字的传承与变异》，华东师范大学2008届博士论文。

依据这些笔形特征，我们可以判断一些字形是否为楷书字形。例如，唐贞观五年（631年）《□祎墓志》的正文是篆书、隶书、正书三种书体间杂使用，所以要挑选出其中的楷书字形，需要对正文中的各种字体的字形进行筛选。在此，我们可以利用上述楷书的八种基本笔形特征，比较容易地将篆书、隶书的字形排除。“（州）、（林）、（金）”等字形是由线条构成的，而非笔画，当然不是楷书。“、”等字形中，长横的笔形一波三折，中长竖的长度短于长横。这些笔形特征是典型的隶书特征，不符合楷书的笔形特征的，因此可以排除掉。再如，唐咸亨五年（674年）《史氏墓志》的正文是行书、楷书两种书体相间使用的，因此要确定其中的楷书字形，需要对其中的行书字形进行排除。在筛选的过程中，楷字笔画的笔形起到至为关键的作用。“、、”等字形不具备上述楷书笔画的笔形特征，明显地属于行书，应该予以排除。

在本书中，考察字体的发展程度是指考察楷书在不同阶段的发展程度，主要是指魏晋南北朝和隋唐五代两个时期。通过前面整字、构件、笔画三个层次的比较，我们发现在魏晋南北朝时期，汉字楷书的整字结构、构件形体、笔画类型已经基本确定。随着楷化过程的加深，到隋唐五代时期，汉字楷书在传承魏晋南北朝楷书的基础上，进一步地走向成熟、定型。这种成熟、定型的主要表现之一就是笔画系统的完善与稳定。因此，笔画系统在判断石刻楷字的发展演变阶段中有着十分重要的作用。为了清楚地描写汉字楷书在不同发展阶段笔形系统的特点，上一节中，我们对隋唐五代石刻楷字和魏晋南北朝石刻楷字的笔形系统进行了对比和描写。隋唐五代石刻楷字的笔形系统与魏晋南北朝石刻楷字的笔形系统相比较而言，既有相同之处，即它对魏晋南北朝石刻楷字笔形系统的继承；也有不同之处，即它对魏晋南北朝石刻楷字笔形系统的改造。二者的相同之处在于隋唐五代石刻楷字的笔画类型完全继承了魏晋南北朝石刻楷字，即汉字楷书从魏晋南北朝发展到隋唐五代时期并没有再出现新的笔画类型。不同之处在于隋唐五代石刻楷字笔画系统的完善和成熟。具体表现在以下两个方面：一是隋唐五代时期，石刻楷字笔画类型发展的阶段性已经不再明显，在跨越历史380年的时间里，楷字的笔画类型基本上没有变化，完全摆脱了隶意，已经定型；二是笔画之间的换用、混用现象明显减少，即笔画使用的规范程度有了很大的提高。这一特点在上一节的对比分析中，已经详细分析过，在此不再展开讨论。从二者的不同之处，我们可以认为魏晋南北朝和隋唐五代时期是汉字楷书发展的两个阶段，如果把前者称为汉字楷书的发展阶段的话，那么隋唐五代时期完全可以称为汉字楷书的成熟定型时期。

二、区别形体

隋唐五代石刻楷字中，部分笔画具有区别汉字形体的作用。通过调查发现，隋唐五代石刻楷字中笔画用于区别楷字形体主要有两种途径。其一是直接参与汉字的构意，大致相当于构件一章中涉及到的记号构件中的指事构件，一般是附着在易混字形中的某个字形上，以示区别。其二是通过笔画本身的长短、曲直变化来区别汉字形体。

1．通过指事构件区别形体

隋唐五代石刻楷字的八种基本笔画中，点笔、撇笔、横笔往往被用作指事构件，用于区别形体相近的字形。

（1）“弋”与“戈”

弋，《说文》：“橜也。象折木衺鋭著形。从厂，象物挂之也。”小篆作“”。戈，《说文》：“平頭戟也。从弋，一横之。象形。凡戈之屬皆从戈。”小篆作“”。二者的小篆形体相比，“戈”比“弋”中间多了一条横线。隶变后字形分别为“”、“”，二者的区别为一撇笔。这一撇笔起到区别二者形体的作用，在二者充当构件时，其区别作用更加明显。石刻楷字中传承这种区别，魏晋南北朝石刻楷字，如“弋”见于北魏《元诱墓志》“揔弋天人之際”，“戈”见于北魏《元诱墓志》“一人荷戈”，“代”见于北魏《山晖墓志》“綿基代朔”，“伐”见于北魏《龙门山造象二十三段之北海王元详题记》“南伐蕭逆”。隋唐五代石刻楷字，如“弋”见于唐天宝十一载（752年）《屈澄墓志》“大唐朝議郎行弋陽郡定城尉上柱國屈府君墓誌銘並序”，“戈”见于唐开元十三年（725年）《索崇墓志》“於戈剋效”，“代”见于隋大业十年（614年）《贾玄赞墓志》“亦何代而無之”，“伐”见于唐开元三年（715年）《崔哲妻源氏墓志》“祭有伐冰”。

（2）“未”与“朱”

未，《说文》：“味也。六月，滋味也。五行，木老於未。象木重枝葉也。凡未之屬皆从未。”小篆作“未”。朱，《说文》：“赤心木。松柏屬。从木，一在其中。”小篆作“朱”。二者的形体区别在于第二条线条的曲直，如果将“未”和“朱”的小篆形体的曲笔拉直进行隶定，那么两者的形体是一样的，都可以写作“未”，为了表示区别，就在其中的一个的形体上加上一撇笔，形成“朱”。因此，隶变后的形体分别为“未、朱”。石刻楷字传承这种区别特征。魏晋南北朝石刻楷字，如“未”见于北魏《寇治墓志铭》“冠冕未始共先”，“朱”见于晋《黄庭内景经》“金鈴朱帶坐婆娑”。隋唐五代石刻楷字，如“未”见于隋大业五年（609年）《郭世昌墓志》“惟大業五年歲次己巳八月乙未朔六日庚子河南郡洛陽縣景福鄉景義里”，“朱”见于隋开皇十五年（595年）《段威墓志》“爾朱天柱”。

（3）“天”与“夭”

天，《说文》：“顛也。至高無上，从一、大。”小篆作“天”。夭，《说文》：“屈也。从大，象形。凡夭之屬皆从夭。”小篆作“夭”。二者的小篆形体区别比较明显，隶变后横撇的笔形和短横的笔形往往混淆，所以隶书阶段，书写者就在“夭”字的捺笔上加了一撇笔，写作“夭”，以示区别。石刻楷字传承这种区别特征，有时甚至还在右上部增加一点笔。魏晋南北朝石刻楷字，如“夭”见于北魏《元诲墓志》“而方年夭秀”，“夭”见于北魏《元瞻墓志》“不爲夭闕者”，“妖”见于北魏《元悌墓志》“蕩妖氛於四海”。隋唐五代石刻楷字，如“夭”见于唐开元十四年（726年）《寇堮墓志》“俄而夭殁”，“夭”见于唐贞元十八年（802年）《孙婴殇女墓志》“顺彼至性兮夭於青春”，“妖”见于唐龙朔二年（662年）《高捧墓志》“静妖氛於柳塞”。

（4）“王”与“玉”

王，小篆作“王”，“玉”，小篆作“王”。二者的小篆形体依据三条横线之间距离的远近来区分，“王”上近下远，“玉”三横均分。隶变后，笔画形成，在书写的过程中，小篆形体的这种区别不容易把握，二者区别性大为降低，因此就在“玉”上增加一点笔，以示区别。石刻楷字传承了这种区别特征，甚至在充当构件时仍然保留这种区别特征。魏晋南北朝石刻楷字，如“玉”见于北魏《长孙子泽墓志》“玉孕方峰”，“珥”见于北魏《尔朱绍墓志》“珥金容歟”，“珩”见于北魏《元谧墓志》“白珩朱紱”。但在这段时期，点笔的位置并不固定，有时写在中上部，如“玉”见于北魏《元融墓志》“秉金玉而挺生”。隋唐五代石刻楷字，如“玉”见于唐上元二年（675年）《唐故薛国公阿史那贞公（忠）墓志铭》“玉門、金丘之下”，“玲”见于唐贞观五年（631年）《唐故李寿墓志》“玲瓏挽鐸”，“珪”见于隋大业二年（606年）《蔡君妻张贵男墓志》“珪璧含潤”。

2．通过笔画本身的长短、曲直变化区别形体

（1）“未”与“末”

未、末两字的小篆形体分别写作“未”和“末”，形体区别特征十分明显。隶书分别写作“未”和“末”，二者的区别不仅在于上下两个横笔的长短，有时甚至依靠“末”字最后两笔的笔形变化。石刻楷书完全继承隶书阶段的区别特征。魏晋南北朝石刻楷字，如“未”见于北魏《寇治墓志铭》“冠冕未始”，“末”见于北魏《张整墓志》“晋末為路川戍主”。隋唐五代石刻楷字，如“未”见于隋大业五年（609年）《郭世昌墓志》“惟大業五年歲次己巳八月乙未朔六日庚子河南郡洛陽縣景福鄉景義里”，“末”见于隋大业五年（609年）《宁贙墓碑》“竊以太皞之末分”。而到现代标准楷书阶段，则是由横、竖、撇、捺四种笔画构成，依靠上、下横笔的相对长短进行区别。

（2）“田”、“由”、“申”、“甲”

《说文》仅贮存田、申、甲三个字，小篆分别写作“田”“申”“甲”，形体完全不同，《说文》无“由”字。隶书阶段，四个分别写作“田”、“由”、“申”、“甲”，主要依靠中间一竖笔的长短

以及与横笔的连接关系的不同来区别形体。石刻楷字传承这些区别特征。魏晋南北朝石刻楷字，如“田”见于东晋《黄庭经》“丹田之中精氣微”，“由”见于北魏《慈庆墓志》“由是忍辱精進”，“申”见于北魏《王翊墓志》“追申起家之屈”，“甲”北魏《康健墓志》“甲辰六月”。隋唐五代石刻楷字，如“田”见于唐大历六年（771年）《麻姑仙坛记》“見東海三為桑田”，“由”见于隋大业十一年（615年）《萧翘墓志》“率由天性”，“申”见于隋大业十一年（615年）《范安贵墓志》“威申百戰”，“甲”见于隋大业十年（614年）《侯氏墓志》“倍游甲觀本六郡之良家”。

（3）“千”与“干”

“千”、“干”的小篆形体分别写作“𠦑”、“干”，区别特征十分明显。隶书阶段分别写作“千”、“干”，形体的区别主要依靠起笔的笔形，前者为短撇，后者为短横。石刻楷字传承这种区别特征。魏晋南北朝石刻楷字，如“千”见于北魏《笱景墓志》“進爵爲公食邑千五百戶”，“干”见于北魏《吊比干文》“睹殷比干之□”。隋唐五代石刻楷字，如“千”见于唐长庆元年（821年）《罗池庙碑》“千秋萬歲兮”，“干”见于唐元和四年（809年）《诸葛亮祠堂碑》“禮義干櫓”。

三、简化汉字的主要途径

每一种新字体的出现，都意味着对旧字形的一次简化，因为它使汉字字形变得更容易书写。在今文字阶段，笔画的省减和变异，是汉字字形简化的主要方面。隋唐五代石刻楷字中，笔画的省减和变异大致可以分为以下几种类型：

1. 为方便书写而省减笔画

在今文字阶段，汉字的基本笔画已经确定，笔画的多少成为了制约书写效率高低的重要因素之一，隋唐五代石刻楷字中，组成构件的部分笔画有时为了刻写的便捷，而直接省去。如“然”见于唐大中十一年（857年）《史兴墓咏》“然忝部王理”，构件“月”（肉）少了一笔；“師”见于隋大业十一年（615年）《伍道进墓志》“周武皇帝爰命六師”，构件“自”省掉了一撇笔；“戀”见于唐开元十六年（728年）《毛凤敬墓志》“妻子攀戀以崩絶”，构件“䜌”省去了六点笔；“滅”见于武周圣历元年（698年）《秦朗墓志》“殆将滅性”，构件“火”上部的一横笔省掉；“賤”见于唐天宝十二载（753年）《房君妻耿氏墓志》“賤者不曰無兕”，构件“戔”的两点笔省掉。

上述这些例字中，笔画的省减并不影响识读，而且刻写比较方便，所以在石刻楷字中往往被省掉，甚至成为一种有规律的省减。

2. 为方便书写而改变笔形

“缋”见于唐开元十六年（728年）《赵越宝妻张柔范墓志》“錦績無施”，左下部三点，连写作一提笔，这样就省去了两笔。“素”见于唐永徽三年（652年）《牛君妻申好墓志》“卜無愆素”，其构件“糸”的下部三笔连写作一横笔，省去两笔。“纓”见于隋大业十二年（616年）《杨厉墓志》“未預冠纓”，构件“嬰”中间四笔连写作一笔，并且上部省掉两横笔，共计省掉五笔。“敏”见于隋大业十年（614年）《陈花树墓志》“宫人明敏”，构件“每”的起笔改写作点笔，下部的两点连写作一笔。“勳”见于隋开皇四年（584年）《杨居墓志》“鼓翼以玆勳”，下部构件“灬”连写作一横笔，省去三笔。上述这些例字中笔形的变化，都在不同程度上方便了书写，提高了书写的速度。

3. 为使字形美观而省减笔画

隋唐五代石刻楷字中，有些字形中笔画的省减仅仅是为了使字形更加协调美观，或者左右对称，或者平稳方正。最典型的用例即为构件“⺗”，省去右边一点。如，“恭”见于唐大和三年（829年）《李蕁墓志》“竝恭孝立身”，“慕”见于后唐长兴四年（933年）《毛璋妻李氏墓志》“專慕佛門”，“忝”见于闽永隆年间《坚牢塔记》“虚忝堅令善誌”，“添”见于武周神功二年（698年）《盖畅墓志》“添海禅岳”。

4. 因为形近而误减笔画

隋唐五代石刻楷字中，有些字形中笔画的省减是由于其中的某个构件跟形近构件相近，而误省笔画。最典型的用例即为构件“衤”，由于与构件“礻”形体相近，往往省掉一撇笔。如“袍”见于唐开元二十三年（735年）《白知礼墓志》“刺令内使送紫袍金帶”，“袖”见于隋大业三年（607年）《张怦墓志》“朝推領袖”，“裕”见于唐开元二十二年（734年）《王慎疑妻张氏墓志》“賢明有裕”，“褐”见于唐永徽三年（652年）《王宏墓志》“釋褐隋謁者臺散從郎”，“褵”见于隋大业十年（614年）《鲍氏墓志》“肅以衿褵”。

通过对上述四种类型的举例分析，我们也可以看出，笔画的省减其实是一把“双刃剑”，一方面它可以使字形更加美观，方便书写，适应汉字工具性的特点。如，上面提及的“糸”的省减。另一方面，它又容易造成构件甚至整字字形之间的混同，使字形之间的区别度降低，甚至造成部分构件或者文字丧失理据。汉字是不断向前发展演变的，只有那些符合汉字发展规律的形体，才能在使用的过程中被继承下来。

第六章 历史地位及原因分析

汉字本身是一种重要的社会文化现象。汉字的发展不仅受到自身规律的制约，而且也受到来自外部的其他因素的影响。其中，前者是汉字发展的内因，后者则是汉字发展的外因。正是在内外因的共同推动下，汉字始终沿着自我规范、自我完善的方向不断地向前发展。隋唐五代石刻楷字的构形系统具有鲜明的时代特征，对后代汉字楷书的发展影响甚巨。因此，要总结本阶段汉字的历史地位，必须结合当时的历史文化背景，综合内外各种因素进行全面细致的分析。

第一节

历史地位

一、字形走向成熟定型的楷书文字

字体的发展是一个渐变的过程，楷书也不例外。楷书在成为一种新字体后的较长时间内，还或多或少地保留着隶书的意味。通常被称为“魏碑体”的楷书和隋唐五代石刻楷书的区别，就在于前者中包含着隶书的成分。如果我们把魏晋南北朝石刻楷字定位于汉字楷书的发展时期的话，那么隋唐五代石刻楷字则属于汉字楷书的成熟定型时期。

判断楷书成熟定型的标准主要有两个方面：一是具有完善的笔画系统，可以用几种固定统一的笔画来书写所有的楷字；二是具有完善的构形系统，可以用数量有限的构件来构成所有的楷字。如果用这两个标准来衡量隋唐五代石刻楷字，我们可以说隋唐五代石刻楷字已经成熟定型，它已经具备了比较完善的楷书笔画系统和构形系统。对这一历史地位的总结并非空穴来风，完全是建立在对魏晋南北朝石刻楷字系统和隋唐五代石刻楷字系统的调查对比分析基础之上的。

（一）完善的笔画系统

笔画最初产生于隶书。汉字的隶变过程，实际也就是笔画的孕育产生过程。隶变解散了篆体，把篆书“随体诘屈”的线条变为平直方正的笔画，致使整个字形变为若干个笔画的组合，彻底地笔画化，象形性消失。但在隶书阶段，汉字的笔画系统还十分不成熟。隶书的笔画有粗有细，提顿明显，书法界往往用“一波三折”、“蚕头燕尾”来形容这种现象。隶书笔画的这些特点与楷书的横平竖直相比，显然不便于书写。在隶书阶段虽然出现了类似折笔的笔形，但还不是完整意义上的折笔。隶书中的折笔多为圆转弯曲的连接，这与楷书中棱角分明的方折连接不同。点笔在隶书中已经在初步成形，但是笔形比较单一，使用范围相当有限，许多点笔还停留在短横、短竖或短撇的阶段，还没有完全从其他笔形中独立出来。钩笔和提笔在隶书中还没有出现。

在魏晋南北朝石刻楷字的笔画系统中，钩笔和提笔已经完全从其他笔画中独立出来，至此，汉字楷书笔画系统中的八种基本笔画类型，横、竖、撇、捺、提、折、点、钩等已经产生。因此，我们可以说魏晋南北朝石刻楷字基本奠定了汉字楷书笔画的笔形和笔类，但并不是完全意义上的确定。首先，魏晋南北朝石刻楷字的笔画系统还没有摆脱隶书的影响，启功曾这样评价这一时期的楷书笔画：“但这时究竟距离用隶书的时间尚近，人们的手写习惯以及书写工具的制作方法上，都存留前代的影响较深，所以虽然是写真书，而这种真书字迹中往往自然地含有隶书的涩重味道，甚至还有意无意地保存着某些隶书笔画。”[①]其次，魏晋南北朝石刻楷字在笔画笔形、笔画使用等许多方面还很不规范，这种不规范性主要表现在四个方面：笔形的不统一性，笔画类型的混乱性，笔画组合的不规律性，笔画使用的随意性。[②]

经历了魏晋南北朝石刻楷字的过渡，到隋唐五代石刻楷字阶段，楷书的笔画已经完全定型，笔画系统也已经基本完善成熟。虽然仍然有不稳定的因素，但与魏晋南北朝石刻楷字的笔画系统相比，有了较大的提高。隋唐五代石刻楷字笔画系统中，横笔已经完全摆脱了隶意，完全定型为楷书笔形，并且在历时380年左右的时间跨度中，横笔的笔形基本上没有什么大的变化。竖钩笔作为竖笔的一种类型，在隋唐五代石刻楷字中更加规整。撇笔在隋唐五代石刻楷字中已经完全定型，起笔最粗，至尾部逐渐变细，末端呈尖状，且向左下方运行。提笔已经从横笔中独立出来，绝大部分位于整字左部的构件末笔都变为了提笔。由于临近笔

①启功：《从河南碑刻谈古代石刻书法艺术》，《启功从稿·论文卷》，北京：中华书局，1999年版，第134页。

②郭瑞：《魏晋南北朝石刻楷字的传承与变异》，华东师范大学2008届博士论文。

画粘连而产生的折笔现象在隋唐五代石刻楷字中有所减少，折笔的使用更加规范。隋唐五代石刻楷字中的点笔不再具有向上挑的波脚，更多的点笔选择向下收笔，完全摆脱了隶意。魏晋南北朝石刻楷字中，钩笔的省减现象大量存在，隋唐五代石刻楷字中已经有所降低，钩笔的使用更加规范。

总之，从魏晋南北朝到隋唐五代时期，千百年的时间，石刻楷字在笔画层面上的发展变化主要表现在“调整”上。隋唐五代石刻楷字的笔画系统就是在魏晋南北朝石刻楷字笔画系统基础上的调整与规范。到隋唐五代石刻楷字中，随着楷字字形的日益规范，楷书的各种笔画类型都已经成熟定型，笔画系统也已经比较完善。

（二）完善的构形系统

构形系统的完善程度可以通过异体字的数量、新造字的情况以及构件的整体情况来体现。从异体字的角度来看，在调查的汉字总数约为30万字的魏晋南北朝石刻楷字中，其中有6441个异体字样，可归纳为2484个字位，异体率为1∶2.59。而调查汉字总数约为176万字的隋唐五代石刻楷字中，其中有9874个异体字样，可归纳为4142个字位，异体率为1∶2.38。这两组数据表明：与魏晋南北朝石刻楷字相比，隋唐五代时期石刻楷字中的异体现象逐渐减少，楷字形体渐趋规范定型。从新造字的情况来看，在隋唐五代石刻楷书新造字中义音组合造字是最主要的方式。这种组合方式大大方便了汉字的类聚群分，使得汉字具有很强的系统性和优越性。构件层面的情况主要通过构件的形体和功能来体现。从构件的形体来看，隋唐五代石刻楷字中构件的变异形体绝大部分传承自魏晋南北朝石刻楷字。虽然隋唐五代石刻楷字中新出现了一些构件的变异形体，但是，整体上相比，其变异程度是呈下降趋势的。同时，同一构件的几种变异形体，在隋唐五代石刻楷字中已经出现明显的选择倾向。构件形体的定型规范程度有了很大提高。从构件的功能来分析，隋唐五代石刻楷字中直接构件的功能主要包括表义构件、示音构件、记号构件三类。其中，表义构件704个，示音构件1635个，记号构件138个。隋唐五代石刻楷字中所有字样都是由上述这些直接构件参与构成的，具有较强的系统性。

总之，隋唐五代石刻楷字的构形系统已经比较完善。汉字楷书从汉末萌芽，中间经过魏晋南北朝的发展、变异、融合、有时甚至是复古（如东魏、北齐两个朝代），直到隋唐五代时期才完全摆脱隶书的影响，确立了楷字的规范字形，完成了汉字发展史上的一次重大变革。

二、构形理据弱化的表义体系文字

汉字发展到楷书阶段，字形已经完全笔画化，这种变化导致不少构件的形体发生了较大的变化。如前面我们所提及的同形不同源构件、同源不同形构件、省简构件、增繁构件等。这些笔画和构件层面的变异给隋唐五代石刻楷字的形义关系带来了一定程度的破坏，甚至使一些楷字失去部分或者全部的构形理据，成为半理据字或者无理据字。

"部分理据的淡化甚至丧失，是汉字发展的必然结果。这是因为，理据的保留与否，是由汉字的形体和意义两个方面决定的：形义之间有联系，就有理据；形义之间没有联系，就没有理据。形体是汉字本身所具有的，而意义则来源于它所记录的词，它们属于两个不同的系统。形体和意义都在不停地发展，但却是不同步的。形体的发展要跟随着当时的整个汉字系统而发展，要符合视觉的要求，因此它有不受语言控制的一面；意义的发展则要跟随语言一同发展，要符合词义系统的要求，一般不受形体的制约。这样发展的结果，必然导致部分汉字形义关系的脱节。"①

古文字阶段，几乎所有的汉字都有其构形理据。但是随着汉字的发展演变，一些汉字的构形理据变得不能进行解释。小篆中的独体字带有很强的象物性，形义之间具有比较具体和直观的联系。而隋唐五代石刻楷字中的独体字已经实现了笔画化，其象物性已经消失，原本具体直观的形义关系也随之消失。尽管它们的音义已经凝结在形体之中，但其理据已经无法根据现有的形体进行解释，只能通过历时的追溯才能获得。隋唐五代石刻楷字中一些构件的形体发生黏合或省减，导致其参与构形的汉字的理据无法通过自身来体现。这些汉字的构形理据必须通过对现

①王立军：《宋代雕版楷书构形系统研究》，上海：上海教育出版社，2003年版，第122页。

有构件系统的归纳，将构件变体与构件主形对应，才能重新体现汉字的构形理据。另外，随着汉字楷化过程的加深，到隋唐五代石刻楷字中，一些构件自身或者相互之间发生粘连，变得无法进行拆分而沦为记号构件，失去表义示音功能。记号构件参与构字，导致隋唐五代石刻楷字中出现了一些半理据字或者无理据字。隋唐五代石刻楷字中，由记号构件参与构形的字样共有3178个，约占22.4%。这表明隋唐五代石刻楷书文字系统中记号化程度较高，构形理据趋于弱化。

在隋唐五代石刻楷字中，虽然出现了一些构形理据弱化及构形理据丧失的汉字，但是这并不能影响楷书成熟定型阶段整个文字系统的根本属性。从整体上看，隋唐五代石刻楷字中有77.7%以上的汉字仍然具有可分析的构形理据，隋唐五代石刻楷字仍然属于表义文字。从发展的角度，更准确的描述应该是：隋唐五代石刻楷字是构形理据弱化的表义文字体系。

三、构件对系统具有更强的依赖性

古文字阶段，汉字形体具有很强的象物性，其形义之间的关系十分直观，汉字的构形理据往往可以直接通过字形获得，而不必借助于系统。进入到楷书阶段以后，组成汉字的“随体诘屈”的线条变为了平直的笔画，失去了象物性，汉字的构形理据已经无法根据现有的形体进行解释。这并不是说，到楷书阶段，所有的汉字都失去了构形理据，而是楷书的这种笔画化致使汉字的表义模式已经发生改变，由原来的以形表义发展到了通过对立区别原则来实现。在楷书阶段，单个构件已经丧失了其原有的功能，构件功能的实现必须依赖于结构的整体性。各个构件之间相互依存，相互规定，离开了结构整体联系，构件的功能无法实现。例如“牛”字，仅仅根据其楷书字形，我们无论如何也无法将它与动物联系起来，但是如果把它放到整个楷字的构形系统中，通过对包含有构件“牛”的一类字的分析，就可以获得“牛”的理据。

四、对后代楷书的影响

（一）奠定了现代楷字形态的基础

现代楷字的整体形态在隋唐五代石刻楷字已经基本上确定。通过对隋唐五代石刻楷字的笔画系统的调查，我们发现现代楷字的各种笔画类型在隋唐五代石刻楷字中均已具备，虽然部分笔画类型还存在着一些不稳定因素，但其成熟的写法在这一时期均已出现并逐步发展成为主流。从隋唐五代石刻楷字开始一直到现代楷字，再也没有出现新的笔画类型。石刻楷字从魏晋南北朝开始就基本上确定了近似方正的格局，这个特点被隋唐五代石刻楷字传承，一直延续至今。

（二）为现代简化字的来源提供依据

“简化字”是指由我国国务院颁布的《简化字总表》中所规定的一批规范使用的简体汉字。1956年1月28日，国务院第一次公布了《汉字简化方案》，其中有简化字515个和简化偏旁54个。1964年5月，文字改革委员会根据国务院的批示编辑并出版了《简化字总表》，共收录简化字2236个。1986年10月10日，国家语委根据国务院的决定重新发布《简化字总表》，对个别简化字作了调整，收录简化字2235个。现行的简化字，绝大部分是有历史来源的。

在我们所调查的这批材料当中，就出现了下列40个与《简化字总表》所收简化字字形完全相同的字样。

“鳞”见于武周大足元年（701年）《张寿墓志》“泉魚躍鱗而供祭”。

“鳀”见于武周万岁通天二年（697年）《韩仁惠墓志》“類鯷蟄而冲融”。

“鲤”见于唐咸通十二年（871年）《唐故宜阳郡景氏府君（公直）合祔墓志铭》“色養齊於江鯉”。

“鲠”见于唐开元十六年（728年）《卢君妻辛氏墓志》“佐治為骨鯁之臣”。

“鲂”见于唐天宝十二载（753年）《崔君妻王京墓志》“必求宋子河魴”。

“随”见于唐开元十年（722年）《李瑱墓志》“随會去而不歸”。

“郁”见于唐永徽六年（655年）《吕君妻张须墓志》“郁郁芳姿”。

“迹”见于唐大中九年（855年）《崔翚墓志》“遠迹咸伏”。

“装”见于唐会昌六年（846年）《崔隋妻赵氏墓志》“追理裝”。

“万”见于唐永徽四年（653年）《杨君妻张伯墓志》“山俄成萬頃之陂”。

“与”见于唐开元十五年（727年）《魏靖墓志》“與金石而無鑠”。

“监”见于唐天宝六载（747年）《张去奢墓志》“遷少府監”。

“无”见于唐天宝十二载（753年）《贾隐及妻杜氏墓志》“白賁無咎”。

“滞”见于唐元和十三年（818年）《杨仲雅墓志》“而沉滯下寮”。

“准”见于唐开元二年（714年）《唐故平州刺史煦山公于府君（尚范）墓志》“人倫準的”。

“法”见于唐天宝元年（742年）《陈令望造密多心经碑》“無色聲香味觸法”。

“吴”见于隋开皇十六年（596年）《张通妻陶贵墓志》“吴亭鶴唳”。

“数”见于唐大和元年（827年）《卢士琼墓志》“君曉之曰俸錢職田手力數既別官品矣”。

“梦”见于唐显庆二年（657年）《杜询妻崔素墓志》“痛鹿夢之成真”。

“寿”见于隋仁寿元年（601年）《古宝轮禅院记》“仁壽元年三月廿三日”。

“坚”见于唐元和九年（814年）《乔进臣买地券》“保人辰堅故”。

"嘱"见于唐广明元年（880年）《善悟塔铭》"付嘱有在"。

"俭"见于唐建中元年（780年）《唐故祁日进墓志铭》"口義儉身"。

"洁"见于后梁开平二年（908年）《山可球造像记》"佛殿僧潔殷"。

"贤"见于唐咸通十二年（871年）《阎肇墓志》"有心脊之賢"。

"麦"见于隋大业九年（613年）《萧球墓志》"粟麦三百碩"。

"累"见于武周神功元年（697年）《逯贞墓志》"累遷朝散大夫行司府丞兼知地官事"。

"郏"见于唐建中元年（780年）《张翃墓志》"解褐補郏城尉"。

"策"见于隋开皇十六年（596年）《张通妻陶贵墓志》"篆筴紛綸難可而詳也"。

"静"见于唐开元十四年（726年）《薛君妻裴氏墓志》"貞静悌睦"。

"峥"见于唐元和三年（808年）《龙泉记》"崢嶸左右"。

"谁"见于唐元和三年（808年）《李三十三娘墓志》"茫茫誰測"。

"诚"见于唐开元十五年（727年）《孟俊墓志》"達志之誠滿聞於士友"。

"诸"见于唐开元二十八年（740年）《唐故范安及墓志铭》"洎諸孤在疚"。

"谐"见于唐大和四年（830年）《刘渼润妻杨斑墓志》"宜乎永諧宫徵"。

"缃"见于唐永徽六年（655年）《姚义墓志》"德列縑緗"。

"缁"见于唐永徽四年（653年）《王协墓志》"不雜緇塵"。

"麹"见于唐龙朔二年（662年）《麹善岳砖志》"麹善岳"。

"来"见于隋大业十年（614年）《张轲墓志》"民歌来晚"。

"莱"见于唐乾符五年（878年）《崔晔妻李道因墓志》"莱妻何

窮”。

在隋唐五代石刻楷书语料库中，还出现了部分简化的汉字，即有些字形的部分构件和《简化字总表》公布的简化字部分构件相同。其中构件“馬”、“鳥”虽然还没有完全简化，但与简化构件已经十分接近，故在此列出。

“频”见于隋大业九年（613年）《张业墓志》“又工媛頻”。

“𫔭”见于唐天宝元年（742年）《张本墓志》“去開元廿二年授冀州条軍”。

“缅”见于唐开元十七年（729年）《张楚璋墓志》“緬惟陵谷”。

“绮”见于隋大业十一年（615年）《程谐墓志》“加以文光綺繡”。

“继”见于唐元和七年（812年）《卢璠妻崔元二墓志》“非夫人無以継其室”。

“壮”见于隋大业十一年（615年）《范安贵墓志》“謚曰壯公”。

“捡”见于后周显德三年（956年）《萧处仁墓志》“詔還授右金吾衛将軍檢校司徒”。

“鸾”见于唐天宝十载（751年）《唐故陆府君（振）墓志》“同鳳閣鸞臺平章事”。

“鹰”见于唐开元二十二年（734年）《张积善墓志》“鷹鸇忽飛”。

“鸷”见于唐贞元十三年（797年）《李皋妻崔无生忍墓志》“愎鷙且柔”。

“鹖”见于唐永徽六年（655年）《卢万春墓志》“鶡鸎兩齊”。

“鹪”见于唐咸亨二年（671年）《大唐故越国太妃燕氏墓志铭》“射牛燎鷦”。

“鶵”见于唐开元十七年（729年）《张楚璋墓志》“龍駒鳳鶵”。

“鹗”见于唐元和四年（809年）《王大剑墓志》“鶚立於群”。

"鹊"见于唐贞元二年（786年）《李戢妃郑中基墓志》"以詩之鵲巢"。

"鹏"见于唐大和八年（834年）《王翼墓志》"字鵬軒"。

"鹅"见于唐开元二十三年（734年）《王景曜墓志》"鵝出於地"。

"鸿"见于唐天宝十载（751年）《赵佺墓志》"鴻漸於陸"。

"鹗"见于唐建中年间《王君残墓志》"鶚飛禍遺"。

"鸰"见于武周天授三年（692年）《张庆之墓志》"鴒原日寒"。

"鸤"见于唐天宝元年（742年）《崔君妻朱氏墓志》"葉鳲鳩之仁也"。

"鸠"见于后晋天福六年（941年）《权君妻崔氏墓志》"是以□子割鳲鳩之愛"。

"驿"见于唐开元十九年（731年）《长孙盱墓志》"暴終於延府豊義驛之館宇"。

"鹭"见于唐开元十四年（726年）《李信墓志》"月滿塵鷺"。

"𬴊"见于唐开元十三年（725年）《索崇墓志》"騏驎籙中"。

"骝"见于唐大中元年（847年）《张亮墓志》"驊騮望遠"。

"驸"见于唐建中元年（780年）《张翃墓志》"前漢駙馬都尉敖之雲孫"。

"驻"见于唐大中元年（847年）《张亮墓志》"流景不駐"。

"纲"见于唐麟德二年（665年）《柳尚远妻宇文氏墓志》"鴛機挂綱"。

"骥"见于唐大中元年（847年）《张亮墓志》"騏驥思千里而一致"。

"骧"见于唐神龙三年（707年）《杨承胤墓志》"騄騏驤首"。

上述这些简化字以及简化构件绝大部分都是由草书形体楷化而形成的，是草书线条的笔画化和规整化，文字学上一般称为"草书楷化"。"草书楷化"是汉字简化的一种重要方法。草写在客观上可以实现对汉字复杂笔画的简化，因而在汉字简化的历史演变过程中有着极为重要的

原因分析

隋唐五代石刻楷字之所以呈现如此复杂的发展变化，既有文字自身调整、内部优化、优胜劣汰等内因方面的制约，也有书写材质、文字使用者、社会环境等外因方面的影响。

一、汉字自身发展规律的作用

汉字本身是一个完整的系统，它有着独立的内部发展规律，这种规律是不以任何个人的意志或者社会的政治、经济、文化等外部因素的影响为转移的，这是文字发展变化的内因。楷字发展到隋唐五代时期，所呈现出来的各种特征，从内因上来说是汉字本体发展的必然结果。

（一）简易律与区别律的对立统一

汉字作为记录语言的符号系统，始终处于简易律与区别律的对立统一之中。从另外一个角度来说，也就是处于书写和认知的对立统一之中。简易律追求的是书写的效率性，区别律追求的是认知的实用性。一方面，文字作为一种交际工具，简单实用是最主要的要求。“简化的趋势是从有了文字之后就开始存在，并且贯彻在文字发展的整个过程中的，是文字本身内在的规律。”[①]到今文字阶段，隶变解散了篆书的形体，打破了古文字以象形为主的构形特点，使得汉字的形体逐步走向符

①梁东汉：《汉字的结构及其流变》，上海：上海教育出版社，1981年版，第48页。

号化和简单化。楷书阶段符号化和简单化程度进一步加剧。根据前面的调查，隋唐五代时期石刻楷书异体字中，由于构件的减少、笔画的减少而产生的字样有4162个，占全部异体字字样的42%，这些属于汉字楷化过程中的简化现象；而由于构件的增加、笔画的增加而产生的字样有1119个，占全部字样的11%，这些属于汉字楷化过程中的繁化现象。这组数据充分地表明在汉字的楷化过程中，字形的简化是主流。另一方面，随着楷化过程的加深，汉字符号化的程度日益加剧，字符之间的区别度大大降低，在一定程度上影响了汉字交际功能的发挥。另外，随着社会政治、经济、文化的发展，新的语词不断出现，文字也随之增多。因此，从交际功能的立场出发，楷书阶段部分汉字则需要繁化。隋唐五代石刻楷字中，字形的繁化有时是为了区别字义和字音，以适应记录语言的需要；有时是为了美化字形，以符合大众对汉字字形的审美观；而有时则仅仅是由于汉字使用者的随意性造成的。“汉字职能的发挥，是两个不可缺少的环节合成的，这就是书写和认读。就书写而言，人们总希望符号简单易写；而就认读而言，人们又总希望符号形象易识。然而越简单，就越丢掉信息，给认读带来困难；追求信息量大、区别度高，就需要形象丰满，也就难免增加符号构形的复杂度，给书写增加负担。二者的要求是对立的，必须加以调节。汉字就是要在这个调节过程中，寻求简繁适度的造型。”①

（二）稳定性与发展性的对立统一

传承是汉字稳定性的主要表现，而变异则是其发展性的主要表现。这些表现都充分地表明汉字本身在不断地进行自我完善，以适应记录汉语的需要，更好地发挥其交际工具的职能。传承使汉字具有相对的稳定性，否则，我们今天可能会因汉字变化太快而无法用其进行交际。变异则使汉字富有生命力，否则汉字可能早已被历史淘汰，成为历史的痕迹。因此，只要汉字还要继续被使用，它的字形就会被传承，也会发生变异，更会有一次又一次的规范运动展开。

汉字是表义体系的文字。造字之初，大量的汉字具有形义统一的造字理据，但在漫长的发展过程中，汉字形音义等各方面都发生了变化，

①王宁：《汉字的优化与简化》，《中国社会科学》，1991年第1期。

形义统一的格局难免会被破坏。这时为了追求汉字的形义统一，人们总是最大限度地继承保留汉字本身的理据性，以求重建汉字的理据性，而这理据性便决定了汉字本身所具有的稳定性。通过前面对隋唐五代石刻楷字中异体字以及整字、构件、笔画三个层面的对比研究，我们可以清楚地看到汉字楷书的这一传承性特点。从异体字角度来看，隋唐五代石刻楷字虽然在笔画、构件、整字层面都发生了不同程度的变化，但汉字的理据性却是始终贯穿其中的。这主要体现在两个方面：一方面表现在隋唐五代石刻楷字中绝大部分异体字的写法是传承于魏晋南北朝时期，甚至有部分异体字的写法早在汉代就已出现。隋唐五代石刻楷字异体字的写法并不是凭空产生的，也不是直接从古文字时代跨越而来的，而是从魏晋南北朝时期传承演变过来的。关于这一点，我们在异体字一章中已经作过统计，大约有81%的异体字样的形体直接传承自魏晋南北朝石刻楷字。另一方面表现在隋唐五代石刻楷字在笔画、构件、整字层面的变化大多都是在尽量不破坏汉字字形轮廓的前提下进行的。从笔画层面来看，隋唐五代石刻楷字的笔画类型全部传承自魏晋南北朝石刻楷字，并没有再产生新的楷书笔画类型。甚至笔画之间的混用、换用也完全传承自魏晋南北朝时期。从构件层面来看，隋唐五代石刻楷字中90%以上的构件传承自魏晋南北朝石刻楷字，绝大部分构件的变异现象也传承自魏晋南北朝石刻楷字。

但这也并不是说，楷书发展到隋唐五代时期就停滞不前了，相反，汉字发展到隋唐五代时期，楷书在经历了魏晋南北朝时期的发展、过渡之后，已经逐步走向成熟定型。从整字层面上看，与魏晋南北朝时期相比，隋唐五代石刻楷字中出现了部分新增字。其中包括135个新造字和1461个新增字形。从构件层面上看，虽然绝大部分构件的变异现象传承自魏晋南北朝石刻楷字，但还是有部分构件的变异现象属于“时代为之”。从笔画层面上看，隋唐五代石刻楷字继续发展完善魏晋南北朝石刻楷书未完成的后续工作，在彻底地放弃隶书的波磔之势，完全排除隶意的基础上，进一步使汉字在笔画的数量、笔画类型、笔画的书写顺序等方面更加规范成熟。而这些正是隋唐五代石刻楷字处于不断变异过程中的最有力的见证。

正是这种稳定性与发展性的相互作用，成就了隋唐五代石刻楷字所具有的时代特点。汉字始终处于发展变化之中，楷书的出现，使汉字在科学化、实用化的道路上迈出了一大步。隋唐五代石刻楷字的成熟定型，进一步促进了汉字楷书的规范化，建立了汉字楷书完整的形体系统，使方块汉字在一个较长的时期内固定下来。

二、影响隋唐五代石刻楷字发展的社会原因

外因的诸多方面都或多或少地影响到文字的发展演变。简单来说，在下列条件下，各有不同的字体：即时代；用途，如鼎彝、碑版、书册、信札等；工具，如刀、笔等；方法，如笔写、刀刻、范铸等；书手，如写者、刻者；地区。理论上讲，这些条件的不同，都可以带来字体的不同。同在某一条件下，如加其他条件时，字体便往往又发生变异。例如，两器同属鼎彝，是用途条件相同，如果加上其他条件的关系，字体即不相同；同一写者所写两件字迹，加上其他条件的关系，亦便互不相同。其余如此类推，变化非常复杂。[①]结合隋唐五代石刻楷字的实际情况，我们认为影响隋唐五代石刻楷字发展的社会原因主要有以下几个方面：

（一）石刻载体的原因

石刻文字载体是石质的，是由刻写者镌刻而成的。石头质地坚硬，这种天然属性对刻写在上面的文字产生了一些影响。（1）有些形体过于复杂的字形，出于书写或凿刻的方便，不得不进行省减。如“璞”见于武周神功元年（697年）《张素墓志》“璞玉混金之量”；“真”见于隋开皇十二年（592年）《李则墓志》“但真人命世”；“勤”见于隋大业十二年（616年）《卜鉴墓志》“庶類勤王”；“承”见于后唐长兴元年（933年）《毛璋墓志》“旋承紫詔之書”；“黨”见于武周万岁登封元年（696年）《樊廉墓志》“繽紛上黨之郊”。以上这些例字中，前面四者与主形相比，分别省掉了一横笔到三横笔不等。这主要是因为楷字中最常见的是横笔，而密集的横笔在石刻中有时被省略。最

①启功：《古代字体论稿》，北京：文物出版社，1999年版，第4页。

后一例与主形相比，其表义构件“黑”写作“黒”，并将“黑”下面的四点省去，总共减少了五笔。（2）有些难刻的笔画类型有时则改为易刻的笔画类型。在石刻文字的凿刻过程中，最常见也是最不易刻写的往往是一些复合笔画和交叉笔画。其中，复合笔画往往被分开写作两笔，如“離”见于唐贞元六年（790年）《李岐墓志》“流離蕩析”，与主形相比，构件“离”中的复合笔画“𠃊”被断开写作两笔“亅”和“、”。交叉笔画往往被断开，写作一点笔和一横笔，如“喪”见于唐大中元年（847年）《赵珪墓志》“乞假護喪東歸”，其构件“十”被断开，写作“亠”。再如，古文字中的构件“艸”，隶变作“艹”，交叉笔画难以刻写，于是在石刻楷字中多形变作“亠”，“茹”见于唐大中十二年（858年）《沈中黄墓志》“蓬門猝茹”。（3）有些草率连写的笔画用直笔或折笔取代，使之符合楷书的笔形特点，书法界称这种现象为“草书楷化”或者“行书楷化”。如“組”见于隋大业十一年（615年）《程谐墓志》“功成組紃之德”；“絓”见于隋大业十二年（616年）《羊本墓志》“絓組不絶”；“給”见于唐显庆四年（659年）《张义墓志》“勑給永年”；“然”见于隋大业八年（612年）《张伏敬墓志》“朋知勝侣潸然”；“馳”见于唐开元十九年（731年）《房孚墓志》“實馳魏闕”；“鴝”见于武周天授三年（692年）《张庆之墓志》“鴝原日寒”。

（二）社会的原因

字体的变革总是出现在政治变革、社会交替之时。魏晋南北朝时期，政局动荡，社会混乱，文字形体混杂，几乎处于放任自流状态之下。关于这一时期汉字形体的混乱情形，典籍早有详载。《魏书·江式传》曾记载：“世易风移，文字改变，篆形谬错，隶体失真。俗学鄙习，复加虚巧。谈辩之士，又以意说炫惑于时，难以厘改……乃曰追来为归，巧言为辩，小兔为甦，神虫为蚕，如斯甚众”。颜之推在《颜氏家训》中也曾指出：“晋宋以来，多能书者。故其时俗，遂相染尚，所有部帙，楷正可观，不无俗字，非为大损。至梁天监之间，斯风未变，大同之末，讹替滋生。萧子云改易字体，邵陵王颇行伪字，朝野翕然，以为楷式，画虎不成，多所伤败。至为一字，唯见数点，或妄斟酌，遂便转移。尔后坟籍，略不可看。北朝丧乱之余，书迹鄙陋，加以转辄造字，猥拙甚于江南。乃以百念为忧，言反为变，不用为罢，追来为归，更生为苏，先人为老，如此非一，遍满经传。”[①]虽然典籍有所记载，但流传至今的传世文献上却不多见。近代，随着文物的大量出土，一批批能够反映当时社会用字实际的文献资料出现在世人面前。其中，魏晋南北朝石刻文献资料就是一个很好的佐证。根据魏晋南北朝石刻楷字资源库的调查，在汉字总数约为30万的石刻楷字中，其中有6441个异体字样，可归纳为2484个字位，异体率为1∶2.59。

魏晋南北朝时期，由于战乱、割据与字体演变而造成的文字混乱现象十分严重，一个字有几个、几十个写法的现象十分常见。隋代结束了六朝的混乱，特别是唐代，社会稳定、经济发展、文化繁荣，于是规范汉字的呼声高涨。隋代首开科举考试，唐代传承隋代的制度。唐代采取“明经帖士”的考试方法，促使儒家经典的整理统一。科举考试用字必须规范，既包括结构的规范，也包括书体的规范。于是正字运动逐步展开，正字之学逐步兴起，涌现出大量的专门正字的工具书，比较著名的有颜师古的《颜氏字样》和《匡谬正俗》、郎知本的《正名要录》、杜延业的《群书新定字样》、颜元孙的《干禄字书》、欧阳融的《经典分毫正字》、张参的《五经文字》、唐玄度的《新加九经字样》等。同时，官方也积极行动，倡导刊刻开成石经，促进文字规范。从正字运动开始，字样之学兴起，到石经的刊刻，这些举措不仅确立了楷书系统的正字地位，而且对楷字形体的规范发挥了重要作用，反映在石刻文字中，即汉字的形体混乱现象得到了一定程度的控制。施安昌曾经作过此类统计：“在初唐碑志千字以上的碑文中，《干禄字书》‘通’、‘俗’体字大约占10%；这一比例晚唐降至3%左右。”[②]上述统计是对唐朝不同时间阶段的石刻楷字所进行的调查，如果我们把隋唐五代时期看作一个共时层面进行统计，所得到的结果则更具有说服力。根据隋唐五代石刻楷字资源库所作的调查，在汉字总数约为176万的石刻楷字中，其中有9874个异体字样，可归纳为4142个字位，异体率位1∶2.38。

①颜之推：《颜氏家训集解·卷第七·杂艺第十九》，上海：上海古籍出版社，1980年版，第514页。
②施安昌：《善本碑帖论集·唐代文字中正体渐增的趋势》，北京：紫禁城出版社，2002年版，第22页。

这个比例与魏晋南北朝石刻楷字相比，有所降低，表明隋唐五代时期的一系列相关文字政策对于异体字数量的限制、汉字楷书的规范起到了很大的作用。总之，隋唐五代时期处于社会极度混乱、政权频繁交替的魏晋南北朝之后，又是封建社会政治、经济、文化发展的高峰，经历了魏晋南北朝时期发展过渡之后的楷书在这一时期走向成熟、完成定型是必然的。

（三）佛教的影响

佛教从东汉传入中国，经历魏晋南北朝，在中国传播发展起来，到隋唐五代时期达到发展的高峰。佛教在隋唐五代时期盛行的主要表现有：大量建造寺院、广泛招纳僧尼、整理翻译佛学经典、凿刻石像经幢。其中，对石刻文字影响最大的方面就是佛教经典的翻译，这一时期出现了许多著名的佛学翻译家，如玄奘等。佛学经典本为梵文，入主中原之后，要被翻译成汉字，才能被社会民众所接受。两种语言之间的转换对当时文字的发展产生了一定程度的影响，反映在石刻文字上主要表现为两个方面：一是由于很多佛教词语为专门用语，在汉语中没有与其对应的字或者词，人们只能重新创造一批新字来记录这些新词。关于这一点，第三章“新造字”部分“口”部字增多的原因分析中已经详细论述过，兹不赘述。二是一些音译过来的词语，在当时一些书写不太规范的场合，如刻写造像记时，涉及到佛教词语经常使用读音相同或者相近的字来刻写。例如，《隋权苟造像记》：“願見在卷屬，及國土衆生，普同成願。”《唐韩弁智造像记》：“闔家卷屬，同登正覺。”这两例中“卷”本应“眷”，却用“卷”代之，是因为二字音同而发生替换。因为“卷”为膝曲之义。“眷”为亲属、眷属之义。二字的意义完全不同，但均为见母线部去声字。根据调查这两个字的替代现象仅出现于石刻造像记中，其他内容的石刻材料和传世文献中均未发现此用例。隋唐五代石刻楷字中，这样的例子还有很多，前面“异体字”一章中也曾提及。从中我们可以看出佛教的传播，对当时社会用字的混乱也产生了的一些影响。正如丁文隽在《书法精论》里所说：“庸夫愚妇造像之记，武夫悍卒志墓之文，岂能尽由文人撰句，学士丹书，亦不过由田夫石匠，率尔操觚而已。”刻写造像记的下层民众为了追求简单易写，有意地选用一个笔画简单的字去代替一个笔画繁多的同音字，而使得这一材质文字的使用附带有很大的盲目性，与社会用字的主流背道而驰，有时甚至会造成汉字使用的混乱驳杂，给文化的学习与传播带来一些不必要的麻烦。

（四）不同书体之间的影响

隋唐五代石刻文献用字中篆、隶、草、楷等各种书体并行，虽然它们各自产生、成熟、定型的时代先后有别，而且在隋唐五代石刻文献中的地位也不相同，但它们之间的形体会不可避免地相互影响。其中，隶书和草书对隋唐五代石刻楷字的影响最大。魏晋南北朝时期处在隶书向楷书的过渡时期，有些字形在楷化的过程中保留了隶书的写法，隋唐五代石刻楷字传承了这些隶定楷化的字形。草书在隋唐五代时期已经非常发达，由于在书写的过程中省减了大量的笔画，使得汉字的使用者为了书写或刻写的简单、快捷，在文字使用过程中选择这些草书楷化的字形。我们将隋唐五代石刻楷字中由于受到隶书和草书的影响而产生的字形分别称为隶定楷化类和草书楷化类两种。根据统计，这两种类型的字在隋唐五代石刻楷字中共有147个，约占1.5%。由此，我们可以看出隶书和草书对于隋唐五代石刻楷字发展的影响。

（五）书写者个人的因素

异体字的产生同书写者、刻写者的文化素质有一定的关系。从我们所整理隋唐五代石刻文字材料来看，书写者和刻写者的姓名重复率并不高，即使有重复也不过两三次，如柳公权、欧阳询等。由此可见书写者和刻写者是一个非常复杂的群体：墓志、墓碑类的书写者和刻写者可能是死者的亲属、朋友或者是聘请当时的名人名士；佛教类的书写者和刻写者一般为僧人或者信教徒，特别是造像记类的书写者和刻写者多为下层民众；石经类的书写者和刻写者则是由国家政府指定的相关人员。这些书写者和刻写者的文化程度参差不齐，写字或者刻字时任意增加一笔或者减少一笔的现象就会时常存在，这在一定程度上也影响了楷书的形体变化。

总之，汉字发展到隋唐五代时期，所呈现出来的各种特征，从内因上来说是汉字本身发展的必然结果，但是汉字自身发展规律又不能摆脱当时社会文化因素的影响。因此，每个时代汉字的整体面貌都是内因和外因综合作用的结果。隋唐五代石刻楷字正是在各种因素的综合作用下不断发展、不断完善的结果。

主要参考文献

一、著作类

[1] 宋·陈彭年：《广韵》，北京：北京图书馆出版社，2004年版.

[2] 陈淑梅：《东汉碑隶构形系统研究》，上海：上海教育出版社，2005年版.

[3] 陈原：《语言和人》，北京：商务印书馆，2003年版.

[4] 清·段玉裁：《〈说文解字〉注》，上海：上海古籍出版社，1998年版.

[5] 范可育：《楷字规范史略》，上海：华东师范大学出版社，2000年版.

[6] 高明：《中国古文字学通论》，北京：北京大学出版社，1996年版.

[7] 清·顾蔼吉：《隶辨》，北京：中华书局，1986年版.

[8] 何九盈等主编：《中国汉字文化大观》，北京：北京大学出版社，1995年版.

[9] 宋·洪适：《隶释·隶续》，北京：中华书局，1985年版.

[10] 胡朴安：《中国文字学》，北京：商务印书馆，1977年版.

[11] 黄德宽：《汉字理论从稿》，北京：商务印书馆，2006年版.

[12] 黄征：《敦煌俗字典》，上海：上海教育出版社，2005版.

[13] 蒋善国：《汉字形体学》，北京：文字改革出版社，1959年版.

[14] 蒋善国：《汉字学》，上海：上海教育出版社，1987年版.

[15] 李国英：《小篆形声字研究》，北京：北京师范大学出版社，1996年版.

[16] 李乐毅：《简化字源》，北京：华语教学出版社，1991年版.

[17] 李宇明：《汉字规范百家谈》，北京：商务印书馆，2004年

版.

［18］梁东汉：《汉字的结构及其流变》，上海：上海教育出版社，1959年版.

［19］刘又辛、方有国：《汉字发展史》，北京：中国大百科全书出版社，2000年版.

［20］刘志基：《汉字体态论》，南宁：广西教育出版社，1999年版.

［21］刘中富：《〈干禄字书〉字类研究》，济南：齐鲁书社，2004年版.

［22］清·陆增祥：《八琼室金石补正》，北京：文物出版社，1985年版.

［23］罗振玉：《增订碑别字》，北京：文字改革出版社，1957年版.

［24］吕浩：《〈篆隶万象名义〉研究》，上海：上海古籍出版社，2006年版.

［25］吕思勉：《隋唐五代史》，上海：上海古籍出版社，2005年版.

［26］牛致功：《唐代碑石与文化研究》，西安：三秦出版社，2002年版.

［27］欧昌俊、李海霞：《六朝唐五代石刻俗字研究》，成都：巴蜀书社，2004年版.

［28］启功：《古代字体论稿》，北京：文物出版社，1999年版.

［29］启功：《论书绝句》，香港：商务印书馆；北京：三联书店，1990年版.

［30］齐元涛：《隋唐五代碑志楷书构形系统研究》，上海：上海教育出版社，2007年版.

［31］秦公：《碑别字新编》，北京：文物出版社，1985年版.

［32］秦公、刘大新：《广碑别字》，北京：国际文化出版公司，1995年版.

［33］裘锡圭：《文字学概要》，北京：商务印书馆，2003年版.

［34］施安昌：《善本碑帖论集》，北京：紫禁城出版社，2002年版.

［35］苏培成：《现代汉字学纲要》（增订本），北京：北京大学出版社，2001年版.

［36］清·孙星衍：《寰宇访碑录》，北京：商务印书馆，1936年版.

［37］唐兰：《中国文字学》，上海：上海古籍出版社，2001年版.

［38］清·王昶：《金石萃编》，北京：中国书店，1985年版.

［39］王凤阳：《汉字学》，长春：吉林文史出版社，1989年版.

［40］王立军：《宋代雕版楷书构形系统研究》，上海：上海教育出版社，2003年版.

［41］王宁：《汉字构形学讲座》，上海：上海教育出版社，2002年版.

［42］王平：《〈说文〉重文研究》，上海：华东师范大学出版社，2008年版.

［43］吴钢、吴大敏：《唐碑俗字录》，西安：三秦出版社，2004年版.

［44］邢红兵：《现代汉字特征分析与计算机研究》，北京：商务印书馆，2007年版.

［45］徐自强、吴梦麟：《古代石刻通论》，北京：紫禁城出版社，2002年版.

［46］颜之推：《颜氏家训》，上海：上海古籍出版社，1980年版.

［47］姚美玲：《唐代墓志词汇研究》，上海：华东师范大学出版社，2008年版.

［48］易敏：《云居寺明刻石经文字构形研究》，上海：上海教育出版社，2005年版.

［49］曾良：《俗字及古籍文字通例研究》，南昌：百花洲文艺出版社，2006年版.

［50］曾良：《隋唐出土墓志文字研究及整理》，济南：齐鲁书社，2007年版.

［51］张鸿修：《隋唐石刻艺术》，西安：三秦出版社，1998年版.

［52］张金玉、夏中华：《汉字学概论》，南宁：广西教育出版社，2001年版.

［53］张静贤：《现代汉字教程》，北京：现代出版社，1992年版.

［54］张书岩：《简化字溯源》，北京：语文出版社，1997年版.

［55］张廷奂：《汉碑古文字通训》，北京：北京图书馆出版社，2003年版.

［56］张涌泉：《汉语俗字研究》，长沙：岳麓书社，1995年版.

［57］张涌泉：《敦煌俗字研究》，上海：上海教育出版社，1996年版.

［58］张涌泉：《汉语俗字丛考》，北京：中华书局，2000年版.

［59］张再兴：《Access数据库在语言文字研究与教学中的应用》，南昌：江西高校出版社，2003年版.

［60］赵超：《汉魏晋南北朝墓志汇编》，天津：天津古籍出版社，1992年版.

［61］赵超：《中国古代石刻概论》，北京：文物出版社，1997年版.

［62］赵超：《古代墓志通论》，上海：上海古籍出版社，2006年版.

［63］赵平安：《隶变研究》，保定：河北大学出版社，1993年版.

［64］周绍良主编：《唐代墓志汇编》上下册，上海：上海古籍出版社，1992年版.

［65］朱葆华：《原本玉篇文字研究》，济南：齐鲁书社，2004年版.

二、论文类

［1］丁秀菊：《论汉字的构形理据及其演变》，《山东大学学

报》（哲学社会科学版），2005年第3期.

［2］傅永和：《汉字结构及其构成成分的统计分析》，载于陈原主编《现代汉语定量分析》，上海：上海教育出版社，1993年.

［3］郭瑞：《魏晋南北朝石刻楷字的传承与变异》，华东师范大学2008届博士论文.

［4］韩伟：《试论汉字字体演变及其研究》，《黄河科技大学学报》，2002年第3期.

［5］韩伟：《汉字构件及其功能研究》，《西南民族大学学报》（人文社科版），2003年第8期.

［6］郝茂：《秦简中的传承字与新出字》，《新疆大学学报》，2000年第1期.

［7］何瑞：《历史汉字传承与定形——宋本〈玉篇〉研究》，华东师范大学2006届博士论文.

［8］何山：《汉魏六朝碑刻记号字研究》，西南大学2007届硕士论文.

［9］蒋德平：《从楚简新出字看〈说文〉或体》，《辞书研究》，2007年第6期.

［10］金其祯：《刍议碑的起源和发展》，《历史教学》，2000年第7期.

［11］金其桢：《唐代碑文化研究》，《中国文物》，2004年第3期.

［12］李国英：《异体字的定义与类型》，载于《异体字研究》，北京：商务印书馆，2004年.

［13］李海霞、何宁：《唐代的正字运动》，《文史杂志》，2000年第1期.

［14］刘延玲：《试论异体字的鉴别标准与整理方法》，载于《异体字研究》，北京：商务印书馆，2004年.

［15］刘又辛：《大型汉语字典中的异体字、通假字问题》，《中国语文》，1979年第4期.

［16］陆锡兴：《唐代的文字规范和楷体正字的形成》，《语文建

设》，1992年第6期.

［17］毛远明：《汉魏六朝碑刻文献语言研究的思考》，《南京师范大学文学院学报》，2005年第1期.

［18］欧昌俊：《从汉字形旁的变化看六朝唐五代石刻俗字的形成》，载于《语言文史论集》，重庆：西南师范大学出版社，2000年.

［19］齐元涛：《历史字形的整理原则》，《暨南学报》（哲学社会科学版），2001年第3期.

［20］齐元涛：《隋唐五代碑志楷书书写、构形状况论析》，《古汉语研究》，2002年第1期.

［21］齐元涛：《隋唐五代碑志楷书中的形体混同现象》，《古汉语研究》，2004年第1期.

［22］启功：《从河南碑刻谈古代石刻书法艺术》，载于《启功丛稿·论文卷》，北京：中华书局，1999年.

［23］秦永龙：《汉字书法漫谈（二）》，《语文建设》，1992年第2期.

［24］秦永龙、李洪智：《隶变过程中的歧异及优化选择》，《民族典籍文字研究》，2003年第1期.

［25］孙宝成：《正字法和正字的社会参与》，《上海师范大学学报》，1994年第2期.

［26］孙雍长、李建国：《南北朝隋唐时期的汉字规范》，《学术研究》，2005年第5期.

［27］王贵元：《汉字构形系统及其发展阶段》，《中国人民大学学报》，1999年第1期.

［28］王立军：《汉字形体变异与构形理据的相互影响》，《语言研究》，2004年第3期.

［29］王宁：《汉字的优化与简化》，《中国社会科学》，1991年第1期.

［30］王宁：《汉字构形理据与现代汉字构件拆分》，《语文建设》，1997年第3期.

［31］王宁：《系统论与汉字构形学的创建》，《暨南学报》（哲

学社会科学版），2000年第2期.

［32］王宁：《汉字字体研究的新突破——重读启功先生的〈古代字体论稿〉》，《三峡大学学报》（人文社会科学版），2001年第3期.

［33］王平：《〈说文〉重文声符替换类型及对应规律》，《天津师范大学学报》，2003年第5期.

［34］王平：《宋本〈玉篇〉楷体籀文构件变异释例》，《中国文字研究》，2006年第1期.

［35］王平：《魏晋南北朝石刻楷字变异类型研究》，《中国文字研究》，2007年第1期.

［36］魏萍：《南北朝墓志铭简体异体字研究》，西南大学2004届硕士论文.

［37］解伦锋：《东魏碑刻文字构件变异研究》，西南大学2008届硕士论文.

［38］杨宏：《北魏石刻楷书字体风格论析》，《北京教育学院学报》，2004年第2期.

［39］易敏：《云居寺明代石刻〈华严经〉异形字研究》，《民俗典籍文字研究》，2003年第1期.

［40］永田英正、周长山：《汉代石刻概说上》，《文物春秋》，2002年第5期.

［41］永田英正、周长山：《汉代石刻概说下》，《文物春秋》，2002年第6期.

［42］臧克和：《字符·分类》，《天津师范大学学报》，2003年第3期.

［43］臧克和：《字符·结构》，《中国文字研究》，2003年第1期.

［44］臧克和：《〈玉篇〉的层次》，《中国文字研究》，2004年第1期.

［45］臧克和：《历史汉字的贮存、传播与变异（一）》，载于《陆宗达先生百年诞辰纪念文集》，北京：中国广播电视出版社，2005年.

［46］臧克和：《历史汉字的贮存、传播与变异（二）》，《中国

文字研究》，2005年第1期.

［47］臧克和：《历史汉字的贮存、传播与变异（三）》，《中国文字研究》，2006年第1期.

［48］臧克和：《谈结构》，《中文自学指导》，2006年第1期.

［49］臧克和：《书体发展与文体自觉》，《学术月刊》，2007年第3期.

［50］臧克和：《楷字的时代性》，《中国文字研究》，2007年第1期.

［51］臧克和：《楷字的区别性》，《中国文字研究》，2007年第2期.

［52］章琼：《汉字异体字论》，载于《异体字研究》，北京：商务印书馆，2004年.

［53］张晓旭：《隋—唐碑刻研究》（上篇），《南方文物》，2002年第2期.

［54］张晓旭：《隋—唐碑刻研究》（中篇），《南方文物》，2003年第3期.

［55］张晓旭：《隋—唐碑刻研究》（下篇），《南方文物》，2004年第2期.

［56］赵志峰、秦永龙：《由隶到楷的字体演变浅探》，《兰州学刊》，2006年第7期.

［57］郑婕：《魏晋南北朝简牍文字研究》，华东师范大学2007届博士论文.

［58］周侃：《唐代书手研究》，首都师范大学2007届博士论文.

三、工具书类

［1］北京图书馆金石组选编：《北京图书馆藏中国历代石刻拓本汇编》（9—36册），郑州：中州古籍出版社，1988年影印.

［2］（南朝）梁·顾野王：《原本〈玉篇〉残卷》，北京：中华书局，1985年版.

［3］（南朝）梁·顾野王：《宋本玉篇》，北京：中国书店，

1983年版.

［4］汉语大字典编辑委员会：《汉语大字典》（缩印本），武汉：湖北辞书出版社、成都：四川辞书出版社，1992年版.

［5］《汉语大字典》字形组：《秦汉魏晋篆隶字形表》，重庆：四川辞书出版社，1994年版.

［6］唐·（日）释·空海：《篆隶万象名义》，北京：中华书局，1998年版.

［7］（辽）释·行均：《龙龛手镜》，北京：中华书局，1985年版.

［8］东汉·许慎：《说文解字》，北京：中华书局，2004年版.

［9］臧克和、王平：《说文解字新订》，北京：中华书局，2002年版.

［10］臧克和：《中古汉字流变》，上海：华东师范大学出版社，2008年版.

［11］中国文物研究所等编：《新中国出土墓志》（河南卷、陕西卷、重庆卷），北京：文物出版社，1994—2004年版.

四、数据库类

［1］“传世字书语料库”，中国文字研究与应用中心“汉字发展传播研究室”研制.

［2］“古文字字形检索系统”，中国文字研究与应用中心“汉字数字化研究室”研制.

［3］“金文数据库”、“甲骨文数据库”，中国文字研究与应用中心“汉字数字化研究室”研制.

［4］“隋唐五代石刻文献库”、“魏晋南北朝石刻文献库”、“魏晋南北朝书帖文献库”、“魏晋南北朝简纸文献库”，中国文字研究与应用中心“汉字发展传播研究室”研制.

［5］臧克和、王平：《说文解字》全文检索，广州：南方日报出版社，2004年版.

后记

本书是在我博士论文的基础上修改而成的。其中不仅饱含了我求学路上的酸甜苦辣，而且满载着老师和朋友的深情厚谊。

2004年9月，我被保送至华东师范大学攻读汉语言文字学硕士学位，在那里认识了硕士生导师王平教授，并开始了自己崭新的生活。记得那时，刚入学不久，一个偶然的机会，在同学的引见下见到了导师，并立刻为她的学者风范所倾倒。导师慈爱的目光如冬日之阳般让我霎时间便产生了强烈的求知欲望和亲近之心。于是，我开始迈入了文字学这个让我决定为之奋斗终生的领域。

硕士阶段是辛苦的，也是快乐的。在那时，文字学对我来说如上海这城市般陌生。幸运的是我遇到了一个好导师，无论是学术上还是生活上都给了我无微不至的关心和照顾。是恩师把我带入了这个全新的领域，并手把手地教会了我如何治学。在此，借这个机会，向我的硕士生导师——尊敬的王平教授由衷地说一声：老师，谢谢！

两年的时间倏忽而逝。2006年，我有幸在王平先生的举荐之下，在臧克和先生的门下提前攻读博士学位。先生深湛的学术造诣和严谨的治学态度潜移默化地影响教育着我们每一个人。在先生门下，我终于懂得了什么叫言传身教。凡臧门弟子，无不为先生之学识所折服，无不为先生之风范所倾倒。于是我们不自觉地将先生作为学习的榜样和人生的目标。三年学习，我们收获甚多，但仍旧无法望其项背。本论文从选题到定稿，从章节到字句，无一不凝聚着先生的心血。博士毕业之后，即到同济大学参加工作，平日忙于教学，疏于继续整理加工论文。幸得恩师臧克和先生推荐，论文才有机会正式出版，感激之情无以言表，唯有铭记于心，不懈努力。同时，我以同样的感激之情感谢师母，谢谢她几年来在学习、生活等方面给予的鼓励和帮助。

从硕士到博士，这一路走来，远在家乡的父母一直默默地陪伴着我，也正是有了他们无私的支持和帮助，才让我在求学路上走得这么义无反顾。

在上海读书的五年，中国文字研究与应用中心就像一个温馨的家庭一样，让我在这里安心地学习、工作和生活。这里的老师和同学都给我了太多的鼓励和帮助。难忘老师们给予我的亲人般的关心和帮助；难忘我困惑彷徨时同学朋友给我的支持和鼓励；难忘我们一起奋斗的时光。感谢所有帮助过我和关心过我的人们。

论文完成后，曾聘请华东师范大学王平教授、刘志基教授、董莲池教授、王元鹿教授、西南大学毛远明教授对论文进行了评阅，并聘请复旦大学吴金华教授担任答辩委员会主席，上海师范大学徐时仪教授、华东师范大学刘志基教授、王元鹿教授、董莲池教授担任答辩委员，诸位学者在评阅、答辩过程中，给本文提出了很多宝贵的意见，甚是感激，在此对他们致以最诚挚的谢意。

此外，我还要感谢南方日报出版社的大力支持。特别是在出版过程中，南方日报出版社的编辑周山丹对书稿进行了反复地审阅和编排，付出了辛勤的劳动，在此表示衷心的感谢。由于书中涉及到许多石刻拓片以及繁简字转化等诸多事项，给负责本书排版、校对的老师增添了太多麻烦，在此深表歉意。

在写作过程中，本书参考了许多前辈学者的文章和著述，在此一并表示感谢。我深知自己的写作中还存在着很多的缺点和遗憾，今天只是一个简短的总结，等待我的将是一个新的开始，我仍然会一如既往的努力。

李海燕

2011年2月18日